100个人的中国梦

personal China dream

张天明 主编

湖南教育出版社

图书在版编目（CIP）数据

100个人的“中国梦”/张天明主编. —长沙：湖南教育出版社，2014.5

ISBN 978-7-5539-1348-3

Ⅰ. ①1… Ⅱ. ①张… Ⅲ. ①纪实文学-作品集-中国-当代 Ⅳ. ①I25

中国版本图书馆CIP数据核字（2014）第102721号

100个人的“中国梦”

GE REN DE ZHONGGUOMENG

主　　编：张天明
责任编辑：李小娜　李　好
校　　对：周　晔　鲍艳玲

湖南教育出版社出版发行（长沙市韶山北路443号）
网　　址：http://www.hneph.com
电子邮箱：228411705@qq.com
湖南省新华书店经销
长沙超峰印刷有限公司印刷

2014年5月第1版　2014年5月第1次印刷
开　　本：787×1092　1/16
印　　张：30.5
字　　数：406 000
书　　号：ISBN 978-7-5539-1348-3
定　　价：98.00元

编者的话

我们每一位炎黄子孙都有梦想，共同的愿景铸就了走向民族伟大复兴的“中国梦”；我们每一位华夏儿女正满怀激情奔向美好的明天。

习近平总书记将“中国梦”归纳为：“国家富强，民族振兴，人民幸福、繁荣，构建和谐社会以及增强军事实力。”这是中华民族走上伟大复兴征程的主线，是中国人民凝心聚力、奋进崛起的原动力，它代表着全体中华儿女的共同心声，终将激发全民族的激情、力量、信心和智慧，共赴这一宏伟目标。

现在，中国经济总量已雄踞世界第二，与往昔不可同日而语。特别是改革开放三十多年来，国家实力迅猛发展，人民生活水平和幸福指数大大提高，综合国力和民族自信心达到前所未有的新高度，在建设中国特色社会主义大道上，步子迈得更快、更稳。道路自信、理论自信、制度自信体现了中国领导人的底气，也体现了国人的朝气。

“天下兴亡，匹夫有责”，我们肩负着实现“中国梦”这一崇高而神圣的使命，振兴中华，责无旁贷。

摆在读者眼前的这本书可说是应运而生，这本书共分五个篇章，分别是“强盛中国梦”、“文明中国梦”、“和谐中国梦”、“美丽中国梦”、“和平中国梦”。“强盛”、“文明”、“和谐”、“美丽”、“和平”五组词语未必那么完整地概括了“中国梦”的内容，但它充分表达了国人的期盼和愿望，所谓“人生之所以美丽，是因为拥有梦想”。五个篇章中，汇集了来自社会各个领域的100个人物和家庭。他们之中有年高德劭的两院院士，有笔耕不辍的文学作者，有声名卓著的文艺明星，有蜚声国际的体坛健儿，有保家卫国的忠诚军人，有扎根基层的最美乡村教师，有呼吁绿色的环保卫士，有事业成功的企业家，也有脚踏实地的普通劳动者……他们通过个人的人生经历和感悟，使“中国梦”的解读既具有个性化的色彩，所呈现出来的精彩与他们的个人成就息息相关，与祖国的命运紧紧相连，不可分割，从而使“中国梦”的色调缤纷、出色；又具有现实关照，为实现“中国梦”提供了基于现实又超越现实的理性认知，因而极具亲切感和鲜活性，绝非泛泛之论和应景之作。一篇文章一个梦想，无不浓缩了他们人生的精华，无不抒发了他们对祖国和人民深沉的爱。

家国情怀是中国人最突出的精神内核。我们把对国家、民族的爱和自己的事业紧密地结合起来，爱国主义是中华民族与生俱来的品质，国家的命运与个人的命运有机地融为一体，国家强盛、民族振兴、社会和谐、世界和平是我们发自内心的真挚情感和希望之所在。这本书所有的文章无不印证了这一点，说它们是爱国之作、励志之作、希望之作、振奋之作，也十分恰当。

纵观书中所收文章：有的高瞻远瞩，站在国家民族的高度宏观展望中国未来，视野开阔，但也不难从中寻觅到个人对专业的梦想、抱负和追求；有的则从个人或家庭的小心愿开篇，小处着笔，但也未尝不是中华民族伟大复兴这一宏伟梦想投射在个体身上的缩影。这其中，尤为可贵的是十几位中国科学院、工程院院士的文章，他们在各自的前沿领域和已取得丰硕成果的基础之上，把个人所学专业与中国建设的伟大事业结合起来，学而用之，勤勤恳恳，体现了一代科技知识精英对祖国的热爱和对民族强大的梦想。他们不满足于现状，不顾年老体衰，依然保持旺盛的斗志奋战在科技的第一线，教书树人，培育新生力量，带领后辈继续科研攻关，为中国科技跻身于世界前列而无私奉献，为构筑和实现“中国梦”尽其所能，生命不息，奋斗不止，为时代留下了楷模形象，激励着后来者努力向上，勇攀高峰。

中华民族有悠久的历史和独具特色的文明，中华文明对于世界文明的贡献功不可没。在中西会通、全球一体化的今天，如何保持和弘扬中华文明，强化中华文化的软实力，是中华民族走向强盛的题中之义。“我们的‘中国梦’里包含文化梦，那就是中华民族应该在文化上有更多、更高、更出彩的文化人才与文化成果。”“因此，在追求‘中国梦’的过程中，中国人在文化修养、道德品质等诸多方面也应该同时有更大的提高。”著名作家王蒙的阐释，足以让国人去思考文化梦的内涵和价值，从而身体力行去实现这一伟大梦想。

“中国梦”，具有国力的高度和文化的高度，作为一种精神、目标和追求，它贯穿在时间之中，融入到每个国民的生活和实践的细节之中，而成为公众的精神引领和践行的内驱力。细节见精神，实践出真知。人民才是“中国梦”实现的主体，他们的力量是无穷的，万众一心，就能争取更大的胜利。同时，随着物质和文化的极大丰富，国民的幸福感和对国家的忠诚度会越来越高。

本书五个篇章中文章按作者年龄由大到小排列。为了凸显来自不同领域作者的特异性，我们在目录和每篇文章题下设计了作者简介，有意小小打破了一下传统意义上的“编排原则”，只求简洁明了，不苛求刻板“统一”。

“天行健，君子以自强不息”，每一个中国人都有民族自豪感和家国情怀，都希望个人的梦想与“中国梦”契合，期望国泰民安，天下太平。“生生不息”、“厚德载物”，中华民族伟大复兴的“中国梦”必会在不远的将来实现！

本书编委会

2014年3月

目录
CONTENTS

第一篇 强盛中国梦

002 _ 中国人的高铁梦
沈志云，中国科学院、中国工程院院士，机车车辆动力学专家。

007 _ 禾下乘凉　梦想成真
袁隆平，中国工程院院士，杂交水稻之父。

012 _ 重建三角之梦
张景中，中国科学院院士，计算机科学家、数学家和数学教育学家。

016 _ 我与数学和控制理论之缘
陈翰馥，中国科学院院士，自动控制理论专家，中国科学院数学与系统科学院研究员。

022 _ 中国人对现代农业的追求
许越先，研究员，中国农科院原副院长，农业科技“黄淮海战役”主要负责人。

027 _ 梦在脚下
李尚志，北京航空航天大学原理学院院长、数学与系统科学学院院长。

033 _ 梦想是一切成功的开始
欧阳忠凯，美好愿景集团公司董事长。

037 _ 用生物技术的钥匙打开矿产资源利用的大门
邱冠周，中国工程院院士，矿物工程学家，中南大学原副校长。

041 _ 梦想从这里开始
陈建二，著名美籍华裔学者，计算机学家。

046 _ 中国人的“地理”梦
朱翔，湖南师范大学教授、博导，湖南省政府参事。

051 _ 三一梦　中国梦
梁稳根，高级经济师，三一重工股份有限公司董事长。

055 _ 梦回汉唐
胡晓晖，著名美籍华裔学者，纽约侨报新媒体中心总监。

059 _ 此生痴绝梦“黄白”
陈彩虹，经济学家，中国建设银行董事会秘书。

064 _ 中国人的城市梦
魏后凯，中国社科院西部发展研究中心主任。

068 _ 科学梦，不再遥远
王扬宗，中国科学院自然科学史研究所研究员、副所长，中国科学院院史编研组组长。

073 _ 一棵油菜的梦想
沈昌健，常德临澧县农民，追随父亲从事超级杂交油菜研究36年，中央电视台感动中国2013年度十大人物之一。

079 _ 永远的奥运梦
熊　倪，著名跳水运动员，3块奥运金牌得主，湖南省体育局党组成员、副局长。

084 _ 位卑未敢忘忧国　追寻中国制度梦
刘西山，第二炮兵工程大学讲师。

088 _ 做世界擂台上的搏击王子
杨建平，世界自由搏击锦标赛65公斤级冠军，中国综合搏击大赛首个金腰带持有者。

第二篇 文明中国梦

096 _ 中国人的文化梦
王　蒙，著名作家，中国作家协会名誉副主席、中央文史研究馆馆员。

104 _ 梦萦出版
于友先，著名出版家，原国家新闻出版署署长。

110 _ 情定电影
丁荫楠，著名导演，中国电影艺术家协会副主席。

115 _ 盛世修史：传统中凸显的智慧
雷池月，知名历史学者、作家。

120 _ 追梦童书出版强国
海　飞，著名作家、出版家，中国少年儿童新闻出版总社原社长兼总编辑。

126 _ 走向艺术的更高境界
唐国强，著名影视演员、导演，曾扮演毛泽东、秦始皇、诸葛亮等角色。

132 _ 让梦想化为音符
刘 敏，自由歌曲作者。

136 _ 我用诗歌诠释中国梦
李维福，歌曲《走向复兴》词作者。

142 _ 钩沉名人俊彦的五彩梦
裴高才，传记作家。

146 _ 让音乐自由飞翔
张国勇，著名指挥家，上海歌剧院艺术总监，上海音乐学院指挥系主任。

150 _ 性灵出万象 风骨超常伦
张国骥，湖南师范大学党委书记、博士生导师。

154 _ 人生有梦
曾纪鑫，一级作家，《厦门文艺》主编。

158 _ 梦里开爿小书店
胡松涛，武警陕西总队副政委。

162 _ 我想把诗读给诺贝尔听
安斯寿，土家族诗人，贵州省教育学会德育专业委员会常务副会长兼秘书长。

166 _ 卅年一觉戏剧梦
蒋泽金，美籍华人，影视戏剧家，中国传媒大学影视艺术学院教授。

171 _ 我的梦从摄影中起航
邓 兴，长沙市摄影协会理事，湖南航拍第一人。

175 _ 南瓜也有梦
汤素兰，一级作家，编审，湖南师范大学文学院教授。

179 _ 中国梦与我和你
秦相启，副编审，中共河南省委党史研究室党史博览杂志社副社长、副总编。

184 _ 月似当年梦亦清
格 桑，时代邮刊杂志社编辑。

188 _ 开心追梦人
申 三，广州开心图书发行有限公司董事长，中国青少年助学读物策划出版人。

192 _ 来自泥土 回归人心
马 可，著名设计师，中国服装设计师品牌“例外”的创建者。

197 _阅读遍华夏 书香满中国
肖 荣，湖南省新闻出版局办公室主任。

201 _ 先迈步，再进步
郑 艳，青年作家。

第三篇 和谐中国梦

206 _ 出“生”入“死”，中国梦永在我心中
邬沧萍，中国人口学、老年学的开拓者和奠基者，中国第一个人口研究机构创办者。

212 _ 造福下一代
卢光琇，著名生殖医学与医学遗传学专家，“试管婴儿之母”，人类干细胞国家工程研究中心主任。

218 _ 一对退休老夫妇的环游世界梦
花甲背包客（张广柱，王钟津），一对年过花甲的普通夫妇，自助游览了欧洲、北美、南美等数十个国家。

223 _ 平凡人生非凡梦
李永国，著名肝胆外科专家，中南大学湘雅二医院副院长。

228 _ 让喝中药像品咖啡一样
蔡光先，国家级名中医，中药超微饮片研制者及首席科学家。

231 _ 好教育 强国梦
朱永新，中国教育学会副会长，中国叶圣陶研究会副会长兼秘书长，新教育实验发起人。

234 _ 一万个福愿
大 岳，湖南南岳衡山福严寺方丈，湖南省佛教协会副会长。

238 _ 期待一个更加美好的未来
肖 川，知名教育学专家，北京师范大学教授，英国教育哲学协会会员。

241 _ 我的第三个梦
李爱勤，湖南省儿童医院副院长。
245 _ 人生从作家梦出发
黄开发，北京师范大学博士生导师，丹麦奥尔堡大学创新与学习孔子学院中方院长。
248 _ 教育，让我快乐多一些
黄鹤春，中国关心下一代教育研究院家庭教育研究中心主任。
252 _ 做中国的千万大报
赵宝泉，潇湘晨报社副总编辑，快乐老人报社社长。
258 _ 一个农村孩子的“大学梦”
王春玺，中央财经大学教授，马克思主义中国化博士点学术带头人。
263 _ 人生若只如初见
姚　前，南京大学计算机软件博士，中国人民银行征信中心党委委员。
267 _ 一位乡村教师的坚守
赖全平，执教于福建省宁化县安远中学的全国特色教育优秀教师。
271 _ 人生须读万卷书
秦小龙，作家。
275 _ 梦想是一种幸福的责任
刘　明，湖南省扶贫开发协会副秘书长，湖南扶贫开发网和扶贫之友杂志总编辑。
279 _ 废品哥的律师梦
游满勤，在广州收废品17年的农民，后自学成才为律师事务所律师。
284 _ 为了梦中的绿野
于　跃，支教于山东省泰安市宁阳县葛石镇石集小学的中学一级教师。
288 _ 公益承载未来
邓　飞，《凤凰周刊》编委、记者部主任，“微博打拐”发起人，“中国贫困山区小学生免费午餐”发起人。
292 _ 我想有个书房
胡小进，历史学博士，中国政法大学讲师、博士后研究人员。

296 _ 愿所有的孩子都能适龄读书
吴金成，执教于凤凰县禾库镇茶寨小学，身兼校长、老师、管理员、维修工等数职的乡村教师。

301 _ 我梦想中的素质教育
罗　凡，旅美教师，美国教育学硕士，美国缅因州海德高中教师。

306 _ 让城市零距离
牧　丹，网络公司运营总监。

第四篇 美丽中国梦

312 _ 林海寻梦
李文华，中国工程院院士，生态学和森林学家。

316 _ 中国人的绿色梦
孙鸿烈，中国科学院院士，土壤地理与土地资源学家，中国科学院原副院长。

320 _ 守望南极
郭　琨，高级工程师，国家南极考察委员会原办公室主任，曾作为南极科考队队长率队七赴南极。

327 _ 重拾中华文明中的生态文明
邓延陆，环境时报原首席记者，知名科普作家。

331 _ 我的冰冻圈科学梦
秦大河，中国科学院院士，地理、气象学家。

335 _ 不断实现青藏高原科学研究新突破
姚檀栋，中国科学院院士，中国科学院青藏高原研究所所长。

342_ 改造煤山，为子孙留点田
刘福清，湖南娄底冷水江金竹山镇农民。挑土上山开荒造田12年，被誉为当代“愚公”。

347 _用我的镜头记录最美的家乡
袁　平，中国民主促进会会员，中国摄影家协会会员。

351 _ 共和国的日子更加美丽祥和
李丹阳，中国著名女高音歌唱家，第二炮兵政治部文工团艺术指导，代表作《亲亲的茉莉花》等。

357 _为实现中国绿色公益梦拼搏
李承峰，中华环境保护基金会宣传联络部主任。

361 _ 捍卫中国生态安全底线
解　焱，著名野生动物保护学家，自然保护立法研究组总协调员。

366 _ 建设安全清洁核电站　实现绿水青山中国梦
邓晓亮，中国核工业第五建设有限公司总工程师、研究员级高级工程师，享受国务院政府特殊津贴的核电建造专家。

371 _ 我的有机农业梦
孔　源，中华人民共和国环境保护部自然生态保护司副调研员。

375 _ 守护荒野，守护野生动物的家园
康霭黎，动物学博士，国际野生生物保护学会（WCS）中国项目主任。

380 _ 关注绿色与黑色的博弈
刘晓星，中国环境报记者部首席记者。

383 _ 废墟中升起的梦
魏冰洁，“大学生志愿服务西部计划抗震救灾专项行动”志愿者。

387 _ 总有一种期待
任　愿，公司出纳。

第五篇 和平中国梦

394 _ 遥望宝岛，我的最大梦想是……
陈　影，开封大学教授，开封市原人大副主任，开封大学原副校长。

398 _ 让中国飞得更远
欧阳自远，中国科学院院士，天体化学与地球化学家，中国绕月探测工程首席科学家。

403 _ 发展新材料　服务国家建设
黄伯云，中国工程院院士，粉末冶金材料学家，中南大学教授。

407 _ 情铸外交魂　凝心中国梦
吴思科，第十一届全国政协委员，全国政协外事委员会委员，中东问题特使。

411 _ 我的银河情缘
刘世恩，少将，国防科技大学计算机学院原政委。

417 _ 外交舞台上的和平中国梦
袁南生，中国驻旧金山大使衔总领事，新中国培养的第一个博士总领事、教授总领事和博士大使。

423 _ 能战止战　科技强军
刘戟锋，少将，国防科技大学军事高科技培训学院院长。

429 _ 中国梦引领我的梦
黄书进，少将，国防大学马克思主义教研部副主任。

433 _ 没有不可能
颜建国，中国文化战略系统工程研究院院长，中央电视台军事频道品牌栏目艺术总监。

437 _ 航母梦圆　中国梦近
赵　勇，军事学博士，海军大连舰艇学院政治系教授。

443 _ 为中国梦提供强大的国防保障
郭凤海，大校，国防大学马列教研部科学社会主义教研室主任。

449 _ 以武止戈
郝井文，空军航空兵某团团长。

455 _ 与祖国同在
韩金强，中国军队政治工作杂志编辑。

459 _ 中国梦vs世界梦
堵燕菁，2013年博鳌论坛、世界500强成都财富论坛核心策划人。

464 _ 梦开始的地方
田倩倩，国家汉办优秀汉语教师志愿者。

468 _ 梦在前方　路在脚下
张效诚，第十六集团军红九连第41任指导员。

471 _ 随时听候祖国的召唤
赵小元，空军第一航空学院社科部政治理论教研室讲师。

第一篇

强盛中国梦

人生之所以美好,是因为拥有梦想。……从宏观而言，梦想是推动这个世界向前发展的原动力；就个人来说，梦想是人生路上的一盏明灯。

一个强大的国家必定是一个制造能力强的国家，一个制造能力强大的国家必定是一个经济国力强大的国家。

中国科学真正融入世界科学之日，就是中华民族伟大复兴之时。

中国人的高铁梦

沈志云

沈志云

- 1929年生
- 西南交通大学教授
- 中国科学院、中国工程院院士
- 机车车辆动力学专家

1983年发表轮轨非线性蠕滑力计算理论，被誉为“沈氏理论”，在国际上被广泛引用。在车辆系统动力学和迫导向转向架研制等方面取得一系列成果。1988年起筹建牵引动力国家重点实验室，建成能模拟400公里/时高速列车运行的滚动振动试验台，在发展我国高速列车技术中发挥了重要作用。先后获詹天佑成就奖（1993）、国家科学技术进步一等奖（1999）等重大奖项。

中华民族是一个善于梦想和善于把梦想变为现实的民族。美丽的中国梦丰富多彩，如航天梦、深潜梦、北斗梦、航母梦等等，无不令人欢欣鼓舞。其中，初步实现了的高铁梦，是又一个绚丽多彩，值得大书特书的范例。

人类对于高速交通的向往，自古有之。嫦娥奔月，孙悟空一个筋斗翻了十万八千里，相对来说，李白的“千里江陵一日还”，只能算中低速度了。铁路就是这样，自诞生以来，就在不断追求提高速度。20世纪80年代初，我到英国去考察，住在伦敦东部。窗外不远就是一条时速160公里的城郊铁路，人家告诉我，列车还是无人驾驶的。每当列车呼啸而过时，总是勾起我关于高速铁路的无限遐想。但是，英国直到今天还没有建成一条高速铁路。第二个追求高速的是美国，当年建普耶勃罗环形线的目的，就是试验时速250公里的高速列车，准备用在波士顿经纽约到华盛顿的东部走廊。但是，他们也没有成功，环形线改为货车试验线。

世界上第一个实现了高铁梦的是日本。日本从20世纪50年代初开始考虑修建高速铁路。当时争论很激烈，绝大多数人认为改造既有米轨线较经济。当时日本国铁总裁石河信二力主另行修建国际标准轨距的新型高速铁路系统。他的建议于1958年12月19日获得议会批准。用了不到6年时间，日本建成世界第一条真正意义上的高速铁路——东海道新干线，于1964年10月1日开始投入商业运营，密集开行公交化的高速列车，东京至大阪间的540公里的城际交通2.5个小时就能到达。这一成功不仅圆了日本高铁梦，还使高铁梦不胫而走，引发了一个世界高速铁路发展的高潮。法国在1981年，德国在1991年都开始进入高铁时代。如今，有十几个国家拥有高速铁路，世界高铁运营总里程已达到17 166公里，加上计划项目，总里程在4万公里以上。

21世纪的世界高铁梦是什么？概括起来就是两条：要建高铁网，使其成为客运交通的主体；要提高高速列车的速度，发展350公里/时到400公里/时最高运营速度的技术。欧盟有一个建设全欧高铁网的计划，美国奥巴马扬言要拿出100亿美元，投入高铁网的建设。拥堵和污染使世界认识到只依赖航空和高速公路的交通体系是没有出路的。但在目前西方国家体制下真正建立起畅通的高铁网，谈何容易！何况在建设什么样的高铁网方面，他们连一个像样的理论也没有，更谈不上在技术上的创新思路。21世纪已经过去13个年头，日、法、德等高铁先进国家虽然投入大量资金于研发高速技术，但无一实现350公里/时以上的商业运营，仍然停留在20年前就已达到的320公里/时水平上。日本和英国提出了发展405公里/时高铁技术的计划，实现的时间定在2025年。

那么，我们中国人的高铁梦呢？同其他美丽的中国梦那样，我们素来讲究志存高远，脚踏实地。21世纪之初提出的“铁路网中长期规划”就明确要新建以四纵四横为骨干的1.6万公里的高铁网。最高运营速度当时虽未明确，但提出了要引进国外先进技术，消化吸收，创造中国品牌。国外都在研制360公里/时的高速列车，我们把要创造的中国品牌定为350公里/时，争取380公里/时，应当说符合我们的原则。后来的实践说明，这个梦想是脚踏实地的，是可行的。在不长的时间里实现了最高速度达到350公里/时的商业运营，累计完成2亿多公里商业运营，运送了4亿多人次。乘坐过这种动车组的4亿多名乘客，都是中国率先创造这一世界业绩的见证人。

这就是中国人的高铁梦：到2020年，1.8万公里高速铁路成网，覆盖90%的人口，连接所有人口在50万以上的城市，最高运营速度达到350公里/时。从北京到上海4小时，到广州6小时，到成都6小时。上海到广州5小时，到成都6小时，到昆明8小时。北京到最远的乌鲁木齐不超过12小时。公交化运行，旅客随到随走，网上购票，不担心买不着票。列车安全正点，很少受天气影响。车上平稳舒适，可以上网，打电话，看电视；可以上酒吧，坐餐厅；还可以到各车厢走走。到站可以直接换乘城市公交，到达你的目的地。乘坐这样的高速列车出外长途旅行，简直是一种享受，本身就是旅游的一部分。

这样美好的高铁梦能够实现吗？能，而且上面已经说过，第一步目标已经实现了。我国目前已有9349公里高速铁路投入运营，日开行动车组1595列，日运送133万人次，占铁路客运量的25.7%。这一突破性进展，是千千万万怀有同一个中国高铁梦的中国人，在国家统一意志下，夜以继日，历尽千辛万苦才得以实现的。这个统一意志，集中了全国80、90年代以来深入研究高速列车技术的创新成果，形成了高速列车大系统动力学新理论和包括地面及线路试验的新体系，以全新的理念，从科学决定的目标速度出发，进行大系统全局仿真、全局优化和全局控制，才能一次建成如此完美的高铁网和如此先进的CRH380高速列车。在此基础上，完全有可能在2020年以前，建成1.8万公里的高铁网，实现上述美丽的中国高铁梦。

现在，政企不分的铁道部已经撤销，对发现的贪腐毒瘤做了大扫除。企业部分成立铁路运输总公司，按市场规律经营管理。政府职能部分，并入交通运输部，成立铁道运输总局。高速铁路将在综合交通运输体系中更好地发挥客运骨干的作用。中国高铁将在更健康的机制下，迎来阳光明媚的春天。

中国人的高铁梦是丰富多彩的。我从网上看到福建台州《新青年》报上刊登的一幅中国高铁网设想图，很有新意。这个设想图在人口密度分布图上绘出高铁网，五纵五横十联，总长达到3万公里，用2~3个五年计划完成。这样周详的设想很难得，描绘了关于高铁网的更美丽的梦想，而且很有实现的可能，特转载于此。

在提高速度方面，西南交大牵引动力国家重点实验室的高速列车滚动振动试验台，已经对CRH380动车组成功地做了最高速度达到600公里/时的试验，仍然没有失稳。不过，超过400公里/时，气动阻力过大，能耗过高，运营将是不经济的。如果能加上防护罩，抽成低压管道，再保持0.2标准大气压，则列车在这样的管道中运行，犹如飞机在万米高空飞行，阻力就会大大减少，达到600公里/时的阻力，只相当于300公里/时以下的水平，那么，实现600公里/时运营确实是有可能的。如果再放飞我们的高铁梦，采用磁悬浮技术，则在这样的管道中，运行1000公里/时甚至更高速度，也不是不可能的。但这是20年甚至30年以后的事。

国家高速铁路规划图（根据福建台州《新青年》刊登的高铁网设想图修编）

五纵五横十联

五纵：1.齐齐哈尔—三亚　2.北京—香港　3.北京—珠海　4.沈阳—昆明（景洪、新加坡）
5.香港—天水

五横：1.青岛—西宁（拉萨）　2.连云港—兰州（伊宁）　3.上海—成都（喀什）
4.上海—昆明（大理、印度）　5.台北—南宁（仰光）

十联：1.唐山—保定　2.天津—日照　3.蚌埠—宁波　4.武汉—九江　5.鹰潭—福州　6.遂宁—广安
7.广元—遵义　8.贵阳—湛江　9.酒泉—德令哈　10.乌鲁木齐—库尔勒

当前，建成最高速度达到350公里/时的高铁网，是最现实的中国人的高铁梦。让我们共同期待这个美丽梦想成真，使高速铁路真正造福于最广大的人民群众。

禾下乘凉　梦想成真

袁隆平

我老早就讲两个梦，一是禾下乘凉梦，二是杂交水稻覆盖全球梦。第一个梦是我做过的，而且还做过两次。第二个梦是我追求的梦想。

第一个梦，梦见我试验田的超级杂交稻长得比高粱还高，穗子有扫帚那么长，谷粒有花生米那样大。我跟我的同事、助手们坐在瀑布般的稻穗下乘凉，所以叫禾下乘凉梦。这个梦要逐步实现。

水稻、小麦、玉米，是世界最主要的三大粮食作物，老大是水稻，世界上有一半以上的人以稻米为主食，我国有60%

袁隆平

- 1930年生
- 中国工程院院士
- 美国科学院外籍院士
- 育种学家，被誉为“杂交水稻之父”。

1964年开始杂交水稻研究，现任政协十二届全国委员会常务委员、中国国家杂交水稻工程技术研究中心主任暨湖南杂交水稻研究中心主任等职。著有《杂交水稻培育的实践和理论》、《杂交水稻学》等。曾获国家特等发明奖、国家最高科学技术奖、国家科技进步特等奖和联合国科学奖、沃尔夫奖、世界粮食奖、马哈蒂尔科学奖等多项国际大奖。

的人以稻米为主食。为了保证我们国家的粮食安全问题，解决十几亿人口吃饭问题，我国于1996年提出“中国超级稻计划”。计划分为两个阶段：一是1996—2000年，实现一季稻大面积示范亩产700公斤；二是2001—2005年，实现一季稻大面积示范亩产800公斤。

超级稻育种一直是世界上很多国家和研究单位的重点项目，日本率先开展超级稻育种研究，1981年立项，要求15年之内把水稻产量提高50%。也就是说，从420~540公斤提高到630~810公斤。1989年国际水稻研究所开展了超级稻研究，指标是把水稻的单产提高20%~25%，就是说从670公斤提高到800~830公斤。但是日本也好，国际水稻所也好，他们的指标到现在还没有实现。我国后来居上，2000年实现了第一期超级稻目标，示范田是亩产700公斤，现已大面积种植多年，有2000多万亩了，单产达到550公斤。第二期超级稻我们提前一年，在2004年实现了示范田亩产800公斤的目标，大面积达到了600公斤，现已种植900多万亩。我在国外做报告的时候，有一个超级稻品种的照片打出来，像瀑布一样。孟加拉国农业部长觉得既惊讶又振奋人心，她带头站起来鼓掌。

第二期超级杂交稻取得成功以后，我提出第三期超级杂交稻育种计划，这个建议被农业部所采纳，于2006年立项和启动，目标是到2015年实现一季稻大面积示范亩产900公斤。经过7年的努力，我们的研发团队按照“良种、良法、良田、良态”配套的原则， 2011年在湖南省隆回县的108亩示范面积上，创下平均亩产926.6公斤的超高产纪录；2012年继续在湖南省溆浦县103亩示范面积上达到大面积平均亩产917. 72公斤，这标志我国第三期超级杂交稻目标基本实现。从1996年超级稻育种立项开始，每5年就上一个新台阶，这个台阶很高，示范田每亩100公斤，大面积是每亩50公斤，我们都跨越了。我们这方面的研究一直是领先于世界水平，这是值得骄傲的。

为了转化应用超级杂交稻的新成果，我们提出实施“种三产四丰产工程”与“三一工程”。“种三产四丰产工程”即运用超级杂交稻的技术成果，力争用三亩地产出现有四亩地的粮食总产的工程，湖南省的目标是到2015年力争发展到1500万亩，产出相当于2005年2000万亩的粮食总产；“三一工程”即通过应用超级杂交稻技术、三分田年产粮食360公斤、足够一个人全年的口粮的工程，湖南省的目标是力争到2020年发展到1000万亩（约占全省六分之一的耕地）产出能养活全省一半人口的粮食。“种三产四丰产工程”得到湖南省委省政府的高度重视和支持，2007年率先在省内20个县启动实施，到2011年已累计示范推广面积达1200多万亩，增产10多亿公斤。安徽、河南、广东、广西、云南、贵州等省、自治区也都在积极地开展“种三产四丰产工程”。“三一工程”近两年在广西10个点、广东2个点试验示范，均已初步取得成功。

实现第三期超级稻目标后，我并不满足。2012年，我向农业部建议立项第四期亩产1000公斤的超级稻育种计划，获得农业部批准，于2013年4月9日，农业部正式宣布立项和启动这一计划。我们正在向大面积示范田亩产1000公斤攻关，大面积示范就是100亩，要百亩平均亩产1000公斤，而且要连续两年达到才算达标。我们计划2020年（力争提前到2015年）完成这一目标，我有这个雄心壮志。2013年五一劳动节前，我参加了全国劳模座谈会，受到习总书记接见，我也汇报了这个梦想，并表示要努力做到。科技进步永无止境，理论上也就是从水稻的光能利用率上看，水稻尚有巨大的产量潜力。只要我身心健康，我还要向选育第五期超级杂交稻的目标努力奋斗，直到实现我的“禾下乘凉梦”。

第二个梦是杂交水稻覆盖全球梦。“发展杂交水稻，造福世界人民”是我一生的最大追求，我非常乐意帮助其他国家发展杂交水稻。目前杂交水稻已经被全球20多个国家引进和示范推广，其中越南、印度、菲律宾、孟加拉、美国等已发展成为在生产上大面积种植杂交水稻的国家，如越南、印度、菲律宾2012年分别达到975万亩、3000万亩和286万亩，比当地全国水稻平均产量每亩增产70~160公斤左右。为推动杂交水稻技术进一步走向世界，我们一直十分重视对引进杂交水稻技术国家的人才培训，迄今为止已举办国际培训班近60期，共培训约50个发展中国家的农业科技人员3000人。

我们国家也十分重视对外援助工作，加大了对发展中国家发展杂交水稻技术支持的力度，组织承担了利比里亚农业技术示范中心、马达加斯加杂交水稻开发示范中心等援外项目。其中利比里亚农业技术示范中心，自2008年立项以来得到了利比里亚总统、农业部、中国驻利比里亚大使馆的高度重视，总统多次到现场指导、视察工作，足见对该项目的认可。通过我国农技中心的展示与服务，在建立良性的可持续发展农业模式、推广杂交水稻技术等方面，产生了良好的效果和深远的影响。援建的马达加斯加杂交水稻开发示范中心在杂交水稻试验示范与推广应用方面也取得很大成功，示范杂交水稻品种平均产量超过当地品种2~3倍，比对照品种增产114.6%，因而极大鼓舞了马国政府种植杂交水稻的决心。

全世界有22.5亿亩水稻，平均单产是420公斤，我们杂交稻的平均单产是500公斤，每年种植杂交水稻所增产的粮食可以多养活7000万人口，相当于一个法国的人口。目前，我们中国杂交稻在国外推广的面积是7800万亩，假如世界上有一半以上的稻田种上中国超级稻，按平均每公顷增产两吨计算，增产的粮食可以多养活4亿~5亿人口。

如何实现这个梦呢？

首先，我们国家要更加开放，让我们最好的品种走出国门，不要太限制。我们的三系杂交稻出口，三个系只允许两个系（不育系、恢复系）走出去，保持系不让出去。其实，我们应该有一个策略，完成了第二期超级稻就把第一期超级稻拿出去，第三期完成了再把第二期拿出去，就像日本的电视机一样，完成第二代后，再将第一代向国外推广。

其次要扶植一两个龙头企业，走出国门。国家要给龙头企业优惠政策，让他们打入世界市场。

第三就是把长沙打造为国际杂交水稻之都或杂交水稻种植业硅谷。要举全国之力打造一个平台，这个平台要集科研力量、种子资源、优秀人才于一体，使它成为杂交水稻的培训中心、会议中心、展示中心、交易中心等等。

如果能够将杂交稻推广到全世界，其重要意义是：一为世界粮食安全做出贡献；二可以大大提高我国的国际地位，原外交部部长唐家璇讲，杂交水稻可以作为外交王牌打出去；三可以有相当可观的经济效益。因此我认为，加大力度在国外发展我国独创的杂交水稻，不仅可为世界粮食安全和和平做出较大贡献，而且能提高我国的国际地位和影响力，取得政治和经济双赢效应。

我已年满83岁，现在身体还好，老骥伏枥，壮志未已。我的梦想还在继续，我还要进行新的挑战，向新的目标迈进。

（本文由湖南杂交水稻研究中心研究员、袁隆平院士工作秘书辛业芸访问整理）

张景中

- 1936年生
- 中国科学院院士
- 计算机科学家
- 数学家、数学教育学家

长期从事计算机科学、数学和数学教育研究，提出和实现了定理机器证明的数值并行方法；提出教育数学研究方向，并把其中所发展的几何新方法用于机器证明；创建了几何定理可读证明自动生成的原理和方法。从事科普创作和智能教育软件的研究。

重建三角之梦

张景中

英国著名数学家阿蒂亚说过，“数学的目的，就是用简单而基本的词汇去尽可能地多解释世界”，“如果我们积累起来的经验要一代一代传下去，就必须不断努力把它们简化和统一”，“过去曾经使成年人困惑的问题，在以后的年代，连孩子们都能容易理解”。这几句话，我觉得非常亲切，因为与数学结下大半个世纪情缘的我，多年来一直在想和在做的，就是把数学变得简单一点。

改造数学使之更适宜于教学和学习，是我提倡的“教育数学”为自己提出的任务。如果把学数学比作吃核桃，如何砸核桃吃核桃，是数学教育研究的主要内容，即怎么教；而改良核桃的品种，让核桃更美味，更营养，更容易砸开吃净，则是教育数学研究的主要内容，即教什么。正如张奠宙先生所指出的，教什么远比怎么教更重要。譬如吃饭，吃什么永远比怎么吃更重要。奠宙先生旗帜鲜明地提出，反对在数学教育研究中“去数学化”的倾向。我提倡的教育数学，就是奠宙先生“反对去数学化”观点的一个注解。

这些年，教育数学提出了不少主张，涉及几何、三角以至微积分。务虚的时候可以天南海北，天花乱坠。具体做起来则要如履薄冰，如烹小鲜，要谨慎地选择一个切入点。这个切入点就是初中数学课程里的三角函数的定义和应用。

代数、几何与三角，是初中数学的重要组成部分。它们你中有我，我中有你，相互联系与补充。三角是联系几何与代数的一座桥梁，是沟通初等数学和高等数学的一条通道。函数、向量、坐标、复数等许多重要的数学知识与三角有关，大量的实际问题的解决要用到三角知识。著名以色列科普作家Eli Maor所著《三角之美》一书的前言部分即引用了赫伯特一段论述：“在数学领域中，可能没有其他分支学科能像三角学一样始终占据着中心位置。”

从历史看，三角学是在几何学充分发展后才诞生的。从逻辑体系看，讲了相似三角形才好定义三角函数。三角出现，几何学习已近尾声，代数课程的进度也不便等待姗姗来迟的三角。想要提前学习三角，起到帮助几何代数学习的作用，必须进行逻辑结构的改造。

我在1974年于新疆巴州二十一团农场子女学校教初中数学时便开始探索这个问题。经过30多年的思索和实践，我为三角函数的定义找到了一种更简单更便于推理论证的几何模型，并发展出相应的一套适用于初中数学教学的逻辑体系。

理论研讨已经有20多年了，进行这样的结构性改革，优点是显而易见的：

——从小学生熟悉的面积计算入手，学生容易接受。

——推理具有简捷严谨的代数风格，容易理解和记忆。

——系统展开明快，可以用较少的课时学到更多的数学知识，给学生留下更大的思考讨论空间。

——三角、几何和代数密切联系相互渗透，有利于提高学生的数学素质和思维能力。

——更早更多地体现方程和函数的思想，有利于学生今后学习高等数学和用数学知识、数学方法解决实际问题。

张奠宙先生主编的《数学教学》，在2006年10期发表了我的《重建三角，全局皆活》一文。奠宙先生写了《让我们来重新认识“三角”》一文给我鼓励和支持。文中称用单位菱形面积定义正弦是“一项重大的创新”，并说读了这篇关于三角学的建议，十分振奋。指出“数学家关心数学课程改革，不仅提出批评，而且有具体的建议，不仅是局部的指正，更是积几十年经验之后，提出深思熟虑的大局建议。事实上，数学课程改革要在数学上下功夫，仅仅依靠一些教育理念是远远不够的”。这些语重心长的评价和指点，增长了我从事教育数学探索的勇气和信心。

“重建三角”的事业吸引了不少有志于数学教育改革的老师，他们克服各种困难，通过组织课外活动，编写校本教材来普及教育数学的新思想和新方法。近两年来，有越来越多的老师对在初中进行“重建三角”的教学实验有兴趣，开始自发地在不同程度上进行教学实践活动。实践表明，进入实验过程后，学生学习积极性提高，进步很快，在初中一年级开始学习正弦定理，学生认为并不算难。事实说明，在初中数学课程中“重建三角”不仅可行，而且已经在行动中。

教育数学的基本点是把数学本身变容易，这是数学教育改革中投资小、收效大、立竿见影、稳妥可靠的一种办法。做好了，亿万师生受益，国家科学技术事业受益，也是中华民族对国际数学教育事业的一份贡献。

正如张奠宙先生所说："中国现代数学教育，先学日本，再学英美，续学苏联，博采众长之后，也应该有一点中国人自己的贡献了"，"让一些顺应时代潮流的新观念，特别是具有中国特色的研究成果，能在神州大地生根开花，并进一步走向世界"，这也是我的梦，重建三角之梦。

展望未来十年，愿这个梦想能成为现实。

我与数学和控制理论之缘

陈翰馥

陈翰馥

- 1937年生
- **中国科学院数学与系统科学院研究员**
- **中国科学院院士**
- **世界科学院院士**
- IEEE Fellow、IFAC Fellow，**自动控制理论专家**

早期研究随机系统的能观性、不用初值的状态估计，给出最优随机奇异控制，后研究系统辨识、适应控制和随机逼近，取得一批在国际上产生重要影响的成果。近十多年来，研究非线性系统辨识及有关问题，给出强一致的递推辨识算法。

我于1937年2月出生在浙江杭州的一个知识分子家庭。在中学时期，我就开始喜欢数学了。这与我喜欢逻辑推导、适合学数学有关，而且也受到家庭的影响。我父亲是我国著名数学家陈建功，在我小的时候，我父亲执教的数学系的一些老师和学生经常到我们家里做客、访问。记得其中有卢庆骏、龚昇、夏道行等。我父亲与他们谈论的事情大都与数学有关。有时我父亲还会讲一些国外数学家的故事。另外，我父亲1929年从日本东北帝国大学获博士学位回国后带回一批数学书籍。其中一些书籍就放在我们绍兴老家。因而，通过父亲，我从小就听到、看到许多与数学有关的事与物。这些对我以后喜欢数学产生了潜移默化的影响。不过，我父亲对我和我的兄弟姐妹从来没有谈论过该学什么，或不该学什么。1954年我高中毕业时，我问父亲考大学选择什么专业。他回答我："应该根据自己的志趣选择。"

我是1948年开始读中学的，起初读的是浙江绍兴县立中学。1949年，这所中学并入浙江省立绍兴中学。1952年全国高校院系调整，我父亲从浙江大学到复旦大学教书。我从浙江绍兴县立中学转学到上海复兴中学。我刚上中学时贪玩，不爱学习，一学期下来，成绩单上多是六七十分，并且还有一门"公民"不及格。放寒假了，父亲从杭州到绍兴过年。农历正月初一那天，我们全家男丁都到陈氏祠堂里吃中饭。饭后回家的路上，经过中药店"天宝堂"。我父亲严肃地对我说："你要不要念书？如果不要念，就到'天宝堂'做药店倌。"在这以前我一直懵懵懂懂，从来没有想过将来做什么，这是第一次认真面对将来的职业问题。我把父亲的话当了真，一想到要在那高大的柜台后面站一辈子，心里着实不情愿。从此，我贪玩的童心渐渐收了起来。许多年以后，六姑母告诉我，父亲当时对她说："这孩子有潜力，不吓唬他一下不行。"

从初中二年级开始，我的学习成绩渐渐上升，特别是数学，学起来饶有兴趣。到初中三年级，我对数学就比较拿手了，成绩也在班里名列前茅。到了高中，我的数学成绩在班里也是一直领先。记得在高一下学期，我的几何作业本竟被老师要去作为他以后批改作业的标准答案。不过，我对文科及英语不太感兴趣，只是勉强对付。高中快毕业时，我已经立志上大学，学习数学专业，日后当数学家了。有一天，校领导找我谈话，要保送我到留苏预备部，我很兴奋。因为我认为在留苏预备部学习结束后，我就可以到苏联学习我喜爱的数学了。

去苏联留学前，我在留苏预备部——北京俄语专科学校学习了一年俄语。到学习结束分配专业的时候，我们每位学生领到一个信封，里面的纸条上写着所去的城市、学校及专业。我想，我在中学时数学成绩优异，每次填写志愿都是数学，到苏联的一个大学数学系学习应该没问题。但我拆开信封后就傻眼了，因为分配我去列宁格勒水运学院工程经济系，学习水运经济。尽管学习水运经济与我想当数学家的意愿背道而驰，使我非常沮丧，但由于这是国家需要，我还是去了。

由于对所学课程大都感到不是很得心应手，也觉得苏联的水运经济专业水平不高，且不符合中国情况，我到列宁格勒水运学院工程经济系学习两年后就转到列宁格勒大学数学力学系学习了。经过是这样的：在列宁格勒水运学院工程经济系二年级的学习结束后，我与同届的本专业3名中国同学到基辅的第聂泊尔河上实习。我从表兄王耆那里获悉，中国驻苏联使馆留学生管理处正在调整留学生的专业。我高兴极了，回归数学的愿望之火熊熊燃起。我们四人决定向留学生管理处申请调整专业。大家公推我从基辅去莫斯科申请。当时学生每月500（老）卢布，吃饭以后就所剩无几，于是路费四人分摊。到莫斯科的住宿费自然是没有的。我也顾不了这些，想学数学的愿望有力地激励着我，我就只身到了莫斯科，很快找到了留学生管理处。

接待我的官员叫陈先玉。他对我很友善，听取我的申述后，说要进里屋和领导商量一下。我记得，当时的留学生管理处的领导就是钱其琛。陈先玉与领导商量后告诉我："可以考虑。"我当时谈不上有什么阅历，还不懂在我国的官方用语中，"可以考虑"实际上就是"同意"的同义语。我虽然感到有希望，但心里还是忽上忽下的。当时学生调整专业的人较多，工作量大，留学生管理处的人手不够，陈先玉让我在那里帮忙。我欣然同意。十多天的工作结束后，我改变专业的申请如愿以偿。留学生管理处通知我，可以转学到列宁格勒大学数学力学系。令我始料不及的是，陈先玉挽留我在留学生管理处正式工作。我说我想学数学。陈先玉说可以上莫斯科大学夜校。但我还是毫不犹豫地拒绝了。

进入列宁格勒大学数学力学系后，我退了一年级，从二年级读起。这个系有3个专业：数学、力学、天文和计算数学。我所学的课程很多，记得有数学分析、线性代数、常微分方程、偏微分方程、泛函分析、实变函数、概率论、数理统计、随机过程、微分几何、复变函数、程序设计、普通物理、理论力学、天文、政治经济学、计算机等。当时计算机课程所用的计算机叫乌拉尔，是大型的电子管的，用昂贵的电影胶片记录数据。到高年级有主修的专业课，但没有讨论班。我主修概率论，做的毕业论文是关于极限理论的，由彼得洛夫教授指导。记得系里的学术氛围很好。

当时这个系有许多著名的数学家。我与他们中的不少人有接触，如教我们数学分析的老先生费赫金哥尔茨、教概率论的老师彼得洛夫、教随机过程的伊勃拉基莫夫、教统计学的林尼克、教微分几何的扎尔格列尔、教代数的法捷耶夫。我在这个系读书时，斯米尔诺夫还在系中工作，我有时也能见到他。扎尔格列尔、彼得洛夫对我影响都较大。有一次考微分几何，当时都是抽考题口试，考我的老师就是扎尔格列尔。我答题后，他表扬了我，给了5分。接着他说了一段使我终身难忘的话：“你是很强的学生，但做一个好学生还不够，要做积极进取的科研工作者。”这段话对我抱定理想日后当数学家是一个很大的鼓励。大学毕业后，彼得洛夫教授找我谈话，希望留我做他的研究生。我当然很愿意，但在1961年，要实现这样的愿望的可能性几乎没有。要是我真的做了他的研究生，可能我就和控制理论无缘了。

1961年我从列宁格勒大学数学力学系毕业后，进入中国科学院数学研究所工作。由于我在大学里学了概率论，到数学研究所工作后，先在概率统计室工作。当时王寿仁先生是室主任。1962年我还在中国科技大学开设了专门化课程：极限理论。我那时想，这是我一辈子的专业方向了。但是老一辈的科学家看得更远，钱学森先生和关肇直先生看到当时国际上控制理论的研究正在兴起，并且注意到它对高尖技术及工程应用的重要性，于1962年在中国科学院数学研究所创建了控制理论研究室。我就成为它的首批成员之一，从此开始了我和控制理论难分难解的大半生缘分。

我转到控制理论研究室工作，可能是内定的。当时数学研究所让我转，我就转了，没有犹豫。1962年正逢广州会议召开，我父亲在会上遇到了数学研究所副所长、控制理论研究室主任关肇直先生。关先生对我父亲说，把我转到控制理论研究室，是重用我的意思。

在建制上，控制理论研究室分3个专业组：偏微组、常微组、概率组。偏微组有王康宁（组长）、关肇直等；常微组有宋健（兼研究室副主任，每周来一次）、韩京清、秦化淑、金维言等，金维言可能是组长；概率组，由我做组长，还有安万福，后来还有狄昂照、何关钰等。为了尽快进入控制理论这个专业，我下了很多功夫自学。同时，关肇直先生请了一些人来给我们讲课或做报告。记得有北京大学数学力学系教授江泽培，他每周来一次指导我们学习平稳过程，持续了一两年的时间。我的第一篇论文是在这次学习的基础上，与安万福合作于1966年在《自动化学报》上发表的。关先生还请过山东大学的张学铭教授、留苏的副博士张嗣瀛先生，分别给我们讲最优控制、微分对策课程。“四清”、“文化大革命”期间，我们的工作一度中断。1971年恢复工作后，关肇直先生给我们做了系列的学术报告，对我们开阔视野、提高业务水平起了不小的作用。在1970年代，他还仔细修改过我的论文，帮我在国外刊物发表，使我的工作逐渐在国际上产生了影响。

迄今为止，我在控制理论这个领域已经工作了50余年。研究控制理论现在和以后仍是我的梦想和追求。近20年来，我一直在研究系统辨识、适应控制、信号处理等领域中的一些参数估计问题，并用函数求根的办法递推地解决这类问题，也就是当新数据到达后，只要做些简单的计算，就可得到新的估计。这种办法，简单易行，便于应用。我们提供的办法，当数据增多时，可以证明收敛到真值。我正在把这套方法，整理成一本英文专著《递推辨识和参数估计》（*Recursive Identification and Parameter Estimation*）。这项工作在与赵文虓的合作下，已经接近完成。

我不是不服老的人，衰老是自然规律，我没有豪言壮语，但正在开展的工作，不会因此停顿下来。我们用函数求根的方法解决非线性系统辨识、网络控制、多自主体同步、网络中的网页排序，以及控制、通信、信号处理中的其他问题所示的潜力，特别是这种方法的递推性及收敛性的优势，正在逐步展现。我会继续关注，做力所能及的工作，为实现我进一步研究控制理论的梦想和追求而努力。这不仅是我的数学梦想，也是控制理论研究的一个发展方向。

（本文由中国科学院自然科学史研究所副研究员郭金海访问整理）

中国人对现代农业的追求

许越先

许越先

- 1940年生
- 中国农业科学院原副院长、研究员

长期从事农业经济与发展研究，先后承担黄淮海平原农业生态与区域治理、华北平原水量平衡与节水农业、现代农业科技示范园区、都市型现代农业发展规划等重大项目研究，为国家有关部门和省市提供重要咨询意见。曾获第三世界科学院农业奖（1993），国家、北京市和中国科学院科技进步奖等奖项。

农业是国民经济的基础产业，是提高人民生活质量的食品物质来源，建设发达的现代化农业是实现中华民族伟大复兴中国梦的重要组成部分，是一代又一代中国人的追求。

中国是人多地少的农业大国，新中国成立前直到改革开放，人们期盼的仅仅是温饱生活。改革开放后，解决了温饱问题，人们想着丰衣足食的生活。进入新世纪后，随着生活水平的提高，大家又关注着食品的营养安全和丰富多样。人们不断追求提高生活质量，期待早日实现农业现代化。

人类的农业文明史，经历了原始农业、传统农业和现代农业三大历史时期。原始农业时期，人类用石器和木器狩猎采果，维持最低生活。经过五六千年，出现了手工业，人类制造“农具”以代替“农器”，用犁耧耙等农具进行种植和养殖，人类进入传统农业发展时期。到19世纪中期，欧美等国的工业化带动了农业发展，农业机械代替农具，大幅度提高了生产水平，标志着从传统农业进入现代农业发展时期。

农业机械、化学肥料和遗传育种，是1840年前后欧美等国进入现代农业的三个原发性要素。在100多年发展过程中，不断涌现诸多新的发展要素，把西方现代农业推向成熟和高级发展阶段。

在传统农业三四千年的漫长时期，中国一直走在世界的前列，当中国使用铁犁时，欧洲人仍沿用着木犁。但在欧美率先进入现代农业后，中国人却长期停滞在传统农业阶段。

1963年，周恩来总理宣布把农业现代化与工业、国防、科学技术现代化并列为国家的长期发展战略，吹响了向现代农业进军的号角。中国人把追求的梦想落实到建设的实际行动中。

水稻机收（上海崇明）

传统农业提升为现代农业，要靠农业生产要素的积累、更新和优化，实现由量变到质变的飞跃。农业生产要素包括农业自然资源、农业生产装备、农业生产资料、农业技艺和生产者的组织形式。气候、水土、生物等自然资源是形成农业产量的物质来源，水、土、气等环境要素和生物体在一定区域内构成农业生态系统。装备、资料、技艺和人的组织等物质能量的投入，都是为了提高农业生态系统产出的趋大化。

中国现代农业虽然起步较晚，但在新中国成立后半个多世纪中，特别是改革开放的30多年间，中国农业发展取得了举世瞩目的伟大成就，主要生产要素快速积累，把中国农业抬升至接近现代农业的门槛。

农业机械应用从无到有不断壮大，并创造出大型机械社会化服务和小型家用机械相结合，农机和农艺相结合的多种机型。1980年全国农用机械总动力为14 746万千瓦，2010年达到92 781万千瓦，30年增加5倍多。1952年全国机耕面积只占0.1%，1980年为41%，2010年达到70%。在攻克水稻机种和玉米机收的技术瓶颈后，近年机种和机收面积也取得突破性进展，2010年农作物耕种收综合农机化水平达到52%，实现由人畜动力为主到以机械动力为主的历史性跨越。

20世纪50年代到60年代初，中国农民还不认识化学肥料。70年代国家引进一批化肥厂成套设备，1980年全国化肥施用量1269万吨（折纯），每亩耕地平均施8.5公斤，2010年全国化肥施用量5562万吨，亩均用量30.5公斤，各种农作物全面施用。针对一些地方施肥不当，给生态环境带来的负面影响，新型缓释化肥、生物肥料和测土配方施肥技术正积极推广。

农作物优新品种的研发和更新，是提高单位面积产量的重要技术措施。从杂交选育、理化诱变、杂交优势利用等常规育种，到细胞工程、分子标记、转基因等现代生物育种技术，以及常规育种与生物育种技术的结合，中国并不落后于发达国家，某些方面如杂交水稻和抗虫棉等品种创新还走在世界前列。2006年至2010年五年间经国家和省级审定的农作物新品种、新组合2600多个。半个多世纪来新品种更新三四次，每更新一次就把产量推上一个新台阶。

农业设施工程，可以对作物生长的光温等环境因子进行人工调控，提高土地资源利用率和产出率。20世纪中叶，荷兰、美国、以色列、日本等国首先兴起和规模化应用。我国于70年代开始应用，80年代地膜覆盖、温室大棚和工厂化设施在园艺作物、大田作物、畜禽水产养殖等产业上全面应用，并自主开发出适于我国国情的日光温室。1984年日光温室面积6万亩，地膜覆盖2001万亩，2010年日光温室和地膜覆盖面积分别达到357万亩和2.34亿亩。

2009年中国农科院建成的智能植物工厂，是紧随丹麦、荷兰、日本等国之后，我国自主设计开发的首例智能植物工厂。它是运用现代工业、生物科技、营养液无土栽培和信息技术的最新成果，通过计算机对作物生长需要的环境要素进行自动控制，不受或很少受自然条件的制约，达到高产、高效、生态、安全的目标。在这里能把西红柿、黄瓜等培养成“树”，一棵西红柿“树”能结2万多个樱桃西红柿，是设施农业的高级阶段和现代农业发展的引领工程，目前全国已建10多家。开发的适合家庭用的微型植物工厂正进行示范应用，这项技术可望应用于航天 、潜艇等领域进行新鲜蔬菜的生产供给。

智能植物工厂

生产力发展的同时，生产方式和劳动组织也在悄然变化。中国国情决定我们不能走欧美大、中型农场的模式，现已初步探索出中国特色多元化生产组织形式，就是国营农场、家庭农场、农民专业合作社、龙头企业带农户产业化组织、个体农户并存，并在并存中发展和相互调整。2010年我国有国营农场1807个，各类产业化组织25.5万个，带动农户1.07亿户，占乡村总户数的41%，龙头企业通过建设规模化、标准化原料生产基地，提高科技创新能力，带动农民增收。

我国现代农业发展大幅度提高了农业产量水平，主要农产品总量已跃居世界前列。早在1996年我国粮、棉、菜、果、肉、蛋、水产品产量即居世界各国首位，人均占有量大部分超过世界平均水平。2010年粮食总产量54 648万吨，比1980年的32 056万吨增加了70%；肉类产量7926万吨，是1980年1205万吨的6倍多，水果总产12 865万吨，是1980年679万吨的19倍。粮食每亩平均产量332公斤，而1980年仅182公斤，1952年只有88公斤。

农业机械化等生产要素的积累和更新，明显提高了劳动生产率，农业从业人员由2000年的32 798万人，降到2010年的27 695万人，从业人员占社会从业人员的比重由50%降到36.7%。改革开放以前1个农业劳动力只能养活1个半人，现在可以养活5个人。农民在创造社会财富的同时，也提高了自己的生活水平，人均纯收入由1980年的2038元，提高到2010年的5919元，每百户平均拥有彩电112台，电冰箱45台，移动电话137台，人均住房面积34平方米。

传统农业提升为现代农业的主要标志，一是生产手段由农具转换为农机，二是生产资料由农户自备变为社会化服务供应，三是家庭自给自足的产品生产发展为规模化的商品生产，四是从手工业支持转为现代科学技术和工业化支持。从这些标志性要素看，现在中国已接近达到现代农业目标，实现国人的现代农业梦不再遥远。

梦在脚下

李尚志

李尚志

- 1947年生
- 中国首批自己培养的18名博士之一
- 首届高等学校国家级名师奖100名获奖者之一

曾获中国科学院科技成果奖二等奖，三次获得国家级教学成果奖二等奖。曾任中国科学技术大学数学系主任，北京航空航天大学理学院院长、数学与系统科学学院院长。

坚守·梦想

我是一名教师。

自从1970年7月从中国科学技术大学数学系本科毕业参加工作，我就开始当教师，迄今已经当了43年教师。

2011年，中华全国总工会主办的网站“中工会客厅”为我制作了一个专访节目。主持人问我的第一个问题是：“是什么力量让你坚守教育战线41年？”我笑着用了一句真话回答：“第一，人民需要，第二，我也喜欢。”

为什么我喜欢当教师？是不是我从

小就梦想当教师，终于如愿以偿实现了这个梦想？ 不是！我从小的梦想不是当教师，而是当数学家。命运的安排让我阴差阳错当上了教师，并深深爱上了这一行。

我从小对大自然的奥秘就充满了好奇心，特别崇拜科学家和发明家，崇拜小说中善于利用科学知识来创造奇迹的英雄们。后来看见一些小册子介绍华罗庚、钱学森冲破重重阻力回国效力的故事，还读过华罗庚、吴文俊等数学家为中学生写的小册子，就特别崇拜我国自己的这些科学家，萌生了自己以后成为科学家的梦想。

高中毕业报考大学，看见中国科学技术大学的招生广告上有一张照片，是华罗庚在中国科学技术大学为本科生上课，课间与学生们一起讨论问题。我不由得想：我如果能够考入中国科学技术大学读书，成为华罗庚的学生，并且也在班上名列前茅，当数学家的理想不就能实现了吗？

我做到了，我在1965年考进了中国科学技术大学数学系。进校后我也确实听过华罗庚讲课，领教了伟大的数学家怎样深入浅出讲解科学知识的风采。我才明白，我能读懂华罗庚的小册子不说明我的水平有多高，而说明华罗庚的教学水平实在高，能够让水平不太高的普通老百姓读懂他的书，听懂他的课。

然而，人算不如天算。进校后念书不到一年，就开始了“文化大革命”。大学不再上课，华罗庚也受到批判。虽然他在周恩来总理亲自保护下免受进一步的冲击，但我想要跟他学习当数学家的幼稚梦想却是彻底破灭了。在动乱中折腾了4年，中国科学技术大学迁到安徽，我们随数学系到了铜陵。又经过大半年，我们在大学的“学习”期满，我被分配到万源县，离家乡内江市有1500里，而离陕西只有20多里。我跋山涉水到万源去报到，文教局把我分配到更偏僻的沙滩公社小学去当教师。

青春·激情

当时，从万源县城到沙滩公社虽然通了公路，却没有开通客运班车。我坐了20公里的客运汽车到县城，又徒步翻山越岭走了2小时，来到公社小学报到。在山沟里走着，快到目的地了，路边的一个小孩问我："你是李老师吗？"得到肯定的答复后他高兴地说："李老师，你什么时候给我们上课？我们班上的同学都盼望着你来给我们上课呢。"我在这深山老林里举目无亲，怎么会有人来向我打招呼呢？马上我就明白这是我将要上课的那一班的学生，他如此渴望我给他们上课，这分明是对知识的渴望。

1970年7月是我离开学校走上社会的开端，短短一个月中从名牌大学被一直"贬"到公社，一颗心已经冰凉得失去了知觉。唯有这个小孩的一声"李老师"给我送来了温暖。看着他充满了稚气的眼神，我不由得产生幻觉，也许他是上帝怕我沉沦而派来拯救我的灵魂的天使。后来我知道他是被班主任派来迎接我的，只是简单地执行一次公务，但在那个特定的年代特定的时刻他的一声"李老师"给我带来的影响却持续了几十年一直到现在，永不磨灭。从那一刻开始，不论我心情多么苦闷，环境多么艰难，只要一站在讲台前，望着学生们那充满着幼稚和纯真的眼神，就像着了魔那样沉醉在范仲淹的《岳阳楼记》描述的"宠辱偕忘，把酒临风，其喜洋洋者矣"的境界中。

在教学方法上，我对于所有的教学内容，也都尽量从问题出发而不从定义出发重新加以组织，并且将其中关键内容写成顺口溜和诗歌的形式。我将自己总结的内容编写成提纲，自己刻蜡纸油印出来发给学生作为补充教材。虽然我教的只是初中班学生，最终也不可能将他们的数学水平提得多么高。但是，我的这种教学却培养了他们对数学的兴趣，对科学的热爱，培养了他们追求真理、奋发向上的人生观。在那个反常的年代，边远偏僻的地方，将一批知识基础很差的学生培养到这样的程度，我自己觉得是一种无量的功德，也赢得了学生家长和学校领导的赞扬和支持。

我在为山村小孩做出奉献的同时获得了丰厚的回报。在大巴山的八年修炼，笨嘴拙舌不善言辞的我彻底脱胎换骨，从1982年到现在，我在大学教书30年，深受本校师生欢迎。我还到全国180所高校做过讲演，形成了独具特色的讲课风格。是因为在大学受到了最顶尖级的数学家的教诲和熏陶使我可以顶天，也是因为大巴山的锻炼使我可以立地。我建设国家精品课程的看家本领是用故事和案例来讲数学，这源于我在大巴山所得的实践经验。

追梦・不弃

一则新闻报道——陈景润研究哥德巴赫猜想取得突破性进展引起了我的关注，使我内心深处那个已经破灭了的美梦又开始复苏。但我想到另一个问题：假如机会来临，国家突然需要科学人才，我够格吗？更何况，如果国家真正选择了我，我能胜任吗？我是平头百姓，唯一能够改变的是自己的水平。我暗下决心要把被“文化大革命”耽误了的学习时间补回来。从此我四处找寻大学教材，一旦获得便潜心研读。

1978年，我考上母校中国科学技术大学的研究生，在学习了必要的入门知识之后，我开始读导师已经发表的文章，试图掌握他已经运用的方法来解决他没有解决的问题。导师做的是用子群格来刻画典型群，要证明一个洋人的猜想，叫作Baer猜想。导师做完了线性群和辛群，发表了两篇论文，让我做酉群。我苦苦思索，不得其门而入。有一天，我在睡梦中还迷迷糊糊纠缠这个问题。一觉醒来，已是凌晨四点多钟，头脑里突然萌发一个简单的想法：既然辛空间中的$n-1$维子空间可以用与它垂直的1维子空间代表，酉空间中的1维子空间同样也可以用与它垂直的$n-1$维子空间代表。

1维子空间可能是非迷向的不好处理，但与它垂直的$n-1$维子空间比较大，不愁没有迷向线！问题不就解决了吗？

其实解决的思路很简单：将1维换成$n-1$维。阿基米德在浴缸里泡出浮力定律不也同样简单吗？虽然$n=3$的情形下$n-1$维空间仍然没有迷向向量，费了我不小的功夫专门设计了一个方法才得以解决，但总之是解决了。我漂漂亮亮地完成了导师给的任务。

一天晚上，师弟告诉我，北京大学段学复院士1979年暑期到美国参加年度学术讨论并带回一篇学术报告，介绍了典型群极大子群研究中提出的一系列尚未解决的问题。我听了很奇怪，问："这样的问题也未解决吗？我马上可以解决！"我立即叙述了我的解决方案。原来，我为了处理酉群$n=3$时的子群格时创造的一套方法，用来解决这些公开问题立即见效。我向导师写信报告做出的成果。过了两天，连续收到导师写来的五封回信。信中说他已经把研究成果推荐给了北京大学的丁石孙和中国科学院的万哲先，他们说：如果做得没错，就不仅是研究生毕业水平，而是博士水平。当时已经在讨论在中国搞学位制度，授博士和硕士学位，他们就按照所了解的国际标准认定我达到了博士水平，将博士帽第一次抛到我的头顶上空。从那以后的一年多的时间里，我将研究工作不断向前推进，不但将典型群的极大子群的猜想攻克了一大片，关于子群格的Baer猜想也用最新的Building理论彻底解决了。

1983年5月28日，我站在人民大会堂的主席台上，从当时的中国科学技术大学校长严济慈手中接过我的博士证书的时候，脑子一片空白。沸腾的场面，雄壮的乐曲，都视而不见，听而不闻了，总觉得是在做梦。我小心翼翼地不做任何动作，不产生任何想法，生怕一不小心打破了梦境。

从小梦想当数学家，我的梦实现了吗？

虽然我做出了科研成果，受到过国际同行的好评，发表了论文，出版了专著，还得了中国科学院科技成果奖，虽然有很多人称我为数学家，甚至是“著名数学家”，但是从来没有一个权威机构发给我一个证书，授予我“数学家”的称号。所以，我很难说是已经圆了数学家之梦。

另一方面，我当上了教师。我有教师资格证书，教授职称证书，还有教育部颁发的国家级教学名师奖获奖者证书。我当了43年教师，听过我的课的很多人都成为我的粉丝。我知道他们不是我的粉丝，而是数学的粉丝、科学的粉丝。

人生匆匆，60余载倏忽而过，但因有梦想肯努力，倒也不算白白老去。回顾这一生，我愿意当教师，不但这一辈子当教师，还想再当50年甚至500年教师，为数学招收更多的粉丝。人不能活500年，但教书育人可以，办法就是写教材。中国的孔子、老子，外国的释迦牟尼，他们的教材已经教了两千年，而且还会继续教下去。以圣人贤人为榜样，我最后的梦是希望将我教书的经验写成教材，让教材代替我一直教下去，穿越时代，为数学培养更多的粉丝。

梦想是一切成功的开始

欧阳忠凯

人生之所以美好，是因为拥有梦想。美国前总统威尔逊曾经说过：“人类因梦想而伟大。”从宏观而言，梦想是推动这个世界向前发展的原动力；就个人来说，梦想是人生路上的一盏明灯。一个人想要成功，想要改变命运，有梦想是首要的，可以说梦想是一切成功的开始。

谈到我的梦，免不了回顾往事。年过花甲的我是伴随着新中国的成长而长大的，我的童年、少年，乃至青年时代，耳闻目睹了太多生活的苦难和成长的艰辛。而能够支撑我度过漫长的艰难岁月的，就

欧阳忠凯

- 1948年生
- 美好愿景集团公司董事长

曾为长沙知青，下放湖南江永县１２年。回城后曾任长沙市电工陶瓷厂、长沙市酒厂副厂长；１９８８年创立北京美好愿景房地产开发有限公司；2000年创立武汉美好愿景房地产开发有限公司；2003年创立长沙美好愿景房地产开发有限公司。目前集团在国内拥有全资及合资公司20来家，香港全资公司1家。

是无数看似微小而又真实的梦想。

儿时，我盼望着快一些长大，能够早日为父母背负家庭的重担。我9岁多就开始体力劳动，为自己赚取学费，13岁那年我辍学喂过猪，并在街办厂打零工补贴家用。当时正值国家三年困难时期，极端缺衣少食，成为我很长一段时间都挥之不去的梦魇。那时我深切体味过最直接、最单纯的梦想，就是饥饿时能够吃上一顿饱饭，困乏时能够睡上一个好觉。

1963年，未满16岁的我跟随“上山下乡”大潮下放到江永县高泽源林场。虽说年幼，但早经劳动洗礼的我，劳动技能已不输成人。这一时期，受身边知识青年们对文艺爱好的影响，我接触到了很多艺术门类，诸如诗歌、小说、二胡、笛子等等。在那个远离家乡、文化物质生活匮乏的小县城里，成为文学家、音乐家是我新的梦想。每日劳作之余，操练二胡、笛子成为必修功课，背诵唐诗、宋词成为我最大的爱好，我常常借助着昏黄的煤油灯，阅读着中外文学巨匠的作品，十几年如一日。一支好曲、一本好书、一首好诗都是陶冶我心灵、开拓我视野、赋予我智慧的阶梯。梦想照亮生活，可以说人生中真正的知识启蒙、品格塑造，是在我的文学梦、音乐梦中奠定的基础，而尤让我珍惜的是我与我爱人也是因文学、音乐而结缘。至今，身为古典文学博士生导师的她，仍念念不忘那些年诗词唱和、丝簧合奏的情景，感叹如果没有当初两人对艺术梦想的共同追求，以及一直以来我对她梦想的支持，也就没有她的今天。

步入青年时期，我期盼着能够早日回城、建立美好的家庭。梦想始于足下，我自学手艺，苦练技艺。1975年从江永调回，先是分配到湘潭地区工具厂工作，后因我有木工手艺，被调到长沙市电工陶瓷厂工作。当时我只是厂内的普通工人，我爱人则是湖南师大的研究生，为了跟上爱人的进步，我积极自学，用心工作，为厂里生产出谋献策，通过自己不懈的努力取得了突出的业绩，很快被提拔为副厂长。1987年，我被市有关部门作为扭亏能手，调入长沙酒厂任经营副厂长，仅一年时间，就扭转了酒厂亏损的局面，实现了当年盈利的目标。事业的成功、家庭的美满，让经历过艰苦生活的我对新的时代充满了感恩。

随着人生经历的丰富、思想的成熟，更受国家改革开放浪潮的鼓舞，我的梦想越来越大。1997年，我放弃了别人眼中的铁饭碗，义无反顾地选择了更为广阔的商海作为我实现梦想的平台。下海后，我从打工仔做起，卖过酒，应聘过广告公司经理，担任过中型实业公司老总，尝试过多种不同环境下职业经理人谋生的滋味，直到加盟武汉某港资公司，进入完全陌生的房地产行业。

1997年到1999年，我带领着公司一帮员工，在武汉、南京、北京摸爬滚打，短短的时间里，我与我的伙伴创造出当时在业界可称为“辉煌”的业绩。但人们看到的，都是表面的光环，有谁知道在缺乏资金、缺乏人才、缺乏经验的时候，我们所承受的艰难苦楚，所尝试过的跌倒、受伤、失败的滋味？支撑我们渡过难关的，是创业的梦想。是梦想驱使我们把潜在的全部力量发挥出来，催唤出我们的创造智慧。

2000年，我开始创办自己的公司，取名为“美好愿景”，明确表达出要做中国一流房地产企业的梦想。十几年过去了，经验，从无到有，逐步积累；规模，从小到大，循序渐进。愿景公司已迈入千万平方米开发企业的行列，企业的梦正在逐步实现。

回头看，于我而言，这么多年来，就是一个不断寻梦、追梦、圆梦的过程。这些梦想烙印着时代的发展、社会的进步。梦想成真的过程，除了个人的发展，更印证了国家和民族的伟大进步。试想，如果没有国家政策的支持，没有市场经济的大环境，没有国家“城镇化”的发展，我个人的创业梦，恐怕永远只能是遥远的梦想。

党的十八大召开以来，习近平总书记把中华民族伟大的复兴概括为

“中国梦”，并注入了丰富的内涵，凝聚着亿万人民对美好未来的期盼。我们期盼着国家完成宏大的经济转型；期盼着政府廉洁勤政、务实高效；期盼着社会和谐稳定，回归传统道德，中华文明；期盼着我们每一个中国人都崇尚恪守优良的行为操守：勤劳、诚信、遵纪守法、追求真理……而作为国家财富创造者的每一个企业，无论大小强弱，只要遵循市场的逻辑和规则，不断追求技术进步、产品进步，做好符合时代、社会需求的产品，就是“中国梦”最直接的一部分。对于企业家来说，对良知的追求，对法律的敬畏，对弱者的悲悯，对异议的宽容，对道德的坚守，对社会责任的承担，对国家、对人民的感恩，等等，都是主动融入“中国梦”的最真实的内涵，也是“中国梦”实现的一个最重要的积极推动力量。

梦想让人在茫茫未来不至于茫然，让人在最艰难的时刻还能有力量去希望。不灭的梦想给了一个人丰满的人生，给了一个社会继续前进的理由。历史没有终点，追梦未有止境，合力筑梦、执著追梦、实干圆梦，愿我们每个人都实现心中的美好愿景。

“少年智则国智，少年富则国富，少年强则国强”，出自梁启超的《少年中国说》，一直以来，国家都把少年放在首要位置，因为他们是祖国的新生血液。只有新一代有着杰出的智慧和能力，才能把祖国发展得更加富强。因此，我的梦想是祖国的接班人能够“青，出于蓝，而胜于蓝”，让国家和人民都能朝着前方积极地前进，并能把和平的观念植入世界各国人民的脑海，与各国和平相处，团结起来，把科技文明发展至巅峰，造就千古流传的佳话。

梦想犹如一根魔杖，赐予拥有者无穷的力量。

人，拥有了梦想——就拥有了力量，拥有了智慧，拥有了希望！

用生物技术的钥匙打开矿产资源利用的大门

邱冠周

30多年，在历史的长河中，只是“弹指一挥间”，但对于我和我的团队来说，却是在矿物加工这个科研领域里一步一个脚印走过来的一个个坚实的日子。

随着工业化进程的推动，高品位资源被过度利用，矿产贫化日益突显成为一个世界性的问题，传统的采矿、选矿、冶金工艺在处理低品位矿产资源中，低效率、长流程、高成本、重污染等缺陷严重违背了科学发展观中提倡的资源节约、环境友好的可持续发展理念，同时也对新型工业化发展的支撑日趋乏力。多年来，就如何

邱冠周

- 1949年生
- 中南大学教授、原副校长
- 中国工程院院士
- 矿物工程学家

国际生物冶金学会副会长。长期致力于我国低品位、复杂难处理金属矿产资源加工利用研究，在细粒及硫化矿物浮选分离和铁矿直接还原等方面取得显著成绩，特别是在低品位硫化矿的生物冶金方面做出突出贡献，被授予国家有突出贡献科技专家称号。发表了97篇科技论文和5部专著，先后获得国家技术发明奖、国家科技进步奖、中国高等学校十大科技进展等多项国家级奖项。

解决低品位矿产资源的综合利用以及如何解决矿物的深加工等问题，我和我的团队展开了一系列的探索，并以此作为自己科研生涯的追求目标。

错失高考，结缘矿物

我出身于广东大埔县的一个普通家庭，从小学到中学，成绩一直名列前茅。然而临近高考之际，史无前例的“文化大革命”让我与之擦肩而过。

此后，我当过农民、中学教师，其间还学习过一年的中医。1970年，广东大宝山矿厂来当地招工，为了生计，我辞去先前的工作，成为该厂的一名普通工人，从此和矿物结下了不解之缘。

在矿山，我十分珍惜这来之不易的机会，每天扎实工作，虚心向老师傅们请教。尤为重要的是，在这里能够汲取许多书本里无法学到的知识，这对我以后从事矿物科研工作，特别是在技术转化和将技术工程化方面帮助甚大。

两年后，一些高等学校恢复了招生。因表现突出，矿厂推荐我前往广东工学院选矿专业学习，大学毕业后，我再次回到大宝山矿厂。

然而，工作中的许多难题时常困扰着我，这让时任厂长一职的我决心继续深造。1978年，我考入中南矿冶学院（中南大学前身）矿物工程系攻读硕士学位，师从我国矿物加工领域著名科学家胡为柏先生；1982年，我又师从两院院士王淀佐先生，接受更加系统的选矿、加工的理论学习；1987年，我如期参加论文答辩，成为我国自行培养的第一位矿物加工工程博士。

毕业后，当时回广东工作的机会很多，而且薪资颇丰，但考虑到回去可能从此不再接触矿物研究，我毅然决定留校继续从事博士期间的科研工作，之后就再也没有离开过学校。

国家需要，是我从事科研工作的最大动力

学生时期，我将恩格斯的一则语录铭记于心："社会一旦有技术上的需要，则这种需要就会比十所大学更能把科学推向前进！"从那时候起，我便认定："国家需要，是我从事科研工作的最大动力。"

1976年起，我和我的团队便开始了改造直接还原铁传统生产工艺的探索。经过长达12年的艰辛努力，"复合粘结剂"终于研制成功。1988年初，我们将"铁精矿复合粘结剂球团直接还原法"新工艺用于实际生产中，却屡屡遭受失败。但我们并没有气馁，经过5年的试验，终于在北京密云矿山公司取得成功。

除了矿物加工领域，我们还在改善硫化矿浮选技术方面进行了长期的研究，后来该技术在我国大多数硫化矿浮选厂得到推广应用。

面对我国矿产资源紧缺、环境污染严重等难题，我开始将科研重心转向低品位、复杂难处理的金属矿产资源的综合利用，希望从中最大程度地"淘"出宝来。

2004年，被学界誉为"绿色冶金"技术的国家"973"重点项目"微生物冶金的基础研究"开始实施，我被任命为该项目的首席科学家。

"微生物冶金的基础研究"和技术创新，有利于解决我国特有的低品位复杂矿产资源加工难题，扩大我国可开发利用的矿产资源量，对矿产资源做到"在保护中开发、在开发中保护"具有重要意义。

研究期间，我及我的团队从国内42个矿山分离获得1000多株浸矿微生物，构建了我国第一个浸矿微生物资源库，为生物冶金技术的开发与应用奠定了菌种基础，创立了低品位硫化矿生物浸出新方法。这一新的方法应用于低品位硫化铜矿的处理，大大提高了铜的浸出率。

我国较多矿产资源品位偏低、成分复杂，我们只有不断探索新工艺、新办法，才能提高矿产资源的利用率。如今，我和我的团队正围绕国家

“973”项目开展微生物冶金过程强化的基础研究，旨在解决不同类型、更低品位矿选矿的难题。

打开资源利用的“天堂之门”

党的十八大报告明确提出，推进生态文明建设，要坚持节约优先、保护优先、自然恢复为主的方针。现在的矿产资源越来越稀少，要让有限的资源充分发挥效能，就要找到资源高效利用的新途径。在这种背景下，“微生物冶金”技术的意义就显得尤为重要。这项技术效率高、流程短、成本低、污染轻，真正具备了环境友好的优点，与国家提倡绿色梦的宗旨不谋而合。

“微生物冶金”，这门学问跨生物、冶金、矿物工程、化学工程等很多个领域，即利用微生物将矿石中有价元素选择性浸出，直接高效制取高纯度金属。这一新技术在云南等地的应用实践证明，不仅矿物加工污染少，而且每吨电铜的生产成本由常规选冶的1.4万元/吨，降至0.6万元/吨。

随着技术的成熟和进步，“微生物冶金”在我国已开始进入工业化应用阶段。该技术明显提高了低品位硫化铜矿微生物堆浸量，并相继推广应用到金矿、铀矿等的生物浸出。此外，生物冶金技术帮助赞比亚重新打造铜工业，大幅度提高了该国铜资源的开发利用率。

就生物湿法冶金的课题研究，我于2004年、2009年连续两次担任国家“973计划”项目首席科学家，并担任2011年举办的第19届国际生物湿法冶金大会主席，还倡议成立了国际生物湿法冶金学会，并被推选为国际生物湿法冶金学会副主席。我希望，用生物技术的钥匙打开资源利用的大门，再通过这个组织，把全世界的力量集中起来，共同研究解决资源问题。

资源总有一天会开采完，必须提前想办法。我始终坚持资源高效利用的绿色发展之梦，相信还有许多同道中人也在为这个绿色梦想不断探索和努力，为国家和人类的发展尽自己的一份心力。

梦想从这里开始

陈建二

下乡插队的第二年，十七岁，我当上了村里的民办教师。

当时大部分插队知识青年的第一理想是回城，当农村的民办教师是不太有吸引力的。因为民办教师虽然能脱离繁重、辛苦的体力劳动，但其身份还是农民，还在生产队分口粮、领工分，而且不稳定，随时可能被退回去“修地球”。即使有幸转正，当上了在编的正式教师，一般来讲，将来也就是一个乡村学校的教师，在农村度过一辈子。

但我却一直对教师这个职业情有独

陈建二

- 1954年生
- 美国纽约大学计算机科学博士
- 美国哥伦比亚大学数学博士
- 美国Texas A&M大学计算机科学系教授
- 中南大学信息科学与工程学院教授

曾获美国纽约大学最佳博士论文奖、美国国家科学基金会青年学者奖、美国Texas A&M大学杰出教授成就奖，中国国家自然科学基金委杰出青年基金获得者、教育部长江学者特聘教授、中组部千人计划专家、教育部高等学校自然科学一等奖、教育部长江学者创新团队带头人。主要从事计算机理论及其应用技术的研究，取得了一系列具有世界领先水平的研究成果。在国内外知名刊物发表学术论文300余篇。

钟。这可能与我的家庭环境和背景，以及我在小学时碰到的几位好老师有关。我一直觉得教师这个职业是崇高神圣的。特别是看到一些平时在村里胡天胡地，甚至敢在自己父母头上撒尿的顽皮捣蛋鬼们，一见到老师居然都露出几分敬畏的模样，更使我产生出由教师这种职业而带来的自豪感。

因为“文化大革命”的原因，我这个有初中毕业文凭的插队知识青年其实充其量也就是个小学六年级的底子。当上民办教师后，分配到村里小学教四年级。当时小学四年级算术课本中，有涉及百分比方面的内容。其中一类题目是“已知一个数的百分之几是多少，求这个数”。琢磨了半天，我自己实在是没太弄懂。于是稀里糊涂地教，学生也稀里糊涂地学。到后来参加“统考”，试卷中这类考题，我的学生全部做错！我发现自己“以其昏昏，使人昭昭”，教学方法也完全不对头！这在我内心产生了极大的震撼和恐慌。我第一次体会到：误人子弟会产生多么严重的后果！同时，也对自己的人生价值有了深深的忧虑：我总不能连10岁小学生所应当掌握的知识都不懂吧？于是我定下心来，发奋研读了半年，终于把小学六年的算术都搞懂了。

一年以后，我被调到一个瑶族山寨当代课教师。这里离公社驻地大约有60里路，是我们这个边远山区县的边远山区乡的边远山区村寨。由于这里太偏僻了，地广人稀，只能采取一种叫“巡回教学” 的形式上课：我一个人管三所学校，轮流在每个学校上一个星期的课。一个学校的学生上课时，其他两个学校的学生就放假。每两个学校之间的距离都超过40里。最大的学校有14个学生，而最小的学校只有6个学生。我在每个学校上课都是“复式班”模式，即一个班里有多个年级，一堂课要讲四个年级的课程内容。

这是我一生中最艰苦的时候，也是我最感到自豪的几年。我的梦想就是从这里开始的。也是在这里，我自学完了初中和高中所有数理化的课程。

一旦叩响了知识的大门，科学就展现出它那不可抗拒的魅力。我梦想着有一天能到大学去，系统地学习科学文化知识，聆听大师们的教诲，为科学技术的发展，为中国的强盛贡献自己的一份力量。然而，由于当时的政治环境，大学只招收工农兵学员，而且是需要组织上推荐的。以我们家的政治背景，上大学在当时对我来说，只能是一种奢望。

为梦想而付出的努力几乎从来不会白费，再是万般阻碍，自强和梦想依然会在人生的不远处闪出熠熠光辉。1977年，邓小平同志发表了“尊重知识，尊重人才”的讲话，并做出了具有划时代意义的重要决策：我国的高等教育制度重新回到正常轨道，间隔了10年的高考制度又恢复了，文化知识水平又重新成为高校录取的重要衡量标准。可以想象，当时我们听到这一消息后是如何的欣喜若狂，我们又是以怎样的激情和努力投入高考的复习中。复习中的发奋，报考专业时的困惑，等待通知时的焦虑，以及收到录取通知后的激动，至今还都历历在目，难以忘怀。

1978年2月，我作为“文化大革命”后的第一批大学生进入中南矿冶学院（现为中南大学）学习计算机科学，有幸成为“七七级”中的一员。“七七级”在我国高等教育史中是一个特殊的名词。经过10年的磨难，这级大学生无比珍惜这可贵的学习机会。当时“七七级”在学校学习的用功程度可以用“疯狂”两个字来形容。大家珍惜每一分钟的学习时间。排队买饭时拿着单词本背英语单词，宿舍关灯后就着走廊的灯光继续学习的情景处处可见……

至今还十分怀念当时那种求知若渴的氛围，怀念和老师同学们一起刻苦奋斗虽累却乐在其中的青春年代。甚至可以毫不羞愧地说一句，在全民不读书的年月里，在几乎看不到机会和希望的时光里，仍然有梦想、仍然肯为自己的梦想付出超常努力的人，本身就已经是社会栋梁——无论他们之后从事什么职业，成就如何，他们已经用自己的行为昭告了世人一个真理：每个人都有做梦的权利，只有少数人始终坚持为梦想付出了努力，也因此，他们拥有了梦想成真的能力。

我学的是计算机科学专业。70年代末期计算机科学在我国还是一个新学科，当时在国内几乎没有系统学过计算机科学的专家。在这种情况下，老师们以极大的热情、勇气和聪明才智，奋力追赶世界先进水平。凭着在科学上的深厚根底和坚持不懈的努力，许多老师几乎是从零开始自学国外计算机科学的先进技术，并将学到的知识及时传播给学生们。记得当时我们上课的许多教材都是老师们用钢板蜡纸刻写并自己油印的国外教材的翻译版（当时我们的英文水平还不足以直接看英文原版的书籍）。老师们的这些努力，对后来我国迅速赶超世界计算机科学与技术的先进水平起到了不可估量的作用，为我国计算机事业培养出一大批科学技术人才。

1982年春，我大学毕业。一年后，我到美国纽约大学克朗数学研究所继续深造，攻读计算机科学的研究生学位。1987年，我获得了美国纽约大学的计算机科学博士学位，我的博士论文获得了纽约大学最佳博士论文奖。当时不管是工业界还是学术界，都需要大量的计算机高级人才。凭着纽约大学计算机博士的牌子，不管去高校还是去公司，我都应该是很容易找到一份收入颇丰的工作的。而我选择了去哥伦比亚大学读数学的博士学位，希望通过学习和应用深刻的数学理论，在理论计算机科学的研究中取得更好的成果。除此之外，还有一个个人原因：学数学一直是我的一个梦想。

数学是我自学中学课程时碰到的第一个科目，正是数学把我引进了科学的殿堂。虽然计算机科学成了我终身的并且是深深喜爱的职业，但我的数学梦还在。特别是在对计算机科学有了专业的认识和更深度的理解后，我发现我的梦与我所喜爱的职业是相通的。于是，我选择了去追梦。

20世纪末，我在获得了哥伦比亚大学的数学博士学位后，受聘到得克萨斯A & M大学任教，从助理教授一直做到终身正教授。当时，我的梦想就是要攻克理论计算机科学中最尖端的难题，即P和NP的关系。至今这个梦想还在延续，我也在为实现梦想努力着。

20世纪初，我回到母校中南大学，和当年的老师与同学以及新的同事和学生合作，从事计算机科学领域的研究工作。当时我梦想经过几年的艰苦工作，在我们的共同努力下，迅速提高中南大学在计算机科学领域的科研水平，为中国计算机和信息学科的腾飞做出贡献。我当年的启蒙恩师，不顾高龄无私地支持我们去实现梦想，并同我们一起忘我地工作。今天，中南大学已成为世界上计算机学科中参数算法理论和应用领域的研究重镇之一。

2012年，我作为中组部“千人计划”专家，受聘于中南大学并出任现代计算科学研究所所长，从事计算机算法、透明计算、生物信息学和计算机图形学方面的研究。和10年以前相比，中国已经发生了天翻地覆的变化。中国经济总量已跃为世界第二位，科学技术的发展也蒸蒸日上。国家富强、民族复兴、人民幸福、社会和谐的中国梦正在实现。我梦想在新的历史环境下，中国的科学研究水平有一个飞跃性的发展，科学研究环境有极大的改善，有一支稳定并具有极大热情、献身精神和创新能力的科学技术研究队伍，各国学者和留学生将争先恐后源源不断地来到中国学习先进科学技术，并把学到的科学技术带回去造福人类。

我们的梦想一定能实现。

追逐梦想的过程是美好的。梦想的一步步实现给我们带来了极大的愉悦，而梦想实现的暂时受阻并不意味着梦想的破灭，反而可能唤起我们更大的激情，促使你去继续追梦。

只要你还有梦，只要你为了你的梦想，切实付出。

朱 翔

- 1955年生
- 湖南师范大学教授、博导
- 湖南省政府参事

长期从事地理教育、城市规划等方面的教学、科研工作。自1997年起从事教科书的编写，相继主编有初中地理教科书、高中地理教科书、中国地理与世界地理地图册、《城市地理学》、《中国地理大谋略》等。被评为2001年度全国模范教师和2008年度全国优秀侨眷。

中国人的『地理』梦

朱翔

中国是一个伟大的国家。中国实在是太大了，东西横跨、南北纵横都有5500多公里。我们把中国划分为东部与西部，东部以秦岭—淮河为界，分为北方与南方；西部以昆仑山为界，分为大西北与大西南。南方气候暖湿，植被葱郁，可称为“绿色中国”；北方有广阔的华北平原和黄土高原，可称为“黄色中国”；大西北荒漠、戈壁绵延，黄沙漫漫，瀚海无边，可称为“金色中国”；大西南有雄浑的青藏高原，冰川绵延，雪峰皑皑，可称为“银色中国”。关于如何进行国土整治，我心中一直有一个执著的梦想，可做如下描述："黄色中国"向"绿色中国"转变，"金色中国"向"黄色中国"和"绿色中国"转变，"绿色中国"应更加碧绿可人，"银色中国"主要是保护好原生环境。

根据自然地理状况和经济社会发展，我们把全国划分为四大经济板块，即东部、东北、中部和西部。这四大经济板块的自然地理条件、经济社会发展、历史人文情况都有很大不同，必须因地制宜，扬长避短，优势优先，各有侧重，选择各具特色的区域开发方式。还要协调这四大经济板块的发展关系，加强区域发展合作，逐步缩小地区差距，实现共同进步、共同繁荣的目标。这四大板块如何因地制宜、凝聚力量，实现国土整治的中国梦，我认为应该这样——

东部包括北京、天津、河北、山东、江苏、上海、浙江、福建、广东和海南，共10个省、直辖市和自治区。土地面积91.6万平方公里，占全国的9.5%；2011年人口5.11亿，占全国的38.1%。东部是我国经济发达、人口稠密、城市众多的地区，经济总量和财政收入都要占到全国半数以上。东部现已形成长江三角洲、珠江三角洲、京津冀、辽东半岛、山东半岛、闽东南等产业和城市密集的区域。近些年来，在国际经济形势严峻、资源和能源逐渐短缺、生态破坏和环境污染愈演愈烈的背景下，东部面临着全面转型的重任，产业主体由劳动密集型、"三来一补"向技术密集型、高附加值加工升级。北京、上海、广州、深圳等特大城市推进产业全面升级和空间结构优化，着力减轻交通阻塞、绿化率低、环境质量差等"城市病"，通过"腾笼换鸟"，以高端产业替代低端产业。长三角、珠三角、闽东南等地号称"世界工厂"，大多数企业以劳动密集型为主，但研发、营销、品牌等环节相对薄弱，正在通过自主创新，加快实现产业结构升级和增长方式转变，增强国际竞争力和可持续发展能力。

西部包括陕西、甘肃、宁夏、青海、新疆、云南、四川、重庆、贵州、西藏、内蒙古和广西，共12个省、直辖市和自治区。土地面积686.7万平方公里，占全国的71.5%；2011年人口3.62亿，占全国的27.0%。西部自然资源丰富，在矿产资源、油气资源、水能资源、土地资源等方面具有突出优势，但基础设施落后，人才、技术、资金匮乏，人均GDP仅相当于全国平均水平的六成左右。实施西部大开发，不仅可以缩小我国西部与东部的差距，而且对于加强民族团结，保持社会稳定与边疆安全，把西部的资源优势转变为经济优势，都有非常重要的意义。西部大开发的重点，在于普及基础设施和保护生态环境，加快科技教育建设，增强自我发展能力。西部的市场、资源和劳动力优势，可与东部的资金、技术和人才优势结合起来，逐步形成优势互补、良性互动、共同繁荣的区域经济发展格局。已经实施的西电东送、西气东输、西油东输等工程，东部对于西部的对口支援，对扩大东西经济交流、促进区域均衡发展发挥了重要作用。西部需要发展特色优势产业，积极承接产业转移，将资源优势转化为产业优势和竞争优势，发展能源工业，改造提升资源加工产业，做大做强装备制造业，加快发展战略性新兴产业和现代服务业。在产业发展上，西部需要创新思路，着力延伸油、气、煤、电、有色金属等产业链条，提高输出产品的附加价值，选择重点发展高新技术产业，使产业结构多样化、高端化和可持续。

东北包括辽宁、吉林、黑龙江三省。土地面积78.8万平方公里，占全国国土面积的8.2%；2011年人口1.10亿，占全国总人口的8.2%。东北土地肥沃，耕地广阔，矿产资源和森林资源丰富。建国以来，东北作为国家的重化工业基地，相继新建和改造了众多的重大工业项目，形成了以钢铁、机械、石油、化工、森工为主导的工业体系，在装备制造业方面具有坚实基础。2003年中央提出振兴东北老工业基地战略，指出东北要加快产业结构调整和国有企业改革改组改造，发展现代农业，着力振兴装备制造业，促进资源枯竭型城市经济转型，在改革开放中实现振兴。东北老工业基地应下大气力转变传统的高能耗、高物耗、高排放、高污染的生产方式，侧重发展高附加值加工制造业和高科技产业。许多城市以信息化和高科技带动传统产业改造升级，积极发展循环经济，由资源型城市演变为制造业城市或综合性中心城市。进一步巩固三江平原、吉林中部平原等国家商品粮基地的战略地位，积极发展高效益大农业。冰雪旅游、森林旅游、工业旅游的蓬勃开展，提升了旅游业的整体发展水平。拉动森林绿色食品和林药深加工等产业的发展，形成东北新的经济增长点。松花江流域、辽河流域和辽东半岛的工业污染得到全面整治，森林、草原、湿地等生态区得到有效保护。以哈尔滨—大连铁路为核心发展轴，集中力量建设好哈尔滨、长春、沈阳、大连中心城市和丹东、图们、珲春、绥芬河、黑河等口岸城市，优先建设好辽中南城市群。

中部地处我国腹地，包括山西、安徽、江西、河南、湖北、湖南六省。土地面积102.8万平方公里，占全国的10.7%；2011年人口3.58亿，占全国的26.7%。中部自然资源丰富，区位条件优越、历史文化底蕴深厚，产业发展基础较好，是我国重要的能源、原材料和农业生产基地。2006年4月，国务院下发了《关于促进中部地区崛起的若干意见》，提出要把中部建成全国重要的粮食生产基地、能源原材料基地、现代装备制造及高技术产业基地以及综合交通运输枢纽。2007年12月，武汉城市圈和长株潭城市群被国家批准为资源节约型和环境友好型综合配套改革试验区，成为全国“两型社会”建设先行先试的示范基地。在新一轮开放开发的背景下，我国沿海发达地区的劳动密集型产业、资源密集型产业正向中部转移。中部把握发展机遇，加速开放开发，大力发展战略性新兴产业，逐步退出高消耗、高排放和高污染型产业。中部开放开发较晚，可充分借鉴我国东部、东北和西部的建设经验，强调多维度的合理发展。促进城市产业升级，从主要依靠第二产业带动向三次产业协同带动转变，积极发展现代服务业。太原要从煤钢型产业结构向综合型、创新型产业结构升级；郑州应大力发展现代商贸物流业，构建我国中部的高速交通枢纽；武汉侧重于产业升级，培育以光电、汽车为主导的现代产业集群，促进城市圈的整体提升；长沙应加强与株洲、湘潭的联系，构建生态型高科技城市群；南昌作为鄱阳湖生态经济区的核心，应抓紧将自身做大做强；合肥作为皖江城市带的中心城市，应抓紧培育强有力的产业集群，增强城市的辐射带动功能。

我们处在一个风云激荡的变革时代，中国的东部、西部、东北和中部都正实现全面的转型和伟大的崛起，走中国道路，弘扬中国精神，才能实现中华民族的伟大复兴，才能共同编织出绚丽多彩的中国梦。

三一梦 中国梦

梁稳根

言及梦想，我是最有共鸣的。时至今日，我仿佛仍能嗅到20世纪80年代那充满了自由与开放的空气，仍能听到自己目睹那历史帷幕徐徐开启的激动心跳声。

20多年前，我和唐修国、袁金华、毛中吾等几个年轻兄弟，和现在的年轻人一样，同样有过迷茫，但更多的是向前冲的无限冲劲。之所以毅然辞去安稳的公职选择创业，就是因为我们坚信，只有将自己投入到时代洪流中，只有将自己的事业与国家的事业紧密地联系在一起，个人的价值才有可能真正得到实现。

梁稳根

- 1956年生
- 高级经济师
- 三一重工股份有限公司董事长
- 中共十七大、十八大代表
- 第八、九、十届全国人大代表

中南大学材料专业本科毕业，曾被评为全国劳动模范、优秀中国特色社会主义事业建设者、CCTV中国经济年度人物，并荣获五一劳动奖章。

“国家不改革就没有前途，而国家没有了希望，我们个人还有什么希望可言？正是因为将个人的前途、命运与国家、民族的兴旺联系在一起，我们才敢于将一辈子的生存和名誉押在国家改革开放的政策上。”当时我们几个年轻兄弟一起讨论时的话语，至今似乎仍在耳畔回响。

创业早期，我们曾经贩过羊，合作开过玻璃纤维厂，做过小生意，都以失败告终。但不管怎样，我们都没有选择放弃，我想这就是梦想的力量。而梦想，也为我们开创了一条前所未有的光荣之路。

从一开始的涟源茅塘焊接材料厂，到后来选择到长沙进入装备制造业，直至现在在全球范围内建设产业基地，三一一步一个脚印，一步一个台阶，梦想之路越走越远，越走越宽。

“一个强大的国家必定是一个制造能力强的国家，一个制造能力强大的国家必定是一个经济国力强大的国家。偌大的中国不可能进口一个现代化，我们要通过三一的发展来探寻中国工业的发展之路。” 多年来，内心的这个声音始终激励着我们不断前行。

值得欣慰的是，经过20多年的苦心经营，三一不仅在装备制造业稳健立足，且成为行业的领头羊，并为行业注入了新的活力。在三一进入装备制造业之前，国内混凝土机械90%需要进口，挖掘机械90%需要进口，桩工机械则完全属于空白。通过全体三一人的努力，三一的混凝土机械已然成为世界第一，挖掘机械也已打破国外垄断成为中国第一，其他产品如桩工机械、履带起重机械、港口机械，也在国内成为数一数二的品牌，国有品牌全面替代国外品牌已成为现实。

诸如迪拜塔、上海中心、香港环球金融中心等世界各地的重大工程中，均能看到三一生产的设备忙碌其中。三一在为改变这个世界的面貌贡献着自己的力量。因缘际会，我们还成功把握住了以品质来证明自己的两次机会：2010年三一履带起重机参与智利矿难救援，2011年三一62米泵车参与日本福岛救援，让世界进一步认识到了什么是真正的“中国制造”。

回顾三一过去的这20多年，如果非要用一句话来总结，我觉得三一的成长和发展就是一个追逐梦想的过程，也是一个梦想逐步清晰的过程。

我一直说，三一是一家先有文化后有企业、先有理想后有产品的公司。三一的文化中有一个信条，就是“人类因梦想而伟大”。正是凭着对梦想的追求，我们开始了义无反顾的创业。正是凭着对梦想的追求，我们确定了“创建一流企业，造就一流人才，做出一流贡献”的企业愿景。正是凭着对梦想的追求，三一人通过不懈的努力，打造了一个全球知名的工程机械企业品牌，还引领了民族品牌一步步击败外国品牌，并推动中国工程机械行业成为全球最具竞争力的行业之一。

当今中国，综合国力、企业竞争力空前增强，中华民族比以往任何时候都更接近实现民族复兴的梦想。历史车轮滚滚向前，推动一个伟大时代诞生的景象，已再一次浮现在我们的眼前。

国家领导人习近平同志在不同场合多次阐述和谈及的“中国梦”，就是这个伟大时代的精神指引。他提道，“实现中华民族伟大复兴，就是中华民族近代以来最伟大的梦想。”他同时强调，中国梦也是每个中国人的梦，人人“共同享有人生出彩的机会，共同享有梦想成真的机会”。

这就是中国梦，是全体中华儿女梦想的升华，也是三一未来发展的方向。

一直以来，三一的企业使命便是“品质改变世界”，意思就是，我们要用极高的产品品质去改变“中国制造”质量低劣、价格低廉的世界形象。我们希望有一天，三一能发展成为全球装备制造行业当之无愧的领导者，并为中国贡献一个世界级品牌。这，就是我们的三一梦。而通过三一的不断发展，推动中国民族工业发展壮大，进而推动中华民族的伟大复兴，就是三一的中国梦。

三一能走到今天，一个重要启示就是三一始终把企业和个人的前途命运与国家和民族的命运紧密联系起来，将实现企业的发展梦、个人的成功梦与实现全体人民的小康梦和中华民族的复兴梦融合，从而明确了企业和个人奋斗的方向，并激发出了无穷的热情和干劲。“产业报国”、“品质改变世界”，正是因为全体三一人将企业、个人的奋斗融入到了实现中国梦的历史洪流中，才有了三一今天长足而健康的发展，才有了三一梦的逐步清晰。可以说，三一梦是中国梦的缩影，是中国梦的生动样板。

而现今，在中国梦的构想下，党和政府发展经济的决心和能力，国内政治局势的稳定，以及中国现代化城市化建设的战略发展机遇，将给三一实现“产业报国”和“品质改变世界”的梦想，注入更加强大的动力。

相信梦想，坚持梦想。我相信，通过全体三一人孜孜不倦的努力与奋斗，三一梦一定会实现，中国梦也一定会实现。

梦回汉唐

胡晓晖

2012年秋季，我在美国一所大学给美国学生讲中国现当代史，要在每周三个小时、一共三个半月内，给那些只知道长城、熊猫、成龙和姚明的美国本科生，从1840年鸦片战争到2012年，跑马般讲完170多年的中国历史。这对我是个挑战，但也给我一个机会，让我宏观地重读了一遍这一个半世纪的中国苦难历程。我真实地理解到，对一个民族，什么叫艰难困苦，玉汝以成。

对于美国学生，他们的国家200年没有遭受过外国侵略，100多年没有发生过

胡晓晖

－1956年生

－纽约侨报新媒体中心总监

武汉大学中文系本科77级，硕士83级。1990年获美国佛罗里达州立大学亚洲研究硕士，旋即转学至宾州匹兹堡大学历史系，师从许倬云教授攻读历史学博士。1997年进入纽约《明报》工作，先后担任编辑、主任编辑、副总编、总编辑和执行总编等职务。

内战，他们天然地认为自己的国家就是世界超级强国和富裕民族；他们无法理解中国在近现代所遭受的屈辱和挫折，也很难感受中华民族所承受的困苦和磨难。而在讲课的过程中，我自己也一次次困惑，150年来，一代代先哲怀抱着改造中国，赶超世界先进水平的梦想，前赴后继，流血牺牲，最后，他们的梦想不是遭到扭曲变形，就是成为不折不扣的噩梦，让永远怀抱着希望、默默忍受一切痛苦的中华民族遭受更大的折磨。孙中山先生鼓吹革命推翻帝制，梦想天下大同的共和体制，其结果却是中华民国变成军阀混战的屠戮场，国家面临列强瓜分外敌入侵的惨景。

好不容易国共内战结束，“中国人民从此站起来了”，这简短的一句话让亿万人民欢欣鼓舞。新中国让带着强国梦的人民无私地投入到国家建设之中，一个梦幻般的国家将矗立在世界的东方。然而，反右斗争，“大跃进”，三年困难时期，一直到“文化大革命”，一代中国人的希望再次变成挥之难去的噩梦，中华民族再次眼睁睁地看着自己的国家被世界先进水平远远丢在后面，望洋兴叹。

讲课中，我曾问不知稼穑之艰难的美国学生，他们人生最初的记忆是什么。回答不外是：生日礼物，第一只宠物，圣诞灯火，以及度假旅游等。我告诉这些大孩子，我人生的最初印象是：饥饿！三年困难时期，我正好是三四岁之际，刚开始懂事，身体也正在发育中，那种似乎是无穷无尽折磨肠胃的饥饿的味道，跟着一帮大孩子到处采野果找吃的的场景，如火烙铁般印在脑海里，永难消除。

这些美国孩子没挨过饿，或者没长时间挨过饿，他们不知道营养不良是什么样的形状，不知道饿死人是何等的凄惨。但就在那饿死人的年代，中国人却硬是勒紧裤带造出了原子弹。在当时的条件下，是否该动用宝贵的国家资源做这个，在政治上仍是争议的热点。但令我感叹的是，即使在那种极端困苦的环境中，中华民族也没有放弃成为世界强国的梦想。作为一个民族，这是最宝贵的性格。

在世界文明史上，中国是少有的在长达数千年的历史中，始终保持着同文同种同地域发展至今的统一国家和民族。看到历史上多少曾经叱咤风云显赫一时的国家或民族，如瑞典，挪威，西班牙和英国等，早已不复强国梦，安于小国寡民的生活，我不知该是羡慕还是叹息，但我知道，这不会是中国的未来，中华民族不会安于这样平庸但不乏温馨的小国梦。

1944—1945年之交，二战尚未结束，但对战后联合国规划构想中，美国总统罗斯福就坚持要将中国纳入安理会五大常任理事国中，与当时世界的超级列强美苏英法平起平坐。而当时，中国贫穷落后至极，大部分国土还沦丧在日本侵略军脚下。

1990年代，中国经济才刚刚起飞，国家依然一穷二白，远离世界先进水平。但美国国际战略大师布热津斯基就在他的著作中认定，中国未来必定是世界级的大玩家。而对当时挟超强经济实力摩拳擦掌要对美国说“不”的日本，布热津斯基却轻蔑地定位为地区小玩家，难以成大气候。

也许他们看中的就是中华民族身上那种梦想永在的潜质吧?

毛泽东在1935年抗日战争爆发之际说的一段话让我至今感动不已：“我们中华民族有同自己的敌人血战到底的气概，有在自力更生的基础上光复旧物的决心，有自立于世界民族之林的能力。”他的这种对自己以及对中华民族的期许贯穿始终：“中国人民有志气有能力，一定要在不远的将来赶上和超过世界先进水平。”“中国应对人类做较大的贡献。”他的那种永远不甘平庸的精神也许将成为一代一代中国领导人的精神财富。

美国人觉得他们是天生的世界强国和世界领袖，而美国梦早已名闻遐迩。在课堂上，我告诉我的美国学生，世界上还有一个地方，一群人，他们怀抱着同样的梦想，希望自己的国家和人民富强，不再受人凌虐和欺辱，在自己的国土中呼吸着自由的空气，不卑不亢地与世界所有国家讨论共同关心的话题。这就是中国。

到2011年为止，全世界在建或已建成的超过300米高的摩天大楼一共有76座，其中有60座在中国，而美国只有6座。当我的美国学生听到这个数字，竟然惊讶得说不出话来，因为他们向来认为，美国在任何方面都是第一。建造摩天大楼未见得是社会生活发展的方向和趋势，但它至少是一个国家的社会财富和科学技术的标志之一。可以说，在中国历史上，还从来没有过像现在这样，有如此之多的人拥有如此之多的财富。

一个国家如同一个人，不能没有生命的追求，不能没有光荣的梦想。经历了近200年的苦难，中华民族终于走上了平等起跑线，和世界各强国一竞风采。中国历史最为灿烂辉煌的汉唐时代是否能再次重现，现在也许是百年来最好的机遇。祝福你，我的祖国。

此生痴绝梦『黄白』

陈彩虹

我出生在20世纪50年代后期。小时候的梦想，是成为一名作家。现在已经想不起来，究竟是什么原因，让我产生了如此的人生期盼。年过五旬，传统意义上的“作家”梦依旧遥不可及，但这一儿时的梦想，真真切切地给予了我一生孜孜不倦的写作动力。粗粗算来，我写出来的文字当以数百万计量——12本已经出版的拙著或文集，可以支持这一论断。对于一个非职业的“写家”，这等写作的数量，可近似地以为“梦想”成真了吧。

应当说，是自然和历史的定数，我

陈彩虹

- 1957年生
- 高级经济师
- 中国建设银行董事会秘书

出版有《现代货币论丛》、《钱说——货币金融学漫话》、《世界大转折》等10多部著作或文集。

天然地处在了世界大变化和中国大变革的时代。不断推进的改革发展潮流和日益扩张的市场边界，将我的职业生涯定位在货币银行领域。我清楚记得，大学毕业工作后，我开始下意识地思考自己的人生。似乎在不经意之间，一个强烈的理念升腾起来：只有顺应既定的大历史背景去创造个人的历史，并且努力让个人的历史成为大历史背景里有价值的成分，这样的人生才是值得的。

于是乎，我倾心于世界和中国变化的大棋局，特别是棋局里经济和金融的大走势，认定银行业是自己终身的职业停留处，更是选择货币理论为自己终身探索的课题，试图用一生，读清大势之态，集聚职业之智，创新理论之果，留下来到世间走上一遭的美妙印迹。儿时那模模糊糊的“作家”之梦，到这时，就清晰地被“货币理论作家”所替代了。

回忆起走过的这一梦想实现之路，辛苦的同时也是充实和愉悦的。

在大学时代里，马克思的商品货币理论将我带入了货币理论的辉煌大厦，开启了此生与其的相遇。不过，说实话，那时的我并未十分清楚地理解马克思的理论学说，加上涉猎的其他货币理论极为有限，虽然能够流利地背诵一些理论名词和某种逻辑解释，但更多的是作为“敲门砖”来获得考分，算不得货币理论的入门者。

恰恰是20世纪80年代初的大学毕业分配，送来了一个历史机缘，我进了一家银行的研究部门。货币、银行、贷款、投资类词语不仅时时遇到，还必须熟知它们并深谙其中奥妙，否则你无法开展工作；更让你想不到的是，亲朋好友也时常“考试般”地求问这些专业词汇，你的业余生活也由此“被迫地”具有了职业的色彩；还有那自我内心的拷问，作为一个银行人，我如何才能说得清楚那许多的货币问题，助益于所在银行，服务于这个国家，贡献给整个世界，成为一个受到认可的货币理论者？

职业、日常生活和人生目标，它们实际上是有着相互关联的，你就不能不思考它们之间的关联；你就不能不围绕这种关联，想到一定有某种提升自我的必要。我开始广泛游猎货币理论领域里的名山大川，阅读了当时能够找到的几近所有关于货币金融理论的书籍。工作一年之后，干脆，我选择了离岗的三年研究生学习，“货币理论家”的目标从此清晰得不再有任何的杂色。

这是一个梦想者自觉时代的真正开始。当学习不再只是为“稻粱谋”类的小目的，而是牵扯上了人生的价值和社会大义，学习的热情就势不可挡，而学习效果也就是日新月异的了。就在那段时间里，我通读了马克思的《资本论》，特别对他的“商品货币理论”，进行了反复无数次的咀嚼。从抽象到具体，从自然到历史，从商品的二重性（使用价值和价值）到货币形态和功能，再到资本和资本形态的转化，在真正读懂了马克思的“商品货币理论”之后，我不知不觉中，将自己读成了一个“马克思主义信仰者”和“马克思主义者”。

与此同时，我大量地涉读了从古典经济学到当时能够读到的现代西方经济学的货币金融理论文献，亚当·斯密、凯恩斯和弗里德曼等这些在经济学史上赫赫有名学者的货币理论，无一不被我仔细地阅读和推敲。经过如此系统的学习，一方面，大大地扩展了自己的货币理论视野，另一方面，则在理论比较和思考中，发现了马克思货币理论更为突出的真理性。自然而然，在后来我的货币理论研究经历中，马克思的“商品货币理论”一直是最坚实、最持久和最具有说服力的基础。

当“学成归来”再回银行工作时，我似乎站在了一个新的高度上，大有登上泰山之顶，一览众山无遗之感。20世纪80年代中后期，正是中国银行业变革实质启动之时，新老交汇的，不仅仅有花样翻新的金融词汇，更有那变幻多端的金融现象，尤其是随着改革推进和市场边界扩张而来的新金融制度、市场、产品及交易等，向金融界或“金融人”提出了货币理论研究和货币知识张扬的历史性任务——我们的社会，从一般百姓到治理高层，都迫切地需要认识现代货币的属性，理解多元的金融市场，掌握金融运行的规律。这样的历史境遇，让我萦绕于怀的“货币理论作家”梦想，一下子落实到了宽厚的大地上。剩下的事情，就是看我如何去作为了。

或许，在外人看来，历史的安排有某种小小的遗憾。我只是在银行的研究部门停留了片刻，随后便进入了具体的银行业务和综合管理领域，并且游动于总部、分行，行走在境内、境外。整天忙于那巧言的营销和谈判、精细的分析和计算，还有那必须走过的环环相扣的复杂程序，我又如何才能去实现那已经刻入生命之中的“梦想”？

在内在的意志里，我再次确认了自我的不二选择，饭后茶余的碎片时间，就都集合到了“梦想”的旗下，“五分钟阅读”和“随记性写作”成了实现梦想的基本形式；从技术的视角看，紧密地结合职业中的“问题导向”、“政策制度”和“解决思路”展开思考，有力和有效地支持了业余的研究，相比于专业研究人员，反而更有“接地气”的强大优势。事实上，我的许多的理论构想和文章提纲，不是完成于万米高空的飞机上，就是形成于会议或谈判的空隙间。有时，一篇稍长点的文章，通常要写上数月甚至于一年。就这样，一个辛劳又充实的梦想之旅，依托不断厚实的理论之帆，伴随解决问题的实践之风，启程远航。

货币理论的世界，是一个充满了神秘和挑战的地方。自从货币产生以来，人类社会就没有离开过它。人们使用它、研究它、改造它，提出了诸多的假想，也创设了大量的理论，却始终没有能够完全地揭开它的神秘面纱。最要命的是，人类社会因货币而来的起伏跌宕、你争我夺和喜怒哀乐，让人类自身经常地陷入迷茫和困惑，从古至今的理论学说和道德文章，也未能说得十分清楚人类究竟是货币的“主人”还是“奴仆”。我进入到这个世界后，很快就如痴如迷地“被”牢牢吸引而不能自拔，常常是看到“货币”类的文字或是新奇说法，经历平常或特殊的货币金融事项，就情不自禁地投入精力，废寝忘食地要弄个明白。尽管自己也清楚，这个世界的神秘和挑战，不会因为我的加入而有大的改变，但我坚信，多一份探索的力量，会让人类社会揭开全部货币之谜的时间有所缩短。

大学毕业到现在，30多年过去了。当整理自己发表的文章和一些手稿，再看看书架上已经出版的书籍时，内心涌起一股热流。从外在的影响来看，这些作品因其较厚实的理论基础，又贴近中国和世界变革的大势，或多或少地引起了学界或业界的关注和讨论。例如，《现代货币论丛》文集中关于现代货币的定义及功能，以及中央银行与货币发行的关系，就曾引发过相当范围内的争论；《钱说——货币金融学漫话》作为“大众经济学”的知识传播作品，从出版至今10多年一直“常销”，充分地说明了这一本小册子较大的社会价值；还有那篇发表于1994年的关于中国资本市场的《给点大智慧》一文，一下子引爆了全国性寻求资本市场“大智慧”的讨论，许多名家、“大腕”加入讨论，且具有相当大的规模，并持续了相当长的时间。在一个大变革的历史里，我也成为大变革历史的一部分，个人的梦想有了时代的高度，一个生命的价值外化为了社会的正能量。

“黄白”有“黄金白银”简说一解，自然是货币代称。明代戏曲家汤显祖有诗曰，“欲识金银气，宜从黄白游。一生痴绝处，无梦到徽州”。未知汤诗人对徽州或褒或贬的真意，后人吟诵此诗，解说的寓意倒是颇多，莫衷一是。我当然难有新解，却在这四句诗中，竟读出了自己此生“黄白”之梦的痴绝表达，字字有意，句句扣题，凝聚成了“金银黄白痴绝梦”。今生吾之梦想，关联过往名师大作，不能不说是另一种人生的奇缘了。

个人有梦想才会不断努力，国家有梦想才能不断前行。当今社会国际上的竞争更多的是国家与国家之间经济实力的较量，个人的“黄白”之梦能为国家经济发展增砖添瓦，此生幸甚。

魏后凯

- 1963年生
- 中国社会科学院城市发展与环境研究所副所长、研究员
- 中国社会科学院西部发展研究中心主任
- 城市与区域经济专家

中国区域科学协会、中国区域经济学会副理事长，中国城市经济学会副会长。公开出版独合著学术专著12部，主编学术著作20多部，发表中英文学术论文300多篇，主持或参与完成的科研成果获20多项国家和省部级奖项。

中国人的城市梦

魏后凯

城市化是经济社会发展的必然结果，也是社会进步和现代化的重要标志。保障城乡居民的平等权益和人口迁徙自由，让广大农民在自愿的基础上逐步离开农村，脱离农业，进入城市从事非农就业和安家落户，享受城市现代文明，过上更加富足幸福的城市生活，实现由农村型社会向城市型社会的转变，这是中国梦的重要组成部分，也是广大农民尤其是进城农民工不懈追求的梦想。

大量农民向城市迁移，追求美好的城市生活，也是世界各国广大农民的梦想。

从1950年到2011年，世界城市人口由7.45亿增加到36.32亿，城市化率由29.4%提高到52.1%。到2011年，较发达国家城市化率已达77.7%，其中美国为82.4%，加拿大为80.7%，日本为91.3%，澳大利亚为89.2%，英国为79.6%，法国为85.8%，基本完成了城市化进程；而欠发达国家为46.5%，至今仍处于快速城市化时期。各国在追求“城市梦”的过程中，也付出了一些惨重的教训，如大量贫民窟涌现，“城市病”流行，洛杉矶光化学烟雾和伦敦烟雾事件等。

长期以来，进入城市享受更加美好的现代城市生活，一直是中国广大农民追求的梦想。在改革开放之前，受户籍制度等的限制，这种“进城梦”只能通过招工、提干、上学等少数途径实现。之后，随着改革开放的深入推进，进城务工经商的农民工迅速增长。1983年，全国外出农民工总量约200万人，1989年增加到3000万人，1995年达到7000万人，2002年达到10 470万人，到2012年则达到16 336万人。加上本地农民工，全国农民工总量已达到2.63亿人。其中，在城镇就业的农民工约2.4亿人。

这些农民工虽然在城镇就业，一定程度上实现了“进城梦”，但由于现行体制的限制，他们在政治权利、劳动就业、子女教育、医疗卫生、社会保障等方面，并不能享受与城镇居民同等的待遇，其市民化程度较低，难以真正融入城市。初步测算，2012年全国农民工市民化程度仅有40%左右，与城镇居民差距较大。因此，要实现广大进城农民工的“城市梦”，依然任重而道远。

中国人的“城市梦”，不单纯是让广大农民进入城市，实现“进城梦”。更重要的是，不仅要让农民“进得来”，而且要让他们“留得住”、“过得好”，使他们真正融入城市社会，把城市建成和谐幸福的美丽家园，实现更高质量的健康城市化。实现这一“城市梦”，主要有三个标志：一是80%左右的人口居住在城镇，整体进入高级城市型社会；二是人口自由迁徙，进城农民享有平等的政治权利和各项社会福利，不存在歧视；三是人们居住在生态宜居的美丽城市，实现充分就业，生活富足，和谐幸福，没有贫民窟。

改革开放30多年来，中国的城市化快速推进，全国城镇人口由1978年的1.72亿增加到2012年的7.12亿，城市化率由17.92%提高到52.57%，已经实现了5亿多农民的“进城梦”。再经过30~40年的积极努力，我们完全有能力实现中国人的“城市梦”，让80%左右的人口居住和生活在生态宜居、充分就业、生活富足、和谐幸福的美丽城镇家园中。这一“城市梦”是一定能够实现的。

人口城市化是实现“城市梦”的重要前提。从国际经验看，中国的快速城市化还有20年左右的发展空间。预计到2020年，中国城市化率将达到60%左右，城镇人口约为8.4亿，由此中国将进入中级城市型社会；到2030年，中国城市化率将达到68%左右，城镇人口将超过9.5亿，预计在2033年前后，中国将越过城市化率70%的拐点，由此结束城市化快速发展的中期阶段，进入到城市化稳定发展的后期阶段；到2040年，中国城市化率将达到75%左右，城镇人口约为10.3亿，由此中国将进入高级城市型社会；到2050年，中国城市化率将超过80%，逼近城市化率85%的峰值或饱和度，城市化水平处于相对稳定状态。这表明，在2040—2050年之间，中国将实现80%左右的人口在城镇居住和生活。

城市群是中国推进城市化的主体形态，也是吸纳农业转移人口的主要载体。预计到2030年，中国将逐步培育形成世界级、国家级和区域级三级城市群结构体系。其中，世界级城市群包括长三角、珠三角、京津冀、长江中游等4个城市群，国家级城市群包括山东半岛、海峡西岸、辽中南、哈长、中原、江淮、成渝、关中—天水、北部湾、兰州—西宁等10个城市群，区域级城市群包括冀中南、东陇海、太原、呼包鄂、黔中、滇中、宁夏—沿黄、天山北坡、藏中南等9个城市群。这些城市群地区将集聚中国城镇人口的60%以上，成为支撑中国经济持续快速发展的重要增长极和吸纳农业转移人口的主要载体。

农业转移人口市民化是实现“城市梦”的核心内容。在2030年前，全国大约有3.9亿农业转移人口需要实现市民化，其中，现有存量约1.9亿人，增量约2亿人。从全国看，力争用10~15年的时间，从根本上解决农业转移人口的市民化问题，实现更高质量的健康城市化目标。到2015年，要切实保障农业转移人口的基本权益，如政治权利、劳动权益、就业培训、义务教育、基本社会保障等，基本实现基本公共服务城镇常住人口全覆盖；到2020年，逐步建立城乡统一的户籍登记管理制度、社会保障制度和均等化的基本公共服务制度，基本实现基本公共服务城乡常住人口全覆盖；到2030年，建立全国统一的社会保障制度和均等化的基本公共服务制度，在全国范围内实现社会保障一体化和基本公共服务常住人口全覆盖，确保农业转移人口在政治、经济、社会和文化等领域全面融入城市，公平分享改革发展成果，平等参与民主政治。

美丽城市建设是实现“城市梦”的空间载体。当前，建设美丽中国的号角已经吹响，各地相继启动了美丽城市建设的行动计划，园林城市、生态城市、宜居城市、低碳城市、智慧城市、和谐城市、幸福城市建设也在稳步展开。为切实改善居民住房条件，国家还开展了新一轮棚户区改造，计划在2013—2017年改造各类棚户区1000万户。这一系列行动计划将为我们建设一个生态宜居、和谐幸福的美丽城市家园奠定坚实的基础。

王扬宗

- 1964年生
- 中国科学院自然科学史研究所研究员、副所长
- 中国科学院院史编研组组长

1985年毕业于武汉大学化学系，现从事中国近现代科学史研究，编著有《傅兰雅与近代中国的科学启蒙》、《近代科学在中国的传播——文献与史料选编》、《中国科学与科学革命》等。

科学梦，不再遥远

王扬宗

20世纪70年代，我上中小学，正赶上了半工半读运动。因此，我从10岁开始，就参加农业生产劳动。那时候，不仅平时经常参加锄草、摘棉花、插秧等劳动，每到暑假，还要参加“双抢”，即抢种抢收，主要是割稻和插秧。那时每个劳动工一天挣不到两毛钱，农民普遍消极怠工。双抢时节，除了犁田之外，收割、插秧的主力都是暑假回了家的中小学生。劳动强度很大，很多同学都吃不消。记得最累的是插秧，每一天劳动下来，很多人都累得差不多趴下。双抢从7月中旬开始，8月上旬立秋之前一定要把晚稻秧苗插完。连续劳动20来天，没有休息，往往要到立秋那天才干完。也总是在那一天，即使白日艳阳高照，但到了下午或傍晚时分，忽然一阵风送来凉意，随即落下阵雨。季节的变换如此奇妙。那时，我总是盼望着70年代早点结束，1980年快快到来。因为报上宣传说1980年我国将实现农业机械化，繁重的体力劳动将为机械所取代。那可以算是我最早的科技梦吧。

实际上那不过是春梦一场。1980年到来了，不仅机械化没有实现，随之而来的反而是去机械化。随着农田承包到户，回归到以户为单位的小农经济，生产队仅有的一些耕种、收割机械都逐渐废弃不用了。

“机械化”之后，是“四个现代化”。这是“文化大革命”结束后，党中央向中国人民提出的20世纪最后20余年的奋斗目标。而科学技术的现代化，被认为是“四化”的关键。“向现代科学技术进军”这个号召召唤着无数热血青年，陈景润成为那个时代的新偶像。而我也在80年代初进入大学学习理科。

20世纪80年代，对于中国人来说，那是一个激动人心的年代。改革开放不可阻挡地成为时代的最强音。大学校园，得风气之先，自然是新思潮、新文化的前沿。温元凯、丁玲、李燕杰、朱伯儒等，从新潮人物到“新时代的雷锋”，都被邀请到校园作报告。记得有一天晚上，在教三楼前的小广场举行了一场临时报告会，于光远先生讲他对改革开放的认识。印象最深的是他介绍自己主动从中国社会科学院副院长的领导岗位上退下来，为的是能早一点说自己想说的话。而促成我职业转变的则是哲学系萧箑夫教授的一场报告，题目是“对外开放的历史反思”。萧教授充满激情地从历史的维度诠释当代改革开放的必然性，令人耳目一新。听了他的报告之后，我到学校开放的书库里借了几本历史书，又从书店里买了“走向未来”丛书中的几本，从此开始接触历史学。结果在大学毕业之后，从学习科学转向学习科学史，并以此为业至今。

20世纪80年代，学术界讨论热烈的一个话题是中国近代科学落后，或为什么近代科学没有在中国产生的问题。这个以英国科学史大家李约瑟名字命名的“难题”，吸引了方方面面的学者和社会公众。其原因，大概是因为很多人都以为解答了这个“难题”就找到了发展中国科学技术的钥匙。然而，对于这个问题了解得越多，我对那些流行的答案乃至那个问题都不以为然了。简而言之，我认为，中国近现代科学落后的原因更需要从近代史中去找寻。

历史是过去与现实的对话。中国近现代的科学技术史满是破碎的旧梦。从林则徐、魏源睁眼看世界开始，我们中国人就企图通过引进西方的科学技术实现国家富强。尽管同光年间一度出现过所谓“同光中兴”的幻象，但随着甲午之战失败，富强之梦破灭了。

接下来科学救国之梦登场了。这个梦从19世纪末延续到20世纪中叶。然而由于内忧外患，战祸连绵，中国科学在20世纪的上半叶仅得到很有限的发展，科学救国不过是纸上谈兵。

德先生、赛先生的启蒙使命还没有完成，科学就被工具化、功利化、教条化。中华人民共和国的成立开辟了中国科技发展的新时代。科技事业得到国家强有力的支持。短短的几年内，我们就建立起以中国科学院和国防科技系统为中心，包括高等院校与产业部门科研机构，以及地方科研机构等在内的全国科研体系，奠定了中国当代科学技术事业的基础。虽然赶英超美的“跃进梦”很快就破灭了，但在极其艰苦的条件下，中国科学家仅仅用了10年多的时间，就先后研制成功“两弹一星”、合成牛胰岛素结晶，等等。那一系列成就，极大地提升了中国的国际地位，科学的“中国模式”一度引起了国际科技界的瞩目。“文化大革命”期间，甚至有一些西方科学家来中国取经，有的人甚至认为中国科学将是世界科学发展的方向。但是，人们渐渐认识到，如果一味地搞“科学大跃进”、“技术革新”、“开门搞科学”等“创举”，最终不过是一场场大折腾。

“文化大革命”结束，迎来了“科学的春天”。但随之而来的面向经济建设的科技体制改革也给科技界带来了一些负面作用。“断奶”、“下海”等措施削弱了科技事业的基础，加剧了本已严重的人才流失和人才断层。有一些年，搞原子弹的不如卖茶叶蛋的，一些老科学家不得不申请困难补助。生存与温饱都成了问题，“小康梦”代替了“四化梦”。

所幸在20世纪末，党中央确立了“科教兴国”战略，世纪之交又开始大手笔建设国家创新体系。随着21世纪的到来，伴随中国经济的快速发展，中国科技事业终于迎来了自近代科学传入中国以来最好的发展时期。国家对科技事业的投入大幅提升，中国科技事业面目一新。过去许多人做梦都不敢想象的事，近些年都变成了现实。仅以实验室条件而言，我国许多单位都具备了国际先进水平。我国每年发表的科技论文总量，现已跃居世界第二，仅次于美国。毫无疑问，今天的中国算得上是个科技大国。

然而我们还不是科技强国。中国有重大国际影响的科学家至今仍寥寥无几，我们的大学和科研机构距离国际先进水平还有较大差距，中国的科技竞争力还在低位徘徊。本土科学家诺贝尔奖的长期缺失，“钱学森之问”引发的全社会共鸣，就是这一尴尬现实的真实反映。而这些问题如果得不到较快解决，中国科学家就不过是国际科技界的廉价民工，中国科技界对世界科技发展贡献的分量与我们这样一个大国的地位就很不相称，中国科技实力也难以支撑民族复兴的伟业。

100多年来，中国人的“科学梦”，从“借法自强”到“科学救国”，从“向科学进军”到“科教兴国”，再到十八大确立的创新驱动发展战略，无不寄托着人们对发展科学技术、以求民族复兴的渴望。这些年来，我在历史中追踪着近两个世纪国人的科学旧梦，感受着历史的脉动。与此同时，又近距离观察着当代科学的步履，亲身体会到当代科学的发展与纠结。回首既往，曾经为梦想和希望而激动而慷慨，也曾为现实的差距而无奈而失落。现实有其定式和节奏，与人们的期待或意愿总是有较大的距离。但不管怎样，中国科学就是这样或蹒跚、或奔驰着向前，无论理解、赞美或抱怨，不觉间已经发生了天翻地覆的变化。虽然早已过了做梦的年纪，但现在我真切认识到，今天，我们的科学梦与现实不再那么遥远。当然，这需要我们充分吸收科技先进国家的科技制度文化，加强科技体制改革和制度建设，尤其要加强顶层设计，破除科技发展的种种体制障碍，克服功利主义科学观的局限，探索真理，造福人类。中国科学真正融入世界科学之日，就是中华民族伟大复兴之时。这个梦一定能实现！

一棵油菜的梦想

沈昌健

我是一个地地道道的农民，从1996年开始跟着父亲沈克泉搞油菜科研，这一搞就是36年。

农民搞科研育种很难，一无钱二无设备，数据和结论还常被质疑。原来别人都说我们父子是“做梦”——你一个农民搞科研，不是疯了就是傻了。

现在大家不说我做梦了，还夸我是“追梦”。2013年央视和好多媒体报道了我们父子搞油菜的事，我还当选了感动中国2013年度十大人物。有人鼓励打气我当然高兴，但油菜育种是科研，靠数据说

沈昌健

- 1967年生
- 湖南常德临澧县农民

1996年沈昌健追随父亲沈克泉从事超级杂交油菜研究，用两代人的心血培育出超级杂交油菜。先后荣获临澧县油菜科研成果三等奖、国家发明专利证书，常德市科技局、科协、农业局授予其农民科研之星称号，入选新华社中国网事·感动2013十大人物、中央电视台感动中国2013年度十大人物。

话，该走的程序半步不能少。最后的审定出来前，多说是不严谨的。

油菜科研的事还是要油菜说话，我晓得，躺在名声上睡觉就完蛋了。每年我都是大年初一开门就下田，没办法，正是油菜生长的关键期，追肥、田间管理都缺不得人。邻居开玩笑，说我是只记得给油菜拜年的油菜“癫子”（痴迷者）。

这么多年我们家钻研油菜，赚了名声也赚了累，就是没赚到钱。我老婆有时忍不住埋怨，也许我家是乡里名气最大的，但也是背债最多的。

36年，只为“一棵油菜”

1978年，我爹沈克泉在贵州养蜂时发现几株长势特别好的野油菜，就带回乡想培育油菜新种。“养蜂还搞出个油菜新品种”，乡亲们都夸我爹有想法，到底是读过书的人。

那年我12岁，总喜欢去摸那几棵油菜，差点把油菜摸死。我开始跟着父亲下田种油菜、记录数据，没想到这一摸就是36年。

到了1982年，因为高产、省工，我父亲育出的油菜新种子大受分田到户的农民欢迎。当时县农业局下乡挂职的农技干部谭友斌老师听说后，手把手教我父亲如何系统性地选育新种，还送了好多农科书籍，传授科研方法，把我父亲带进了杂交油菜培育的大门。

油菜是很难杂交的，既有雄蕊又有雌蕊，一般自花授粉。要想培育出杂交油菜，必须找出一种只有雌蕊而雄蕊败育的雄性不育系。我爹沈克泉从贵州采回的油菜，正是难得的不育系种质材料，他命名为“贵野A”不育系，正式开始了杂交油菜科研之路。

这里我想啰嗦一句，很多人质疑为什么科研院所里好多人一辈子都没育出一个新品种。其实杂交育种一定程度是靠运气的，如果袁隆平院士没有在海南发现三穗“野败”的雄性不育系，就未必有后来的杂交稻。这也是为什么父亲沈克泉发现"贵野A"油菜不育系后，我们全家一直坚持这么多年要搞杂交油菜育种，运气太难得了。

我娘何秀英，也由我爹带着搞起了杂交油菜，从一点不懂开始自学，一起下田育种，一起记录数据和做学习笔记。我这有一本我娘记的油菜笔记，扉页上写着"一棵油菜的研究——沈克泉1978，何秀英1984"。其实这36年，我们家就只是做了这"一棵油菜的研究"。

进入90年代，我家的杂交油菜选育越做越大。1990年，在当时临澧县科协秘书长沈文祥的协助下，我爹和几个人创建了临澧县农村实用技术研究所和临澧县油菜研究协会，主要工作是开展杂交油菜新组合的试验示范。

那时我在外开中巴车，赚钱负担家里的科研和生活开销，一天能挣上200元，生活过得比现在要富裕。到了1996年，家里为油菜研究欠的债扛不下去了，我卖掉了中巴，带着3万元卖车款回家专门搞油菜研发。油菜育种赚不了钱，比大田更耗工费力，菜籽要留种又不能卖。除了五六亩口粮田和菜地，一家人的生计就靠我和老婆农闲时外出做些小生意贴补。

在外过惯了开车赚大钱的轻松日子，其实我回乡也不甘心成天对着几亩油菜受穷。但一件小事坚定了我跟着父亲干下去的决心：因为种我家油菜获得了大丰收，父亲沈克泉在乡亲们口中从"老沈"变成了"沈老"。

接下来叫父亲"沈老"的更多了，全国各地都有人来讨要我家育的种子。在取消农业税之前，油菜收成是农民缴农业税的重要现金来源。能让一亩地少用几个工、多收几十斤菜籽，我家父子培育出的油菜新种成了各地农民抢着要的香饽饽。

麻烦也随之上门。有人说农民不可能搞出杂交油菜新组合，认定我爹是在卖假冒伪劣种子，要罚款8000元，还说要捉去关起来。我父亲胡子都白了，还被人当坏人骂，气得当众哭起来，"难道农民就不能搞科研？"

哭过之后还得接着干。没有科研设备和国家支持，我们父子只能靠更详细的田间观察，凭更详细的记录总结规律。2004年，我们繁育的“贵野A”不育系材料油菜新组合获国家发明专利证书。2007年，父亲带着自己培育的巨型油菜“独闯”在武汉召开的第12届国际油菜大会，引起了轰动。

2009年12月10日，70岁的父亲沈克泉因病去世，留下的嘱咐全是油菜。我记得父亲临死都在说“油菜不要丢，一定会成功”；还希望油菜育种成功后，一直帮我们的科协老干部沈文祥能为自己和油菜写本书。我把父亲葬在了试验田对面的山坡上，这样父亲就可以天天看着我们的油菜了。

接下来的事还是油菜，争取培育出真正的“超级杂交油菜”。但慢慢地，我们家与油菜的故事吸引了越来越多的公众目光。有这么多人信任我、鼓励我，我们全家都很感激。但其实都是油菜育种上的事，说多了也没用，成不成都在田里。关键是最后能让自己的新品种通过审定。

离梦想还有一大步

“沈家熬出头了”，现在只要出门，就听到乡亲们这样说我。还有不少好心人要帮我谋划，像李登海（农民出身的杂交玉米种子大王）一样，搞出一家大种子公司来，再把两个女儿接回来“继承家业”。

其实说实话我当不了李登海，也不想干涉女儿的选择。万一她也有自己的梦想呢？我只想培育出好油菜，对得起父亲，也对得起这份机遇。等新品种通过审定了，我会卖给种子公司开发，再拿着资金去滚动开发下一代油菜杂交新组合，接下来的目标是亩产300公斤。

当然，现在我们找领导、请求支持，都更容易了。就2014年春节前后，市里从市委书记到科协、农业部门的各级领导，都纷纷过来调研看望，光经费都支持了20多万元，还现场解决了好些实际问题；江西农业大学等多家院校也派来了研究力量来我这合作研发。

但油菜的事不是名气可以解决的，科研就是科研，育种的事不是自己有信心或大家关心就可以少试验一年、少几组数据的。要说离实现梦想——我们培育的油菜新品种通过审定，至少还有一大步。

现在我们培育的杂交油菜“沈油杂”202、819等新种，即使普通种植，也突破了亩产200公斤的大关。而且因为稀疏种植，每亩植株仅2200株，可以节约大量田间管理的劳动力。这样的油菜，适合既要打工又想在田里多抓些收入的农家，应当有足够的竞争力。

然而，从2000年起根据种子法，未通过国省两级审定的作物新种子，一律不得推广、生产和销售。这对于我们农民育种者来说，要成功更难了。

一个新种想要通过审定至少需要长达三到五年的时间——至少一年的筛选试验、两年的区域试验，其后还有生产试验。审定程序本身是免费的，可每个环节都需要大量的对比样本，高标准的田间管理和样本检测，这些都意味着持续高强度的资金与人力投入。

现在“沈油杂”202、819已进入区域试验环节，5亩试验田里有300个单株样本，每个样本送检一次就是200元；300亩的示范片一季种下来就要10多万元……而我们家已经多年没有主业收入了，吃饭靠田，科研靠借。30多年来，我们父子自筹科研经费150多万元，这几年政府也常有资助，可还是欠下了不少债，几乎所有亲戚都借遍了。

2013年八九月，正在实习的小女儿没有生活费了打电话回来，家里却怎么也凑不出钱，我老婆放下电话就哭了。而为了节约工钱，尽管6年前为搭试验棚摔伤了腰，但我们两口子一直是有啥粗活自己先上，我多干一个工，就少花一个工的钱。

苦点累点没啥，精神压力才是最难熬的。农学是严谨的学科，但育种充满着不确定性。即使在科研院所充分资源的保障下也有人一生都培育不出一个新种。而且油菜是雌雄同株、自花授粉，杂交育种更是难上加难。

而且，科研单位里育种有更好的设备和更高的投入、更大的规模来少走弯路，甚至有一些西方种业巨头已经在实验室里直接拼接DNA来“定制”作物某种优良品性了。我们农民要育种却仍只能靠坚持与运气。

有时候遇到烦心事太多，我就给自己打气：如果拿西天取经比，九九八十一难，我也许到第八十难了吧。

梦的价值

大家说我是追梦者，还和中国梦联到了一起，我知道这是鼓励，也总怕自己当不起。但我坚信，我们这个高产油菜是当得起赞誉的。

我是农民，读书不多，但我知道油和米有多重要。油菜是冬天农闲时种在水稻田里的，既为收菜籽榨油，也是为春播水稻肥田。现在田里冬天只长草了，不是农民偷懒不愿种油菜，而是年轻人大多出去打工了，乡村缺乏劳力，好多地方连水稻也只是随便种种。

我们的油菜高产特性只是一方面，更重要的是大大减轻了田间劳动量，避免了田土因缺劳动力而抛荒；还可以适应双季稻种植，让田里一年长一季油菜两轮水稻。

不怕你们笑话，我是挨过饿的。如果要我来说个“中国梦”，那就是田里都能种满油菜和水稻，遍地花海和稻香，看着就舒坦、安心。如果我们的高产油菜能为这幅图景出上一份力，那父亲和我这些年吃再多苦都值得。

对了，我自己还有一个小梦想：等到育种成功了，种子上了市，我想办个发布会来答谢大家，把所有人都请来见证，像嫁女儿那样风光盛大。

当然在做这些之前，我最想做的是，拿着审定通过的新种子和报告书，去父亲的坟头给父亲看看。

（本文由红网记者曾小颖访问整理）

永远的奥运梦

熊倪

1992年8月4日，西班牙巴塞罗那。

在仰望蓝天、面对阳光的那一刻，站在高高的10米跳台，我的梦想就是要站上奥运会的最高领奖台，在冉冉升起的五星红旗下聆听那激动人心的《义勇军进行曲》。

也许是我的这个梦想过于强烈，也抑或不太适应那个室外的游泳池（跳水比赛一般都在室内游泳馆举行），我的这个梦想破碎了，仅拿了一枚铜牌。想象中那激动的热泪变成了苦涩的泪水。当时，我眼前一片漆黑，似乎顿时跌入了一个人生迷

熊　倪

- 1974年生
- 3块奥运金牌得主
- 湖南省体育局党组成员、副局长

1982年入选湖南省跳水队，1986年入选国家队，自1988年起，连续参加了4届奥运会，曾在1996年亚特兰大奥运会上为中国夺得奥运史上男子3米跳板项目首枚金牌，2000年悉尼奥运会夺得男子3米跳板项目单人和双人两枚金牌，同年被评为全国先进工作者。2008年，作为第一棒火炬手参加了北京奥运会火炬传递长沙站活动，并担任了开幕式奥林匹克五环旗护旗手。

惘的低谷。

要知道4年前，我14岁首次参加奥运会，就几乎打败美国名将洛加尼斯，只因自己是无名小卒，裁判有意压分，我仅以1.14分之差屈居亚军。尽管如此，我在韩国汉城（现称首尔）的这次亮相仍引起了轰动，专家认为世界跳水运动将进入“熊倪时代”。但4年后的这个料想不到的人生落差令我无地自容，我未能圆梦夺冠，当时我真想永远告别那带给我极度辛酸的冷酷跳台。

此时，万里之外的祖国，我的家乡长沙，正是深夜凌晨，令我想不到的是，长沙市市长张明泰在看完我的比赛电视转播后，正在赶往我的家去看望慰问我的父母，要通过我的亲人和媒体鼓励我振作精神，从头再来。听到这个消息，我强忍泪水，一个人偷偷地品尝那挥之不去的人生苦楚。要知道，4年前的那枚银牌是湖南奥运史上的首枚奖牌，4年后的今天我完全应该再创历史——成为湖南夺取奥运金牌的第一人，为祖国和家乡争光。这也是湖南体育界和三湘父老所期盼的梦想。

创造辉煌与错过历史就在这一瞬间。我的思绪不能老是定格在这不堪回首的一页，更不能灰心丧气，从此沉沦下去。此时，我深深地意识到，我的背后有我的祖国，有支持我的众多人，我的梦想是与祖国紧紧地联系在一起的。

实现梦想不能一蹴而就，而是需要不懈的奋斗。我的跳水生涯是从我刚上小学时就开始的。从我被父亲送到湖南省游泳馆业余体校接受跳水训练，到1992年泪洒巴塞罗那，我在10米跳台上已奋斗了11个春秋。回首小小年纪在体校训练的那段岁月，不管是寒风冷雨，还是酷热难当，父亲每天用单车驮着我去体校训练，从未间断过。父亲的用心、教练的激励、校长的关爱……似一股股暖流曾慰藉我常常想要打退堂鼓的心灵。在想退却、要坚守的矛盾中，我坚强地咬牙往前走，目标越来越明确，我的奥运梦也一步步地深深烙进了我的心底。

“我一定要再打一次奥运会，一定要登上那最高的领奖台，以回报我的祖国和亲人，一定要体会祖国母亲和亲人以我为荣的幸福时刻！”

由于10米跳台项目涌现了更多、更强大、更年轻的对手，我后来选择了中国跳水队的传统弱项，改练3米跳板跳水。这个大转弯无疑是我人生中的一个有力挑战，我只能花更多的时间，全身心地投入训练，以闯过这个难关，实现心中的奥运梦——为祖国带回一枚金牌。

1996年美国亚特兰大，我第三次出现在了奥运舞台，但却是站在了3米跳板上。摇摇晃晃的跳板需要人有更淡定的意念，需要人有一个更强大的内心。我当时是一名22岁的老队员了，大家都在望着我，希望我有一个华丽的转身，登上最高领奖台，为中国跳水队实现开门红。这一次，我没让大伙失望，更没辜负祖国的重托，我以不可撼动的绝对实力，证明自己是一个打不倒的强者，夺取了3米板跳水金牌。

望着高高升起的鲜艳的五星红旗，默唱着令人亢奋的国歌，我眼眶噙满热泪，这是我人生中最幸福、最难忘的时刻。此时，众多支持我的人浮现在我的眼前，这是我的祖国为我铺就的人生辉煌之路，我为为祖国赢得了这个荣誉感到无比自豪。

功成名就了，满身伤痛的我应该要让出一条通道让年轻运动员成长。在第二年代表我的家乡湖南参加第八届全国运动会夺得金牌后，我正式选择了退役。在离开北京那难舍难分的跳水馆的时候，我复杂的心理难以言表。这里曾留下了我许多的喜怒哀乐，也留下了我许多的人生精彩，更留下了我对中国跳水队的深深眷恋。临走时，我不由自主地丢给领队、教练一句发自肺腑的话：“只要祖国需要，我将会毫不犹豫地再回来，奉献出我的一腔热血。”

说来也巧，1997年世界杯跳水赛上，中国跳水队全军覆没，这个令人尴尬的惨败给有“梦之队”之称的这支队伍以警醒。此时，许多人自然地想到了我这个也仍惦记着中国跳水的老将，中国跳水队现在太需要有一名领军人物了。

1998年3月，新公布的国家跳水集训队名单上，我的名字赫然排在了第一位。被教练信任、受祖国召唤的这种感觉，令我热血沸腾，当时我恨不得立刻回到那魂牵梦绕的跳台，再去实现自己更大的奥运梦想——蝉联奥运冠军。

然而，年龄不饶人，近一年停止训练后又要恢复状态，简直比登天还难。由于竞技水平上不来，我又被确定由练单人跳水改为双人跳水，这一变故意味着教练层否定了我的主力地位。尔后，我带着失意和困惑回到了长沙，再度决定告别运动生涯。

说来又很巧，在随后的新西兰世界杯跳水赛中，中国跳水队又未能拿到男子3米板金牌。此时，我又被力邀赴京训练，我委屈的泪水夺眶而出。我还行吗？我还能去吗？“相对于国家利益，我这点委屈算得了什么。”我的心情很快平静下来，又带着一份雄心踏上了备战奥运会的征程。因为我心中有梦！

2000年悉尼奥运会，我创造了人生中一个更大的辉煌——一人独揽单、双人男子3米板2枚金牌，成为世界跳水界公认的“跳水王子”。这届奥运会，我们国家奥运代表团竞技实力突飞猛进，一共夺走28枚金牌，首次跃居奖牌榜前3位。这个令世人瞩目的体育成就，其背后是我们经过20多年改革开放的伟大祖国，经济实力和国际影响力与日俱增的祖国，正在阔步走向民族伟大复兴的祖国。而奥运会这个舞台正是我们国家创造世界经济奇迹，实现中华民族振兴的有力彰显。

我是幸运的，赶上了这个伟大的时代，连续参加了4届奥运会；我是骄傲的，我不断超越，实现了一个又一个奥运梦想，共在奥运会上夺得了3金

1银1铜。

一年之后，我们的首都北京获得了2008年第二十九届奥运会举办权。圆奥运梦，是中国人民的百年期盼；圆中国梦，是中华民族的奋斗目标。这是一个过去曾屡遭国外强权蹂躏的国家真正扬眉吐气的时刻——奥运梦与民族复兴梦正紧紧地牵手向我们走来。

记得2008年8月8日这个日子，举世瞩目的北京奥运会开幕那一天，我作为一名祖国体育战线上的功臣，与另7名奥运冠军一起充当护旗手，出现在了鸟巢这个奥运会开幕式现场。祖国赋予我们的这个荣誉，让我又一次实现了奥运梦——手擎奥运会会旗，在世人注目之下，昂首挺胸步入鸟巢跑道。当望着我们的国旗和奥运会会旗徐徐升起时，全中国人民倍感荣耀，这象征着我们的伟大民族正在崛起，傲然屹立于世界的东方。

记得2008年8月8日这个日子，奥运会后我们国家将之确定为全民健身日，这是北京奥运会留给我们的最宝贵的遗产，以激励我们的国人积极投入到健身运动之中，去追求人生的快乐和健康，创造更和谐的幸福人生。

我受党的培养和教育多年，现在有幸走上了领导工作岗位，当上了湖南省体育局副局长。这注定了我将永远与奥运联系在一起。我的职责是神圣的，就是要使我的奥运梦延续下去，用自己的奋斗经历去激励更多的运动员实现奥运梦想；同时，感召更多的民众弘扬奥运“重在参与”的精神，参加全民健身，以强健的体魄积极投身到实现“中国梦”的伟大实践，以真正实现中华民族的伟大复兴。

我的未来人生路还很长，我仍要为这个永远的奥运梦继续奋斗。

位卑未敢忘忧国 追寻中国制度梦

刘西山

刘西山

- 1978年生
- 第二炮兵工程大学讲师

从事马克思主义理论教学与研究工作，现为国防大学马克思主义中国化专业博士研究生，在《学术论坛》、《理论月刊》等杂志发表多篇关于中国特色社会主义制度的学术论文。

中华民族伟大复兴的“中国梦”，是一个五彩斑斓、丰富多彩的梦，既包括经济、科技、文化的复兴，也包括制度的复兴。自1840年鸦片战争以来，建立先进的社会制度，实现制度复兴，是一代代中国人始终不变的梦想。

中国的制度梦是对近代中国落后与屈辱的必然反映。制度是一个社会成熟的重要标志，是一个国家实力的重要组成。在几千年封建社会的大部分时间里，中国不仅在经济、技术、文化上领先于世界，就连社会制度在世界上也是先进的，中国的官僚制度、科举制度曾是其他国家学习的榜样。进入近代以来，当西方国家或通过革命，或通过改革逐渐建立起先进的资本主义制度时，中国在社会制度层面未有进步，西方国家逐渐在各个方面赶上并超过中国，曾经全面先进的中国变得落后了。1840年鸦片战争的失败，并没有使绝大多数清朝统治者和知识精英警醒，洋务运动秉承“中学为体，西学为用”的原则，只引进了西方先进的工业和技术。甲午战争的失败，极大刺激了中国社会和各个阶层，逐步认识到社会制度上的落后，“百日维新”和清末“新政”都以失败告终，表明在封建制度上修修补补已无法解决中国的社会矛盾和外部压力。辛亥革命的失败和国民党统治的腐败，说明了软弱的中国资产阶级无力在中国建立起真正的资本主义制度，资产阶级共和国的方案在半殖民地半封建社会的旧中国走不通。

实现中国的制度梦这一重担，历史地落在了中国共产党的身上。1921年中国共产党成立，就把建立新的社会制度作为自己的奋斗目标。革命战争年代，中国共产党的根据地政权建设、解放区政权建设是中国社会主义制度建设的序幕和前奏。这一时期，在一定范围内推翻了封建土地制度，进行了土地制度的变革；以党内民主和党的制度建设，推进根据地、解放区民主建设和制度建设。1949年，新中国的成立，表明了中国共产党强大的社会整合能力，实现中国的制度梦有了希望。1956年，社会主义改造基本完成，在中国大地建立起了崭新的社会主义基本制度，开辟了中国社会的现代纪元。实现中国的制度梦，必须立足于中国国情，毛泽东展开了建设符合中国国情的社会主义制度的探索与实践。虽然毛泽东的一些制度探索出现了失误，但实现中国的制度梦的努力值得我们尊敬。

中国特色社会主义制度的确立是实现中国制度梦的重要里程碑。十一届三中全会以来，以制度改革推进建设中国特色的社会主义制度，取得了巨大的成就。胡锦涛在庆祝中国共产党成立90周年大会的讲话中指出：

"我们推进社会主义制度自我完善和发展，在经济、政治、文化、社会等各个领域形成一整套相互衔接、相互联系的制度体系。"中国特色社会主义制度的初步确立，标志着中国特色社会主义的成熟，具有重要的里程碑意义。根本政治制度的人民代表大会制度，中国共产党领导的多党合作和政治协商制度、民族区域自治制度以及基层群众自治制度等基本政治制度，中国特色社会主义法律体系，公有制为主体、多种所有制经济共同发展的基本经济制度，社会主义市场经济体制，中国特色社会主义制度既符合中国国情，又具有鲜明的时代特征，中国特色社会主义制度显示出了巨大的优越性。

中国特色社会主义制度受到世界瞩目。西方学者眼中的"中国模式"，更多是指中国特色社会主义制度。自从2004年雷默发表《北京共识》一文提出"中国模式"后，"中国模式"就受到了许多赞扬，张维为在《中国震撼》、约翰·奈斯比特夫妇在《对话中国模式》、马丁·雅克在《当中国统治世界》、埃里克·安德森在《中国预言——2020年及以后的中央王国》等著作中对"中国模式"毫不吝啬溢美之词，对"中国模式"的未来发展也十分看好，就连《历史的终结及最后之人》的作者美国著名学者弗朗西斯·福山也改口称赞"中国模式"。德国社会学家哈拉尔德·韦尔策在2008年8月15日《世界报》上发表的文章中认为，对于现代化的新兴国家，"中国模式"甚至有可能成为比西方模式更具魅力的模式，而傲慢的西方模式现在给人的感觉是过时了。

我们从未像现在这样离实现中国的制度梦如此之近。邓小平在1992年"南方谈话"中指出："恐怕再有三十年的时间，我们才会在各方面形成一整套更加成熟、更加定型的制度。"他还指出："我们的制度将一天天完善起来，它将吸收我们可以从世界各国吸收的进步因素，成为世界上最好的制度。"我们对于实现中国的制度梦始终充满信心。在新的历史时期，面对国际复杂的局势变化，我们既不搞经济体制上的“休克疗法”，也不进行政治制度上的“颜色革命”，始终以改革的渐进方式来逐步完善和发展中国特色社会主义制度，形成了中国特色社会主义制度的独特发展方式，走出了一条中国特色社会主义制度的自强之路。习近平同志指出：“我们要坚持以实践基础上的理论创新推动制度创新，坚持和完善现有制度，从实际出发，及时制定一些新的制度，构建系统完备、科学规范、运行有效的制度体系，使各方面制度更加成熟更加定型，为夺取中国特色社会主义新胜利提供更加有效的制度保障。”在不远的将来，一条中国特色社会主义制度的自强之路必将铺就，中国特色社会主义制度将更加成熟、定型，中国特色社会主义的前景将更加光明。

做世界擂台上的搏击王子

杨建平

杨建平

- 1988年生
- 国家级运动健将

世界自由搏击锦标赛65公斤级冠军，中国综合搏击大赛首个金腰带持有者，拥有20多个世界及全国综合搏击大赛的冠军称号，拳台绰号“中华虎”。

我的童年处在一种非常原始和粗放的状态，和所有在乡野中疯长起来的孩子一样，我属于那种扔在地里见风就长的野小子。那时，我未曾想到，有一天，以一个少年原始顽虐作为起点的格斗，会以一个新的名词“搏击”出现，从而变成我的专业；更未曾想到，有一天，搏击不仅成为贯穿和主宰我生命的主线，我个人的整个生命也因它而与祖国的荣誉紧紧相连。

叛逆少年弃学从武

我的童年没有奢侈的享乐，家在小

镇，父母都是最平凡的出身，只能给我最平凡的童年。

村里的娃，滚在地里，都皮实、旺盛、欢腾，课余时间，小伙伴三五成群，结伴同行，聚在一起打打闹闹是常事，不记仇，不生恨，充满生机。虽然顽皮，但我的学习成绩一直很好。

数学老师是我家邻居，常和妈妈走动聊天。每次我向她请教，她总不厌其烦。有天妈妈跟老师说："这孩子你就当自己的孩儿，不听话，该骂骂，该打打。"或许是妈妈希望严师出高徒，也或许只随便说几句不见外的客气话。没想到，老师认真了。

初二那年一次数学考试，我的成绩位居全班第二。宣读完结果，老师表扬了考分第一的同学，我满心欢喜地期待着下一个就是我。在一个孩子的心里，每一次小小的表扬，一声浅浅的鼓励，都是一个盛大的节日。但我无论如何也没有想到，下课后，老师狠狠地批评了我的粗心，我也以一个少年的倔强狠狠地顶撞了她，突然，她抬起手，"啪"的一声，重重地给了我一记耳光！

那一瞬间，我惊呆了！疼痛、屈辱，夹杂着仇恨，一起涌上我的心头。我捂着火辣辣的脸，强忍着泪水，用仇恨的目光狠狠地直视着老师的眼睛。也许她认为对我偏爱有加，我没有考第二名的理由，也许她真的是出于一份把我当作自己孩子来爱的初衷，但一个少年的自尊心被严重地伤害了！

从那一天开始，我逃课了，并且疯狂地与人打架。无论谁对我稍有冒犯，我冲上去就是一拳。我将那一巴掌带给我的所有屈辱、愤怒，全都倾泻在那些人的身上，我以一种叛逆的、近乎极端的方式来弥补那被严重伤害的自尊，用一个坚硬的果壳将自己包裹起来，来对抗那种有可能被突然冒犯和侵袭的危险。同时，我开始迷恋武侠小说和电影，李小龙、李连杰扮演的那些活生生的盖世英雄形象，也很容易让一个少年在内心萌生一种十分天真和梦幻的替天行道、包打天下的想象。

我决定做一个大侠客。看到别人打架，尤其是看到有人欺负老人、孩子，我会毫不犹豫地冲上去，把那个刚刚还耀武扬威的家伙打翻在地，每次我都能赢。但有好几次，我路见不平一声吼之后，都是下手毫无轻重地将人打进医院。我体会到了一种拳头带给我的快感，也用拳头证实了自己的强大和不可冒犯。我仿佛找到了想要的尊严和力量，俨然一个大侠客行走于江湖般行走在家乡的田埂上。

但这一切却给我的整个家庭平添许多的烦恼，本来就捉襟见肘的生活，因我的叛逆雪上加霜。每次我以闯祸告终，父母都不得不帮我收拾残局，不仅要承担医疗费用，还得买点儿瓜果到医院去看望伤者，赔礼道歉，请求宽恕。

母亲的眼泪使我在心里暗下决心再也不打架，但这时我已名声在外，校外的一些小痞子经常到学校打架斗殴，挨过我打的某些人也会主动找他们求援。有一次，正在考试，一群社会上的混混闯到学校，手里操着家伙，我判断他们是针对我来的，情急之下，丢下试卷就顺着窗户跳出去。这一次虽逃过一劫，但影响了考试，加之多次惹事，校领导愤怒地说："我看你以后不用来了！"倔强的我一怒之下便离开了学校。那一年，我15岁。

十年一剑壮志功夫梦

命运，常常就是这样阴差阳错，但又似乎有几分冥冥之中的天意安排，也许我的生命本就应该与功夫梦想一脉相承。离开学校，我索性去投奔当时的全国摔跤冠军韩龙老师。在此之前我们有过一次偶然相遇。

就这样，我被选入了汉寿县体校摔跤队。一个青涩少年终于迈出了实现功夫梦想的第一步。

一开始进入汉寿县体校时，学习的是古典式摔跤。从过去的盲目打斗进入一种很专业的训练，体能体质都得到全面提升。半年内我成绩拉升很快，被选入湖南省体育学院拳击队。练习拳击一年时间，我便获得湖南省拳击锦标赛54公斤级冠军。2003年12月，我第一次参加了一场全国拳击比赛，由于打法凶悍，很快又被吸收进入陕西省散打队。2004年11月，我在第23届散打锦标赛60公斤级别比赛中三胜往届冠军，拿到我搏击生涯中的第一个全国冠军。激动的泪水伴着鲜血从脸颊流淌下来，看似一路顺风顺水的我，其实经历了只有自己才能深刻体会的艰苦和磨砺。

如果说最初走上搏击道路带着少年的赌气和朦胧的功夫梦想，那么随着我第一次拿到湖南省拳击冠军，这个梦想已经延伸到我以前想都想不到的地方：有一天，我不仅要拿到全国冠军，还一定要成为世界冠军！这个梦想伴随着一次次的摔打与锤炼，越来越清晰。为了这个梦想，我知道，我必须成为这个世界上最顽强、最勇敢、最坚毅的人！

无论是在实战训练中被老队员打得满脸是血，还是寒冬腊月赤足站在冰凉的地板上冻到手脚生疮；无论是同去的14个队员走得只剩下我孤独的一个，还是家常便饭一样的腰酸背痛、手足受伤……总之，我知道，靠近梦想的方法只有一个，那就是坚持。

有一次，我在训练中腰部摔伤，整个人被抬到宿舍时身体是僵直的。第二天早操训练，本可以不参加，但我性子倔强，起不了床，就用床顶上拴着的布条将自己一点点拽起来，一步一挪地扶着楼梯慢慢下去，做一些基本的活动和训练。训练结束后，整个人已近乎虚脱，我忍着锥心之痛，用胳膊撑着再一步一挪地爬上楼梯，挪回宿舍时，我开始不停地吐血……

苦心人，天不负！有志者，事竟成！我视所有的苦和累、伤和痛都是走向功夫梦想的必由之路。

武道庄严搏击中国梦

2005年，MMA引进中国。简单地说，MMA就是综合搏击，是一种无限制格斗，它以不折不扣的降服为最终目标。MMA在国外已有很长的历史，但当时在中国刚刚起步。我则是作为中国第一批综合搏击运动员开始接触MMA的。

综合搏击博采众长，融会贯通了中国传统套路武术、散打、摔跤、拳击、泰拳、跆拳道、柔术等世界上所有优秀的搏击技法。我从小看李小龙的电影，崇尚他的“无法之法”的武道哲学，而MMA正是这样一种充满了生机与活力的无规则、不限制的实战技术，它是一种用肢体充分展现和表达自我的艺术，是一种让武道与自身融为一体的亲验式哲学。这种武道哲学的鼻祖应该说正是中国的李小龙，而在他之后，2005年以前，一个曾经以中国功夫享誉世界的国度，在MMA的世界擂台上却无立锥之地。美国、日本等一些成熟的赛事组织根本不把中国人放在眼里，一些已经赫赫有名的世界拳王也根本不将我们这些初出茅庐刚刚起步的中国拳手视为对手，身为中国武道中人，我和我的同伴深感愧疚和使命艰巨。

总有一天，我要成为世界综合搏击擂台上的王者！总有一天，我要让五星红旗因我而飘扬在世界大武台的上空！为祖国而战！为光荣与梦想而战！第一次，我感到自己的命运和祖国的荣辱紧密相连！

但是MMA在中国发展之初处在比较边缘的状态，小众、寂寞，只见拼搏不见光华，每一个综合搏击运动员应该说在那一段时间里，都忍受了很多寂寞与煎熬。武术、散打、摔跤、拳击、柔术、泰拳、跆拳道，我样样都学，力求精湛。2008年5月20日，我只身来到北京，开始了新的寻梦历程。除了艰苦的训练，还有生存的压力，那段北漂的生活，在今天已如微风，在当时却是骤雨，但再大的风雨终会过去。

多年来，我在MMA的世界综合搏击的擂台上取得了20多个冠军称号，我战胜的对手有来自美国、日本、泰国、蒙古国、马来西亚、乌兹别克斯坦等国家的拳王。先后TKO（技术上的打倒）对手，最快的秒杀纪录是8秒完胜（荷兰）拳王！“要给中国人争口气！”这神圣的信念始终支撑着我。

2011年在广西南宁举办的WBC世界搏击拳王争霸赛决战，是所有世界综合搏击大赛中对我触动最深的。我的对手是来自日本的拳王阪野希望。对方严密封锁信息，赛前我没有得到这位对手的任何资料。上场时，他一头红发，显得胸有成竹。我深深地感到，这场对决日本的比赛，和任何一场与别国的比赛都完全不同。国仇家恨，没齿难忘。每一个中国人都在看着我，我必须打出中国人的威风！在比赛的关键时刻，我一个腾空大挪移般的空翻转到其身后，猛地用边腿将其横扫在地，用一记完美的十字固锁技术1分45秒完胜对手。因为是TKO，也就是彻底降服，输赢一目了然，所以根本没等裁判宣布，现场就沸腾了，那如雷的掌声和欢呼声来自我的中国同胞。这一次，我比任何一次都更深刻地体验到搏击带给我的绝对的骄傲，以及作为一个中国武士在世界擂台上的绝对的庄严和神圣！

搏击应该是属于世界的，在世界综合搏击的擂台上，任何一个国度的任何一个人，都有权利站上去！中国人，当仁不让！

赛场是残酷的，但这种残酷的厮杀，不是武道的终极归宿。武道的归宿，与战争的哲学同理，那就是消灭战争，消除格斗。如果你足够强大，就不会有人选择对抗，无论对于我个人，还是对于我的祖国，道理相同。每一次，当我将一个对手击倒在地，然后我们微笑着彼此拥抱时，我都能够感受到这种消除了紧张与对抗的友好和美好！

在一次次血脉偾张的厮杀中，在一个个的推拉摇移的镜头外，我和我的同伴所做的一切努力，都会一点点地无限趋近于这个和谐美好的梦想。

我相信，万物归一，不必寻找，自会在不期盼间来临。

（本文由央视《焦点访谈》资深编导申宇红访问整理）

第二篇

文明中国梦

我们的“中国梦”里包含着文化梦，那就是我们中华民族应该在文化上有更多更高更出彩的文化人才与文化成果。在中国特色社会主义建设迅猛发展的过程中，我们应该有与时俱进的哲学、社会学、历史学、政治学、经济学新论点新贡献，我们应该有更多的科学家、工程师、企业家、文学家、艺术家，我们应该有更高端、更富有文化含量和学术含量的出版物，而不是一大堆鄙陋的八卦与破碎的段子。

王蒙

- 1934年生
- 中国作家协会名誉副主席
- 中央文史研究馆馆员

曾任文化部部长、全国政协文史和学习委员会主任、中国作协书记处书记、《人民文学》主编、中国艺术研究院院长等职。代表作有《青春万岁》、《活动变人形》等。

中国人的文化梦

王蒙

我们的“中国梦”里包含着文化梦，那就是我们中华民族应该在文化上有更多更高更出彩的文化人才与文化成果。在中国特色社会主义建设迅猛发展的过程中，我们应该有与时俱进的哲学、社会学、历史学、政治学、经济学新论点新贡献，我们应该有更多的科学家、工程师、企业家、文学家、艺术家，我们应该有更高端、更富有文化含量和学术含量的出版物，而不是一大堆鄙陋的八卦与破碎的段子。

文化的凝聚力与影响力：中国梦是个人的，也是民族和国家的

最近有不少朋友问我：你怎样理解“中国梦”？

我告诉他们：中国人要有自己的追求与理念，要有自己的前瞻与预见——这是我最初听到“中国梦”这个提法时的第一反应。

改革开放以来，中国取得了举世瞩目的成就与变化，我们的政治化、理想化、战斗化的思想方法与生活方式，渐渐走向务实，走向富有建设性的脚踏实地的思路。全面建设小康社会的提法，与过去的许多浪漫激越的说法相比较，已经实际得多了。小平同志强调马克思主义中国化理论成果的精髓是实事求是。与此同时，我们仍然要“欲穷千里目，更上一层楼”。“中国梦”的提出当然不是偶然的。

“中国梦”可以是个人的，也可以是民族的、国家的；可以是近期的，也可以是较长期的。“中国梦”应该是更加公平的，不是“拼爹”的。人人都可以有自己的“中国梦”，人人都可以实现自己的“中国梦”。

那为什么会在今天提出“中国梦”的目标呢？我想，经过30多年的改革开放，集聚精力的和平建设，我们在物质上已经大为丰富、大为强劲了，同时，思想活跃，利益与见解的多元性日益明显，而我们在精神上，包括理论建设、精神文明建设、文化建设上，有滞后的困扰。与延安时期、井冈山时期、新中国早些时期的革命理想主义相比，有人说中国人没有理想信念了，只相信金钱了。此时提出“中国梦”，会起到一个令全社会重视理想教育、前瞻教育的作用。就是说在经济迅速发展、务实精神占据优势的同时，人们看到了精神层面的涣散、鄙俗、恶化的危险。在这个时候提出要树立一种追求与梦想，是有它的针对性的。

琢磨“中国梦”三个字，你会发现，这个说法非常朴实明快、易于普及。向全社会提出一个口号，既要鲜明，又要易于接受、推广与记忆。我们曾有许多好的说法，因表达得过于繁复，记起来费劲，从接受学的原理来说，有一些令人惋惜。“中国梦”的提法，具有开放性、世界性、前瞻性，可以说，这是一个更加积极、更加现代的说法。“中国梦”的提法让人们看到前景，有助于激发动员正能量。这个梦，不能空想，需要我们既要有改革开放发展的胆略，还要脚踏实地、求真务实地工作。

实际上，今天的“中国梦”和中国人过去的梦想是紧密相连的。任何民族的文化中，都包含着人们的追求、理念、向往、愿景，直到信仰。而正是这些东西，构成了这个民族的精神支柱、精神能量和精神生活的范式。拿我们中华民族来说，早在先秦时期就形成了对于大同世界的向往，《礼记·礼运·大同》篇中所讲的“大道之行也，天下为公，选贤与能，讲信修睦，故人不独亲其亲，不独子其子……”这奠定了我们的“中国梦”的渊源与基础。20世纪的中国有识之士选择了社会主义理想，是与我们的大同梦有密切关系的。孔子对于仁政的鼓吹，孟子对于“老吾老以及人之老，幼吾幼以及人之幼”的推崇，老子的“无为而治”……这些都对于中华民族成员的文化心理与价值观念产生了巨大的影响。至今，我们中国仍然延伸着过往的传统，对于以德治国，对于古道热肠的行事方式与价值追求有相当的认同，而对于纵欲贪腐、强梁霸权与绝对化的恶性竞争，普遍深恶痛绝。当我们谈论“中国梦”的时候，当然不能忽略我们的已经深入人心的文化传统，同时也不可将这些理念停留在旧时原始命题的阶段。

现在，很多人都在思考，在网络时代，如何让更多的人聚集在“中国梦”的旗帜下？我认为，这是一门艺术，也是当务之急。

早在党的十七大上，中央已经提出了加强社会主义意识形态的吸引力问题，这个问题提得非常重要、非常及时，一些年过去了，我们这方面的工作应该说还有大大改善的空间。一是要敢于善于解疑释惑。面对各种挑战，面对各种不同的说法，面对情况复杂的现实纷争歧义，面对曲折丰富的历史经验教训，要回应挑战，正视难点，探讨争论，而不是忌讳捂严，避之唯恐不及。回避的办法，绕开的办法，只能奏效于一时，却会贻害长久。二是要集思广益，开诚布公，百家争鸣，鼓励创见，营造人文科学、社会科学的繁荣昌盛局面。要提高人文社科方面的自信与理论创新的自觉，反对照抄照转、空泛号召、呆板僵化、空头理论、畏首畏尾。三是要生动活泼，联系实际，提倡想象力与立体思维，即从多方面多角度探讨我们面临的所谓敏感理论课题。要知道，理论问题的特点是越回避越敏感，越敏感就越复杂难办。四是要充分认识文化的人民性与长期性。文化如水，润物无声，让一种文化为广大人民群众所接受，或者要消除一种年头久远的文化陋习，都不是轻而易举之事，更不是靠行政力量能够办到之事。我们过去文化上提出的一些口号，有时偏高偏急偏大，工作得不到所期盼的效果。我们在这方面要更加重视人民群众的创造与心意，汲取人民的智慧与表达方式，让各种声音都在“中国梦”的领唱下聚集起来。五是要把“中国梦”所代表的主流意识形态，与中国的传统文化及世界的一切先进文化资源结合起来，要扩展与深化我们文化精神的传播力。

在某种意义上，文化决定生活的质量与族群的命运。一个有实事求是的科学之心、无哗众取宠虚矫之意的民族，一个面对现实、诚信刚正而不自欺欺人藏头露尾的民族，一个善意理性、重在建设，而不是动辄搞文化爆破、夸张吹牛、谩骂诅咒的族群，是有希望的，是前途光明的，是永远不会被开除“球籍”的。

文化工作，是一件人心工程，人心的向背决定社会是否稳定和谐，人心的稳定才是一切和谐稳定的基础。这方面毛泽东同志早就说过，只有代表群众才能教育群众，只有做群众的学生才能做群众的先生。如果在我们的文化生活当中看不到群众利益、群众需要，也看不到群众生活中艰难困苦的一切真实反映，就难以取得群众的认同与我们希望得到的效果。无关群众痛痒的文化活动与文化产品，只想着搞笑搞乐，只想着恶搞解构，只想着利润的最大化，这样的文化，弄不好是文化的萎靡甚至堕落。虽然某些搞笑的、平庸的文化艺术作品也可以有它存在的位置，但是不能听任它们爆炸膨胀，充斥我们的生活。任何民族都更需要有承载教化深意、富有文化含量的较高层次的艺术作品。请比较一下我国的电影与伊朗的影片《小鞋子》、《一次别离》吧，观众自会得出结论。

文化环境与国民心态：我们的国民不仅要能买得起高级奢侈品，更要有足以与中国文化相匹配的气质

说文化的“中国梦”，就绕不开文化“软实力”。软实力不软，它蕴含着巨大力量。

文化道德是一种品质，它是无形的、轻柔的，然而是有效的，这就是一种力量。它的品质与有效性是指：一种文化，必须能够为接受这种文化的族群与个人带来更高的生活质量，它应该是通向真理，通向科学、艺术、道德、智慧、健康、和谐与幸福的桥梁而不是相反，即不能是通向迷信、愚蠢、偏执、仇恨、霸权、排他、剥削与压迫的。它是以人为本的，给人以希望与幸福的。毛泽东同志说，我们中华民族有自立于世界民族之林的能力。确实，我们现在国力强了，经济科技发达了，我们还会更加强大。但是我还希望，我们的国民不仅仅能买得起LV箱包等高级奢侈品，更要有诚信的品质、良好的举止、文明的修养，有足以与中国文化相匹配的气质，我们的青年应该热爱、珍重至少是知道中国的与世界的文化珍品，而不是说什么“经典让他们死活读不下去”。如果能有这样的文明程度，中国人就更受人尊敬了。

因此，在追求“中国梦”的过程中，中国人在文化修养、道德品位等

诸方面也应该同时有更大的提高。

文化环境与人的精神状态有极其重要的关系。在一个愚昧陋习充斥的国家是实现不了“中国梦”的。中华民族的传统文化中，对于读书学习的提倡不遗余力。我们提倡的读书学习带有一种对于知识与知识的拥有者——圣贤的崇敬，所谓焚香沐浴，明窗净几，腹有诗书气自华，读书深处意气平。这样虔敬与刻苦地读书学习，自然会消除许多令当代国人深为忧虑的浮躁、乖戾、鄙俗、凶恶之气。当然，我们所期待的这种阅读与学习，与触屏时代的网上浏览也就拉开距离了。

说到这里，我还想谈谈文化的认同与对民族国家的认同的关系。文化的认同是基础。中华文化的基本理念是对于道德的追求，对于礼（行为举止规范）义（义理，人际道理原则）的追求，对于道或仁的追求，这些是一通百通的根本概念，这种追求就是我们说的理想，也可以说是整体的文化走向。它所主张的自强不息与厚德载物，它所敬重的古道热肠、敬天积善、崇文尚礼、忠厚仁义、中庸和谐、勤俭重农、乐生进取等等，正是古代的“中国梦”。它更看重美善，而不是分辨真伪；它更看重和谐，而不是竞争。（顺便说一下，现在有人将“礼义之邦”，写成“礼仪之邦”，这是完全错误的。礼义指的是规范与道理，而礼仪偏于形式。）这样的文化环境有利于族群的凝聚、社会的秩序、生活的合理、文化的传承，但也有不利于生产力与科技发展的问题。对于人际关系的偏于理想的说法，也常常因说与做的脱节而显出颓势。不必多说，只要读读《红楼梦》，就知道中华旧文化已经面临的危机，而“五四”运动的发生绝非偶然，绝对有其历史的必然性。

问题在于发展、创新、平衡与整合：与时俱进一定要与继承与发展中华传统文化结合起来；自强不息，投身于全球化的发展与竞争，要与在人民中积淀久远的仁义忠厚之梦结合起来；在当今时代，一个确定的目标的追求，要与多样性的认知、对于多元世界的理解与开拓进取、多谋善断、胜任愉快结合起来；要让每个人的“中国梦”与全体中国人共同的“中国梦”结合起来。要让“中国梦”面向世界、面向未来、面向现代化。

中国梦与文化梦：我们应该有高端文化成果而不是一大堆破碎的段子

人民是文化的主体，而文化的高端部分，则是从广大人民创造的文化沃土中生长出来的参天大树与奇花异草。人民中的精英，人民中的文化巨人与人才所体现所贡献的精彩果实，代表了文化的追求与走向，文化的思想、理论、创造力、想象力，精神活动的广度深度与精微程度，以至于整个社会生活的质量与品位，抗逆性、适应性、开放性与自我更新的能力。衡量一个国家的文化，是“看高不看低”，例如，谈到中国的诗歌，李白与杜甫二人的重要性胜过了一千个二三流诗人。而一部《红楼梦》，其重要性胜过了我国数千年来二三流小说的总和。当然这些精英文化不是凭空产生的，它深植于大众文化的土壤中。

所以英谚云：宁可失去英伦三岛，不可失去莎士比亚。原因在于，莎士比亚代表的英国文化，是英国的人心，英国的品性与风格，英国人的骄傲与向心力，这正是理由与根基。反过来说，一个国家、民族、地域的文化完了，有之不多，无之不少，这个国家就陷入万劫不复的境地了。

最近有记者采访问道：“作为一个文化人，你对实现‘中国梦’过程中文化事业有什么期待？”

对于这个问题，我想先举个例子：您到巴黎的先贤祠看看，伏尔泰、巴尔扎克、司汤达、卢梭、雨果、左拉、贝特罗、饶勒斯、柏辽兹、马尔罗、居里夫妇、大仲马等。先贤祠展示的72位法兰西人物中，除了11人是政治家，其他都是作家、哲学家、科学家、经济学家等，这样的阵容当然让人肃然起敬。我们的伟大祖国，文明古国，当然也有自己光耀千古的先贤，同时，中华人民共和国建立快要65周年了，应该拿出怎样的阵容展示给世界呢？我们能不深思吗？我们喜欢讲科技兴国、人才兴国。现在，从人口数量上来说，中国是世界第一，从人才质地与阵容上来说，我们不敢夸口。

我希望，我国不但要有科学与工程学方面的院士，而且更要有人文科学、社会科学以及文学艺术方面的院士。有一种说法，后者的政治性时效性太强，无法评选，这就等于承认我们这里的人文科学、社会科学、文学艺术方面没有专业性学术性，没有学理的与艺术创造的水准与尊严。我们一定要敢于面对这个问题，否则等于自己失去了信心，你又怎么去凝聚人心，实现“中国梦”呢？

我还希望，在文化生成与发展上，摒弃一切急功近利的说法做法。我们能做的是文化政策、文化投入、文化硬件建设、文化事业规划与文化口号的提出，我们也可以做到发展文化产业与文化市场，兴办与提供文化服务，但政策、口号、事业、产业都不过是文化的平台，并不就等于文化的全部。文化是骨子里的东西。一切文化倡导与建设，都要经过人民群众与历史的筛选，一切文化口号与目标，都要经受人类学文化学与文化史本身客观规律的检验。一些东西存留下来了，发扬光大了，传之千古了，另一些虽然一时搞得动静很大，气势很盛，却可能被历史的河流冲刷得无影无迹。

真正的文化繁荣发展前进，深植于人民心中，深植于人民的日常活动中，深植于人心所向中。但它们更是表现在高端，看你有没有代表民族文化的制高点，有没有大创作、大发明，有没有不光票房高而且质地好的文化思想与文学艺术成品，有没有真正高端的教育科研成果，有没有不光能挣码洋而且可引以为自豪的出版物。要达到这个境界，我们还有很长的路要走，这正像实现我们的“中国梦”一样，还需要不懈努力。

梦萦出版

于友先

于友先

- 1937年生
- 南开大学、苏州大学、北京印刷学院兼职教授

曾任中共河南省委常委、宣传部长；国家新闻出版署署长、党组书记，兼国家版权局局长；中共十三大、十四大、十五大代表，中共第十五届中纪委委员等职。现任中国出版协会顾问、中华文化促进会副主席等职。先后出版《现代出版产业论》等多部专著，在国家级、省部级刊物发表论文数百篇。

多少年来，我一直在为我的“出版梦”而不懈努力。梦是衷心向往并不断唤起力量的美好境界。回想起来，是编辑工作点亮了我的“出版梦”，是“出版梦”点亮了我的人生。

“出版梦”的缘起

我的“出版梦”是从人口大省河南开始做起的。1956年，我从郑州一中考取南开大学中文系，毕业后留校任教、读研究生、再留校工作，在南开整整18年。由于父亲在河南省工作的缘故，1974年，为照顾身患绝症的双亲，我从南开调到河南人民出版社主办的一份儿童刊物《向阳花》当编辑，正是这个编辑工作开始了我的出版生涯，也点亮了我的“出版梦”。

我编《向阳花》的时候，正值“文化大革命”期间。当时中国少儿出版和其他图书出版一样，受到严重摧残，广大少年儿童几乎无书可看。改革开放前的1977年，有着2亿少年儿童读者的一个偌大中国，只有两家专业少儿出版社，200多人的少儿出版专业编辑队伍，200多人的儿童文学作者队伍，共编辑出版了192种少儿图书。全国都在闹着书荒，河南省当时也只有《向阳花》这一种少儿刊物，并且刊期不固定，每期印发1000册，这与全国第一人口大省的河南也是极不相称的。我深切地感受到孩子们的心灵是最纯洁的，为孩子做书的过程也是净化自己心灵的过程。我就萌发了一个梦：让全省的孩子都有书读！于是，我和同事们艰苦努力，用辛勤的汗水浇灌这本刊物，让向阳花散发出诱人的芳香，浸润孩子的心灵。终于，《向阳花》一步一步地向我们的梦想走来，受到孩子们的普遍欢迎。刊物由不定期发展到定期，发行量也期期攀升，竟达到每期印发42万余册。《向阳花》也聚集了一批著名的作者队伍，现在的一些儿童文学著名人物，如儿童文学评论家、诗人樊发稼，童话大王郑渊洁等，当年都在《向阳花》上发表作品。后来河南人民出版社恢复了少儿编辑室，我从《向阳花》的编辑到少儿编辑室主任，又到河南人民出版社当副社长、社长。

难忘的是1978年10月11日，我参加了国家出版局在江西庐山召开的全国少年儿童出版工作座谈会。这次“庐山会议”是一次解放思想、拨乱反正的会议，是迎接少儿读物出版春天的标志性会议。会议制订了1978年至1980年三年重点少儿读物的出版规划，提出了到1979年“六一”儿童节前出版1000种少儿读物，3年内出版29套丛书的振奋人心的奋斗目标。在全国少儿出版工作者的努力下，这一目标最后顺利实现。我的“出版梦”也随着国家出版事业春天的到来而扩大，进而梦想让全国的孩子都有书读！

“出版梦”的发展

我自幼上学读书，深感童书对少儿的教育启迪和巨大影响。因此在少儿出版工作中，我常抱有许多灿烂的梦想，不仅梦想让孩子们有书读，而且梦想让孩子们能读到好书！1993年5月，我调任国家新闻出版署署长、党组书记，国家版权局局长，为实现这个出版梦想带来机遇。

当时已经改革开放15年，新闻出版体制逐步摆脱计划经济的模式，已基本上完成了由生产型向生产经营型的转变，新闻出版业的实力大为增强。至1993年，全国出版社已由1978年的105家变为543家，全国公开发行的报纸种数已达2039种，杂志7500种。但是，新闻出版业的大力发展也出现了一些新的矛盾，透视出需要解决的问题。如：新闻出版单位增长过快、过猛，书报刊出版质量参差不齐的现象日益突出；出版社追逐经济效益，以致出现买卖书号、有偿新闻等行为。少儿出版自然也摆脱不了这个困扰。我曾深入思考，童书是启蒙孩子智慧、影响其一生的心灵读本，如果出版单位不负责任，给孩子提供质量很差的读本，那将毁坏孩子的一生，我们这一代出版人就无法给下一代交代，无法给中华民族交代，无法给历史交代。所有出版物都是一样，质量关系着新闻出版业的生命！由此我产生了提高质量、创造精品，让出版单位都出好书的梦想，这具体体现在实施“阶段性转移”的工作中。

在1994年1月召开的全国新闻出版局长会议上，我们推出了“阶段性转移”。我当时在大会上做的工作报告题目就是《坚持方向，深化改革，实现新闻出版方面的阶段性转移》，旨意就是新闻出版业的发展要从以规模数量增长为主要特征的阶段向以优质高效为主要特征的阶段转移。这一工作得到了党中央、国务院的肯定与支持。从1994年至2000年，我们围绕

"阶段性转移"建章立制，采取措施，不断调整，不断创新，实实在在、卓有成效地开展"阶段性转移"工作。一是狠抓了出版物质量，在全国范围内开展了几次大规模图书质量大检查，加大了图书质量检查力度，增强了出版工作者的质量意识；二是坚持一手抓繁荣，一手抓管理，遏制了书号买卖；三是出台图书、报刊、音像和电子出版工作管理措施，集中治理散滥现象；四是举办大型书展，评选和表彰优秀出版单位，发挥先进典型的示范和引导作用；五是狠抓编辑队伍建设和编辑职业道德建设。经过几年的努力，"阶段性转移"思想深入人心，取得了重要成果。新闻出版法制建设取得突破性进展，新闻出版持续繁荣发展，新闻出版管理得到有效加强，新闻出版体制改革不断深入，新闻出版业运用高新技术的能力明显增强，新闻出版队伍建设成绩明显，出版生产力得到空前解放。同时，从1994年8月起，连续5年召开全国少儿出版工作会议，从规模、任务等方面狠抓少儿出版，取得明显效果。2000年1月18日，中央政治局常委、国务院副总理李岚清对新闻出版工作近年来的发展和成绩给予充分肯定，并做出重要指示。我们更深刻认识到在中国特色社会主义市场经济条件下，新闻出版机构承担着"一手抓繁荣、一手抓管理"的重要任务，承担着为改革开放和现代化建设提供思想舆论保障的政治责任。实践证明，"阶段性转移"战略口号的提出，不是权宜之计，更不是"临时性转移"，它是中国出版业克服弊端，有序发展，真正繁荣，走向世界这一终极目标的必行之策、必经之路。

"出版梦"的延续

2000年10月，我从新闻出版署署长任上退下来专职中国版协主席工作。2011年5月，中国版协换届，我从主席任上退下来任中国版协顾问。在版协工作11年，也一直为"出版梦"而继续努力。现在有了更多的时间思考和研究出版，我的“出版梦”一直在延续，梦想今后建成出版强国，让中国出版“走出去”，走向世界!

首先，打造出版文化品牌，提高“走出去”的能力。出版强国的主要标志之一就是出版物质量整体水平提高，精品力作不断涌现。“走出去”的出版文化产品靠的就是品牌，品牌就是能力，就是竞争力，就是生命力。只有品牌才能感动世界，影响世界，走向世界。目前，我们“走出去”的作品内涵及文化价值尚需进一步提高，要加强占领国际市场的能力。因此，应该加快培育更多世界级企业和世界级出版文化品牌的作品，用品牌“走出去”说话。中华民族有几千年的文化积淀，经典著作不计其数，这是我们确立出版文化品牌的雄厚基础。出版文化品牌能提高中华民族自立于世界民族之林的能力及其发展前途的信心，同时只有让社会认识到这一点，认识到自己对整个人类发展的崇高价值，才能产生对于本民族进一步生存和发展能力以及光辉灿烂前景的确信。

第二，要造就大批高水平的编辑出版人才。编辑是出版业的核心人才，是一个出版社的质量符号。出版品牌是对外文化交流的重要产品，关键是我们怎么拿自己的原创出版作品“走出去”。2012年莫言获诺贝尔文学奖，担当莫言作品翻译的译作家们功不可没。当务之急是需要一批高素质、高水平的翻译人才，造就一批具有国际视野、懂得国际市场竞争规则、熟悉国外企业经营方式的专门人才。中国文化“走出去”，毋宁说是品牌的竞争，实质是人才的竞争。人才和品牌才是文化企业最宝贵的资产，拥有人才和市场比拥有工厂更重要。拥有市场的唯一办法，就是靠人才开发拥有占市场主导地位的品牌。

第三，加快出版数字化进程。数字技术的应用极大地拓展了出版的生存空间，新技术带来的革命性变化，不断地催生新产品、新媒体、新企业和新行业，带动了传统产业结构调整和经济增长方式的转变。在新技术应用之下，未来新闻出版业载体形式、阅读形式、编辑方式、营销手段等方面的变化，将是一个光彩夺目的世界。如今世界已经加速出版数字化的进程，2013年7月，受数字出版的强烈影响，美国的两大出版巨头兰登和企鹅宣布合并。中国的新闻出版业也进入了数字出版时代，并且代表着出版业未来发展的趋势和潮流。中国出版也只有在技术上不断更新和提高，才能融入世界。

“中国梦”，是2012年11月29日新一届中央领导集体在国家博物馆参观“复兴之路”展览过程中，习近平主席发表的重要讲话中提出来的，并且定义实现伟大复兴就是中华民族近代以来最伟大梦想，而且满怀信心地表示这个梦想“一定能实现”。学习了“中国梦”之后，非常振奋。我体会到实现中华民族伟大复兴的梦想，要靠整个中华民族的共同努力，中华民族的每一分子都要积极为实现这个梦想增光添彩。每个人的梦想只有与国家的梦想紧紧联系在一起，这个梦想才有真实的价值和意义。我也坚信“出版梦”一定会实现，“中国梦”一定会实现。

丁荫楠

- 1938年生
- 珠江电影制片公司国家一级导演
- 首届国家特殊津贴获得者
- 国家有突出贡献电影艺术家

曾任中国文联副主席，中国电影家协会副主席。执导的《春雨潇潇》、《孙中山》、《周恩来》（上、下）、《相伴永远》、《邓小平》、《响九霄》等多部影片获文化部青年优秀创作奖、大众电影百花奖、中国电影金鸡奖、“五个一”工程奖等多项国家级重大奖项。

情定电影

丁荫楠

梦的缘起

我最早是一个业余话剧演员，也是受我哥哥的影响，喜欢话剧，就参加了北京市工人业余话剧团，就是吴雪、金山、白凌等老前辈组织的一个业余话剧团。我参加了活动，不断受到当时是大师级的艺术家们给我的影响，那时候的艺术家对业余的年轻人特别热情。我参加话剧团是1959年，他们鼓励我，一定要去考学校，做个专业的演员。我去考学校的时候，有一个叫李维新的导演说，你当演员条件不好，不如去试试考电影学院或者戏剧学院的导

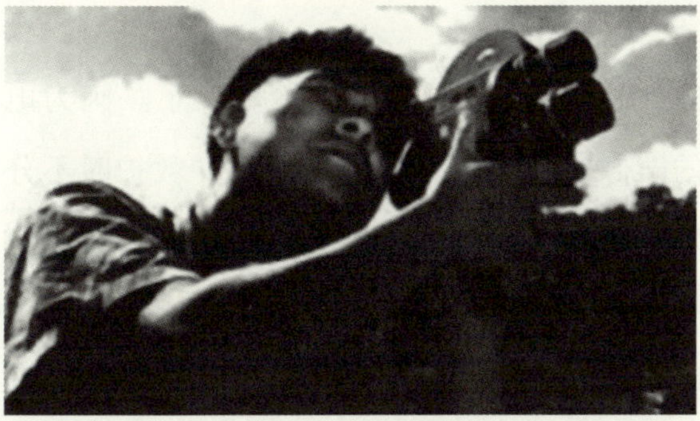
纪录片《云南野生动物考察》工作照

演系。导演是电影的灵魂，你要成为导演了，比做一个演员要了不起得多。其实当时的我目的就是要想改变命运，就是要上大学，对电影导演的概念还很模糊，但我还是听了他的建议，去考电影学院。这里要特别感谢导演系的周伟老师，当时录取我的时候，有人反对，说我的文化课考得不及格，周老师却说："我觉得他有希望。"当时一共收了四个带职生，那时候有淘汰制，一年一甄别，三年都及格了，才能正式留下来继续学习，所以我特别刻苦努力学习，补落下来的文化课。我们班14名学生，共淘汰了4名。我非常感谢电影学院培养了我，使我具备了专业素养，我才能踏上这条电影之路，并以电影事业作为我终身的职业。

梦的追逐历程

1975年我调到珠影。我特别感谢珠影厂的领导孙长城，他对我有很大的帮助，应该说没有孙长城的支持，我拍不成后来《春雨潇潇》、《逆光》、《他在特区》、《孙中山》、《电影人》这几部奠定我中国第四代导演位置的电影。因为当时珠影能拍电影的机会不多，导演却有四十几位，什么时候才能轮到我呢？当时的我十分卖力，40岁了还在做场记。别人不想去云南拍野生动物考察纪录片，因为条件很艰苦，要到海拔5000多米的原始森林里拍，很多人都害怕危险，推掉了，只有我勇敢地接受了这个任务。由于我的表现突出，获得了厂长孙长城的赏识。1979年，我和胡炳榴合作执导了《春雨潇潇》，获得了全国第一届青年电影创作奖，迈出了我作为导演的第一步。

1981年我拍了第二部电影《流星》，结果却被“枪毙”了。因为电影中表现了一尊南丁格尔护士的雕像，她具有国际主义精神，救护时不分敌我而讲“人性”，被认为是资产阶级自由化的表现，当时政治环境还比较“左”。其实这部电影只是一个爱情故事，作者是李威仑，因为当时中央出了7号文件，要“清除精神污染”，就认为我的片子有“自由化”倾向，当时我已经拍了99%的内容，快拍完了，剪了9本样片。而我们厂的党委书记却坚决地“枪毙”了这个片子。最可惜的是把拷贝给烧了，如果不烧，现在还可以播放。最惨的是李威仑，当了一辈子编剧，一辈子没拍过电影，唯一的一次机会，失去之后也再没有创作拍过电影了。我整个人陷入了从未有过的痛苦，都有些快要发疯了，逢人就说，自己的片子没有问题，为什么会被“枪毙”，很不能理解。就在我处于人生低谷的时候，孙长城鼓励我说，放下《流星》，做《逆光》，编剧秦培春有一个本子，写一个年轻人处在改革大潮如何奋发的故事，这是一部宣扬民族自尊心的影片。听到这个，我立刻就从情绪的低谷走了出来，当即把秦培春请来，我们俩一块说服了党委书记，找来当时珠影最好的摄影师魏铎来掌镜，还有当时最火的男演员郭凯敏，女演员吴玉华。在上海连续奋战了半年，从春天拍到夏天，当时很多上海影人看了都觉得奇怪，为什么丁荫楠能把上海拍得那么有味道。结果，《逆光》得了一个金鸡奖最佳摄影奖，在艺术上取得了很好的成绩。

《逆光》海报

梦的奋斗目标

因为有《逆光》的成功，孙长城对我很信任，他说，我们珠影厂一直想当大厂，得出作品，准备拍《孙中山》。老孙说我得拍一部全得姓“珠”的，编剧、导演、摄影、美术，都得姓“珠”，检验一下珠影厂行不行，在这个背景下，所以请我来导。我知道拍政治性的伟人电影特别难，因为关注这类电影的人太多了，到处都是提意见的。所以我和孙厂长说：“导这个戏，在艺术上不能够有任何干涉，你不能管我，我想怎么拍就怎么拍。”老孙说：“你怎么拍，我怎么支持你。”为了了解孙中山，孙厂长花了6万美金，让我们主创人员沿着“孙中山的人生路”，从广东翠亨村，到美国夏威夷，到南京、北京……走了一圈。当时的6万美金不算少，走了一圈下来以后，更加燃烧起我对孙中山的崇敬之情。我们在学校里就十分崇拜苏联的史诗电影《海之歌》、《战舰波将金》、《战争与和平》等。史诗电影在我心里始终是一个情结，而且我热爱孙中山那种“越挫越奋，越战越烈”的奋斗精神，伟人这种丰富的经历，丰富的智慧，伟大的壮举，对我的心灵产生了强烈的撞击，我的梦想就是要拍出中国的史诗电影。真是太好了，正是我施展的好机会，所以我下定决心一定要拍好史诗伟人影片《孙中山》。后来经历了从筹备到拍摄三年艰苦卓绝的漫长过程，在孙长城的全力支持下，《孙中山》这部电影取得了空前的成功。一上映就产生了轰动的效果，获得第7届金鸡奖最佳故事片奖及最佳导演奖等8个单项奖，以及第10届百花奖最佳故事片奖等多项大奖。这成为我后来拍摄伟人传记片的发端。

《孙中山》日文海报

《周恩来》剧照

1990年我又拍摄了《周恩来》，更是空前轰动，不仅获奖，在票价为2元的时代还创下了2亿多元的票房。后来我形成了一个信念：一个人不可能把所有的事情都做到尽善尽美，能做好人物传记影片、反映中华精英的影片也是很有价值的，自此树起了“拍摄伟人影片”的品牌。随后，我又接连拍出《邓小平》、《鲁迅》、《相伴永远》等一系列伟人人物传记片，确立了我在中国人物传记片类型的影坛地位。

一个导演的成长是很不容易的，他需要一个强有力的助力，才能得到好的施展机会，这个助力不光有电影厂、制片人，还要有国家的支持和党的关怀爱护，没有这些条件，我也不可能拍出这些伟人电影。

我今年已经76岁了，从1961年9月考入北京电影学院学习电影导演开始，我有幸在中国电影百年的历史中度过了53个春秋。这是我一生中最美好的时光，岁月短暂而漫长，我从来没有一刻动摇，不敢怠慢地劳作着。

我依然，保持着对电影的痴迷与崇敬之心，就像第一天踏进北京电影学院大门时的心情一样。

我依然，崇拜着为中国电影的发展与进步做出不朽贡献的一个个光辉的名字。

我依然，沉醉于创作的冲动之中而没有丝毫虚情假意。

我依然，怀着极大的好奇心，去发现不断更新的电影理念，紧跟上迅跑中的电影脚步。

我依然，不会忘记在我的电影生命中，一次次给过我帮助与指导的国家领导人、投资人、艺术家、专家及许多朋友们。

我依然，走在通往外景地、摄影棚、剪接室、录音棚、电脑特技车间、试映厅的道路上。

我依然，继续着我的电影梦……

盛世修史：传统中凸显的智慧

雷池月

中国有准确年代可考的历史，到今年为止，只有二千八百多年。当然，地球人都知道，那前面还有很长一段时间辉煌的文明，但究竟多长谁也说不清楚（一般为大家接受的公论是一千多年吧），因为没有准确的记载，这情况多少有点令人尴尬。

把历史记载下来，一直是国人十分严肃认真对待的一件事，至少有书为证的两千八百多年来确实如此。在发育得非常完善的文官制度里，史馆和史官的地位是特别崇高的，唐、宋时期，宰相必须兼领昭

雷池月

－1939年生

－知名历史学者

湖南省政协原学委办主任，毕业于华南师大历史系（1960届），1980年代后期开始写作，主要作品有《宋太祖演义》、《元世祖演义》、《回首可怜歌舞地（古都史话）》、《帝国的仕途》及历史文化类随笔多篇，共约200万字。文章曾被收入多种选本。

文馆、集贤殿大学士或监修国史这三项职衔之一，由此可见修史一事在国家生活中的重要性。

史官的设置，最早大约是用于制约和规范逐步走向极端的王权，他们的任务主要是记载皇帝的言行，如《礼记》中说的“动则左史书之，言则右史书之”，很有些监督者咄咄逼人的味道。然而大权在握的人，谁又会愿意接受监督呢？于是，史官成了一个高风险职业，如果你不愿意顺从权力的意志说了真话，则难免要受到惩罚，一定要坚持职业操守（就像“在齐太史简，在晋董狐笔”那样），就只有一个接一个地被杀掉。那时反抗权臣，死了还能落个“典型在夙昔”的正面评价，如果违忤了皇帝的心思，那就没有地方说理了。司马迁的遭遇算是最能说明问题的例子，后人尽管对他寄予了很多同情，可这基本上动摇不了汉武帝那个伟大君主的历史形象。

史官必须说真话，而任何一个皇帝对真话的容忍度都是有限的。司马迁遇赦后，虽然保留了公职，但《史记》只算是一种私密状态下的个人写作，原稿存于宫内，不许外传（他死后多年由他外孙发布的是副本）。而除了《史记》，乾隆钦定的“二十四史”（即以国家名义颁行的“正史”），全是改朝换代后撰写的。当然，私下里写当代史的历代也不乏其人，但都被列为上不得台盘的“稗官野史”，而且还担着极大的风险。总之，隔代修史似乎成了一种定制。这不能不说是环境所造就的一种智慧，它有效地避开了史家的良知与操守和皇权的利益与尊严之间不可调和的矛盾。由于朝代间的天然切割，史家可以彻底直率地指陈前代的是非得失，同时给当今以间接的讽喻，而某些所谓“明君”又能在不受刺激的状态下从认知历史中得到启发。这就是一个双赢的局面。当然，也有人不太懂得朝代间切割的道理，以为天下古今的皇帝有着必须共同维护的尊严，其结果必然是隔代修史也难以容忍。其逻辑就是：

君为臣纲，永远不变。讲真话么？往轻里说，是“以直沽名”，心怀叵测；往重里说，是以下犯上，罪在不赦。

李世民可以算一代明君，因为他懂得“以史为鉴，可以知兴替”的道理。在他所开创的那个盛世里，出现了一个修史的高潮。从东汉灭亡后，四百年来，中国几乎没有摆脱过战乱和分裂，好些短命的王朝，来去匆匆，真所谓席不暇暖，哪里顾得上修史，除了刘宋范晔的《后汉书》和梁朝沈约的《宋书》、萧子显的《南齐书》，再无其他堪称正史的著作。在李世民的重视和支持下，先是大补课，陆续修齐了自西晋以来所有各朝的“正史”。《晋书》、《隋书》分别由宰相房玄龄和魏征任总编撰，其他还有姚思廉编撰的《梁书》、《陈书》，令狐德棻编撰的《周书》，李百药编撰的《北齐书》。此外，考虑到南北朝是一个特殊的历史阶段，由李延寿主编了把南北各个小朝廷按时序串起来介绍的《南史》、《北史》两套书。这些堪称浩大的文化工程，终于把此前的历史记载串成了一个完整的序列，没有当时朝廷的大量人力和财力的投入，是不可能实现的。这就是盛世修史的由来。从此，人们有了共识：唯盛世始可以修史。因为，第一，有超脱的立场、宽阔的视野和得失了然的判断标准，思维和表述比较没有障碍；第二，有充裕的国力做后盾。

五代那半个世纪的动乱结束以后，宋、元、明、清几个朝代一开始都是把自己当作盛世来经营的，自然也都很重视为前朝修史这件事。因为要准备充分，成书一般都在开国四五十年以后（只有宋濂的《元史》完工较早，唯其如此，质量也较差），正是国势蒸蒸日上的阶段（修《宋史》的脱脱已经接近元末了，但质量不差），因而也都算有声有色地完成了这项任务。1911年，共和肇始，情况有了变化。袁世凯大约也曾寄情“盛世”修史，建立了一个规模庞大的清史馆，拨发大量经费，礼聘海内名儒一百多人为修撰或助撰，耗时一十四年（其间两度帝制复辟，换了五任大总统），完成了一部很不像样的《清史稿》。那当然不是盛世，军阀混战，民穷财尽，1914年开馆时，还挺富裕，从1917年起，往后年年欠薪、减薪，人员流失，到最后两年，全部工作人员只剩十四个，总校都无法进行，其质量可想而知。更糟糕的是主事者大多是以遗老自命的清朝旧臣，完全失去了隔朝修史的立场和视野。正如易培基在给南京政府的呈文里所说："悉用亡清遗老主持其事，彼辈自诩忠于前朝，乃以诽谤民国为能事，并不顾其既食周粟之嫌，遂至乖谬百出，开千百年来未有之奇……此书若任其出版，实为民国之奇耻大辱。"

一百年过去了，始终还是只有这样一部令人遗憾的《清史稿》。

帝制推翻后，再无家天下，更换的只是政府，而不是朝代，无论"二十四史"还是"二十六史"，都已经被送入了一个永久的储存系统，一朝一史，从此完结。但史总还是要不断修下去的，比如建立共和以来的这一百年，中国人民曾经历过的内容极为丰富的一切（无论是辗转沟壑的凄惨、视死如归的壮烈，还是艰苦卓绝的挣扎、令人瞩目的发展）都应该完整而系统地进入史册。现今，代表不同观点、反映不同利益诉求的"野史"多如牛毛，许多历史事件和人物以讹传讹，以致扭曲颠倒，使后学者不知所从。作为一个老年人，我最大的梦想便是能看到一部完整而诚实地记载这一百年的史书，而且，我建议，它能分成"北洋"、"民国"、"社会主义改造"和"改革开放"这样四个部分，把共和以来不同阶段的社会面貌（政治、经济、军事、文化等等）和重要事件、人物的真实情况记述下来。

根据种种统计数据，我们正处在发扬"盛世修史"这一传统智慧的大好时机，首先是国力充裕，项目一旦投入，必然顺风顺水，同时，文明之进步日新月异，远非封建王朝所可比拟。材料之搜寻剔抉，观点之客观公正，众目睽睽，更无可置疑。我以为，修史最重要的是记录真相，把真相记载下来就够了。所谓“事实俱在”，后人自会做出明智的判断。将一百年的历史真实记录下来，继往开来，资政育人，就是我这个古稀老人的“中国梦”。

海　飞

- 1946年生
- 高级编辑，资深出版人
- 知名作家
- 享受国务院政府特殊津贴专家

历任中国少年儿童出版社社长、中国少年报社社长、中国少年儿童新闻出版总社社长兼总编辑，第五届中国出版工作者协会副主席、中国版协少儿读物工作委员会主任，国际儿童读物联盟中国分会主席，第十届全国政协委员。曾获中国韬奋出版奖、新中国60年百名优秀出版人物、联合国儿童基金会中国地区成就奖等奖项。著有《童书海论》、《童媒观察》等新闻出版专著，是我国“童书”概念的引入者和“童媒”概念的创始者。

追梦童书出版强国

海飞

少年儿童是人类自身的未来，是民族的希望，国家的希望，世界的希望。1993年，我离开生活、工作了四分之一个世纪的大西北，从甘肃电视台台长的岗位上奉调进京，任中国少年儿童出版社社长，开始了专门为少年儿童健康成长提供精神食粮的童书出版生涯。

入行出版界，除了白纸黑字、刊山书海的出版新鲜感，很快就真切地感受到了出版的文化静气和文化定力。加上中国少年儿童出版社是我国唯一的国家级专业少儿社，是具有一定知名度和权威性的“国家队”，转行出版的第一感觉还是不错的。但是，这种略带盲目的“转行快感”，随着对国内外少儿出版现状的深入了解，迅速被深深的震撼和忧虑所取代。对比中国少年儿童出版社和中国少儿出版在全世界少儿出版格局中的位置，差距显而易见。一是出版规模小。1993年，我国30多家专业少儿社，出版了4086种图书，总印数18 196万册，总印张353 283千印张，规模品种排名美国、德国、日本、英国、法国、西班牙、韩国、巴西、意大利之后，列第10位。二是图书质量差。我国的少儿图书以文字书居多，图画书很少，纸张质量较差，版式陈旧。而外版书用纸讲究，封面亮丽，版式活跃，图文并茂，耳目一新。三是儿童本位弱。我国的少儿读物说教多、成人味重。四是版权贸易少。这些巨大的差距，使我震撼，使我忧虑，但同时也使我有一种强烈的不服气。发明过造纸术和印刷术的中国，童书出版不该落后。

中国拥有3.67亿未成年人，是世界上最大的儿童大国。中国的儿童理应拥有最需要、最充裕、最美丽、最优秀的童书。身为童书出版人，重任在肩，责无旁贷。于是，我情不自禁地开始了追梦，开始了中国少儿出版人共同的童书出版大国、童书出版强国的追梦。

追梦，要脚踏实地，从自己脚下开始。立足本职，带领全社职工，努力把中国少年儿童出版社建设成为真正的“国家队”，建设成为真正的童书出版基地，是追梦的第一步。经过10多年坚持不懈的努力，中少总社走出了胡同，在北京CBD黄金商业区建造了现代化的出版基地，开启了童书出版集团化、市场化、现代化、国际化的新征程。

追梦，要抱团发展，追求行业的整体进步。1994年8月，中宣部和国家新闻出版署联合在天津召开了全国少儿出版工作会议，之后连续5年召开全国少儿出版工作会议。1994年9月，在新闻出版署和中国出版协会的支持下，中国版协少年儿童读物工作委员会应运而生。以“联合、保护、协调、发展”为宗旨的少读工委，努力为中国少儿出版的繁荣发展、大国崛起贡献力量。随着出版改革的不断深入，传统意义上的专业少儿出版，演变成了全行业参与的大众出版，成了继教育图书出版、社科图书出版之后的第三大门类的图书出版板块。

追梦，要打开国门，敢于追赶世界先进水平。我国少儿出版的对外开放是彻底的，全方位的。我国少儿图书的版权贸易快速成长，成为全国图书版权贸易中最活跃、最成功的图书板块。进入21世纪以来，我国每年引进的外版童书都在2000种至3000种之间，占全国引进图书品种的20%以上。同时，在“走出去”战略的指引下，优秀国产童书的输出也在逐年增加。

天时地利人和，21世纪初，我国的童书出版强势崛起，成为整个出版业中最具活力、最具成长性、最具稳定性的出版板块。我国的童书出版，开始有了自己的品牌作家、品牌画家、品牌作品、品牌出版社，开始有了自己的畅销作家、畅销图书、畅销刊物。我国的童书出版进入了一个可持续发展的“黄金时代”，我国已经是一个名副其实的童书出版大国。

童书出版“大国梦”的实现，催生了新的童书出版的“强国梦”。随着中国出版向出版强国迈进的历史进程，我国童书出版也开启了新的强国进程。显而易见，这个进程还有很长的路要走，还要克服许多发展瓶颈。

作为一名长期从事童书出版的出版人，作为一名长期与国际童书界有着一定交往的出版人，作为一名长期关注儿童阅读的出版人，从全球的视角看构建中国童书出版强国，我有三个拂之不去的新梦想。

第一个梦想：设立中国的国际儿童图书博览会。

世界童书出版强国集中在欧美，尤其是在欧洲，这是一个不争的事实。除了欧洲文艺复兴、工业革命这些发展领先于全球外，欧洲拥有世界上最大的儿童图书博览会——意大利博洛尼亚国际儿童图书博览会，也是一个重要的因素。

跨入童书出版大国的中国，已经到了可以而且应该设立中国的国际儿童图书博览会的时候了。理由如下：其一，中国已经是一个世界公认的童书出版大国。其二，中国已经是一个世界童书出版贸易大国，每年引进童书品种数以几千计，且引进童书的起印数与再版印数远远大于世界上其他国家。其三，中国已经有了丰富的举办国内少儿图书订货会、少儿图书交易会、“中国童书嘉年华”等会展的经验，并且对举办国际童书博览会的呼声和积极性很高。其四，中国是个儿童阅读大国，是个庞大的儿童读者大市场。其五，中国出版业与世界出版业之间交流沟通的语言障碍越来越小。

鉴于上述五大理由，我建议，在中国向出版强国迈进的进程中，有计划地把现在国内每年在全国各地轮流举办的全国少儿图书交易会、“十八联”少儿图书订货会、“中国童书嘉年华”等展会有机地整合起来，选择一个童书出版和儿童阅读基础相对较好、文化底蕴较深、经济发展较快的省会城市或经济特区，由国家新闻出版广电总局，中国版协，地方省、市政府联合举办，按照国际一流展会的标准，设立一个中国的国际儿童图书博览会，博览会的名称就以城市命名，给中国和展会城市一张新的“文化名片”，推动我国童书出版强国的建设。

第二个梦想：设立中国的国际儿童文学大奖和儿童插图画大奖。

儿童文学，是儿童读物的母体，是儿童图书的根。没有优秀的儿童文学作家，没有优秀的儿童插图画家，就没有优秀的儿童读物。国际上的儿童读物机构、童书出版强国相对集中的欧美，都设有权威的儿童文学大奖和插图画大奖。国际儿童读物联盟（IBBY），从1956年开始设立安徒生国际儿童文学奖和儿童插图画奖，被誉为童书出版界的“小诺贝尔文学奖”。瑞典政府在2002年全球著名的“童话外婆”林格伦女士逝世后，设立了“林格伦纪念奖”。美国图书馆儿童服务协会在1922年设立“纽伯瑞儿童文学金奖”；1937年设立“凯迪克图画书金奖”，每年一次奖励优秀图画书作品。这些国际级奖项，极大推动了全球童书出版特别是设奖国的童书出版的繁荣发展。

新中国成立以来，特别是改革开放以来，我国也设立了如“全国优秀儿童文学奖”、“全国少儿文艺创作奖”、“冰心奖”、“宋庆龄儿童文学奖”、“丰子恺图画书奖”等10多种儿童文学、儿童图书方面的奖项，有的是国家有关部委设立的，有的是群众团体设立的，有的是行业协会设立的，有的是出版社设立的。这些奖项的设立，对儿童文学、儿童插图画的繁荣发展发挥过一定作用。但其权威性和影响力与出版强国的要求相比，差距甚大，在国际上影响力有限。

为了促进我国优秀儿童文学作品、优秀儿童插图画作品、优秀儿童图书“走出去”，为了吸引全球优秀儿童文学作品、优秀儿童插图画作品、优秀儿童图书于第一时间“落户”中国，我建议整合相关奖项，设立中国的国际儿童文学大奖和儿童插图画大奖，两年一次，奖金额可定在50万元至100万元人民币之间，由中国国家元首或政府首脑颁发，用“高枝”引“凤凰”。这一国际大奖也可以和国际童书博览会结合起来。

第三个梦想，设立中国的中小学生基础阅读书目。

阅读，是关系到一个国家一个民族提高全民素质和民族凝聚力的大事。一个出版强国，必然是一个阅读蔚然成风的国家。特别是对于需要精心呵护的未成年人来说，是需要引导的，需要鼓励的，一本好书能影响人的一生。

国际上相对先进的国家和出版强国，都高度重视儿童的基础阅读、青少年阅读和全民阅读的推广。如美国，政府明确规定了美国中学生必读的《伊里亚特》、《奥德赛》、《埃涅阿斯纪》、《坎特伯雷故事集》等21

种图书。这21种图书被誉为“美国精神”的摇篮。日本在二战之后大力推动全民阅读，1996年达到了人年均购书55册。2008年7月，日本内阁会议做出了《关于国民读书年的决议》，把2010年确定为日本的“国民读书年”，并成立了“2010年国民读书年推进工作组”。又如西班牙，为了提升国民对本国文化的自信，以发布“国王令”的“国家行为”，给每一个西班牙公民赠送本国最著名的世界名著《堂吉诃德》。

我国随着经济社会的发展和国家实力的提升，提倡“全民阅读”，建立“书香校园”，构建“阅读大国”乃至“阅读强国”的呼声一浪高过一浪，成为提升中国文化软实力的重要课题。

为了体现中国的国家价值观，为了给未来一代又一代的中国人注入坚实的文化底气，为了给中华民族塑造既具有现代精神又具有中国特色的民族魂，我建议设立中国的学生必读基础书目。这个书目的阅读对象是中小学生；图书形态是文字书；书目设置以世界上最优秀的图书与中国最优秀的图书的最佳结合为目标；书目种数以30种至50种为宜；书目的选定可以采用全民参与、专家推荐、政府确定的方式。

富有梦想的时代，是充满激情的时代；富有梦想的时代，是积极向上的时代。愿中国童书出版的“强国梦”梦想成真。

唐国强

- 1952年生
- 中国国家话剧院一级演员
- 著名影视演员，导演
- 中国电影表演艺术学会会长
- 中国电视家协会副主席

曾扮演毛泽东、秦始皇、诸葛亮等角色，荣获第4届中国电影华表奖最佳男演员、第17届中国电视金鹰奖最佳男主角、第20届中国电视金鹰奖最佳导演奖、第7届中美电影节“金天使”杰出成就奖等。

走向艺术的更高境界

唐国强

对我来说，进演艺圈、做演员并不是我最初的梦想，现在回头看在这条道路上走过的43年，顺利过、困惑过，有高峰、有低谷。这个过程中，追求和梦想逐渐清晰，推动我追梦的动力就是对艺术的热爱，对目标的坚持努力和对自己不断的超越。

读中学时我已与演戏结缘，当时我就读青岛市39中，由于那里文体生比较集中，青岛市话剧团常会到学校宣传队来借人下部队演出。我当时在排球队，因为个儿大，他们觉得演兵不错，就这样，我成了剧团中跑龙套的“临时工”。1970年中学毕业时，我不愿意成为整天在工厂坐着拧螺丝的工人，而是渴望做创造性的工作。当时话剧团也觉得我还不错，想留下我，于是在选择“是当工人还是当演员”时我与父亲产生了很大分歧，几经周折父亲才终于让步。就这样我开始了五年话剧舞台的生活。这一次的选择，也成为我艺术之梦的起点。

1975年我迎来了一次珍贵的机会，当时我23岁，那年八一厂在海南准备拍摄战争片《南海风云》，选定了我来饰演男主角于化龙，这是我演的第一部电影。虽然我是被“借”到八一厂去的，是一个“临时工”，但我铆足了劲儿要演好。我印象最深的是拍摄前到榆林港去体验生活，海上风浪大，晕船晕得厉害，一上船就把早饭全吐了，苦胆儿都快吐出来了。那时就会想：我干吗来遭这份罪呢？但想起这是一个如此难得的机会，我咬紧牙关，坚持着挺了8个月直到拍摄完毕。1977年又担纲主演八一厂故事片《走在战争的前面》，拍摄时坠马受了伤，整条胳膊的韧带断了，靠皮拉着，还是咬牙坚持了下来。这两部电影应该说没有火，但让更多的观众认识了我。如果梦想在刚一遇到困难时就退缩放弃，那永远就体会不到进步带来的喜悦，更不会有之后在超越自我时所带来的深刻人生感悟与体验。

1979年是中国电影的黄金岁月，也是我演艺生涯一次全新的高峰——在影片《小花》里担任男主角。《小花》被誉为中国军事题材影片创作在观点和手法上一次成功的尝试，荣获了该年度的“政府奖”、“百花奖”，我则获得了文化部青年优秀创作奖，也得以随中国电影代表团首次参加戛纳电影节。这时候我算是有些名气了，那时候演员少，也就变得炙手可热了。

但有时候，突破与改变带来的并不都是鲜花和掌声，也会带来非议、困惑甚至折磨。因为我之前塑造的角色都是“兵”，也想着需要点突破，此时唯美主义风格的电影盛极一时，我在神话故事片《孔雀公主》里饰演了“柔情似水”的傣族王子，虽然该片获得了首届马尼拉国际电影节特别奖，但我却进入了人生中的一个低谷。因为当时日本影片《追捕》中高仓健的“冷酷”倾倒了无数观众，而我却被认为是“长得漂亮+不会演戏=奶油小生”的代表被舆论质疑、被导演弃用。

当时我想不通，很委屈，我本来演的都是士兵的阳刚形象，演《孔雀公主》时导演还跟我说：“小唐啊，你身上有股兵味，你得把这兵味去掉。要柔情似水，要缠绵。”努力改变了之后，得到的下场却是：“他演兵？他奶油小生，演不了兵的。”一心想做些突破和改变却得此下场，让人备受打击。

但后来想通了，人生道路上不可能永远都是一帆风顺。再仔细想想，你凭什么一开始就演男主角？就是凭你的脸蛋；而当你拍了些让人失望的戏，有人指责你的形象过于奶油时，还是因为你的脸蛋。实际看来算是沾了光也吃了亏，扯平了，所以也就渐渐看淡了。那时我也相信只要自己不倒，别人就永远不会也不可能把你打倒，我也不会因为这样的挫折就放弃突破自己、超越自己的努力与尝试。

正是因为经受了冷落和寂寞，我才开始从无意识状态进入有意识状态，真正开始明白“表演是什么”，因此我一面加强训练与学习，一面寻找证明自己的机会。1983年，我毛遂自荐扮演电影《高山下的花环》的男主角赵蒙生，这是从影以来扮演难度较大、内心复杂的人物，而且是全片中最出力不讨好的角色。我用这个角色证明了自己的演技，这成为我表演生涯中的一个新起点。

这些经历，现在去看都会觉得是值得的。一个男演员，没有经历过压力、没有经历过波折、没有经历过苦难，他眼里永远不会有酸涩。一个男人最宝贵的财富就是经历。经历过什么、感受过什么、思索过什么，这是别人不能取代的。没有前期的那些压力、痛苦，我未必有决心做这行，演员其实挺孤独的。

1990年，我迎来了人生中更大的一次突破与超越，那年我在中央电视台大型历史剧《三国演义》中扮演诸葛亮。这个角色在中国有着巨大的影响力，每个人心中都有不同的诠释和形象，同时这个角色全然不同于我以前饰演的任何角色。三年拍摄期间，我一直顶着压力，“不行”、“要换人”的声音一直没有停歇，总导演王扶林和导演张绍林给了我很大的帮助和信心，我只能用自己全身心的投入去回报他们的支持、去赢得观众的认可。电视剧播出后，国内外反响强烈，荣获了“飞天”“金鹰”“五个一工程”等多项大奖，我也得到了观众的好评，被评为“电视十佳演员”、“首届全国百佳电视工作者”。这些坎坷和拼搏使我的表演又上了一个新台阶，这次突破和超越使我的艺术之梦更向前了一大步。

饰演诸葛亮使我的演艺生涯到了一个高峰，1996年我还入选了“中华影星”。是就此求得平稳，还是继续努力突破？而突破的点又在哪里？我常在思考着这样的问题。不久，一个难得的能再次超越自己的机会出现了，但这个机会带来的严峻挑战也是前所未有——1996年，我转业到中国青年艺术剧院，正是这一年，我受邀在电影《长征》中扮演毛泽东。

当时，我再次面临着非常巨大的压力和争议，能扮演毛泽东可以说是演员的梦想，是对演员的一个重要肯定，但我不是特型演员，我塑造的领袖形象能否被观众认可？作为一名从影多年的演员，观众能否“忘记”我过去角色的“影子”，完全融入我所扮演的全新角色中？面对这些挑战，我只能从细节去琢磨。我最后感悟出：领袖也是普通人，也有普通人的七情六欲；只有从“神似”上去领悟，哪怕形象上并不是那么相似，但一旦“神”融合在一定程度相似的“形”之上，角色自然可以演活，而且会更自然更生动。

我的努力得到了专家和观众的认可，我因此荣获了中国电影华表奖最佳男主角。后来我又在《开国领袖毛泽东》中第二次扮演毛泽东，该剧获得第20届飞天奖长篇电视剧一等奖、第18届金鹰奖优秀长篇电视剧，我也再次得到了专家和观众的肯定，获得了2000年金鹰奖最佳男主角提名，并经过第三次提名终于获得了飞天奖优秀男演员奖。2001年又参加了建党八十周年献礼作品——电视剧《长征》的拍摄工作，在剧中第三次扮演毛泽东并担任导演，这是我国第一部反映红军长征全过程的作品，拍摄过程极其艰难辛苦，我因此获得第20届金鹰奖观众最喜爱男演员和最佳导演奖及第22届飞天奖优秀男演员和优秀导演奖。后来又在《解放》、《建国大业》等影视剧中塑造了不同时期的毛泽东形象。

后来有人帮我算过，我演了超过20次毛泽东，大大小小16个皇帝和许多历史名家，我常想也正是沾了这些大人物的光，架起了我在观众心目中的形象，就像我本来不高，站在巨人的肩膀上就显得高了。

2008年，大型史诗电视剧《解放》开始拍摄，剧中我不仅继续饰演毛泽东，又同时以导演的身份亮相，引起了不小的轰动。那时总有人问我：怎么突然想起当导演了？其实原因挺简单，演了这么多次毛泽东，对于毛泽东这个角色我产生了一种特殊的情结，特别想把自己的一些想法也赋予到这位伟人身上，想实现这些，最好的办法就是当导演了。

这对我而言不仅是挑战与突破，更是我多年来最重要的一次转型。做导演比做演员要辛苦很多，从全局到细节，每个地方都需事必躬亲、反复揣摩。特别这又是一部重大革命历史题材的影视剧，拍好看了不容易，追求戏剧化又可能严重违背历史，怎么能在大事上尊重历史，小事上又不拘泥，做到既不瞎编，又不被军事专家、历史专家挑出毛病来？经过再三思索，我认为戏核就是细节，就是要通过细节来赋予人物立体的生命感，通过细节来引起剧情发展的真实感。但抠细节是一件非常辛苦的事，因为细节必须是真实的，必须是有生命的，必须是一丝不苟的。虽说辛苦，但我却觉得特别有意思，也特别有干劲。生命不息，梦想不止，我感谢电视剧和电影，将我的艺术生命拉长，将我的梦想放大。

演艺圈是一个名利场，很艰辛也很残酷。我常说看一个演员不要看他迎面而来，迎面而来永远是非常光彩的，要看他背身而去，看他的脚印，他留下了一串什么样的足迹。我最开始是把表演当成职业，后来逐渐有了兴趣，变成了有追求的事业，它已经跟我的生命融合在一起了。一个演员的价值在哪儿？不在于你当什么官，不在于你拿多少钱，而在于你塑造了几个能留下来的形象。当明星容易，一夜之间可以成为一个明星；但当一个艺术家很难，有一段很长的艰辛和寂寞的路要走。

当我们谈起梦想时，每个人梦想的内容都不会相同，但追逐梦想的过程却都必然是需要奋斗、需要努力、需要坚持，最重要的，就是要敢于不断突破和超越自己。如今我已进入花甲之年，对于艺术的追求却不会停止，但愿倾我心力向艺术的更高境界不断前进，也相信，我的生命会因这个艺术的梦想而更加圆满。

让梦想化为音符

刘敏

刘 敏

- 1952年生
- IT企业管理者
- 自由歌曲作者

电大工商管理专业。下过乡、当过工人、担负过大型国企质量管理工作，世纪之交的1999年应聘长沙高新技术开发区某IT企业文字编辑，后升任市场策划部经理，继而担负企业管理工作至今。1997年开始致力于歌曲创作，作词并自度曲创作的知青歌曲在互联网上流传，为各地知青文艺演出推崇、采用并演唱。

我和我的兄弟姐妹成长在一个被科学精神与艺术情怀双重陶冶着的家庭，父母为我们营造的精神家园是悄悄孕育梦想和抱负的摇篮。而正当我们求知若渴的心芽拔节成一首首寻梦之歌的时候，骤然而起的那场“文化大革命”扼杀了这一切，在那个并不倡导个人梦想的时代，数千万学子上山下乡的潮流裹挟着我们的意志，不仅中止了我们的求学之梦，也中止了我们对精神家园的追求。

青春流浪在无华岁月。那时，一个带着灵异色彩的梦常在夜间不期而至——梦中的我，是一只孤独游弋在夜空的飞鸟，极目四顾，不见半点月色星光，俯瞰身下，是一片寂寥、陌生而又阴霾密布的陆地……梦中的飞鸟睁大着眼睛，搜寻着可以落脚歇憩之地，却茫然于自己期冀的家园是那么遥不可及……鸟儿无从偃翅栖息，只好不断地振翼寻觅……梦惊复醒的我，总是希冀这个羁旅之梦在下一次能有新的航线和风景，可一遍又一遍，都只是不断重复着那个苍凉的情境……

随着“文化大革命”的结束，改革开放的到来，这个梦魇竟不知不觉退隐，以至于完完全全消失！

时光，早已穿越那晦暗的夜幕。

在这个充满变革的大舞台上，为了生存，为了责任，为了一份对人生价值的期许与验证，我经历过一次次的角色转换，每一次的艰难与灼痛，都换来了蜕变的欣悦与自信。

尽管大舞台上的我是那么平凡与渺小，但内心的日渐充实与强大让我明白了自己的潜能所在。时代在前进，正经历着社会转型与变革的我萌动着一份参与意识。那些过往的生命体验聚合成了一股不吐不快的泉源，于是我选择了最能直抒胸臆、最能直抵心灵的表达形式——歌曲创作，我想要延续我少年时代的梦想！

虽然我从未系统地学习过作词谱曲，但我热爱音乐，我的内心充盈着对生活的激情，情感里潜流着对大地苍生的敬畏与眷爱。我要让自己的心曲载着自己的诗行飞翔，唱出一代人心中的歌——这就是我的梦，一个草根作者所追寻的行吟踏歌之梦！

以“知青”为命题，写出我们这代人自己的歌，它要映射我们这代人的青春特征，它要观照我所熟悉的一代人的心灵轨迹，它要以艺术审美和人性审美来解读一代人的泪与笑、哭与歌。虽然我深知个体的力量极其有限，为此要付出的精力和财力也许会超出自己的负荷，但水滴石穿，我要让我的梦在我曾经失落的地方起航!

心若在，梦就在，我也在，在一点一点地践诺自己的梦。

我的歌曲承载着我的梦想，在草根民众的舞台上萌芽生长，在包罗万象的互联网上蔓延传扬，也在同代人的心中飞翔。有知音的聆听品评，有歌友的相酬唱和，我的创作状态渐入佳境。从《青春情怀》到《走出岁月的冬季》再到《扬帆》，从《月光洒落的河堤》到《总在心底吹奏一支短笛》，还有《芦花吟》、《草根曲》、《生命永恒》、《我问洞庭湖》、《高泽源，我的第二故乡》……在我的歌曲里，有对大地山川的讴歌与礼赞，有对坚贞爱情的描摹与颂扬，有对乡情家园的亲近与眷爱，更有对草根平民蓬勃生命力与不竭创造力的热情赞美与欢歌激赏！心灵的释放让我不再是一只苦苦寻觅的孤鸟，我感觉自己已经加入到长空列阵的雁行!

在我的《我问洞庭湖》中，我是这样来审视我所亲历所见的生命景观，重现在那段封闭保守岁月里希冀改变现状的底层百姓的苦吟与叩问：

我问洞庭湖，问那岸边的白杨，问那透风的茅草房，飘雪的季节你为谁在默默守望？/我问洞庭湖，问我那梦里水乡，问那雨中的孤帆，漂泊的岁月你承受过几多风浪？/我问洞庭湖，问那落水的太阳，听那古老的纤歌苍凉，听那千年的渔歌惆怅，是否也刺痛你的胸膛？/我问洞庭湖，问那朦胧的月光，问那纵横的水巷，你可照见少年的心路诗行？/我问洞庭湖，问那缥缈的云山，你可知道我梦想的翅膀，何时何时，才能翱翔？……

在下乡的岁月里，每每过长江越洞庭，常有一支悲凉苍劲的曲调缠绕着粗糙的纤绳萦回入耳。听着它，会让人生出一种揪心的痛感。美好的生活需要赞颂，百姓的痛楚与愿望也需要表达和宣泄。这首歌曲反映的正是当年洞庭湖区洪涝饥荒的状况，体现了来自民间的沉重和期冀。每一代人都有每一代人的困惑与梦想，只有发出心中呐喊，才能触动与刺激社会的肌体，推动变革，带来进步与希望。这也是我创作这首歌曲的动因。

在我的《草根曲》中，我用大地与小草的对话来抒写草根民众脚踏实地、乐观向上的生活态度以及顽强独立、不受羁绊的草根精神——

我藏在泥土里，盼望着春天的消息，听那春雷动，春雨淅沥沥，我好呀好欢喜！/蓬勃在春天里，你带来芬芳的气息，春风是你的歌，阳光属于你，你绘出美丽四季！/我的根匍匐在大地，田野青山遍布我足迹，你连着我来呀，我牵着你，献给大地绿意！手挽着手啊，心贴着心，献给大地绿意！

这首欢快的《草根曲》作为压轴戏，唱响在了2013年湖南长沙某个观众逾千人的迎春舞台上。其实，这首歌的旋律，像一个精灵，多年以来潜藏于我的心底，她的律动，伴随着我的青春年华；她的欢欣，伴随着我的夕阳晚照；她的无羁无绊野火春风，伴随着我寻梦的足迹……她在一个适当的时机，终于从我的心中破茧而出、展翅轻飞！她带着小草的欣然轻语，带着大地的嘉许厚望，带着春雷的隆隆律动，就那么神奇地飞出我的心窗……我更愿意这样表述：她如同一颗种子，早已蛰伏在我心底的某一片湿地里，等待着破土、萌生，在明媚的阳光下蔓延成一片新绿……

我非常喜欢泰戈尔在《流萤集》中的这段经典诗句：“天空没有翅膀的痕迹，而鸟儿已飞过。”

我也愿将自己的心语说与亲爱的读者：“诗歌和音乐是心灵之泉，愿我的心泉能欢快地汇入大江大河，成为生命交响中的一朵小小浪花！”

只因为，我们曾经飞过，我们仍在飞，我们都有梦，我们都在追寻！

李维福

- 1956年生
- 中国信息技术教育杂志社社长

作品《走向复兴》荣获中宣部精神文明建设“五个一工程”奖、广东省精神文明建设“五个一工程”奖和广东省鲁迅文学艺术奖（艺术类）；《小康路上一起走》荣获重庆市精神文明建设“五个一工程”奖等。

我用诗歌诠释中国梦

李维福

有人说我是中国红色政治歌曲的词作者。为什么这样说呢？

新中国第3部大型音乐舞蹈史诗《复兴之路》的压轴曲目《走向复兴》；中央电视台十八大文艺晚会的主题歌曲《我们的信念》；2012年中央电视台五一文艺晚会的主题歌曲《良心》；2013年中央电视台在国庆期间播放的歌曲《天地人心》，均是由我创作的歌词。

然而，叫我红色词人的朋友也许并不了解，我的第一部作品《孩子，快抓紧妈妈的手》则是另一种风格。

我的艺术创作梦大约要追溯到1976年的唐山大地震。我当时的居住地邻近唐山的天津也未能幸免，震后的惨烈景象我终身难忘。2008年的5·12四川汶川大地震，可谓举世震惊。此时，1976年唐山大地震的惨况一下子出现在眼前。我曾经多次到过的四川绵阳外语学校怎么样了？四川的朋友们怎么样了？电话不通，下落不明，心里非常担心。当家园被毁灭、生命遭摧残的惨状通过媒体递到我眼前的时候，我心在流血，泪水止不住地往下流，难以克制心中那份悲伤写下了流传国内的网络诗歌《孩子，快抓紧妈妈的手》：

孩子/快！/抓紧妈妈的手。/去天堂的路太黑/妈妈怕你碰了头/快！/抓紧妈妈的手/让妈妈陪你走//妈妈/怕！/天堂的路太黑/我看不见你的手/自从倒塌的墙/把阳光夺走，/我再也看不见/你柔情的眸//孩子/你走吧/前面的路/再也没有忧愁/没有读不完的课本/和爸爸的拳头/你要记住/我和爸爸的模样/来生还要一起走//妈妈/别担忧/天堂的路有些挤/有很多同学朋友/我们说不哭/哪一个人的妈妈/都是我们的妈妈/哪一个孩子/都是妈妈的孩子/没有我的日子/你把爱留给活的孩子吧/妈妈/你别哭/泪光照亮不了/我们的路/让我们自己慢慢地走/妈妈/我走后/你和爸爸/要照顾好爷爷奶奶/还有我的小黄狗/妈妈/我会记住/你和爸爸的模样/记住我们的约定/来生一起走

诗歌用一对阴阳相隔的母子跨越时空的对话形式展开，朴素的语言催人泪下。诗歌写好后，我通过手机短信转发给朋友。深受感动的朋友们自发将该诗发布到网上，没想到会一下子引起这么大的反响。许多朋友回信说，诗还没有读完，便已经热泪流淌。我把这首诗的版权捐献给了深圳文联，表达了我对灾区同胞的支持。

这首诗经过了许多网友的进一步完善，尤其是通过歌曲的形式重新演绎，那份深沉的悲怆打动了更多的人，传递了我们共同的心声。

深圳市委宣传部组织改编的歌曲《孩子，来生我们还要一起走》，在读者中引发了热烈反响。经过深圳市有关领导与词曲作者我以及田地、姚峰等进行多次磋商修改，经过一字一句甚至一个个音符的推敲，数易其稿，让歌曲的内涵更丰厚、词意更质朴、音乐更贴近人心。

“妈妈，妈妈，我走之后，你和爸爸要搀扶着走，也要照顾好爷爷奶奶和我的小黄狗。我会记住你的叮嘱，来生我们还要一起走”，这样经过不断斟酌之后的字句，使歌曲里妈妈与孩子之间的对话更加生活化，音乐形象呼之欲出，为作曲提供了更开阔的艺术空间。参与创作的深圳词作家田地说：“这是一个发生在地震灾区瓦砾之上的感人故事，在不减弱原作感情纯度的前提下，经过反复提炼修改后，这样的故事犹如就发生在我们身边，更加具有直抵人心的力量。”

改编后的歌词，迅即在各大网站广泛流传，网友们更是留下了数不清的留言表达心中的感慨。“这次地震使多少的爸爸妈妈失去了自己的孩子，又使多少孩子成为孤儿。这首歌词令人痛彻心肺，泪如雨下”；“我们现在能做的，不是伤心、流泪，而是好好地活着，替自己活着，替死去的人继续活着，重建家园，重新生活”；“让我们一起祈祷吧，让这些正通往天堂的灵魂一路走好”；“期待这首歌制作完成后再次击打我们的心扉！”

曲作者姚峰说，歌词中的感情浓度很高，让一对阴阳相隔的母子跨越时空催人泪下的对话跃然纸上，极大地启发了他的音乐创作。为了这首歌曲，他先后进行了 7 次修改，直到走进录音棚，仍然在琢磨怎样使旋律中感情的倾诉更加流畅，更加“切合心跳的节奏”，让音乐能以最真纯的方式流淌进听者的心田。“在旋律中，既要有凄婉动人的对话，也要努力抚平灾区同胞的忧伤，鼓舞起他们重新树立直面生活的勇气。”

孩子，来生我们还要一起走

作词：李维福　改词：田地
作曲：姚峰　　编曲：董乐弦
演唱：朱晓玲　李佳文

孩子，孩子，/快抓紧妈妈的手/去天堂的路太黑，/妈妈怕你碰了头/快抓紧，快抓紧妈妈的手/让妈妈陪你走//妈妈，妈妈，/那天堂的路太黑/我看不见你的手/那倒塌的墙，把阳光夺走/我再也看不见你柔情的眸/孩子，孩子你慢慢地走/照亮你就是妈妈的眸/忘记恐惧忘记忧愁/妈妈送你到天堂的门口/妈妈，妈妈别担忧/一路上有很多同学和朋友/妈妈，妈妈你也不孤独/我的小伙伴都是妈妈的心头肉/没有我的日子/你把爱分给留下来的同学朋友/妈妈/我走之后你和爸爸要搀扶着走/也要照顾好爷爷奶奶和我的小黄狗/孩子—妈妈/来生我们还要一起走//孩子，孩子/妈妈不孤独，妈妈不再哭/泪水照亮你回归的路/让我们看着你慢慢地走/你可要记住我和爸爸的模样/来生我们还要一起走

语言有国界，艺术无国界。这首以抗震救灾为主题，弘扬“一方有难、八方支援”精神，鼓舞灾区人民勇渡难关、重建家园的信心和决心，打动中国人的作品，同样也感动了世界。我也因此获得了美国国会议员艺术创作奖的荣誉。

有人说，一首好歌能影响几代人。歌词不能空泛，它应该有品位。人间世事均可由歌词点染，由歌词出新。它的艺术价值在于，摒弃口水，摒弃粗俗，摒弃狂野与无为。歌词围绕一个主题需有较多亮点亮色。这就要靠词作家寻找灵感，提取精华，仔细雕琢。如果作品连作者本身都不能打

动，那就肯定是没有生命力的。从那以后，我工作之余的主要精力放在了歌词的创作上。

2009年诞生在深圳的《走向复兴》，表达了深圳人感知新生活和感恩新时代的情怀。歌曲深刻地反映了当代中国崛起和民族复兴过程中的时代精神，响亮地传递着民族开拓进取、激情豪迈的巨大自信。

任何文艺创作必然会烙刻时代印记，优秀的文艺作品尤其是时代的产物。进入新世纪以后，国家整体实力大幅增强，经济、政治、文化、社会等多方面都有了长足进步，尤其重要的是，改革开放道路的正确选择使我们对自己民族的认识更加客观， 对民族实力和前途更有把握，自信心空前高涨。

国家文化主权的进一步张扬，为我们拓展国家利益、迎来民族复兴奠定了坚实基础，创造了有利条件。在这个关键时刻，我们的国家、民族非常需要表达信心、强化信心、传播信心，从而凝聚全民族力量创造更辉煌的成就。这就是歌曲《走向复兴》选择这个时代节点应运而生的创作冲动。

在更宏大的意义上，《走向复兴》唱响的是近现代两百多年来华夏文明从民族衰弱到民族复兴的最强音。在这中华民族伟大复兴的200年历史进程里，需要完成两大历史任务：一个是求得民族独立和人民解放，一个是实现国家繁荣富强和人民共同富裕。

在更深邃的意义上，《走向复兴》唱响的是中华文明的文化自信。五千多年来，许多古老文明已经衰落，只有中华文明始终没有断层，绝无仅有地一脉相承至今。几千年的岁月长河中，历史也总是一再证明，中华文明历挫折和苦难而不沉，兼收并蓄，开放包容，不断丰富和深化华夏文明的内涵，从而迎来中华文明的新繁荣。这其实体现的就是中华文明强大的生命力，而这种强大的生命力正是深深植根于中华文明五千年的文化之中，这得益于中华文明“天人合一”、人与自然良性互动的文明特点，得益于中华文明“和而不同”这样的文化包容，得益于中国人受中华文明浸润五千年的成熟的国民心态。

从骨子里看，歌曲《走向复兴》正是中华民族这种整体文化自信和民族自信的表现形式之一。

回顾这么多年我们祖国走过的风风雨雨，直到今天来之不易的大好形势，《走向复兴》歌词创作压力很大。歌词要从哪里切入，要怎么表达，是要直抒胸臆，还是寓情于景，这些问题我酝酿了很久。我们生活在中国，中国是我的母亲，我是中华民族的一分子。我是以在这样一个大家庭的环境下，在母亲过生日的时候对她说说心里话的心态，创作这首歌词的。我应该对祖国母亲说什么呢？不能总说我爱你，因为说这话的人太多，这样写的歌曲没有感染力。后来我想，干脆我就向母亲宣个誓吧——您把幸福给了我们，我们一定要用行动实现中华民族的伟大复兴。在定稿前，歌词进行了多次修改。

不管是写《孩子，来生我们还要一起走》、《告慰》、《走向复兴》，还是应邀为十八大文艺晚会写的歌曲《我们的信念》以及陆续创作的《长城颂》、《天地人心》等，我都是在用自己的经历和感受来写。如果以后有机会再写，我还是会写我自己的心里话，用歌词把自己对一些事物的认识表达出来。

我爱我的祖国，我爱我的人民。我用诗歌诠释中国梦，歌唱我们可爱的家乡。

裴高才

－1957年生
－中国作协会员

代表作《田长霖传奇》、《首义大都督黎元洪》、《理学双凤》分别获国际、国内奖。享有世界杰出华人文艺家与具有突出贡献的作家称号，入编《中国作家辞典》、《世界名人录》等。

钩沉名人俊彦的五彩梦

裴高才

回首自己的人生路，梦想曾是蛰伏在自己心头的期许与希冀。儿时，适逢“文化大革命”，因家父受到冲击，全家被划入“另册”，又是“缺粮户”。那时我的梦想很简单：希望每餐能吃上白米饭。

我生平的第一次投稿，是初中语文老师萧振奎将我的一篇作文修改后刊登于报端。到了高中，作文又常被王希良老师作为范文讲评。同时我还担任校刊的主笔。当时曾萌发了当作家的冲动。那时，文艺刊物大都是“一大二公”、“批林批孔”之类的题材，当我尝试着向省级文艺刊物投稿时，收到的却是“革命性不强”之类的退稿函。

回乡务农不到一年，我被推荐为民办教师。一次，“把关教师”裴高钰以自己的亲身经历告诫我：梦想不是幻想，践行梦想有一个过程，有时甚至历经磨难；只有锲而不舍，才能到达成功的彼岸。于是，我开始审视自己的人生梦想。1977年晚秋，喜闻恢复高考，我满以为自己可以圆梦了。可是，当我一试身手，却放了个哑炮，名落孙山。正在情绪低迷之时，是刘忠启老师与高钰兄的指点迷津，让我及时调整报考志愿。次年再战虽然仅仅捧了个“稀饭碗”（对“师范”的戏称），但对于一个温饱难保的农家来说，还是个令人称羡的“铁饭碗”。同时，在恩师胡景苏、周世一的启迪下，我重新焕发了自己的写作激情。其后，我的一篇篇“豆腐块”、“千张块”纷纷见诸报端，一篇篇教学论文在市、县获奖。

理想和信念是人生的精神支柱与动力源泉。几年后，组织部门将我从重点高中调往党政机关，从事文宣工作。在台办工作期间，我的住宅正好与著名侨领田长焯、田长霖兄弟的祖屋相邻。当我得知：田长霖是我国20世纪50年代留学生的典型代表，他以一个穷学生的背景在异域打拼，遭受了种种歧视。白人教授贬称他“中国佬”，移民官甚至对他讲：“你要成为美国公民，至少需要等142年！”但他就是不信邪，终于以过人的智慧与顽强拼搏的精神，一跃成为世界知名科学家、教育家与社会活动家，创造了诸多华人之最：美国一流大学首位华人校长，美国国家科委首任亚裔委员……他还利用自己的影响力，组织师生参加“保钓”运动，促进中美的科技、文教交流与合作，也是中国科学院首批外籍院士与香港创新科技委员会首任主席。

经过多次采访田氏家人，以及整理田长焯先生自美国与台湾带回的相关资料，我发现田长霖的“美国梦”就是华人奋斗史的缩影，与“中国梦”是相通的。于是，我写成《加州大学的华人校长》与《田长霖的“美国梦”》的中篇纪实，分别被《人民日报·海外版》、《文汇报》、《新闻人物报》等多家报刊连载或选载。著名作家黄建中看后来电说：“不错！以名传文，以文传名。你应该朝这条路走下去！”不久，湖北人民出版社推出首部田长霖全传——拙作《田长霖传奇》，两岸政学界名流王文元、陈佳洱、路甬祥、余传韬、陶德麟作序或题贺。继而，又在香港再版，图书还参加第九届世界华人艺术大会展览，并忝列“传记文学”类金奖。从此，我开始成为钩沉中外名流梦想成真的“解梦人”。

因为有梦，我的人生从此变得充实起来；因为有所寄托，我对未来充满了信心。身处辛亥首义之区湖北武汉，又是辛亥史名家云集之地。我想：如此天时地利人和，倘若以传记文学的形式，反映辛亥首义志士将走向共和的梦想变为现实，既可旌死励生，又可为文学梦平添一笔绚丽的色彩。于是，自90年代始，我便着手打捞辛亥记忆。因那时政学界对黎元洪（史称“黎黄陂”）评价大都为负面，文著对黎氏的叙述与评价亦显不妥。但黎在中国走向共和的关键时刻，所发挥的“四两拨千斤”作用，厥功甚伟。享誉国际的辛亥史泰斗章开沅先生，浏览了笔者送审的《首义大都督黎元洪》的书稿后，便欣然提笔作序。他认为，拙作“大体归还了黎氏的历史公正”。同时，他高度概括了“黎氏从未享受历史公正”的三大因素：正统观念、革命观念与首义之区的某种情结。拙作面世后，引起了文史界的关注。不久，笔者作为中心发言人，出席了辛亥革命研究中心首次召开的以黎元洪为专题——《首义大都督黎元洪》的学术研讨会。湖北省暨武汉作协也举行了拙作研讨会，拙作还获社科成果奖，并作为武汉辛亥文化礼品馈赠给中外来宾；南京、湖北、武汉等地电视台则以此为蓝本拍摄专题片。至辛亥百年前夕，拙作《首义神童》、《首义精魂》、《辛亥首义百人传》等系列传记文学百余万言，全景式地再现了首义志士“亡清必楚”、“敢为人先”的英雄气概，本人也因此应邀到中学、高校、图书馆、电视台与网站演讲，传播辛亥首义精神。

“给史家做材料，为文学开生路。”这是胡适先生对传记文学的期许，也是我的奋斗目标。

追梦的实践告诉我，要想把传记写得有特色，让人物棱角分明，作者就得处处当有心人，善于抢救活材料、打捞死材料。为此，我常常利用外访与采风的机会，广泛搜集相关史料，体验某种现场感。诸如通过接待旅美学者、程颐二十九世孙程德祥，参加宋代理学家程颢、程颐（世称“二程”）国际学术研讨会，以及到“二程”生活、学习与工作的地方现场采风，写成首部关于“二程”的传记小说《理学双凤》，受到了中外学者的首肯，还夺得了中华炎黄文化优秀成果奖。又因在圣彼得堡有感于俄国对诗人的崇敬，访俄归来后写成《玫瑰诗人彭邦桢》，后携书赴美交流，受到美国知名诗人伯恩斯坦等同仁好评。我还利用在常德出席国际学术研讨会之际，承蒙史志专家应国斌导引，重走蔡以忱烈士路，终于弄清了烈士牺牲的地点，丰富了《“铸剑”先驱·蔡以忱》素材。“蔡传”癸巳夏赴台首发与研讨，被台湾中学校长推荐为重点图书。

我在打捞历史记忆的同时，还注意笔走当代名流的五彩梦，先后钩沉了解读“两岸破冰第一人”的《胡秋原全传》，从农家走出的优异人物王文元、南沙首位军政长官彭运生、两岸“密使”贾亦斌、“国策高参”辜胜阻以及“载人深潜英雄”叶聪等，记录了他们在各自的岗位上，践行强国梦的风采。让青少年读者明白，“中国梦”并非遥不可及，只要人人都努力跳跃一下，是完全可以实现的。

雨果曾经说过：艺术的大道上荆棘丛生，常人望而却步，只有意志坚强的人例外。我的写作之梦亦然，始于自信，成于勤奋、自得，持之以恒。

一言以蔽之，梦想只有插上勤奋的翅膀，才能迎风飞翔，凤啸九霄。

张国勇

- 1958年生
- 上海歌剧院艺术总监
- 上海音乐学院教授、指挥系主任
- 著名指挥家
- 享受国务院政府特殊津贴专家

现中国音乐家协会副主席，上海音乐家协会副主席，第十一届全国政协委员，中宣部全国“四个一批”人才，上海市领军人才。毕业于上海音乐学院，后被莫斯科国立柴可夫斯基音乐学院授予博士学位。师从著名指挥家黄晓同教授和俄罗斯指挥大师罗日杰斯特文斯基。曾先后与国内外著名交响乐团、歌剧院合作，指挥演出了《贝多芬第九交响曲》、《黄河大合唱》等众多交响乐、歌剧和芭蕾舞剧。

让音乐自由飞翔

张国勇

“中国梦”——一个看似虚无缥缈，却是近在眼前的命题。

梦做得太大、太美了，恐难以实现。但回首历史：达·芬奇的飞行梦想，早已随着现代科技的发展，翱翔在浩瀚太空；马丁·路德·金消除种族歧视的梦想，早已随着人类文明的进步，植根于世界各地。

儿时的我也有梦想，那时梦想成为一名船长。还记得上小学时，每天放学都要背着书包，走上半个小时路来到外滩。在防洪堤上，一坐就是两个小时，看着每一艘船来来往往、缓缓入港，听着汽笛声由远及近、阵阵轰鸣，乐此不疲。回到家，就在纸上画画，画出自己看到的船，想象着自己有一天驾驶轮船出海远航的威风场面。有时候在课堂上，把老师讲的知识听懂了，就走走神，把铅笔盒想象成一艘船，拿着它模拟着起航靠岸的样子。直到现在，只要面对大海、登上舰船，我仍难抑激动的心情。

谁知，阴差阳错，我与音乐结缘，一头扎进了音乐海洋的怀抱。读中学的时候，正是“文化大革命”中后期，为了给样板戏培养人才，上海音乐学院附中对没有音乐家庭背景的青少年敞开了门，4500多个从未接受过正规音乐教育的孩子通过五次考试、层层筛选，104人进入上音附中学习，我便是其中之一。这种极“左”思潮的歪打正着，给了我学习音乐的机会。正因为所有东西都要从头学起，我特别用功，即便能听的音乐并不多（贝多芬的交响曲、小提琴协奏曲《梁祝》等在那个时期都要黑灯瞎火关上门偷听），但浩瀚的音乐天地已经足够让我如饥似渴地学习。最终，这批孩子里只有不到10名考上了上海音乐学院，而我又是唯一一个选择了指挥专业的人。成为乐队指挥的梦想从我15岁在附中乐队担任大提琴首席时便渐渐埋下，看着站在乐队最中心的指挥一举一动、一笑一颦，一切都让我充满兴趣。也许跟我从小想当船长的心情一样，征服海洋、统领舰船的梦想实现不了，那就征服舞台、掌控一支交响乐团吧。

而今，登上了“交响乐、歌剧”这条船30余年，沿途波涛汹涌，却难阻我乘风破浪。梦想是人生意义所在，只要有梦，就应该去追寻，相信终有一天能够实现。我梦想中的音乐世界应该是：

那里的儿童，上的第一堂音乐课是感受巴赫的庄重、《梅花三弄》的悠远，而非手捧简谱，咿咿呀呀、五音不全地唱儿歌。

那里的小学生，一到四年级没有家庭作业、无需考试。结束上午的文化课程，下午就能去音乐、戏剧、舞蹈学校接受艺术熏陶，而非背着30斤的书包、戴着400度的近视眼镜，走在回家的路上，思忖着何时才能完成繁多的作业。

那里的人们，任何时候都能欣赏到电台、电视台播出的古典音乐节目。坚守古典音乐的传媒，不用担心由于广告收入减少而被迫取消节目。因为人们清楚地意识到，文化投入的回报是间接的，音乐开拓人的想象力和创造力、净化人的心灵、提升人的审美，使社会趋于和谐；文明的提升需要时间，收听收视率、票房收入、发行量不是衡量文化建设水平高低的唯一标准。

那里的每一座城市都有音响一流的音乐厅，上演着形式各异、曲目丰富的音乐会。人们穿着得体、谈吐优雅、心怀崇敬迈入音乐殿堂，然后带着回味进入梦乡。

那里的每一个人都会为自己的城市拥有一流的交响乐团、歌剧院、芭蕾舞团和音乐学院而感到自豪。这些标志性的艺术团体和闻名遐迩的音乐家丰富着市民文化生活的同时，像磁铁一样吸引着来自地球每一个角落的游客。因为人们心底里明白，GDP的增长是国家强盛的体现，但本民族的文化得到世界的认同才是真正的强大。

那里的艺术家在职业化的经营管理下，在政府和社会的有力支持下，能长期在一种愉悦的状态中从事艺术创造，为人们提供优质的精神养分，而非为了支付高额的房租，工作之余从事大量私教或伴宴助奏，疲于奔命。

那里的艺术生产完全按照艺术规律来进行。艺术家得到充分的尊重，看不到行政干预或外行领导内行。国际模式运营下的音乐演出季（一年前就定下的音乐会排期，以便听众事先安排时间，也方便客席艺术家提前预留演出档期）不会轻易因为一些指令性演出而取消。

那里的音乐会进行中没有交头接耳的话语声，没有野蛮入侵的手机声，也没有闪光灯此起彼伏，剧场更无需开启电子屏蔽（从科学角度讲，对身体是有害的）。台上音乐家的乐思不会被打断，台下听众的专注不会被干扰。美妙乐声中，台上台下心灵互动，音乐扎根于人们内心深处的土壤中，茁壮成长。

我梦想中的音乐世界，应该是美丽“中国梦”的一部分吧。当物质生活日渐丰裕之时，我们更需要精神生活的满足和心灵的抚慰；当国家在经济、军事上日益强大之时，我们的文化更需要得到世界的认可；当中国综合实力发展的脚步日趋加速之时，我们更需要等等已经落后的灵魂。文化、艺术、音乐恰是灵魂深处最美好的积淀。为了实现美丽的“中国梦”，就让交响音乐响起来吧！

张国骥

- 1959年生
- 湖南师范大学校党委书记、博士生导师

第十届中共湖南省委委员，湖南省第十一届、十二届人大常委会委员。主要从事高等教育管理和清代历史研究。出版《清嘉庆道光时期政治危机研究》等著作和译著共4部，发表《论美国的教育理念》等论文60余篇。

性灵出万象 风骨超常伦

张国骥

我一生跟教育有着不解之缘。读书，在学校，是受教育者；工作，联系教育，分管教育，是教育工作者；到了高校，当然更是与教育融为一体了。这种人生和工作经历促使我思考教育特别是高等教育，思考大学的真谛。

唐代大诗人高适有一首诗，叫作《答侯少府》，其中有两句说 ：“性灵出万象，风骨超常伦。”性灵使人风情万种，潇洒飘逸，自然形成脱俗的风骨。我觉得真正的大学应该有她的性灵和风骨，这种性灵和风骨乃是大学的灵魂。这性灵，这风骨，使我悟出了一些大学之道。

一曰大学应该是有理想的。如今国内大学林立，校数膨胀过快，难免引发激烈竞争。因而，各校在求生存和发展中，很容易捐弃理想而迁就现实，以救急为借口而与大学崇高理想渐行渐远。其实，今昔大学之异，主要在于如今的大学不应再栖身于山林，自筑城堡而遗世独立，而应该置身于社会而成为社会的领航明灯。不管社会如何变化，作为大学绝不能屈身于红尘，沦为社会的传声筒、复印机，应坚持大学应有的风骨和理想。

我湖南师大校歌中写道："巍巍麓山，浩浩湘江，堂堂学府，源远流长；承接涟衡形胜，汇聚四海英良，仁爱身修，精勤业广，兴我华夏争做栋梁；吸取科技精华，弘扬人文理想……"

在这歌声中，师大的创业者们曾经在蓝田栽下的一棵小苗，终于在岳麓山下成长为一棵参天大树。"后皇嘉树，橘徕服兮，受命不迁，生南国兮"，理想是大学发展的不竭动力。

二曰大学应该是有境界的。大学就像一个人需要有境界一样。大学的境界要用几句话来总结，是很难的。我想用三位中国哲人的话来描述大学之境界，虽然他们讲的都是人的境界，但用之于大学，也是合适的。

第一位是国学大师王国维，他在《人间词话》说到三种境界，"古今之成大事业、大学问者，罔不经过三种之境界：'昨夜西风凋碧树，独上高楼，望尽天涯路'，此第一境界也；'衣带渐宽终不悔，为伊消得人憔悴'，此第二境界也；'众里寻她千百度，蓦然回首，那人却在灯火阑珊处'，此第三境界也。"

我觉得大学的创业者们和建设者们，要有这种献身于大学的精神和境界。

第二位是哲学家冯友兰先生，他说人从低到高有四等境界，由最低的说起，这四等是：一本天然的"自然境界"，讲求实际利害的"功利境界”，“正其义，不谋其利”的“道德境界”和超越世俗、自同于大全的“天地境界”。

我想大学也是这样，大学应该努力追求道德境界和天地境界。

第三位是北宋哲学家张载说的：“为天地立心，为生民立命，为往圣继绝学，为万世开太平。”达到这种境界，那当然是了不起的大学，是大学的最高要求。

三曰大学应该是有良知的。大学不能随波逐流，更不能同流合污，大学应有自己的清高与圣洁，大学是创造和保存人类文明的场所，是培养智者的地方，是人类精神资源传递和知识创造的最佳学堂，是充满创造和创新的具有独立品格的思想熔炉，是拒绝庸俗、呼唤社会良知、引领社会前行的精神家园。

大学有了性灵和风骨，就有了灵魂，才能身处尘世而从容不迫，气定神闲；有了性灵和风骨，才会有个性和魅力，才能动人。

如何使大学有性灵和风骨呢？大抵离不开以下这些大道理。

一是以自由精神探求真理。教育家蔡元培说过：“大学者，‘囊括大典、网罗众家’之学府也”，“大学以思想自由为原则”，“近代思想自由之公例，既被公认，能完全实现之者，厥惟大学”。诚哉斯言！

二是以通识教育作育人才。这里就得学习梅贻琦了，梅贻琦在清华大学任校长时，提出“通才教育、教授治校、学术自由”的思想，并将之贯彻于教育实践中。他主张通才教育，认为对于中国的工业化而言，需要的不仅是技术人才，而且是组织人才，就是工业建设的领袖，其重要性至少不在技术人才之下，真正的工业组织人才，对于心理学、社会学、伦理学，以至于一切的人文科学、文化背景，都应该有充分的了解。他认为大学教育“重心所寄，应在通而不在专”。他提出了一个振聋发聩的人才培养观点：“通识为本，而专识为末，社会所需要者，通才为大，而专家次之，以无通才为基础之专家临民，其结果不为新民，而为扰民！”

以历史和现实情况验之，梅贻琦的话精辟至极。

三是以兼容并蓄精神包容学术思想。这是西南联大的精神。当年在抗日战火纷飞的时候，在生死不可预卜的情况下，西南联大以大学应有的超凡品格，卓然立于世界大学之林，担当民族大义，培养救国人才，探寻科学真理，坚守民主精神。冯友兰先生在西南联大解散时的纪念碑文上总结西南联大的精神时说：“万物并育而不相害，道并行而不相悖，小德川流，大德敦化，此天地之所以为大。斯虽先民之恒言，实为民主之真谛。联合大学以其兼容并包之精神，转移社会一时之风气，内树学术自由之规模，外来民主堡垒之称号，违千夫之诺诺，作一士之谔谔。”

无包容精神，则无真正的大学。具体到我们湖南师范大学，我们坚持以下几点，这既是我们所做，也是我们所追求的：

一是以“仁爱精勤”来铸就师大之灵魂。“仁爱精勤”是我校的校训，对校训我们有几句话的阐释：倡导师范仁道，追求高尚；倡导爱人以德，追求和谐；倡导研精覃思，追求真理；倡导勤奋踏实，追求卓越。

二是以天下情怀来铸就师大之境界：我们也有四句话，即“国际视野，天下情怀，探索不止，追求卓越”。这是我们追求的大学之境界。

三是以现代精神来凝炼师大治校之理念：人才强校，学术立校，改革兴校，民主治校。

我想，这样有性灵和风骨的大学，庶几可称为大学，这也是我们的大学理想，也是我们的大学追求。我希望能把湖南师范大学建设成这样的大学，也希望中国能有更多这样的大学。

“路漫漫其修远兮，吾将上下而求索。”

曾纪鑫

- 1963年生
- 一级作家
- 《厦门文艺》主编
- 中国作家协会会员
- 厦门市作家协会副主席
- 公安三袁研究院顾问

出版专著20多部，作品入选“十二五”规划《大学语文》教材，有实力派作家、学者型作家之称。

人生有梦

曾纪鑫

人到五十，年已半百，“五十而知天命”，蜉蝣之身，谁敢不敬天畏命？

知天命之年，是人生的一个节点，现实的一切，大多有了一个“说法”或者一种“着落”，性格、专长、职业、家庭、奋斗等诸如此类的一切已然定型。不经意“晃悠”到这份年纪，瞌睡少了，梦也少了，有时干脆就是无梦可做，而多了的则是失眠——瞪大眼睛望着虚无的夜空，怎么也睡不着；睡不着就捧卷阅读，有时也会胡思乱想，想得比青春年少还多；如果将这胡思乱想梳理一番，其实也可以称作梦想的，只是受着“天命”的制约，大多非常现实，没有了青春时期的激情、浪漫与瑰丽。

对物质的追求少了，吃、穿、睡变得次要而有限。如果突然凭空进账千万甚至上亿巨款，我想我的生活方式也不会因此而有所改变，不会变着法子挥霍无度，不会开公司办企业自我折腾再创业，仍会一如既往地像过去那样有规律地生活。其实，钱多了反而是一种负担，得花时间惦记着，即使拿出去做慈善，还得进行必要的监管。

物质方面的计划如果说有的话，那就是对两万多册藏书的处理。家里到处都是书，可谓书多成“灾”，而现有住房的“开发”与利用已十分有限，就想再买一套不大的房子专做书房，打造成工作室那样的空间。这一想法2008年就有了，几次没有果断出手买进，房价却一个劲地往上飙。

当然，我是完全可以不去理会这疯涨的房价的——没有专门而单独的书房，并不怎么影响我的生活。我人生的着眼点或者说落脚点，关键在于精神，这精神的体现，便是阅读与创作。遨游书海看自己想看的书卷，凝神静气写自己想写的文章。关键的是，还有几部非写不可的书等待着我去完成。

近些年来，我一直致力于文化历史散文的创作，其中尤以一部全方位反映中国历史发展变化的作品为重，总标题为《历史向何方》，分古代、近代、现当代三部分。书从“改变历史”的角度，每一时段选取11位对中国哲学、思想、文化、政治、经济、军事、制度等方面产生过举足轻重的作用与巨大影响的典型人物，将他们还原于当时复杂纷纭的历史舞台，置放在整个人类漫长的历史长河与广阔的历史空间中，以当代全新意识，对其时代背景、生长环境、独特经历、复杂心态、人格力量、智慧经验、功过是非、历史影响等进行观照比较、透视研究。在写法上，打通文、史、哲之间的通道，以历史与历史人物为载体，用哲学的思维审视反思，以文学的方式描摹再现，熔历史的厚重、文学的灵动、哲学的思考为一炉，对中国历史进行多侧面乃至全方位的探究与反思，勾勒一幅从古至今的斑斓图景。现已完成两部：状写古代历史的《拨动历史的转盘》（又名《历史的刀锋》），反思近代历史的《千古大变局》。目前正在准备第三部即现当代历史的创作。俟中国历史三部曲完稿，如有精力，拟以同样的体例，将视野扩至全球，仍然选取11个人物，创作一部人类在星空中孤独探索，世界从远古发展至今的系列文化历史散文。

我最早的创作，是从小说起步的，然后转向诗歌、散文、戏剧，涉及诸多文艺体裁。但小说一直是我心中的“重头戏”，虽然写了九部长篇，以及大量的中篇、短篇、微型小说，却没有一部厚重得可当“枕头”的小说。于是就存了一份野心，想创作一部能够流传的长篇小说。

也许是传统知识分子“心忧天下”的情结在作怪，如果说真有梦想的话，那倒不是我个人的，而与民族、国家及世界有关。

自“五四”新文化运动以来，无数仁人志士抛头颅洒热血追求富强、科学、民主和自由，我希望21世纪的中国从小康迈向全面的现代化，政治清明，民生幸福，国民有高度的文明素养，既有敢于进取的创新意识，又有暇享受丰富多彩的人生。

在生态环境日益恶化的今天，我梦想未来的发展之路，朝着绿色、生态、低碳、环保、智能的可持续发展方向前行。青山绿水、蓝天白云所带给我们的幸福，比一般的物质享受更为长远和舒心。

世界正向一体化、全球化迈进，我以为真正的“一体化”与“全球化”，是超越国家主义的。过去是部落、氏族、民族之争，如今则是国家之争。每一国家内部，狭隘的民族主义正在萎缩，但国与国之间的竞争，综合实力的对抗，发展到极致，便可能是残酷的战争。可以毁灭人类与地球无数次的核武器犹如一把高悬长空的达摩克利斯之剑，稍有不慎，人类将陷入万劫不复的困境与深渊。唯有国家壁垒不断消解，政治、军事也能如经济、文化一样交流融合，全球才会真正出现繁荣与大同的曙光。

我梦想并相信未来的人类有智慧与能力解决地球上的诸多危机与纷争，无论有没有更为高级的外星文明，我希望我们栖身的这颗星球永远蓝色更加美好！

走笔至此，感觉我这无梦之梦在不断扩张无限膨胀，却原来包含着个人梦、民族梦、中国梦、世界梦、时代梦、未来梦等诸多梦想。也许，这是一场不折不扣的梦中之梦。不管怎样，人生有梦，总比无梦强似百倍。

胡松涛

－1964年生

－武警陕西总队副政委

出生河南西平，后来到北京，已生活三十个夏冬。工作之余读书，作文，出版有散文集《民间的阳光》、《嚼雪录》等。

梦里开爿小书店

胡松涛

当下，实体书店的生存越来越艰难了，尽管如此，我还是想开一家书店。我的书店，不要大，一百来平方米就足够了。

书店经营社科类图书。具体卖什么书我还不清楚，不卖什么书我却很清楚：上娱乐报刊“排行榜”的，一印十万册以上的，短时间内看到十篇以上评论文章的，作家坐台签名售书的，还有那些所谓的成功学和励志书等，一律谢绝，为的是书店的清静与安宁。

书店里要腾出三分之一的地方卖旧

书。球类比赛讲究一个球队的“板凳”深度，我追求书店的“深度”。我的意思主要不是指书店空间上的纵深，主要的是指书店的可逛性、书籍的可淘性。书有多旧，你的书店就有多深。想想书店里经常冒出七八十年前、一百多年前的旧书，想想一个爱书人在书店里碰到寻找多年而没有得到的书，那将是一种怎样的人生喜悦啊。

书店里还要留有一个角落，可以喝茶。一个经营书店的人，遇到一个真正的爱书人，一定要品茶，一定会谈书，话到深处，白云悠悠，清风徐徐。遇到这样的知音，我肯定会无偿地将访书人喜欢的那本书送给他。

如果财力许可，书店要出一份自己的小报。小报，无偿送人，不卖；小报不定期出版，一定期，就功利了，就被动了，就要赶着写文章了，赶出来的文章大多数不如自然流淌出来的文章好。小报上，推荐有趣的书，刊登有趣的书话，叙说有趣的读书人和有趣的不读书人。文章，我自己写，也请书友写，最好不要太长——除非十分有趣，不能打官腔——若是官腔打得好，也不拒绝。小报的样式，是否像以前的经折装，我还没有想好，总之不要太大的版本，不能印太小的字。

如果财力许可，其他方面也许可，书店还要自己出版一些好书。阅读几十年了，什么是好书，这点自信我还有，正常情况下是不会走眼的。当然，好书不一定是畅销书。好书，不畅销也没关系，能出版就行了。好书出版百十年甚至几百年后才被人关注，那也是自然正常的事情。我的小书店里出版的书，不一定是公开出版的（但手续一定是合法的），甚至没有版权页，没有书号之类的。好的书，不一定有正式书号。《诗经》、《老子》、《史记》等，当时都没有书号。

多年前，我曾写了几句分行的文字叫《书》，是这样说的：

你是一本书/哪怕你血统高贵，天生丽质/你不知道自己将走向哪里/如同一粒种子/不知道被鸟衔落在哪块土地你不知道能不能走进人家的手里/不知道人家是否看上你/不知道能不能读到人家的心里/不知道人家读你时苦着眉头还是泪眼笑意/不知道自己活在人家的床头还是尘封在柜子

你不知道自己未来的日子/不知道遇上贵人或是被人抛弃/不知道面前是水是火/不知道生命的一页一页飘向哪里

无论如何，是好书，就要让她诞生，我希望我的书店可以作为好书的助产婆。一本书一出来，自有她的命运在前面等着她，我希望我的书店成为展示、推荐好书的一个小小平台。丧家狗跟流浪猫需要人的关照，流浪书亦需要有人照顾啊，我希望我的书店可以作为无家可归的旧书的中转站或归属地。

我的这家书店，不为了赚钱，当然也不是为了赔钱。赔钱或赚钱，都已违背“不为物役”的古训，成为人生的负担。我不把发展跟赚钱作为硬道理，所以我想，书店开门的时间，是我一觉睡到自然醒，并且是醒后心情高兴的时间；书店关门的时间，就是我不高兴的时候。我还想，书店开了门，如果第一笔生意就可以保本，那么这一天的经营就已经完成了。若有收益，书店立马关门，去找几个好友小酌几杯，或者踏山访水，御风而行。这样做，有些对不住来逛书店的朋友，可是不这样做，又有些对不住自己。我想，这样的日子，我会在书店门口的告示牌上写道：

今卖七本，已经够本。我去吃酒，小店关门。您若买书，明天光临。非今不可，酒馆去寻。

酒家何处？前行百步。拐弯向右，见仨槐树。再向左拐，看到粮库。过了牌坊，遇到小湖。绕水半圈，有一酒户。名曰醉仙，竹林深处。

当然，一个人的力量是太单薄了，一家书店也太孤独了。毛泽东曾经说过：“如果我们党有一百个至二百个系统地而不是零碎地、实际地而不是空洞地学会了马克思列宁主义的同志，就会大大提高我们党的战斗力量。”套用这句话，我以为：如果一个地区有一百个至二百个为了文化而不是为了赚钱、实实在在地做而不是空壳化地做的实体书店，就会大大提高一个地区的文化力量。这话有些大了。办一家小书店，是我一个人的梦想。一家小书店，未必能有多大的力量，众多的小书店，就能汇成一项文化事业了。

安斯寿

- 1964年生
- 土家族诗人
- 德育专家
- 贵州省教育学会德育专业委员会常务副会长兼秘书长

著有《整体构建学校德育体系》，主编全国班主任培训教材《未成年人思想道德建设》和高中教科书《贵州自然与人文》等教材。

我想把诗读给诺贝尔听

安斯寿

一个周末，上高一的女儿回家，见我的第一句话：“老爸，莫言先生获诺贝尔奖了，你有什么感想？”对着女儿的发问，我淡淡一笑。

女儿知道我曾经的梦想。

20世纪80年代末，我在故乡的一所乡村小学当老师，闲来读书，亚里士多德、康德、孔子、孟子、鲁迅的书都读。尤为让我着迷的是蒲松龄先生的《聊斋志异》，书里大多是讲狐狸精的故事，虽有一些光怪陆离，但这些故事在我年轻的心中留下了忠奸、善恶之别。那时，我特别喜欢书中的才子，落魄的书生们都有颗善良的心，都会遇到漂亮的狐狸精，于是诗的种子就在心中埋藏、发芽，开出一朵一朵的花。

这时，我的梦想呀！是希望自己成为这样的才子。

正是这样的文学梦伴我度过了我的青春岁月，1989年10月，我的一首诗发表在辽宁的《当代诗歌》，著名诗人阿红先生还写了一封鼓励信。收到刊物的第二天，我拿着《当代诗歌》给同事们阅读，看着他们传阅自己的诗歌，心里无比喜悦。

1991年9月，我背上背包，从故乡的小镇挤进省城，在贵州教育学院中文系本科班读书。开学不久，我与同学打招呼，把床位换到了门边，晚上11点宿舍熄灯后，将门虚掩，开一条小缝，借着走廊照进来的灯光趴在床上看书和写作，就这样拼命地学习和写作，毕业时，我出版了我的第一本诗集《寂境独语》。

1989—1999年的10年时间里，我在全国200多家文学刊物上发表了700余首诗歌。1999年5月，我出席诗刊社在山东聊城召开的全国第十五届“青春诗会”，当年《诗刊》第8期以专辑形式刊发了我的诗歌作品。

这就是我的青春梦想：成为一个诗人。

改革开放以来，我目睹和感受了正在崛起的中国的飞速发展，我热爱祖国母亲，期待她永续发展，日益美丽，走向强盛，这份爱让我对祖国快速发展中一些难以避免的瑕疵责之恳切，高度关注并进行专题研究，将我的研究成果推广到中小学校，我的梦想逐渐与祖国的未来融合在一起。

2000年10月，去新加坡旅游，导游讲鞭刑时觉得很是残酷，公交车上吸烟或许被罚5000新币也觉得太过严厉。当我看着人们排队等公交，人与人之间互相留出一段距离，公交车启动后绝没有爬门拥挤的情景时，我记住了新加坡的文明。从新加坡回来后的一个周末，我和夫人带着年近八十的母亲、四岁的女儿去黔灵山公园，在小区门口的17路公交站台，几个年轻人也要坐这路车，还没等车停稳，他们就一股劲儿地往车上挤，无视老人和小孩的存在。看到这样的情境，我觉得致力于改进和提高人们的行为习惯比我的文学梦更为重要。

在勺园的边上有一尊塞万提斯的铜像立在草坪里，当我看着青青的草坪被人们踩出一条对角线时，心里很不好受。再后来，在一所大学给老师们讲课，课间休息，走进大楼厕所，看到尿槽里有几十颗烟头，茶叶渣也混杂其间，而墙上还贴着“大小便入厕”和“卫生靠大家”的警示语。这栋楼是老师们工作的地方，学生很少出入，看着那些烟头和茶叶渣，我不禁想到墙上的卫生警示语是给谁看的呢？这两个例子也许是特例，我不能说践踏草坪和在厕所里乱丢乱倒的人们没有素养，只是在这样的环境里见着这种不和谐的音符甚为惊讶。

目睹以上种种不和谐的情状，我心中的文学梦被暂时搁到了一边，而提升民族素质的梦想逐渐清晰。我希望官员们都有颗公仆的心，一切依靠群众，一切为了群众；我期待十字路口不再有交通劝导员，人们个个遵章守法，按照红绿灯顺利通过马路；我希望人们自觉遵守秩序排队前行，没有乱挤乱插现象；我期待人们保护环境卫生，不乱扔垃圾，更多地使用环保布袋购物；我希望孩子们都能吃到安全放心的奶粉，所有的食品都达到健康标准……

所有的这些希望和期待构成了我梦想的主流：来来往往的人们行为文明，举止优雅，明礼诚信，构建生态文明家园。

2013年9月26日晚第四届全国道德模范评选表彰颁奖典礼在北京举行，道德模范们陆续从舞台的两侧走到台上，接受现场的鲜花和掌声，接受国家授予的荣誉和人们的致敬。他们助人为乐，不求回报；他们见义勇为，不怕牺牲；他们敬业奉献，拼搏进取；他们孝老爱亲，默默无闻；他们诚实守信，一诺千金……他们都以平凡无私的举动，创造了不平凡的感人事迹，传递着人间温暖，传递着社会善行，这是我们这个时代的正能量，我们应该向这些道德模范致敬！

当我们的这些梦想慢慢实现的时候，我们会看到：人们在家里孝敬亲爱和，生活中礼仪帮扶义，工作中忠诚信勤精。

当文明的中国呈现出各尽所能、各得其所的盛世景象时，我的梦想呀！是写一首赞美诗，大声读给诺贝尔先生听。

卅年一觉戏剧梦

蒋泽金

蒋泽金

- 1964年生
- 南京大学现代戏剧博士
- 中国传媒大学与湖南文理学院教授

出生于台湾省，祖籍湖南。曾任台湾世界新闻大学专任讲师；美国华语电视记者、新闻导播；北美卫视导播、制作人、节目总监；美国亚特兰大市华语广播电台台长等职务。

近年来，我在国内核心刊物发表之文章以“演剧批评”为主轴，深获学术界之好评。诸如：《京剧艺术节观众问卷调查报告》（文化报）、《一片喝彩声中的反思》（上海戏剧）、《笼罩在小剧场情节下的校园戏剧》（文艺争鸣）、《文胜于质则史，质胜于文则野》（上海戏剧）、《欲速则不达，见小利则大事不成》（文艺报）等数十篇。舞台剧的导演风格善以现实主义、浪漫主义等传统戏剧形式为主轴，在国内的作品诸如：《第十二夜》（2001）、《罗密欧还是奥塞罗》

（2002）、《哑剧》（2003，获全国大学生戏剧节最佳剧目）、《剧场偶发事件》（2004）、《金锁记》（2004）、《儿童剧》（2005）、《潘金莲》（2005）、《夜色中的大提琴》（2006）、《罗密欧与朱丽叶》（2006，获全国大学生戏剧节最佳剧目）等演剧，皆获得戏剧界的一致好评。已往参与电视综艺节目的作品甚多，以《大家一起来》（台湾中视）、《女人女人》（台湾华视）、《美国华人录》（北美卫视）为代表。

在我三十年的戏剧艺术生涯中，曾经参与、观赏过无数的演剧活动，印象最深刻的一场舞台演出，不是纽约百老汇的音乐剧，不是伦敦西区的后现代剧场，也不是北京国家大剧院的精品工程，而是美国留学期间，偶然在新泽西州观赏的“社区剧场”。那是由六个来自台湾的留学生家庭利用周末的闲暇时间，秉持自发的艺术心灵，自行改编、排练、公演的时装话剧《绿卡夫人》。排练场所就在导演住家的地下室，演出场地是向当地中学借用的礼堂，现场观众大半都是亲朋好友，或一些来自当地教会、学区、社团的中产阶层。尽管剧本情节非常通俗，尽管导演手法了无新意，尽管演员表现乏善可陈，尽管舞美搭配漏洞百出，可是现场观众依然专心一意地观赏，并且给予了十分热烈的喝彩与掌声。待演出完毕，观众簇拥到台前与演员寒暄、合影，并且手忙脚乱地帮忙清理舞台，更有几个男演员等不及卸妆，披着戏服就跑出来收拾器械与扛抬道具。一阵哄闹之后，大伙儿迅速拆台与装车，并且将礼堂的摆设恢复旧观，相约某处，全体剧组大快朵颐去也。若以功利的角度衡量之，社区剧场的演出既不见令人赞叹的艺术性，亦无振聋发聩的教育性，更不具备商业价值的市场性。尽管如此，社区剧场依然不断地在全美各处角落悄然进行着，究竟它具有什么样的神奇魅力，能够如此吸引着美国的老百姓呢？它是一种历史遗留的游戏模式，还是一项千锤百炼的结晶成果呢？

通过美国社区剧场的运行机制与实践成果，我们再次理清一个确切的概念：戏剧是一种人类的本能，应属于民间的自发行为，其表现形式、艺术情感、审美标准都是源于广大群众的生活经验。戏剧不是现代文明的产物，戏剧更不是王公贵族独享的艺术。早在茹毛饮血的年代，戏剧就已经在原始社会中担任十分重要的角色，通过观赏者与表演者的对应关系，运用最简单的道具与装扮，群聚在山沟崖壑内完成宗教性、教育性、娱乐性的任务。正如同格洛托夫斯基所说：“没有服装和布景，戏剧能存在吗？是的，能存在。没有音乐配合与戏剧情节，戏剧能存在吗？能。没有灯光效果，戏剧能存在吗？当然能。”（格洛托夫斯基《迈向质朴戏剧》第9页，中国戏剧出版社，1984年版）由此可见，尽管后世繁衍出来的戏剧形式千变万化，但是戏剧本身的艺术规则与审美标准始终是一致的，任何外在形式的锦上添花或画蛇添足，恐怕只会造成“画虎不成反类犬”的结果。

近十多年来，我一直在国内大学讲授戏剧课程，课余时间就领着学生们进行校园戏剧实践。通过长期的研究与关注，发现国内的戏剧舞台逐渐呈现两种趋势：一种是盲目追求后现代的表达形式，凌空截取西方“结构经典、颠覆传统”的创作精神，不断冲击传统戏剧艺术的规律；另一种是走上浮夸奢侈的“大富豪戏剧”路线，只顾着外在感观的刺激与享受，完全忽略了戏剧艺术的内在精神。于是乎，走进剧场以及参与戏剧的人们越来越少，舞台演出变成一些特定族群（心存浪漫的青年学生、追求品位的白领阶层、附庸风雅的新贵暴发户、自娱自乐的戏剧工作者）的玩物。根据史料记载，公元前5世纪的古希腊戏剧是向全民开放的，任何阶层都能自由参与，所有的演剧都是由政府所提供的基金来运行，“看戏是所有阶层民众的权利，柏拉图说从地方长官到奴隶、妓女，无论大人、小孩、男的、女的都能到剧场去看戏”（李道增《西方戏剧剧场史》上册第43页，清华大学出版社，1999年版）。甚至，好大喜功的罗马人当初在各地建立大规模的剧场，其初衷也是要让全体民众观看各种表演。然而，时至21世纪的中国，戏剧艺术反而转变成为社会特定族群的玩物，岂不十分荒谬？

犹忆起，20世纪90年代，我总是凭着学生证在学校购买百老汇演剧的折扣票券，票价大约是20美元左右，对一个半工半读的留学生而言，这绝对算是一项高额消费。在同时排队的人群中，不乏衣冠楚楚、光鲜亮丽的名媛绅士，大家并不感觉购买折扣票券是一种羞赧的行为，而皆认为欣赏艺术就应该是一种平价的文化活动。除了学校之外，还有一些地方也在提供折扣票券，如社区中心、老人公寓、公立医院等。尽管折扣票券的座位不甚理想（不是观众席位的后段，就是舞台两侧的斜角），但依然可以完整地观赏全剧。这种照顾弱势群体的措施，使得低收入的民众也能进入剧场，获得与前排观众等同的艺术享受。正如同人们搭乘飞机，绝不会因为享受“贵族”服务的头等舱就快一些，而提供“平民”服务的经济舱就慢一些，“速度”与“享受”是两个概念，无论富翁或贫民都应该在同一时间抵达终点。

对于一个终身奉献戏剧艺术的研究者来说，我的内心也有一个梦！一个朴实无华的戏剧梦。当政府的文化建设意识逐步提升，当社会的文化气息逐步彰显，当人们的艺术心灵逐步觉醒，我相信平民化的戏剧艺术终将会在全国花开遍地。尤其，最近中央已经明令规定：禁止豪华铺张的大型文艺演出，禁止媒体为大型文艺演出做宣传报道，禁止使用政府财政收入延请明星演出。很欣喜政府终于意识到虚荣、奢侈、浮夸等问题的症结，其始作俑者正是戏剧文化以及影视活动的错位与泛滥。在古典美学家康德、席勒、黑格尔看来，心灵美学和审美经验乃是拒绝商品化的，艺术和美是一种纯粹的、没有任何商品形式的领域。“康德很清晰地将人类的活动分为三个类型：实际的、认识论的和美学的。美和艺术的最大长处就是在于其不属于任何商业（实际的）和科学的（认识论的）领域”（叶志良，《多声部的剧场》第3页，作家出版社，1999年版），如果就此意义而言，社区戏剧的实践价值确实充满了精神审美的情操。对于大部分人来说，站在戏剧舞台上进行表演乃是青少年时期的一个梦，随着人生的方向以及现实的境遇，这个梦会变得越来越虚无缥缈，而社区剧场却抵补了遗憾，让美梦成为真实。这不但吻合了戏剧理论中“戏与梦”的因果关系，满足了心灵追梦的意识形态，更使得人们返璞归真地融入戏剧角色，释然开怀地享受审美过程。引用一句大学校园内的流行语——戏剧不是遥远的梦！而是不断追求自我的价值，扮演自己的角色。

我的梦从摄影中起航

邓兴

每个人心中都有一个梦想，在很小的时候开始发芽，而后随着时间慢慢成长，直至开花、结果。用照相机的镜头定格生活的真、善、美是我由来已久的梦想，在我15岁那年摸到了第一台相机以后便再也没有放弃过摄影。当我拿起相机的那一刻，也许就注定了今生与“她”相伴！在光与影的世界里，我的追求很简单，留住美好的一瞬，使之成为永恒……

20世纪70年代末，我有个初中同学的姑姑在县城开了一家影楼，那个年代还是胶卷的相机，曝光的时间需要自己把

邓　兴

- 1964年生
- 湖南省摄影协会会员
- 长沙市摄影协会理事
- 宁乡县摄影协会副主席

拍摄的《起航》在“两型湖南”全国摄影大展荣获金奖，被业内人士誉为湖南航拍第一人。

握。我和同学就偷偷溜进影楼的暗室里看如何冲洗照片。回家后，我便用抽屉做了一个四方形的箱子，里面放一个灯泡，灯泡上面放一块玻璃，简单的暗箱就制作而成了。那时候我很多的照片都是在这里冲洗的。

后来，我便从同学姑姑家借来一本《怎样正确估计曝光》。由于当时没有钱买这本书，我就利用几天课余时间把这本2万字左右的书全部抄了下来。有了理论指导，如果不实际操作的话，摄影还只是纸上谈兵。于是，我把自己的早餐钱和零用钱都存起来，只要攒足了胶卷和相纸的钱就立刻去向同学借相机来学习摄影。

在80年代中期，能拥有一台照相机是一个很奢侈的梦想。1986年，我用2000多元买了人生中属于我自己的第一台相机——雅西卡FX-3，那时候我的工资每个月也只有50元左右，而5000多元就能建一座两层楼的房子。当时没想别的，就想拥有一台属于自己的相机。1988年我又用5000多元买了一辆摩托车，从此以后，我对摄影更是如痴如醉，只要有时间，我就骑上摩托车，背上摄影包，穿梭在田野乡间、山林村落，有时候深入到数十公里外的山区乡村进行创作，一呆就是好几天。澄碧的溪流江河，丰收的沃野田园，饱经沧桑的老人，稚气无忧的孩童，都是我捕捉摄取的对象。我拍下自然与生命的美好与神奇，用一颗热爱生活的心去感知身边一切事物。我乐此不疲，朋友都笑称我骑着一个“楼房”在乡间小道，拿着一个“平房”在手中，整天把自己搞得灰头土脸，这是我最快乐和享受的时光，感觉大自然一切美好的事物，都在自己的相机里永远定格成了一幅幅美丽的图画。几年下来，我跑遍了全县的山村田野，捕捉了上千幅具有浓郁乡土气息的摄影画面，被我县摄影界的朋友们戏称为“乡村猎手”，我的作品也开始在湖南省各大报纸上刊登，并在一些比赛上崭露头角。

工欲善其事，必先利其器。如今科技日新月异，从最初的120双镜头、135胶片，到今天的数码单反专业照相机；从传统暗房到电脑PS……摄影也是一场革命。后来，我的摄影柜里慢慢增添了很多成员，从120双镜头到各类数码照相机，我的照相设备和摄影知识与艺术创作理念也随之一起更新。

其实摄影就是对生活的一种态度，一种方式。我对于摄影是抱着一种创作的心态在面对。现实中我会有很多想法，摄影是我表达方式的一种。人像、风光、纪实，只要这种拍摄符合自己的创作表达，我便不停地按着相机的快门，因为她让我的心灵充实，让我的精神充满着愉悦。

2008年湖南省视广传媒公司找到我，我开始和该公司签约做兼职，开始接触航拍。由于表现出色，2009年正式成为该公司的航拍首席摄影师。对于专业摄影师而言，航拍考验的就是摄影师的身体素质、技术、技巧和悟性，在航拍时基本没有什么思考的余地，主要靠的是多年对相机的熟练程度和积累的摄影技术，利用在天空中宝贵的时间尽可能地拍好每一个精美的瞬间。2009年至2011年，我分别拍摄了湖南的永州、怀化、湘西、岳

《起航》 邓兴摄

阳、长沙等地，拍下一组三湘四水的各大城市、高速公路、田园、风景名胜等一系列的航拍摄影作品，命名为《鸟瞰三湘》，在摄影界影响较大，还参加了2012年中国凤凰国际摄影双年展，由此我也被业内人士称为湖南航拍第一人。其中，一张名为《起航》的作品，我记忆深刻。当时飞机盘旋在橘子洲头的时候，我立即被眼中的景象惊呆了，从空中俯视的橘子洲头是那么的壮观与惊艳，宛如一艘正待起航的航空母舰，这不正是“两型湖南”的象征与标志么？我屏住呼吸，不停地让飞机调整角度，无数次地按下快门，终于拍摄了一张令自己满意的作品。因为《起航》气势恢宏，意义典型，在“两型湖南”全国摄影大展勇夺金奖，并成为湖南对外宣传的一张标志性摄影作品，在《人民日报》头版头条刊登，还被印制成中国共产党湖南省第十次代表大会的纪念邮票。当时的省委书记周强曾赞叹道：“橘子洲头好看，照片拍摄得好，以后沿江这一片发展起来，将更漂亮。”

摄影，能让我的心灵、精神和自然界互相交流融合，能让我对生活更多了一份热爱。每当我看着一个个最美好的瞬间在我的手中定格，一幅幅最美丽的自然风光展现出来还能够被人们欣赏，为他人带来愉悦，我便倍感幸福，但愿我的摄影与灿烂的太阳、皎洁的月亮、美丽的自然风光同在！既然最初的梦想已随摄影起航，我会让今后的路走得更长、更远、更高……

南瓜也有梦

汤素兰

汤素兰

- 1965年生
- 一级作家
- 湖南师范大学文学院教授
- 全国政协委员

曾获全国优秀儿童文学奖、宋庆龄儿童文学奖、冰心儿童文学新作奖大奖等奖项。被评为湖南省德艺双馨青年文艺家，影响湖南十大文化人物。写作以童话为主，其作品优美风趣，深受专家和读者好评。

小时候最爱做梦。看到鸟儿飞，希望自己也有翅膀。听到宝葫芦的故事，希望自己也能捡到一个宝葫芦。夏天吃到冰棒，希望自己将来能当一个卖冰棒的人，家里有吃不完的冰棒。冬天吃到年糕，又希望将来成为一个会打年糕的人，一年四季都有年糕吃。走到村里的杂货店，看着柜台上那些糖果饼干流口水的时候，当个杂货店老板又成了我的梦想。当然除了这些可笑的梦想之外，也还有一些比较伟大的梦想。我的第一个伟大梦想是当一个女矿工。原因倒不是我懂工人阶级是伟大的阶级，矿工虽然又苦又累，但是他们为社会奉献黑色黄金。那时候我还只有五六岁，并不懂得这些大道理。我想当一名女矿工，是因为在我的图画教科书上有幅女矿工的素描，那个年轻的女矿工头戴矿灯帽，脖子上搭一条白毛巾，侧过头来微笑的样子非常美，我希望自己长大了也能像她那样美丽。不过我很快就有了第二个梦想。我的第二个梦想是当一名女军医。这个梦想较之第一个，多了许多利他的社会色彩。因为那时候我最喜欢的堂兄患有肝炎，肝炎会传染，家里人不许我再和他玩耍。虽然看了许多医生，吃了许多药，堂兄的病总不见好，直到有一天他被送到一个军医那儿去治疗，吃了那个军医的药方以后，堂兄的病很快就好了。于是我对军医充满崇拜，希望自己将来能当一个女军医，治病救人。

小时候写的命题作文里，“我的理想”是反复出现的题目。在抒写自己的理想时，许多男孩子选择当警察，许多女孩子选择当老师。但我从小学到初中，并没有把当老师作为自己的理想职业。不过在高中毕业填报高考志愿的时候，我从第一志愿到第五志愿，全部填的是老师。因为我高中的最后一个学期在学校里遇到了一些事情，那些事情几乎毁了我的人生。我曾在日记里素描过一位老师不太英俊的长相，又对他讲课和对待学生的方式有些看法，不幸这篇日记被同学偷看到了，还将内容报告给了这位老师，老师认为我对他不尊重，一怒之下将我赶出教室，不许我上他的课，他也拒绝批改我的作业和试卷。更为糟糕的是这位老师既不接受我的检讨，也不理会我的家长和其他老师的求情，一直持续着他的愤怒。于是，高考前的大半个学期，每当这位老师上课，我就只能到班主任的房间里独自看书。因为这非同一般的待遇，我在班里特别孤立，对于前途一片渺茫，甚至动过自杀的念头。这时候我明白一个老师对学生来说有多么重要。我发誓如果自己当老师，决不当这样的老师。

我如今确实当了老师，这个梦想算是实现了。但我如今也有另一个身份——儿童文学作家。这个身份却是我小时候不曾梦想过的。要说起我今天的中国梦，却与这个身份有关。

儿童文学是为儿童写作的并且适合儿童阅读的文学作品。中国的儿童文学起步比较晚，在格林、安徒生的作品已经作为全世界孩子们共同的精神营养品广为传播的时候，我们的儿童文学还刚刚起步。中国儿童文学与世界优秀儿童文学的差距确实是存在的，但是，经过一个世纪、五代中国儿童文学作家的努力创造，今天的中国也有不少优秀的儿童文学作家和作品。可惜的是，人们既成的印象难于改变。每每说到儿童文学，首先想到的就是中国的儿童文学不怎么样。“中国的儿童文学，跟外国相比，差距太大了。”劈头就是这样一句。我若说：“现在的情况有改观了，现在也有不少优秀的作家和作品。”别人就说：“是吗？我看还是不怎么样，中国作家还是不如外国作家有想象力。”我若问他读过谁的作品得出这样的印象，他却一个作家的名字也说不出来。不只普通人这样看，文学圈子里的人也大多如此。每当碰到这种情况，我就会想起舒比克·于尔格的一个小童话：“洋葱、萝卜和西红柿不相信世界上有南瓜这种东西，认为那是一种空想。南瓜不说话，默默地成长着。”所以，我梦想我们的儿童文学就像那只南瓜，哪怕洋葱、萝卜和西红柿认为它不存在，它还是会默默地成长，最后长得比洋葱、萝卜和西红柿更大。不只让我们的中国同胞看见它，也能让外国人大吃一惊！

儿童文学虽然是为孩子写作的，但是，真正优秀的儿童文学作品，都是作家心灵世界的外化，是作家生命体验和情感的表达，是8岁和88岁的人都能阅读的。经典的作品，都能经受时间的考验，超越空间的阻隔，在不同的人心灵里引起共鸣。作为一个儿童文学作家，我总是期待我自己能写得更好一些，梦想自己的作品也能像那些经典作品一样，经受住时间的淘洗，历久弥新。

我的读者对象是孩子。说到自己的中国梦，当然也离不开孩子。中国社会对于孩子常常缺乏正确的认识。就像社会大众往往对于中国儿童文学视而不见一样，中国人表面上看来似乎对于孩子非常重视，实际上也是视而不见的。我们看重的不是孩子本身，而是孩子将来的样子，或者父母所希望的孩子的样子。所以，我总是梦想我们的社会能改变对于孩子的观念，让每一个孩子成为他们自己，让孩子们有更多的时间游戏，让每个孩子更像孩子，而不是小大人。

“美国梦”是一个诠释美国人生活理想的专有名词，自1776年7月4日乔治·华盛顿在费城发表《独立宣言》以来，世世代代的美国人都深信不疑：不管你是谁，不管你来自哪里，只要经过努力不懈的奋斗便能获得更好的生活，而不是依赖于特定的社会阶层和他人的援助。好莱坞电影《阿甘正传》是一部典型的诠释美国梦的电影。智商只有70的傻瓜阿甘，最终凭借阿甘式的努力奋斗获得国会奖章，成为亿万富翁。电影中有一句台词诠释了阿甘为何会获得成功。中学时代，阿甘的女友珍妮告诉阿甘说她的梦想是将来成为一个大明星，她同时问阿甘：“你有过梦想吗？梦想过你将来成为什么样的人吗？”阿甘来了一个阿甘式的回答，他反问珍妮：“我将来不能做我自己吗？”事实证明，阿甘一辈子一直只做他自己：一个傻瓜——善良，努力，信守承诺，勇往直前。

“中国梦”现在是一个热词，大家都在谈论它。梦想意味着希望，意味着对美好未来的期待。为了梦想，我们不怕苦，不怕累，不怕流汗。尽管现实有着这样那样的不美好，但我们不会失去做梦的能力和勇气。

中国梦与我和你

秦相启

秦相启

- 1966年生
- 党史博览杂志社副社长、副总编

1984年考入河南大学历史系。1988年考入陕西师范大学政教系中共党史专业，获硕士学位。1991年毕业后供职于中共河南省委党史研究室党史博览杂志社。

在生活中，每个人都有自己的梦想。同样，一个国家、一个民族也有自己的梦想。中共十八大后，“中国梦”成为每一个中国人耳熟能详的热词。身处这片古老土地上的勤劳善良的中国人，在认真学习、深刻领会这三个字所蕴含的丰富内容时，同时也在思考着——中国梦是什么？我能为其做什么？我所做的能对中国梦的实现起作用吗？

对于个人而言，梦想是与国家、民族的梦想联系在一起的。小的时候，我对于将来的设计并不明晰，个人的梦想并不那么确定。随着年龄的增长，知识的增加，阅历的丰富，自身所具备条件的变化，对于将来，对于梦想逐渐清晰。个人如此，国家亦如此。中国梦的提出无疑是我们党对中国国情循序渐进认识的升华。

在人的一生中，小学、中学、大学这三个阶段，是承载我们每个人求知识、修品德、养正气的关键时期。亲友、老师、同学以及社会对我们的关心、爱护，不仅使我们学到了文化知识，还让我们具备了人生中必备的基本道德礼仪。这一切，使我们每一个人实现自己的梦想成为可能。

1978年8月底的一天，我背着铺盖卷，从30公里外的深山中来到了县城，开始了外出求学生涯。从乡村学校考到县城中学，意味着什么，我并不真正懂得。我只是觉得有可能从农村跳出来，吃上商品粮而已。

当时，高考制度已恢复一年多，1978年底还召开了具有深远历史意义的中共十一届三中全会，作为初中一年级的学生，我并不十分明白其中的特殊内涵。实际上，“文化大革命”结束后中国社会的变革，已惠及每一个中国人。我能到县城上中学，就是源于此。随着老师的教诲及知识的增加，我的梦想渐渐清晰，那就是考上大学，改变命运。

在县城中学读完初中、高中后，1984年，我考上了河南大学历史系。四年后，我又考上了陕西师范大学政教系硕士研究生，专业为中共党史。这两所学校学风严谨，师德高尚，求知氛围浓郁，这七年的专业训练，为我以后工作的顺利开展打下了良好的基础。

1991年7月毕业后，我供职于一家省级党史研究机构，做编辑工作。1992年，随着改革开放的进一步深入，社会各个领域的变革力度进一步加大，我所参与编辑的学术期刊改为普及性期刊。初为双月刊，1997年改为月刊。从此，我的梦想与宣传中国共产党的光辉历史、弘扬革命先辈的崇高精神紧密联系在了一起。

在历史上，中国共产党曾创造过无数的辉煌。无数革命志士为了民族的独立、民族的解放献出了自己的生命。李大钊面对十月革命后的世界潮流发出的“试看将来的寰球，必是赤旗的世界”的感慨，表达了一种社会主义必胜的希望和梦想；夏明翰面对敌人的屠刀，写下的“砍头不要紧，只要主义真。杀了夏明翰，还有后来人”惊天地、泣鬼神。他们把希望和梦想寄托给了后来人。同他们相比，我们无疑是幸运的。身处社会和谐、经济快速发展的时代，我们需要做的就是宣扬他们这种大无畏的精神，延续并实现他们未能完成的梦想。

我和我同事的工作，就是如何用适当的形式和内容来宣传党的历史。随着改革开放的进一步深入，人们对精神文化类产品的要求越来越高，这就要求传媒从业者必须顺应时代的潮流，不断创新，推出能满足社会大众需要的文化产品。

党史期刊与其他期刊不同。它所反映的是1921年中国共产党成立后中国社会在激烈动荡、变迁、发展中波澜壮阔的历程。它需要以中国共产党对近现代中国社会的贡献为主线，最大可能地去真实地反映这一变化历程。它主要是从正面去描绘革命先烈那种荡涤旧制度、树立新风尚的豪情。它应该尽可能让普通的社会大众去了解、感受历史上那些先进分子崇高的世界观、人生观、价值观。值得欣慰的是，通过努力，我和我的同事做到了这些。

编辑出版期刊，面临的首要问题就是期刊的方向问题，也就是政治方向问题。中国共产党90多年的历程中，取得过辉煌的成就，也犯过一些错误。怎样来反映成绩和错误，怎样来认识成绩和错误，这就是一个政治性的问题。中国共产党带领中国人民取得民族独立、人民解放，这是历史的主流，是主旋律，办刊写文章，就要以这个主旋律为主。而历史上的错误，只是斗争过程中的一些挫折或失误，是主流之外的一些副产品。而且，中国共产党是一个纠错能力十分强大的政党。它非常善于把前进过程中的一些负能量转化成正能量，这也是它最终取得全国性政权的原因所在。

关于党史研究，在普及性的党史期刊大量出现之前，已经有不少研究机构和科研人员在从事着这项工作。然而，社会大众获取党史信息的渠道仍然很狭窄，只能从一些教科书和报纸上获得，而且信息量与读者的要求相差很远。我们编辑出版的普及性党史刊物，正好弥补了这一方面的缺失。由于读者定位于社会大众，因此，追求文章的可读性也成为我们期刊的必选风格。从这些年走过的路子看，我们所刊发的文章基本上做到了“严肃题材生动化，趣味题材哲理化，专业题材大众化”，受到了广大读者的欢迎。

党史期刊属于历史性质的期刊，所刊发的文章必须保证其内容的真实性。所谓真实性，就是所发文章的内容要做到不献媚，不阿谀，不奉承。历史对今人的魅力，就在于今人能从其真实的内容中，汲取自己所需要的经验及教训。中国共产党90多年来的历程，成就非凡，有大量可歌可泣的人物和事迹值得去宣传。不需要放大，更不需要弄虚作假。中国共产党历史上的先进人物，都是有崇高的理想、必胜的信念的。他们的那些豪言壮语，是用自己的生命书写出来的。仅仅把先辈共产党人的生平事迹写出来，就能感染人、启发人、教育人。

如果说读者是期刊社的衣食父母的话，那么，文章作者则是期刊的“粮食”来源之所在。在办刊过程中，与作者的接触和交往让我不仅从知识上得到了充实，而且在思想品德上得到了升华。

因反映的内容和对象的特殊性，党史期刊不同于一般的生活类期刊。因此，党史文章作者的选择就显得尤为重要。 这些年，我们建立了一支以中央党史研究室，中央文献研究室，中国社会科学院，解放军各总部、军事科学院以及各大军区政治部，各省市党史研究室研究党史、军史、国史的专家学者为主的稳定的作者队伍。在这支干练的队伍中，有年龄逾八旬的老专家、学者，也有四五十岁的中青年研究者。他们在学术研究上功底扎实、学问精深；在生活中平易近人、艰苦朴素。他们的写作，都是在工作之余完成的，并不完全是为了那一点微薄的稿费。在他们的身上，我感觉到了一种责任，一种把革命先辈的崇高精神普及到千千万万人中的责任。在与他们的交流中，我感受到了他们那浓郁的爱国情怀，对工作、对事业强烈的责任心。 而他们的这种精神，不正是实现中华民族伟大复兴梦的真正力量所在吗?

社会是由个人、组织等诸多要素组合而成的。个人在其中的贡献，同其他个体、组织的贡献组合在一起，我影响你，你帮助他，他影响我。正是这些力量交织在一起，形成促进社会进步、发展的合力，你、我、他的理想才能够实现，国家富强、民族振兴、人民幸福的梦想才最终得以实现。

也许每个人的梦想不尽相同，但正是这些不同的梦想交织在一起，奏响了中华民族伟大强国梦的乐章；正是这些五颜六色的梦想汇集在一起，支撑起了一个国泰民安、经济发展、政治清明、文化繁荣、社会和谐、生态良好、公平正义的伟大中国梦。你、我、他每天的勤奋工作，就是在为中国梦的实现而努力着。

衷心希望我们编辑的党史期刊能为中国梦的实现贡献出一份绵薄，衷心期望越来越多的人能从党史中汲取到思想的营养。

格 桑

- 1967年生
- 本名廖欣
- 作家
- 时代邮刊杂志社编辑

1980年代末毕业于湖南师大音乐系，先后出版了长篇小说《谁在背叛》、《何去何从》。并在《小说月报》、《文学界》等刊物上发表过小说、散文、随笔等作品，创作过电影及电视剧剧本。

月似当年梦亦清

格桑

出生那年正值“文化大革命”高峰的1967年，在“高司”（长沙市高等院校红卫兵司令部）与“湘江风雷”两派的武斗中，妈妈在岳麓山下的长沙市第四医院生产，在疼痛与紧张的氛围里，迎来我生命里的第一声呼喊。后来听妈妈说，几天后，眼看工人阶级的“湘江风雷”将打过湘江来，父母决定全家避开武斗，赶往望城县暂住。从乡下回家，“湘江风雷”已经占领了我家所居的高校，接下来几年高校成为造反派的阵地，不是读书研究的地方了。随着全国文化的沙漠化，这个知识分子成堆的地方，批斗会在高音喇叭的聒噪声中天天上演，戴高帽子游行的场面处处可见。

这个不读书的年代，却也有着一群“冥顽不化”的“臭老九”，我的小学老师就是一个。记得老师一边顶着“文化大革命”学生给戴的高帽，一边逼着小学生们背诵古今中外名言名句，用歌唱的形式领悟“相见时难别亦难”、“靖康耻，犹未雪；臣子恨，何时灭”，培养孩子们的学习习惯、对文学历史的兴趣。

在“文化大革命”硝烟散尽后，我已经读中学了，读书风气渐浓，文学开始热起来，我和姐姐痴迷文学名著，不断从同学那里，从学校图书室淘书来看。那些在叛逆中成长的作家，如夏洛蒂·勃朗特、丁玲等成了我们的偶像。但当年高考恢复，生活在高校的孩子们备受父母的监督，考试第一，所有学习的重点放在课本上、课堂里，课外“闲书”必须尽量少看。尽管这样，对文学痴迷程度不一般的我们姊妹俩也常常在深夜父母熟睡之后开灯看书，久而久之被妈妈发现后改为“地下党”，不开灯，打个手电筒躲在被子里尽情翱翔在小说天地中。高考时，数学成绩极差，读大学中文系无望，凭着还有个音乐天赋考上了艺术系。大学期间，到处是文学社、诗社，那是人文学科最火的年代，学生们崇拜思想家、文学家、作家，一派文采风流的景象。物质虽然匮乏，精神却高度满足。

大学毕业后从事团委工作，接下来不断跳槽，从国企到私企，从内地到沿海，1990年代，伴随着世俗化的浪潮，人们把越来越多的精力放在了物质追求上，财富和享受在人们生存的大环境中凸显出来。赚钱养家、买房买车成了大多数人的梦想，沉溺于麻将桌和歌廊酒舍的人也越来越多。在经济腾飞中，人们慢慢地以金钱多少、官位高低来衡量一个人的成功与否，文学早已被人淡忘或被取笑，坚守文学的痴人不多了，像离群的野鹤，在泥泞中蹒跚。

步入中年，我渐渐有了新的感受，对物欲的追求是永无止境的，疯狂的念想足以令心灵干涸，灵魂扭曲。在花花世界中漂浮，没了根基和信念，如同行尸走肉。回望自己的来路，既有收获，也有失落，既有幸运，亦有悲苦，最感失落的是少了一份持久的精神寄托和心灵慰藉。我学过音乐，音乐和文学是相通的，都是揭示深藏于人类内心世界的隐秘情感。这种向内追求的过程，领略的是人类精神世界的危崖雪岭。艺术和文学的熏陶，如同让人的心田注入甘洌的活水，滋润而丰沛，面目也变得清朗明丽起来。

我重新燃起了作家梦，用我的视野，我的体验，记录我们的时代！2008年起，我用三年时间，写成了一部描写都市白领阶层生活状态的小说《谁在背叛》，著名作家阎真欣然为之作序，不久该书即由华文出版社出版。2013年，我描写下岗女工生活的另一部长篇小说《何去何从》，又被漓江出版社推出。两部长篇小说的出版，给了我极大的鼓舞，文学成了我生活的一部分，也成了我心灵救赎的祈祷方式。文学不断提示我："我还活着，生命是有意义的。"文学是奢侈品吗？我以为不是，它不是我们钱包鼓了之后的一种消遣和娱乐，而是生存的基本需求。

改革开放30多年，我与同龄人走过不同的人生路，但我们的命运、我们的追求、我们的悲欢离合，都有着高度的关联。我的写作，就是记录人生路上各种复杂的关联，并在这种关联中获得一种存在的确证，一份内在的感动以及对未来的美好期许。

爱好文学，让我对网络时代的纸媒也有了新的认识。网络的先进性毋庸多言，其即时性、便捷性、共享性无可替代，但与此同时，网络也让人们的心灵变得浮躁不安，经典阅读、深度阅读和深度思考更是遭到重创。所以从纸媒到屏幕，乍一看只是阅读方式的变化，实则对人的心灵世界产生了重大影响。就个人来说，我对纸媒特别是书本的敬意始终如一，书本让我感受到人性的温热和时光的变迁。书架上的许多名著，如伍尔芙的《岁月》、托尔斯泰的《复活》、蕾切尔·卡逊的《寂静的春天》、梭罗的《瓦尔登湖》等等，随着时光的推移变老变旧了，但其中的智慧和思想是不会老去的。像《蒙田随笔集》这本我翻阅过无数次的书，每次都能给我新的启示和慰藉。在众多书籍中，我最喜欢这样一段话："健康、美丽、力量、财富等等，均为美好的东西，但它们对于恶人来说即为恶，就像对于善人来说即为善一样。而丑恶的东西反之亦然。"

据载，目前在发达国家如日本、美国等，国会立法促进全民阅读，通过立法等手段，阻止青年人"弃书投网"，打造全民阅读氛围。以色列是全民阅读率最高的国家之一，也是中东地区最发达的国家，人均年阅读书籍达60多种。以色列的父母会告诉孩子们："当家中不幸失火的时候，你应该抢救的是书籍，而不是什么金银财宝。"以色列人的大智慧于此可见一斑。"贫者因书而富，富者因书而贵"，阅读是人生成长的基础，如果人人勤于阅读，而且乐在其中，生活就会更有意义，社会也会更加祥和安宁。让中国的全民阅读率排在世界的前列，我以为是实现伟大中国梦的基本保证。

申 三

- 1969年生
- 广州开心图书发行有限公司董事长
- 民营企业家
- 中国青少年助学读物策划出版人

从事图书策划、发行逾20年，其创立的“开心图书”品牌成为国内青少年助学读物的知名品牌之一。多次被评为中国十大民营书业品牌机构和实力策划人。

开心追梦人

申三

每一个人都有梦想，每个人的梦想都不尽相同。我是个爱做梦的人，坚信人生没有梦想不行。有的梦想可能一时难以实现，但只要顺着某一条线去努力，换个角度，可能就实现了。

我出生在20世纪60年代末，那时候的农村，还都是生产队建制，每家每户都是靠劳力挣工分，分粮食，大多数的家庭是比较贫困的。父母亲坚持要供我们兄妹四人上学，家里更是难上加难。而爷爷在世的时候是地主，我们的成分高，也领不到什么救济粮，真不知道是怎么过来的。

有一年春天，正是青黄不接的时候，家里什么吃的都没有了。没办法，父亲只能出去借。我有个年长的表姐家里条件比较好，表姐夫又是大队部的人。表姐小时候经常住在我们家里，父亲以为到她家应该可以借到粮。粮是借到了，但父亲说："你这表姐以后咱们就不亲了，我专门看了她家粮缸，明明是有的，她就是不借。"我这才知道，父亲带回来的粮是从别处借的。父亲又再三叮嘱："借粮的是另外两个亲戚，将来你们一定要报答他们。"看着父亲难过的样子，那时的我有了人生第一个梦想：粮缸里满满的，天天能吃上我去县里参加数学竞赛时吃的"肉片汤配馒头"；父亲再不用去求人；若是别人家没有粮了，我们还可以帮忙；村里的人都有吃有穿，都是开心快乐的。

到了80年代，国家改革开放，农村施行分田到户，每家都有了吃的穿的，温饱基本解决了。我上初中的时候，村上一个邻居在邯郸市开了一家书店，生意还不错。我二哥跟他玩得比较好，他建议我二哥到河南安阳市去卖书，离家不算太远，也跟邯郸没什么冲突。二哥就在安阳钢厂卖起了书，我假期里就去帮忙。我每天早上把书车推到理发馆门前，晚上再把书车推回二哥租住的房子。那是我第一回进城，觉得城市很好，什么都很新鲜，对城市的生活充满了向往。我上高中的时候，父亲也到了安阳。我们就在市区租了一间房，搞起了图书批发，规模大点后，我就往城里跑得更多了。有一次，卖书的邻居说："你学就别上了，做书吧。你即使考上了大学，毕业后也挣不了多少钱。"我想也是，在城里卖书挺好的，能看书，也能见识到很多人和事。再说，大哥考上了军校，二哥也出去了，家里边也需要帮手。从此我就与书结了缘。

90年代，正值出版行业快速发展的时候，我也已经是二十出头成了家的人了，我决定自己出去闯一闯。当时武汉是全国最大的图书策划和发行基地，信息集中，资源丰富，物流方便，我就拖家带口地去了。那个时候的市场是卖方市场，求大于供，生意非常好做。我头一年策划发行的《看图识字》一年就卖了一百多万册，《学前班》一季就卖几十万套……市场好，我也很勤奋——服装书、麻将书、象棋书、作文书、教辅书，甚至杂志等，不分门类，能做的我都做了。三年下来也挣了几百万元。那时市场里，赚了钱的人很多。钱好赚，人很浮，同行中有打麻将的，有泡舞厅的，有找小三的，甚至吸毒的。我觉得我现在也只是个个体户，挣了点钱，也没有什么社会价值。我想着小时候上学困难，现在有条件了，就想在家乡办所小学——要建最漂亮的瓦房做校舍，有大而阔的操场；请最好的老师来教，给最好的待遇；孩子们有没有钱都能来上学，让他们在快乐中成长……这样一想，一划算，觉得现在挣的钱是够建一所小学的，但长期维持学校的发展，还有困难，可能要搞个工厂才能提供稳定的经济支撑，况且老师的家属还能在工厂上班。于是，我回安阳办了个印刷厂。刚开始时拼版、晒版、上机、调色、覆膜……我都是自己先学，再教给员工。后来请师傅，上设备，建厂房，想到哪儿就花到哪儿。四年下来，就把先前挣的钱都投了进去，交了学费。别说养学校，就是建学校也没戏了。

虽然工厂没有经营好，但我有了三点认识：一是要专注做一件事情——办厂的时候做书也没丢，但两个都没有做好。二是要做自己擅长的事情。三是做企业不能单打独斗，需要一个专业的团队。

1999年，我南下广州，开始专注策划、发行作文图书。当时，我主要负责选题的策划、设计与市场的开发。当过十几年老师、在北大进修多年、做事认真严谨的刘书林负责图书内容的研发。后来，又有对语文教学有经验、对写作有研究的语文老师郭保清和张颖的加入。大家有分工有合作，没日没夜地投入到工作中。不到三年的时间，销售码洋过亿元了，公司的“开心作文”成为全国作文图书的第一品牌。现在，公司从刚开始只有十几个人的图书“小作坊”，变成了具有全国总发资质，拥有300多名员工的教育出版企业。

在公司不断壮大期间，我认识到了读书的重要性，为此我不断地学习充电，去了暨南大学、中山大学、北京大学进修。我心里念念不忘的要办一所小学的梦想变成了办一所大学的梦想。我梦想的大学，理学院旁边有科技产业园，文学院旁边是文化创意产业园。我梦想这是一所教育与实业相结合的大学，一所教与学都有着更为坚实的立足点的大学。我梦想中的大学有一条很长的林荫大道，道上撒满学子们的微笑，我看见他们从那里出发，走向更美好的未来。

不惑之年，我明白了自己正走着的就是一条承载着自己教育梦想的出版之路。这辈子，我就认准了把“开心图书”做下去的这条路，专注地把企业做成最具影响力的教育出版集团，帮助所有人发挥其最好的潜质，让更多的人在开心中进步，在进步中开心，让开心成为每一个人进步的朋友。

马　可

－1971年生

－知名设计师

创建中国服装设计师品牌“例外”，创立无用手的艺术中心（一个致力于传统民间手工艺的保护、传承与创新的公益组织），曾获第11届克劳斯王子基金奖。

来自泥土　回归人心

马可

无用·创作

我们可以设计什么？生活中的必需品根本不需要看得见的设计。看不见的设计就不再是设计，而是一份“用心”了。我们只需要用心去发现——发现潜藏于万事万物、自然规律中的道，不需要试图改变或操纵创造了人类本身的大自然。相比改造现实，我更乐于改变自己。或者说，我们只有通过改变自己才能改变世界。

境由心转，改变自己的心境、改变自己看待事物的角度就会带来完全不同的境界。所以，我曾用“奢侈的清贫”与“无

2007年作品《土地》

用之土地”这样的名字来对照浮华却又沉重的现实。很多人问及我在“无用”之《土地》中使用特别的创作方式，比如超码、做旧的处理，还有絮乱的缠绕和粗糙的缝制，这个作品表达的是一种异于常规的美好和感动。

我在《土地》作品发布时写道：“唤起我对‘土地’的记忆的是我近年来在中国偏远乡村间的旅行，在异地他乡的旅途中，我似乎才渐渐触摸到了世界的真相和本质，这些靠双手和土地生存的过着与城市迥异的生活的人群，他们对世代耕耘的土地的深厚感情和与自然间的和谐亲密感染着我，令我意识到土地对于我们的意义绝不仅仅是向我们提供赖以生存的食物，更是我们生命的源头和灵魂的归宿……

“做这些东西，是为找回我们曾经拥有的质朴而基本的，最为真实的生活；是为找回我们由于不断地追求快捷高效而丧失了的生活质量、乐趣和故事；是为找回我们的先辈们一直拥有的那种与土地之间亲密而实在的联系。

“无论我们是否相识，我们终究是一体的……”

这一切不外乎两个字——真诚。

大自然创造的一切，所有的生命物种、江河湖海、春夏秋冬，其物质与精神的关系是我一直在思考的，所有的创作都需要依托某种物质才能得以呈现。正因为精神的注入使物质具备了某种独特的含义，就像灵魂与肉体的关系。除了用土埋衣服，我还尝试过把衣服长期放在河流里冲洗或在太阳下暴晒等，衣服与自然融合的结果让我越发认识到大自然对于所有人造物质强大的瓦解能力，这对于我是一个惊人的发现，所有源于自然的物质是如此轻易地被自然吸收，大自然整个运作的过程就是孕育与回归，循环往复、永不止息。这是任何人都无法改变的宇宙真理，“人”与其他万物同样源于自然，无论贫困潦倒还是荣华富贵，最终也终将复归于泥土。

因此，我对“无用”的理解就是已经超越了外在欲求的、永保初心、纯真无染的人所具备的模样。或者至少，他（她）对这种状态怀有深深的渴望。

传统 · 创新

创造是从心出发，我是一个很感性的人，不喜欢计算和分析。我相信创作就是一面镜子，我是什么，它就呈现什么。所以，无需花太多精力擦拭镜子，只需让自己回归真心。

传统不在文字、不在语言，传统在血液中。我从来不把“当代”当回事，埋头苦干时更会把“艺术”忘得一干二净。是不是“当代”、算不算“艺术”，让别人去说吧！

我非常热爱民间的传统手工艺，民间手工艺是“活着的历史和文化”。这些作为生活必需品的物件并非出于名家大师，但其饱含的质朴和灵性具有强烈的时间穿透力，没有一丝的矫揉造作和对功名利禄的贪欲，横跨了千百年撞击着现在的心灵。过去人类历史所经历的那些质朴时代深深吸引着我，那时的人们怀着对大自然深深的敬畏和对事物最初始的认

2008年作品《奢侈的清贫》

识，过着一种最为本质的简朴生活。“琴棋书画”作为过去文人墨客的基本功现在却都已经变成附庸风雅的奢侈品了。

一直很渴望活在北宋，从那时遗留下来的绘画作品里能真切地体会到诗人笔下的意境：“茅檐长扫净无苔，花木成畦手自栽。一水护田将绿绕，两山排闼送青来。”

无用·思考

我花了很长时间去了解自己，最后才明白，我要做的是让自我消失。这是一个痛并快乐着的过程，自我就像蚕，先作茧自缚再破茧而出，这个过程没有任何人可以帮助你。茧是我们创造的一个自我保护的空间，让我们倍感安全舒适，但是也是生命最大的局限，所以，勇于剥离自我才能赢得更广阔的一片天地。

因此，在我创作的时候，除了不想“当代”和“艺术”，也不想“时代”，创作其实挺单纯的，心无杂念，水到渠成而已。

梦想·成长

我从小热爱绘画，就决定长大从事艺术、设计方面的工作。因从小穿我妈妈做的衣服长大，所以在高考报志愿时就选了让我感到熟悉又亲切的服装设计专业。现在看，这个专业真的挺适合自己的，衣服是跟人最亲密的物质——平凡且不可或缺。自1992年大学毕业至今的21年来我一直从事服装设计工作，我一直认为用心生活就是艺术，每个人都可以是生活的艺术家。

太阳黄昏落下第二天还会升起，秋天候鸟迁徙春天还能回来；满足于每天可以脚踏大地步行去上班，粗茶淡饭能提供足够的能量延续生命。饿了吃饭、困了睡觉，好好活着最重要。

不同的时期有不同的梦想，现在我的梦想就是用一辈子的时间把“无用”做好。实现这个梦想的过程就是我生命中的日日夜夜，梦想就是你需要用一生来实践的事情。

我现在的生活比较平和宁静，如果每天充满激情就一定无法坚持得太久。生活的乐趣在于体验当下每一个成长的过程，无论是痛苦还是幸福。做设计是我对自己的奖赏，享受还来不及，哪有时间厌倦呢?

只盼来自泥土，回归人心，更多的人享受更为本质的简朴生活。只因朴实无华、和谐自然即是我心中的“中国梦”。

阅读遍华夏 书香满中国

肖荣

从少年到青年到不惑之年，我从来没有当过“追星一族”，而诺贝尔文学奖得主莫言倒是让我由衷地崇拜，他是这样精辟地解析书与梦的关系：“任何一个梦想都有可能因为读书而产生，而任何一个梦想也必须借助读书来实现。”今天，就让我站在这位名人的肩膀上，跟大家一起畅谈——书香中国，我的梦。

以色列的犹太人有句名言：如女儿嫁学者，陪上全部家当也值得；如娶学者女儿为妻，变卖所有财产不吝惜。良好的民族读书习惯，铸就了非凡的创造力：从诺

肖　荣

- 1973年生
- 湖南省新闻出版局办公室主任

先后担任湖南省学生联合会执行主席，湖南省新闻出版局直属机关党委干事、团委副书记、外事接待科科长、办公室副主任、办公室主任。2010年4月—2012年3月，曾在湖南省衡山县挂职锻炼，担任县委常委、县人民政府副县长等职。

贝尔奖设立以来，全世界获奖者中29%是犹太人；2012年美国《福布斯》富豪排行榜中，就有21名犹太人进入前40位。

当然，古代中国也曾是崇尚阅读、乐于阅读、善于阅读的国度。我们为之自豪了无数代人的四大发明就有两项与出版、阅读直接相关。然而，曾几何时，中国人在世人的眼中却成了不喜欢阅读的人群。20世纪，外国游客来到中国，火车上、地铁上、公园里、餐馆里，极少碰到手持一卷安静阅读的人，他们看到的是秩序混乱，听到的是大声嚷嚷，他们感到惊讶和不适。新世纪以来，中国人出国旅游日见其多，于是，这些景象又在一些国际都市频繁再现，成了国外舆论不断抨击、嘲笑的目标。

联合国教科文组织的一项调查显示：2012年中国人均纸质图书阅读量仅为4.39本，上海在中国排名第一，也只有8本；中国13亿人口，扣除教科书，最终平均每人一年一本书都不到。这个数字低于美国的7本，法国的8.4本，日本的8.5本，韩国的11本，远远不及犹太人的64本！

这仅仅是一些简单和平凡的数字吗？不，这是一声声敲响在耳边的警钟！中国已是世界第二大经济体，又是一个年产图书40万种的出版大国，而“阅读的缺失”、“书香的匮乏”，难道不值得我们警醒吗？！

“玉不琢，不成器；人不学，不知道。”高尔基的名言，“书是人类进步的阶梯”，“书籍，以热爱世界、热爱人类的情感来鼓舞智慧和心灵”，更是让我们时刻沐浴灵府、激荡心智。

可喜的是，随着“世界读书日”在中国声势的不断升温，近几年已有约400个城市自发地开展了读书活动。从2009年起，我和我的同事也一直在为“三湘读书月”活动呼吁着、奔走着、忙碌着、付出着，就为了诠释一个重要的概念——“全民阅读”，就为了实现一个全新的梦想——“书香中国”。每年的11月，两鬓花白的老人、朝气蓬勃的青年、稚气未脱的孩童，出于对阅读的热爱相聚在“三湘读书月”活动的现场，就让我仿佛看到了阅读花开大江南北的烂漫情景，仿佛听到了健全人格不断攀升的拔节声音，仿佛嗅到了油墨纸砚溢满华夏大地的浓浓书香。

家住宁夏永宁县胜利乡的村民陆梦蝶，是一位40岁的女士。15岁时患上严重疾病、命系一线，她靠读书考上、读完大学并走上工作岗位；27岁时全身瘫痪如僵尸一般，失去了工作，然而她靠读书学会了剪纸、设计，开办了“田野书舍”；在医生断言她眼睛将失明的情况下，她又在读书中开始了写作，至今已出版《梦随蝶舞》等四部作品。她说：“是书给我带来的光明，不仅使我没有疯狂、没有绝望、没有死亡，反而获得奇迹般的幸运，实现了自己战胜命运的梦想。”

陆梦蝶的事例并不是单个的。如今，我们拥有了一个来之不易的和平年代，我们终于可以放下包袱，尽情阅读，尽情地追寻每一个期待。

期待有一天，我们古老而富强的国家，随处都可找到阅读的场所：农家书屋、图书馆、文化宫、新华书店……隔几步就能看到。当然，也许因为时代的进步，在不久的将来，书被装进小小芯片，我们不再怀念纸墨的香味，不再怀念翻动书页的感觉，但是，我们通过电子设备一样能随处感受文字的魅力，一样能随时与大师们亲密对话，一样能随着字里行间折射的思想而在心中修篱种菊……

期待有一天，我们精致而美丽的国度，处处都有阅读的身影。国外友人来到中国，从南到北，从东到西，领略到的不再仅仅是外在的山水树木、街道建筑的感官之美，而是从城市到乡村，从楼宇到田野，到处都能感受到更多富于内在的“文人”之美。中国的男人因为读书，有深度、有厚度、有宽度、有气度，他爱家庭、爱事业、爱江山，他不沉醉于灯红酒绿，不迷恋于推杯换盏；中国的女人因为读书，有丰富的内涵、自信的笑容、为人母的温柔和为人妻的贤惠，即使经历了岁月的磨砺，即使素面朝天，她依然高雅雍容。

期待有一天，因为阅读，人们再也不发愁赚不到钱、治不了病。因为阅读，人们能继承前人经验，了解最新科技资料。最终，人们能收获一技之长，懂得发展生产的道理，并因此发家致富，能“小病不出门，大病少花钱”，过上“不愁钱、不差钱”的生活。

期待有一天，我们的女儿嫁学者，陪上全部家当都值得，我们的儿子娶学者，变卖所有财产不吝惜；我们的每一个城市、农村的大街小巷，都充盈着“老吾老以及人之老，幼吾幼以及人之幼”的美好风气，每一张面孔都散发着“腹有诗书气自华”的自信，每一寸土地都沉淀着“不义而富且贵，于我如浮云”的气度。

千言万语，终究还是汇入“阅读遍华夏，书香满中国”的期待。这，就是我的梦；这，也不仅仅是我的梦，也是你的梦，更是我们大家的——中国梦！

先迈步，再进步

郑艳

与什么关联在一起才能温暖此生的苍凉？

于我，是至亲，是好友，是良善的同事，是命运里有幸遇到，给短暂人生带来正能量的人。

我的梦想，和这些人关联在一起。而无数个与我一样的个体，和他们或她们生命中的重要的人关联在一起。就这样，一个个具体的人和社会关联在一起，一个个具体的梦想，和国家关联在一起。

立身天地间，我主要承担三个角色：女儿，母亲，职业女性。

郑 艳

- 1974年生
- 笔名郑与点
- 作家

曾任湖南卫视《新青年》栏目记者、导演，大学时代杂志社编辑部主任，现供职于中南出版传媒集团。出版《两个人的人生论语——郑与点、戴海书信集》，参与国家重点出版工程《20世纪中国科学口述史》丛书，担任《黄培云口述自传》的访谈作者。

我是父母的大女儿，出生在他们就职的大型钢铁厂，住宿区离生产区不远。我在那里学习生活，直至18岁那年被保送上大学才离开它。记忆里，童年和少年时到厂里的洗澡堂子里洗澡，或是去找爸妈，见到火苗赤红，铁水飞溅。也习惯了空气里弥漫着的焦煤味道。

工作是爸妈的立身之本，他们借此养活我和妹妹，支撑这个家。从来没有多的想法，认命守分，勤恳工作，朴素生活。父亲50岁那年，我有次回家，和爸妈一起住在从小生长的小房子里，一片家属区中某栋的四楼。半夜，被空气中的刺鼻气味呛醒。咳嗽声惊醒了妈妈，“每晚这个时候排放煤气。”她语气平淡。谈论这些，她和周围人一样，有着长期身处其间无力改变所形成的漠然。

那晚的刺鼻气味激发了我要将爸妈搬离的决心。回到省城，我就开始办理按揭手续，买下一套两居室。两年后，将老人接到身边。没想到，终究逃不出命运：父亲在59岁那年，因为肝癌离世。回旧宅整理时，邻居们说，这片家属区的男人们已经走了许多，都是癌症，肺癌、肝癌、胃癌……

父亲一生自给自足，从不愿麻烦他人。从住院到离世，亦没有声张，嘱我们不举办任何仪式。焊接工属于“特殊工种”，他的劳作换回了同事和组织的肯定，那一摞摞大红的先进证书，对他就是最大的鼓励。在我的记忆里，从没听到他对于劳动保护提出更多诉求。

在我们生活的这片土地上，有许多和父亲一样，质朴平凡的个体。即便命若尘埃，也从没有放弃爱和责任，尽可能少地索取，尽可能多地担当。我梦想，他们的工作环境和生活环境不断得到改善，除了血缘亲情，他们还可以感受到更多的善待。

“川阅水以成川，水滔滔而日度。世阅人而为世，人冉冉而行暮。”我梦想和父母一样的老人能更健康，更快乐，能够真正颐养天年。

我是一个10岁男孩子的母亲。还记得知晓怀孕时，双手交叠，轻置腹部，对孩子说的第一句话："从现在开始，你要和我一道，过朴素的生活。"

蒲公英年年生长，孩子的幼小时光，却只有一次。从他出生到六岁半进入小学，我将母子最初相处几年之间的一个个珍贵细节记录了下来。这些宁静的文字，简洁地还原了孩子幼儿时代一幅幅岁月画面。在他进入小学前，我将这些记录打印出来，自己设计了一个橙色的封面，将孩子出生时的第一个足印扫描其上，装订成一本集子，题为《温暖的孩子》。然后封存，留待作为日后给他的成年礼。

进入小学后，孩子开始更多接受群体的影响，逐步接触社会现实。而现实的教育力量，往往比理想的教育力量更大。我在他的成长过程中发现了一些问题，作为家长，我首先会自我反省。有些问题通过反省能够协助他调整，而有些问题是社会现实造成的，面对这些，我就会有无力感。

妈妈们聚在一起时，更多谈论这样那样的学习班，出发点是希望自己的孩子能够更优秀。我话很少，心里想，总有孩子当中游吧，总有孩子当下游吧。

作为母亲，我梦想孩子能有更明朗宽松的成长氛围。梦想"丛林法则"不再那么强悍，理想能够从现实中起步生发。

我梦想孩子成年后打开我送给他的成长记录，发现自己并没有过多丢失孩童时代所体现出的素朴而美好的初心。

我是一名职业女性，游走在影像与笔墨之间。电视台、杂志社、出版集团，是我的职业站点，也是为社会提供文化产品的平台。

供职于那家省级电视台时，我和团队成员一道，打造了一档青年类文化节目。节目名字充分体现出节目的气质，理想、激情、积极向上。这档名为《新青年》的节目，在其收视率和社会反响不错时，忽然被要求改版，改成一档大众娱乐节目。原因是，台里要统一定位，全台娱乐化。

不愿接受现实的伙伴们相继离开，几位去了央视，继续追寻自己的职业梦想。

我开始转入平面媒体，参与《大学时代》杂志的创刊。四年后，又因为“不够市场化”，杂志名称被要求改成《爱你》。不愿接受如此“市场化”的团队成员又相继离开，包括我。

六年前，我通过考试进入到出版集团。同时，随着年岁增长，不再似当年那样，外在就表现出“常怀千岁忧”。但理想与梦想，已经沉淀下来，放在心灵最深处。

有次，和同事们一起去参加一个城市图书交易博览会，会场的大幅标语挂着“建设书香城市”，走一圈下来，我们在心里概括为“工具书围城”，教辅类书籍宣传力度特别大。阅读应该是心灵成长的需要，本质上离功利比较远。这样的现象，反映出我们的社会现实。看到这些，更觉得从事文化产业，任重道远。

作为一个职业人，我的梦想是，更多人体会到阅读之美，影像之美，文化产品能够真正建构人们的心灵家园。

这些角色及与之相伴随的经历，让我感悟，令我思索。这些思索既是由于未曾淡漠的社会关怀与责任感，同时也是一种主动选择。

这些年来，逐步看到变化，看到更多人关注环保，关注普通人的工作环境，看到基于人本主义的教育新模式在越来越多的实验区被构建，看到我所熟悉的文化产业集团越来越注重传播“正能量”……

我深知，这些变化，源于一个个具体的人为实现自己梦想所做的点滴努力。

先迈步，再进步。

这样，我们的梦想，才会和人民的幸福指数关联在一起，才会和社会的公平正义关联在一起。

第三篇

和谐中国梦

曾经有同一学区的老师问过我，我的最大的梦想是什么，我说我没有什么惊天动地的梦想，我只是希望大山深处的孩子们在该上学的时候，都能坐到学校里，享受到他们该享受的权利。

我们的社会正在变得越来越好，我们有充分的理由期待一个更加美好的未来，也正是因为有了对于未来、对于精神上唯美的追求，我们的精神世界才会变得更加瑰丽多姿。

出“生”入“死”，中国梦永在我心中

邬沧萍

邬沧萍

- 1922年生
- 社会与人口学院教授、博士生导师
- 中国人口学、老年学的开拓者和奠基者
- 中国人民大学校学术委员会委员
- 《中国人民大学学报（英文版）》编委
- 人口研究杂志社名誉主编

不仅为国家制定人口、计生政策和应对人口老龄化建言献策，而且开创了中国人口学、老年学史上的多个“第一”：创办我国第一个人口研究机构、第一个人口学系、第一份人口学学术期刊，曾获中华人口奖、老年学终身成就奖、人口学会终身荣誉会员奖、中国老教授科技兴国奖等多项学术奖励。

归国效力　参加第一次人口普查

1922年，我出生于广州一个知识分子家庭，大学毕业后考入上海海关学院，分配到香港九龙海关当公务员。其后，自费到美国纽约大学、哥伦比亚大学求学。1950年，党中央号召海外的爱国知识分子回国参加祖国建设，朝鲜战争爆发，我担心不好回来了，于是放弃博士学位，全家人一道回国参加社会主义建设。回国后，由教育部分配到辅仁大学经济系，后经院系调整，进入到我曾经“想都不敢想”的中国人民大学，教授统计学。

在美国读书时，我就对人口问题很有兴趣。当时全世界刚兴起国民计算研究，我专门选了几门课，其中一门叫“国民收入的人均比较”，我研究了中国的国民生产总值和国民收入，研究结果表明：旧中国最好的年头是1936年，那年风调雨顺，但是人均年收入只有36美元，连选修哥伦比亚大学一门课的学费都不够，而那时美国人均收入已达到2000多美元，中美相差70倍。我又比较中、美自然环境状况，发现美国人均占有耕地是中国的10倍。因此，若按人均来算，我们的基本能源没有不短缺的，所以那时我意识到，人口问题是中国的大问题，弄不好就成为致命伤。

回国任教不久，1953年，我参加了第一次全国人口普查。人口已经超过6亿的统计数据出来后，全国为之震惊。知识分子、党内党外都在讨论人口问题，较多的倾向意见是要解决人口问题，马寅初在1957年发表了他的《新人口论》。不料，“反右”风暴席卷而来，人口学首当其冲。《新人口论》受到严厉批判，人口学成为中国学术界不能涉足的禁区。

在此后长达20年时间里，人口问题成了没人敢碰的“高压线”，人口学研究进入停滞时期，同时，我国的人口控制也失去了最好的机遇，导致人口增长在五六十年代达到世界人口增长的最高峰。

其生有序 提出控制人口最可行建议

1971年，国家计委从中国人民大学抽调十几人专门研究人口问题，目的是参加1974年召开的世界第三次人口会议。当时，我刚结束5年的农民生活，从干校下放回来，也很快投入到这项工作中。

当时“四人帮”还没倒，为了谨慎，我们搞的是外国人口问题研究，也搞人口理论，但是不敢明目张胆提出控制人口。我们主要梳理了中国人口史和国外人口研究，在此期间我翻译了大量人口问题和人口学方面的著作，我们对人口问题的认识也日益深刻：中国的人口问题是世界最复杂的，也是影响最大的一个问题。

人口学研究所白手起家时，教师不分年龄，同甘共苦，油印讲义，装订杂志，四处收集资料。除了硬件条件差，软件条件也非常差。首先，人口学这门学科在旧中国很薄弱，专门从事人口学研究的学者屈指可数，留下的著作不多，缺乏现代人口学理论、知识和方法，最为缺乏的是完整可靠的人口数据；相关论文大多是推理论文，缺乏人口变量数据来证实，不能令人信服。其二，国际人口科学资讯全来自苏联，苏联的人口学理论同西方大相径庭，研究方法也相对落后。就是在这样的基础上，我国现代人口学开始起步。

1978年，党的十一届三中全会拨乱反正，高扬起解放思想、实事求是的风帆。国家统计局、人口和计划生育办公室与中国人民大学一起进行了全国性的人口预测调查，调查时发现，从新中国成立到1970年代末，已新增加6亿人口，其中3亿多是妇女，按照这个基数，只要每人生一个孩子就是3亿，每人生2个就是6亿！

那时已经无路可走了，按每20年出生一代，如果当时不控制，到现在，中国人口将达到18亿人，就业、吃饭、住房怎么解决？

形势非常严峻。1979年2月，我和刘铮在《人民日报》共同发表文章《人口非控制不可》，论证了控制人口增长与经济社会发展之间的关系。自批判马寅初之后人口研究文章近乎绝迹，《人民日报》当时已有近20年不曾发表相关文章，这篇理论文章为之后人口科学的蓬勃发展吹响了号角。

随后，由我起草，与刘铮、林富德共同撰写的《对控制我国人口增长的五点建议》递交到国务院，报告分析认为，由于失去了控制人口的最佳时机，一般的人口控制已经不行，必须进行严格的人口控制，“提倡一对夫妇生一个孩子，坚决杜绝生三个孩子，对于生两个，不反对、不鼓励也不支持”。这份报告是“文化大革命”结束以后，全国第一个向上报送的人口研究报告，被两次登在《内部参考》里，还在中央经济工作会议上发放，其观点被认为是"中国控制人口最佳的、最可行的建议"。

一年后，1980年9月25日，中央发出《关于控制我国人口增长问题致全体共产党员、共青团员的公开信》，要求所有党员、团员特别是各级干部，用实际行动带头响应国务院的号召，提倡一对夫妇只生育一个孩子，并积极负责地、耐心细致地向广大群众进行宣传教育。公开信的发表标志着计划生育工作在全国范围内的全面推行。

由于实行计划生育，中国13亿人口的到来推迟了4年，世界60亿人口日到来的时间也推迟了4年，中国成为世界上生育率下降最快的国家之一。严格控制人口利大于弊，不然中国绝没有今天这样的发展机遇。

其老有安 最先预见人口老龄化问题

20世纪80年代初，我就看到中国必须重视老龄问题，必须居安思危、未雨绸缪，于是在花甲之年逐渐转向老年学研究，在全国最先提出要研究老龄问题。

那时中国很少有人意识到人口老龄化问题，很多人反对我，说你一方面提倡计划生育，一方面又搞老龄问题，不矛盾吗？我讲，老龄化是一定的！从世界范围来看，人口老龄化是社会经济发展的必然趋势，任何国家都不例外，只是出现时间早晚、进展速度快慢、程度高低有所差异。我国即使没有生育政策的干预，人口老龄化也终会随着经济的发展而出现。

1984年，我在《人民日报》发表论文《老龄问题和我们的对策》，在理论上阐明控制人口与老龄问题的相互关系，呼吁优先控制人口增长的同时也要重视老龄问题。

1983年，在国家教育部门和学校的支持下，我开始指导我国最早的老年学方向的硕士生、博士生，30年来培养了一批学科骨干。1986年，我国成立了老年学学会。世纪之交，中国人民大学建立了老年学研究所，这是教育部批准的全国第一个正式设立老年学专业的高校研究机构。

人文社会科学是全局性、战略性科学，要经得起时间的检验和历史的考验。社会科学家最糟糕的就是从一个极端走到另一个极端，一会说人越多越好，一会又严格控制只生一个，没有长远的看法，赶风头，这不是真正的科学。关于"人口红利拐点"，还没有充分证据证明任何一个国家的经济因老龄化问题受到阻碍，发生经济危机的国家都涉及财政金融问题，并非因为老龄化问题。到现在为止，中国的劳动力有8~9亿，并没有减少，之所以劳动力不足，是因为很多人没有充分就业，很多人的工种、能力与需求不符，劳动力没有得到充分利用。

把"生之者众，食之者寡"叫有利，"生之者寡，食之者众"叫不利，这是很肤浅的概念，是简单的数量计算。真正判断劳动力的"红利"，除了看数量，还得看人的质量、素质和技能。过去的劳动力很多都是小学、初中水平，现在多是初、高中水平，将来是高中和大专水平，素质不一样。我们做研究，数量的拐点会作为一个因素去考虑，但不是决定性因素，真正的决定性因素是科学技术创新、改革，现在的城镇化就是改革，就有很多红利。

亲身体验 人究竟该怎么应对老龄化

首要任务是提高劳动生产率，让劳动力充分就业；第二是提高全民的健康水平，健康老龄化，让老年人都能长期生活自理。

另外，任何民生投资，从某种意义上来讲都有利于解决老龄化问题。教育好了，文化水平高了，老年人得病之后，就懂得自我排解，而不是死于无知，有知识的人和没知识的人健康水平是不同的。

常有人向我请教"养生之道"，甚至国外朋友都问"为什么每次见到你，从来不见老？”其实我并没有“特效药”，都是靠普通保健常识，贵在实践，贵在坚持！

我也学过很多老年医学，知道怎么养生，但我认为，养生，就是世界卫生组织提出的饮食平衡、科学健身、心理平衡等，最要紧的是坚持。

现在很多专家研究老年问题都没研究到家，为什么？从65岁到95岁的老人，年龄相差30岁，中间差别很大，研究者若没有亲身体验，就没法研究透彻。健康老龄化，我要亲自试一试，能不能把无法自理的时间压缩得最短，当然，最好一直能自理！

过去我刚搞老年问题的时候，100岁人口都是按百万分比计算，现在有些国家已经变成万分比，我国个别地区也有万分比的。现在90岁是千分比，80岁是百分比，都比过去大大提高，这是人类的进步，将来100岁不算回事。随着人的寿命延长，到65岁退休，这是全世界的趋势。

现代科学已经证明了，一个人的衰老是可以推迟、可以延缓的，不是“逢老必衰”、“逢老必病”，降低完全不能自理的人的比例，这是国家发展的目标。

我之所以还在工作，就是想看看一个知识分子的潜能究竟有多大，自己要做个试验。

我想试一试，用我的生活经验、我的老年学知识、老年医学知识，总结一下，个人怎么应对老龄化、社会怎么应对老龄化。再给我几年，我就能慢慢总结得更好一点。

其生有序，其老能安，这是我心中的梦想。如果能完全做到，我的“中国梦”就算是实现了，而我也就心安了。

造福下一代

卢光琇

卢光琇

- 1939年生
- 教授、主任医师、博士生导师
- 湘雅名医
- 著名生殖医学与医学遗传学家
- 人类干细胞国家工程研究中心主任
- 中信湘雅生殖与遗传专科医院院长

我国人类生殖工程创始人之一，在人类胚胎干细胞和治疗性克隆领域达到国际领先水平。两次荣获国家科技进步奖二等奖，并获中华人口奖、中国十大女杰、全国五一劳动奖章、湖南省科学技术杰出贡献奖等荣誉。

我生长于湘雅一个医学世家。从小父亲就培养我们姊妹四个热爱大自然，坚持全面发展，做一个对祖国对人民有用的人。1958年我考入湖南（湘雅）医学院临床医疗专业本科学习，毕业后成为一名外科医生，用手术刀实施救死扶伤。1978年后在父亲卢惠霖教授的带领和指导下走上了生殖遗传学研究之路。

一

我的父亲卢惠霖教授是生殖遗传工程的创始人。他1925年留学美国哥伦比亚大学研究生院，选学著名遗传学家摩尔根教授的遗传学和威尔逊教授的胚胎学。1929年底，父亲带着导师摩尔根送给他的新著《基因论》抱病回到了祖国。他的心中怀揣一个梦——建立中国人自己的遗传学体系。面对日本侵略者蔑视中国人为“东亚病夫”的狂吠，父亲冷静地对国人的健康素质做了客观分析，并撰文指出：在世界各民族中，中国人的体格素质原本适中，相信只需将遗传与后天的培育相结合，国人的身体素质一定会有大的提高。1938年，父亲担任湘雅医学院教授，讲授胚胎学，向学生传授“优生学”理念。1949年他将摩尔根的原版《基因论》翻译成中文，成为将摩尔根基因论介绍给国人的第一人。

二

1978年，当世界上首例试管婴儿在英国诞生后，父亲闻讯欣喜不已。他告诉我，他想搞试管婴儿，并且以一种期待的目光，渴望我能帮他一起做！

我十分理解父亲对医学遗传学事业的执著追求精神，答应了父亲的要求。

年近40的我尽管做了17年外科医生，但对生殖遗传学领域几乎还是门外汉。我不得不从遗传学和细胞学的基本常识入手，并带着几分好奇、几分忐忑，执著上路了。

我们从零开始创建了我国第一个试管婴儿实验室，建立了我国第一个人类冷冻精子库。随后，我们从“精子银行”提取冷冻精液，为男性不育夫妇实施人工授精治疗。1983年1月，我国首例冷冻精液人工授精婴儿来到了人间。

“十月怀胎，一朝分娩。”我遵从父命改行，到亲手“制作”的第一例试管婴儿呱呱坠地，“孕育期”达8年之久。1988年6月7日，曾发誓

“不亲眼看到中国的试管婴儿出生，我死不瞑目”的父亲终于如愿以偿。这一天，他在湖南医科大学附属第二医院手术室里，怀抱着我国首例供胚移植试管婴儿。在当天的新闻发布会上，这位88岁的老人说：“试管婴儿只是手段，下一步是要将人卵体外受精、体外发育和胚胎移植等生殖工程技术和遗传工程结合起来，以改造人的遗传组成。我们现在的工作只是迈出了很小很小的一步。”我们搞生殖工程研究，搞试管婴儿，不仅仅为了解决不孕问题，更重要的是要把先进的生殖新技术和遗传工程结合起来，提高我们整个民族的身体素质。

三

试管婴儿试验成功的消息传开后，全国各地前来求医的患者络绎不绝，我们的不孕与遗传门诊一下子变得门庭若市。

在人们的生活中，“不孕症”具有极强的隐私性。不孕症患者所承受的精神压力与心理阴影之大是常人难以理解的。特别是长期以来“男尊女卑”的封建思想还在不少人的头脑中存在，常常将不孕的责任更多地推给了妻子。作为女性，我深深理解她们的艰难处境。在这个岗位上，我不仅是一个生殖与遗传专科医生，同时还要扮演一个高明的心理医生，去和患者进行感情的交流与沟通，去了解和认识患者背后的家庭。一个孩子生下来，可能将换来至少3个家庭的团圆与安宁。一想到这些，我的心里就感到特别骄傲与自豪！

“孩子是爱情的结晶”并非中国独有。1999年，我赴加拿大看望在那里工作和生活的大儿子一家时，家住温哥华的一对加拿大不孕夫妇，打电话给我，第二天我就在家里接待了他们，当即给他们做了初步检查。但限于当时的身份和无医疗设备，一时难以确定女方是卵巢早衰还是多囊卵巢。两个月后，这对加拿大夫妻跟我来到了长沙，最终确诊了女方不孕的原因。经过两次试管婴儿手术，终于帮助女方成功受孕，她回到加拿大后生下了3个胖小子，在当地引起了不小的轰动。他们每次带着3个小家伙上街，只要有人问及，他们总会说："Made in china（中国制造）。"

每每听到同样的喜讯传来，我总会激动不已。我希望我所治疗的患者都能如愿得到一个健康可爱的孩子，我也在他们身上看到了自己的人生价值。我们的计划生育政策就是要做到能生的不要多生，要优生；不能生的要让他们可以生，从而维系这个家庭的稳定。因为家庭是社会的细胞，只有家庭稳定了，才会有社会和国家的稳定。也就是说，在控制人口数量里面还包含着提高质量的内涵，要让每一个家庭都能有一个健康的孩子。这样的国策才真正体现出了以人为本的服务宗旨。正是基于这种朴素的祈愿，我沿着父亲所开创的优生之路，一直走了过来。

四

在我们的生殖与遗传门诊，从1988年第一例试管婴儿诞生至今，已经有4万多名试管婴儿经医生们的手孕育，如今试管婴儿成功率达到了64%以上；并且还先后出生了7000余例冷冻精液人工授精婴儿，还相继衍生出了供胚、供卵、单精授精、显微授精移植试管婴儿，以及胚胎植入前遗传学诊断等辅助生殖技术。原来的湘雅医学院不孕与遗传专科门诊升格为中信湘雅生殖与遗传专科医院后，已成为国家卫生部批准可全部开展人工授精、试管婴儿等辅助生殖技术诊疗的医疗单位。作为国家精子库技术指导中心，还随时向全国各地提供冷冻精液。

其实，所有这些辅助生殖技术都涉及生命伦理学问题。作为医生，你必须告诉患者她患不孕症的原因和可供选择的不同治疗方案。患者也会因此提出种种不同的要求。有的说，我丈夫太矮了，长相也不帅，我要做供精人工授精。这时我们会告诉她：这是不可以的！因为你丈夫有精子，也没有影响后代健康的遗传性疾病，即使要做也要经双方同意，不能偷偷来做。也有自己没有精子的男子带着女方来的，他要求做供精人工授精，并要求医生对他妻子隐瞒事实。可生育是夫妻两个人的事情，在医院必须经双方签字。若做供精人工授精，更不能欺骗对方，医生没有权力剥夺患者的知情同意权。这类不符合生殖伦理原则的要求，理所当然地都会遭到我们的拒绝。

在知情同意的前提下，我们还会把正确的选择告诉患者：什么人可以做宫内授精，什么人可以做试管婴儿，什么情况下可做显微授精，等等。要给试管婴儿拍照，首先也要征得试管婴儿父母的同意。在选择治疗和保护患者隐私权方面，我们必须坚持以人为本的服务理念，才能赢得患者的极大信任。

我们的中信湘雅生殖与遗传专科医院自改进胚胎冻存方法，建立了超快速胚胎冷冻技术，出生了我国首例超快速冻胚移植试管婴儿之后，近些年来又发明了超长降调节促排卵方案，用于反复试管婴儿治疗失败的患者。发明了对多囊卵巢综合征穿刺打孔、卵母细胞体外成熟培养等技术，通过对不孕症的个体化用药治疗，使高龄、子宫内膜异位、多囊卵巢等难治性不孕症患者的临床妊娠率稳定在60%的水平。患者中不但有年轻的不孕症夫妇，还有许多中年继发不孕者，大都通过辅助生殖技术生下了健康婴儿。前不久，世界首批经全基因组测试技术的PGD/PGS试管婴儿又在这里诞生，成为海内外关注的亮点，不仅解决了广大不孕症患者的生育问题，还为预防遗传性疾病提供了新方法。基于此，2011年中华生殖医学会授予我“生殖医学突出贡献奖”，湖南省人民政府授予我“湖南省科学技术杰出贡献奖”。

30余年来，我们的医疗、科研和教学工作，从无到有，从小到大，不断发展进步，都是为了一个梦：继承卢惠霖教授的遗志，创建和完善中国的生殖遗传学体系，为中国人民的优生优育和健康做贡献。这不仅是我这一代人的梦，还需要一代又一代人的不懈努力。现在，我的儿子儿媳都已经成长起来，并成为生殖遗传学与干细胞研究的骨干和主力，我的一大批毕业研究生也正在发挥着主力军的作用。

一对退休老夫妇的环游世界梦

花甲背包客

花甲背包客

- 张广柱（丈夫）
- 1948年生
- 退休前是北京某国企中层管理人员
- 王钟津（妻子）
- 1951年生
- 退休前是山西社科院工作人员

从2008年起，5年内张广柱夫妇背包自助旅游了50多个国家，实现了环球世界的梦想。最南到南极，最北进入北极圈，最高到珠穆朗玛峰的大本营，海拔5200米，最低在死海，海拔-420米。

很多人说，梦想只属于年轻人。

也许是因为年轻时工作太忙碌，进入中年后更增添了家庭生活的很多琐事，我们竟然从没有认真地考虑过关于梦想的事情。

倒是年纪大了之后，孩子们都成家立业了，才猛然开始想到“梦想”这两个字与生活的关系。

我们喜欢户外活动，喜欢大自然，从2000年左右开始在北京的周边爬山，香山、九龙山、北灵山、小五台山，几乎走遍北京周边的山。然后走河北太行山、走四川、走云南、走西藏、走新疆。既看祖国大好河山，壮美风光，也寻找民族文化和古代历史。这样的自助游让我们有一个初步的想法：退休后，不能在自己家门口的小花园里度过余生（张广柱语），要抓住生命的尾巴精彩地活一把（王钟津语）。

但是，如何实现我们的这个梦想，不知道也不清楚。

2007年的春节，我们在云南虎跳峡徒步的时候，遇到几个西方人。当时是在纳西人的客栈，老板娘家娶儿媳妇，我们和老外一起吃流水席，一起聊天，其中一个老外不会说中文，靠一本旅游攻略指南到中国旅游，让张广柱震惊了。

张广柱当时就想，他不会说中国话，可以来中国，到中国这样一个偏远的山村旅游，为什么我们不可以走出去呢？我们也要去阿尔卑斯山徒步！

从那个时候起，我们开始了准备，学习签证知识，设计路线，了解欧洲气候、地理、历史、艺术、宗教、建筑、名胜古迹，了解欧铁通票的使用方法，了解金融知识，学习使用信用卡，学习计算汇率，最头疼也是最困难的是学习语言。张广柱用一年的时间，天天7~8个小时的时间在听英语录音，自学英语。

2008年3月，张广柱退休了，也开始了我们的环球旅游第一站：欧洲自助游。用90天时间，走了16个国家70多个城镇，在欧洲大地，从南到北，一路追赶着春天，进入北极圈。

我们各自背着20~25公斤的背包，老公用蹩脚的英语，老婆用搞笑的自创手语，磕磕绊绊地游历了欧洲，当我们站在阿尔卑斯山的鹰纳峰上时，心中激动澎湃，我们终于实现自己的“伟大”梦想了。

此后，我们一发不可收拾，开始计划我们的环球之梦。

2009年的秋天，我们又开始了北美四国的自助游。105天，美国、加

美国旧金山

树冠之旅

墨西哥齐琴伊察

和企鹅亲密接触

拿大、墨西哥、古巴。在美国、加拿大自驾52天，行程20 000多公里，游览了美国、加拿大的28个国家公园，实现了到当今世界上最强大的现代化国家自驾旅游的梦想。

张广柱把汽车开到旧金山的跨海大桥上，他大声地喊出来："我到美国开车啦！"在美国一号公路的最南端的0公里处，王钟津用相机记录了自己的行程。

2010年，我们带外孙去俄罗斯，了却了苏联情结。

2011年，用180天，走了14个国家，绕南半球一圈，6次穿越赤道，一年过了4次春夏秋冬，终于完成环球之梦。我们在南极、在亚马孙、在马丘比丘、在哥斯达黎加、在伯利兹、在澳大利亚、在南非，感受到了不同的风景和不同的人文景观。

2012—2013年期间，走了中亚、印度、东南亚和中东16个国家，更广泛地了解了各国历史和现状。

在南极

我们看到了壮美的世界著名风光：不可复制的南极冰雪世界，最宽的伊瓜苏大瀑布，最大的巴西潘塔纳尔大湿地，最大面积的亚马孙流域，最高海拔的淡水湖，最低海拔的盐湖死海。

在落基山脉、安第斯高原、伊朗高原、青藏高原徜徉，在太平洋、大西洋、印度洋、地中海看日出日落。

我们到阿尔卑斯山里人家做客，到秘鲁的乡村市场探秘，和印度人一起追赶火车，和埃及人一起挤公共汽车，和假警察斗智斗勇，和小商小贩讨价还价，品尝各地美食，还自己做饭安慰中国胃，坐豪华游轮吃喝玩乐，也坐简陋的小渔船过境，住星级酒店，也在青年旅舍和十几个不同国家的年轻人一起不分性别地挤在一个房间里，在南极露营看星星，在澳大利亚点篝火过夜，和企鹅一起照相，与袋鼠亲密接触，哀悼路上被汽车撞死的鹿，喂食漂亮的天鹅，在美国与州议会的秘书合影，也向当地的小学生学习语言，与嬉皮士一起探讨南美的殖民文化，还和欧洲的球迷一起狂欢看欧洲杯的盛况，看博物馆，看教堂，看清真寺。

总之，我们背包自助游5年时间，最大化地丰富了我们的旅游内容和质量，看到了在书本和电视里看不到的风景、人文，结交了许多外国朋友，认识了许多年轻人，学习了历史，了解了各国的现状，真正是行万里路读万卷书。

在不出门的时间里，我们通过网络、媒体把我们的故事讲给大家，把我们的感悟讲给大家，出版了《花甲背包客》，传递正能量。

周游世界，可以说是每一个人的梦想，我们也不例外，但是要实现这个梦想，还是需要勇气和智慧的，也需要外部条件的支持。

首先，是我们赶上了一个好的时机，中国的改革开放打开了国门，加入WTO以后，中国人可以以旅行者身份走出国门。没有这个条件，我们是绝对不可能实现自己的梦想的。

其次，就是勇气。在语言不通的情况下要周游世界，是有许多困难的。许多同龄人也都希望走出去看看世界，但是大部分人都被语言阻挡了脚步。我们几年的游历过程，总结的经验是语言是一个难题，但并不是一个不可逾越的难题，而勇气是比技巧更重要的，不要被那些困难吓倒，有许多办法可以支持自己走世界。

当然，我们还有许多国家和地区没有走到，还有许多民俗和历史没有了解，我们还要继续走下去。

我们的年纪越来越大，我们的路却越来越远；我们的背包越来越重，我们的心反而越来越年轻。

梦想不论早晚，只要你有，只要你做。那些理想中的恢宏，总有一天会与你我相逢。

平凡人生非凡梦

李永国

近一年多来，“中国梦”是国内频繁使用、世界高度关注的词汇。她激起我们对美好未来的期盼，唤起我们对民族复兴的担当。梦是什么？梦是追求，是理想，是信仰，是使命，也是坚韧不拔、与时俱进的奋斗过程。每个个体和任何团体都会有梦，不同的是有的在做梦，有的在圆梦。梦虽因人而异，但“享受衣食住行，面对生老病死”是人生共同的内容。前者虽与经济发展相关，但健康的身心则是基础。一个人失去健康被称为“病号”是个人的不幸，而一个民族积贫积弱，被称为“病夫”则是民族的悲

李永国

- 1950年生
- 中南大学教授、主任医师
- 外科学、生命伦理学博士生导师
- 享受国务院政府特殊津贴专家

中国外科医师协会常务理事（2007—），湖南省医师协会、医学会副会长，湖南省抗癌协会副理事长，湖南省政协第十届委员，湖南省外科学会名誉主任委员，湖南旺旺医院荣誉院长，湖南省肿瘤医院客座专家。

哀！古往今来，万寿无疆、永远健康是许多人挥之不去的奢求；病有所医，老有所养则是普通百姓孜孜以求的梦想。这赋予医疗行业神圣的使命，成为政府最基本的民生，也是我的平凡人生可以汇入的非凡梦想。

我4岁那年，年仅30多岁的母亲因发热性疾病短短7天未治身亡，丢下4个孩子撒手西去。这在当时极度缺医缺药、人均寿命只有30来岁的中国农村司空见惯，却使“妈妈”成为我一生中使用最少的称谓。我那善良倔强的父亲担心继母对我们不好，31岁丧偶后终身不肯续弦。他多次和我谈起母亲的美丽和善良，谈他失去亲人后的痛苦与艰难，偶尔也流露，我们倘有机会学医，一定要当一个好医生。“救一个人，真的功德无量啊！”说来也巧，我17岁那年，毛泽东主席“把医疗卫生工作的重点放到农村去”的指示公布了，农村选拔知识青年担任赤脚医生。我当时正在参加根据他的另一指示组建的“三分之一工作队”，这是普遍认为有良好政治前途的事儿。但听说可以当赤脚医生的消息，我立即向工作队领导请辞，交接材料，走马上任了。从搭建医务室，采种中草药，到步行数十里听一堂课；从自身扎针灸，相互练注射，到行医不分内外科，出诊哪管路远近。这在今天看来十分荒唐的经历，却是我终身难忘的岁月。因为她让我走上了救死扶伤的职业生涯，追逐那悬壶济世的非凡梦想！

1979年，我以本专业第一名的成绩考上了素以严谨著称的湘雅医学院外科研究生，后以优异成绩毕业留校工作。规范，严格，丰富的临床科研教学实践，日本、欧美留学研修机会，使当年的草莽青年成为一名主任医师、教授、博士生导师及终身享受国务院政府特殊津贴的专家，并于1994年在没被上级提名的情况下，由全院职工推选为院长候选人，后被安排当上了副院长，成为该院唯一一次民选院领导。先后主管科研、教学、学生及医疗工作。创办核心学术期刊《中国现代手术学杂志》，主编学术专著，参编全国外科学教材，参与众多的学术活动。但我最热爱、最执著，最投入的依然是看病人、做手术等临床工作。“以交朋友的心态看病人，看一位病人多一个朋友；以出精品的追求做手术，做一台手术得一件精品。”这是我的行医理念，它使我安心行医，开心诊病。40年间，诊治数以万计的病例，使我得到成长机会享受成功喜悦，且从未发生一起与我的过失有关的投诉。

随着医患互信降低，医患冲突频发，不少医护同行悲观失望之时，我总是告诉自己，也提醒学生或同事“当医生虽难，但病人更苦”，“对不讲理的病人或家属，我们善待他们，可能仍不讲理；但不善待他们，肯定更不讲理。所以我们只有做好自己的工作，使病人安心，让自己心安”。进而提出一个好医生应当“精于临床，勤于科研，乐于教学，善于交谈，勇于创新，敢于承担，健于身心，安于平淡”并在全国及国际同行会议上宣讲。

由于病有所医的需求是无限的，一个人几个人无论多么勤奋与能干，都只能惠及有限的人群。如好医生同时是一个好老师则事业传承，作用更大。我所培养的外科学、伦理学硕士、博士生均已成为各地骨干。

由于长期工作在人满为患、一床难求的大医院，我清楚了解医护人员的忙碌与辛苦。面对熙熙攘攘的门诊患者和躺在过道旁的住院病人，我更深切地体谅病人及家属的无助与无奈。尤其参观过海内外许多现代医院后，想办一家让病人能将“生命与健康安心托付”、“诊疗过程不那么痛苦”的医院的念头时时涌现，欲罢不能。21世纪初，当中国部分对外开放医疗市场，旺旺集团拟办医院并请我作为顾问时我乐意接受。当我确认旺旺集团愿意作为“道德事业，良心工程”来办一家让病人不害怕的医院时，我应郑俊达先生和蔡衍明董事长之邀，毅然向湘雅二院和中南大学请辞。中南大学校长黄伯云院士的真诚挽留，湘雅二院院长尹邦良教授的善意提醒，使我深深感动但仍无法平息澎湃的冲动。2004年7月20日下午，我在全院200多位中层干部大会上宣布自己辞去担任了10年多的行政职务、要去筹建一所全新的私立医院的决定。10天以后，获得中南大学党委同意的我全身心投入到医院基建施工与医护团队组建之中。2005年最后一天，一家“环境舒适，设备精良，流程合理，服务一流”的新医院正式营运。这是改革开放以来在祖国大陆落成的第一家大型综合性台资医院，也是国内第一家由省卫生厅直管的民办民营医院。它引领实名就诊、流程再造先河。在汶川地震伤员救治等众多突发事件中大显身手。1000多家境内外医院人士来院参观考察。此间，我是唯一的院长，也是满勤的医生。几乎每一例危重病人的抢救，每一个复杂病例的会诊，我都会参与或主持。为了这家新生的医院，我放弃了许多国内外重要学术交流与研究活动，只在中国外科医师大会、中欧生命伦理论坛上分别做了《医师多点执业与医学事业发展》、《忽视临床伦理，无法理论临床》等大会报告，呼吁实行医生多点执业，盘活优质医师资源以及重视生命伦理学在规范医疗行为、和谐医患关系方面的巨大作用，受到中外学者的高度评价。

2010年，湖南旺旺医院渐入佳境，我却在此时诚恳地向旺旺集团总裁辞去院长之职。这一决定，不仅同事朋友感到吃惊，连远在纽约的妻儿也有些突然。好心人说：当年辞去湘雅二院的职务放弃的是名，而今辞去旺旺医院的院长丢弃的是利，这是何苦呢？我则认为，办医院如同修铁路，铺好轨，列车运行正常，我的任务就完成了。不过我在临床工作之外，主动承担医院科教培训工作及伦理委员会主任一职，为医院的后续发展培养人才，也为省内外医院提供临床、伦理及管理方面的帮助。

其实这一决定的背后，还有一个梦在鼓动着我。就是作为一个医生，我已经而且还在为社会大众病有所医尽一些力；作为年近花甲的老人很想也应该为老有所养做一点事。

我国老龄化人口基数高（已超2亿）、进展快而养老金缺口大等诸多因素，使老有所养问题引起空前的关心与担心。

作为长期与生老病死打交道的临床医生和伦理学工作者，对此有较深的了解与理解。

首先，老龄化问题是社会进步尤其是农学、医学进步的成果，也是社会持续发展的压力。1900年地球上人口16亿，世界不会想到老龄化问题。新中国成立之初，国民平均寿命30多岁，政府不需操心养老问题。而今天老龄化压力促使全人类科技创新、管理创新，考验了政府的智慧与良心。

其次，中国老人们离不开子女，但常常靠不了子女。因为有出息的子女常常没精力管老人，没出息的子女常常没能力养老人。我国4:2:1结构的家庭尤其如此。

此外平均寿命的延长主要在老年阶段，这是生命质量渐低，医药照护消费日高的岁月。几乎任何政府都不可能提供充分的养老资金与资源，在未富先老的中国更是不争的事实。因此如何增加总量，盘活存量，标本兼顾，确保质量是每一个关注养老事业的人士的共同课题。

我觉得既然等（社会更富有）、靠（政府给更多）、要（子女更孝顺）可能性不大， 我们只有采用多元化模式逐渐化解目前的养老困境。围绕居家养老、社区养老与机构养老三种主要模式，政府主导整合社会资源，为居家养老提供帮助，为社区养老创新机制，为机构养老优化环境，总之为不同的老年朋友提供多种选择。以上三种模式，物质基础固然重要，但关键因素是人，是具体的服务人员与管理团队。鉴于此，我和有志于此的朋友筹建了一所旨在培养优秀老年照护人员和经营团队的学校。获得省、部主管机关批准后，今年已正式开学。我们决心把她办成传承中华孝道，吸取国外精华，有着巨大市场需求的养老人才培养基地。突出老年照护职业特点，实现养老需求的产业对接，为圆“老有所养”之梦出一分力。

我们已经洗刷了“东亚病夫”的耻辱，创造了经济腾飞的奇迹。在实现包括“病有所医，老有所养” 在内的伟大中国梦的征途中，只要有“天下兴亡，责任在我”的担当与实干，道路虽然曲折，前途一定光明。

蔡光先

- 1951年生
- 教授，博士生导师
- 国家有突出贡献专家，国家级名中医
- 中药超微饮片研制者及首席科学家

曾任湖南省中医药研究院院长。先后获得湖南省科技领军人物、湖南省“121人才工程”第一层次人选等称号。主持和承担国家级、部省级科研课题26项，获国家级奖、省部级科技进步奖15项，发明专利10项，出版专著12部，发表学术论文400多篇；开展的“中药超微粉体关键技术的研究与产业化”获2009年国家科技进步奖二等奖。

让喝中药像品咖啡一样

蔡光先

我有一个梦想，就是打破千年药罐，让喝中药像品咖啡一样简单，一样色香味美……

中医药是中华民族的瑰宝，她是中华民族在长期与疾病斗争的过程中，不断地摸索、实践、完善形成的一门医药学，她具有完整的医学理论体系和文字记载以及独特的疗效，有着鲜明的医学特色。

中医药作为中国传统医药学的统称，距今已有7000多年的发展历史，是带有浓厚东方色彩的医学体系，也是迄今为止世界传统医学理论最系统、内涵最丰富、应用最广泛、保留最完整的突出代表。

我国传统中药剂型为汤剂，从商代沿用至今已有三千多年的历史。也是从古至今最广泛应用的中药剂型，历代医家多用之。如张仲景的《伤寒论》收载113方就有95方是汤剂。目前，中药剂型已发展有40多种，但汤剂仍是中医治病的基本剂型。

汤剂多为临时煎熬，比较费时费事，使用不便。另外，我发现由于病人熬药是分散进行，质量标准很难统一；煎熬方法各异，就有可能出现处方药味相同而疗效不一，以及重复性差等情况。

20世纪90年代，一位澳大利亚风湿病患者来中国旅游，并找我看病。当时我开了60副中药让她带回国。但在回国途中，这60服中药却被当地海关严格审查了1个月时间。煎煮时，浓浓的中药气味甚至引起了邻居的抗议。后来，这位女患者给我写了封感谢信，但她在信中提道："服中药疗效好，但太麻烦了。"

这位海外患者的来信与中药日益下降的地位让我意识到，随着时代的发展和科技的进步，传统中药饮片以煎煮为主，服用不便、质量不稳定的缺点在某种程度上影响了其在临床的应用。中药饮片服用方式的改进及质量标准体系的建立迫在眉睫。

"同样一张中药处方，药材是否地道、炮制是否标准、煎煮的水量与时间是否准确等因素都影响着治疗的效果。"我的梦想是：在遵循我国传统医学理论、不影响中药疗效的前提下，让喝中药像品咖啡一样简单。可是，怎样才能做到，怎样才能让中药走向人们的日常生活呢?

结合传统中药剂型中的散剂，从1998年开始，我把超微粉体技术应用到了中药领域。1999年10月，经过科学论证和充分准备，我作为湖南省、科技部"十一五"科技攻关重点项目"单味中药超微速溶饮片的研制与开发"首席科学家，带领湖南省中医药研究院60余位专家，开始了中药超微破壁粉碎技术的研究。耗时10年，课题组先后完成了400多种单味中药超微饮片制剂工艺、质量标准、药效学、毒理学研究和数万例的临床研究。

科学研究证明，与传统用药罐子煎熬中药相比，中药超微饮片具有“提高药效、节省药材、质量可靠、方便卫生”四大优势。同质量的药材，传统熬煮方式的中药有效成分使用率仅30%，应用超微破壁粉碎技术后，有效成分溶出率达到90%以上。这一技术可节省药材30%至50%。超微饮片的稳定性比传统饮片大大提高，解决了中药材的粗、大、黑和容易生虫霉变、难以保管的问题，用开水冲泡5到10分钟即可服用，省却了烦琐的煎煮过程。更重要的是，超微饮片有明确的质量标准，在生产过程中可由专业技术人员进行质量监控，彻底改变了过去以药材重量为准的计量方式，既保持了中医辨证施治、对症下药的配方特色，又可以像使用西药一样随症加减、用量精确，开创了中医药数字化的又一条新径。

中药产业是我国医药产业独具特色和优势的领域，在国际上有着广阔的前景，但现阶段我国中药产值仅占天然药物的5%左右。要提高中药产品的国际竞争力，出路在于提高产品的技术含量和质量，同时，需要大力的推广。与传统用药罐子煎服中药的方法相比，将超微粉体技术引进中药领域，让中药材细胞破壁，可以使中药有效成分的溶出率达到95%，对增强药物疗效，保护中药资源具有重要的现实意义。咖啡馆已经成为一个国家或一座城市的一个文化传承载体，咖啡馆也成为社会经济的润滑剂，它无形中拉近了不同阶层间的距离。目前，咖啡馆遍布于世界各地的每一个角落，若将名贵中药、药食两用的中药，开发成超微颗粒，配上相应的中药伴侣，作为膳食补充剂，在咖啡馆推广，将能很好地推广中药文化，消除中西方对中药认识的文化隔阂，让中医药国际化不再是梦。

好教育 强国梦

朱永新

我的中国梦，简单地说，就是六个字“好教育，强国梦”。拥有好的教育，是一个国家人民最重要的福祉。拥有好的教育，才能拥有好的人生。

究竟什么是“好教育”？不妨借用十八大报告的提法，那就是人民满意的教育。人民满意的教育又有什么标准？我个人对“好教育”的解读是以下几条：

“好教育”的第一条标准，就是更加公平的教育。老百姓可以把孩子放在家门口去上学，城里的孩子和外来务工人员子女能够在同一个学校就读，让城市和乡村

朱永新

- 1958年生
- 苏州大学教授、博士生导师
- 新教育实验发起人

中国民主促进会中央委员会副主席，第十二届全国政协副秘书长、常务委员会委员。中国教育学会副会长，中国叶圣陶研究会副会长兼秘书长，北京师范大学、同济大学等兼职教授。

学校的差距更小一点，让城市里的好学校和薄弱学校差距小一点。积跬步以至千里，这一点又一点的进步，最终将累加起教育的长足发展。

十八大报告中，已经把促进教育公平作为一项重要的工作部署，我们则期待全社会对“公平”有更加清醒的认识。中国历来是一个不患贫而患不均的社会，长期以来，在效率优先、重点建设的政策导向下，我们对城市的学校、基础好的学校“锦上添花”，客观上扩大了差距，人为地推进了不公，择校的压力难以缓解。同在蓝天下，拥有一样的“好教育”，是全社会的共同期待。而落实、解决教育公平问题，需要社会各界众志成城，教育界尤其要一马当先。

“好教育”的第二条标准，就是以人为本，就是更加人性化。教育是培养人的事业，人是教育的出发点和归宿。但是，我们的教育过于重视知识的掌握，相对欠缺人性的温暖。我们用统一的大纲统一的教材统一的考试，把本来具有无限发展可能性的人变成了扁平化单向度的人，我们用分数、考试，用升学率、就业率等冷冰冰的指标，代替了学生的个性创造性。我们逼着孩子做没完没了的作业，强迫孩子从早到晚机械重复练习。

而“好教育”应该让孩子有身心成长的空间，与大自然亲近的时间，与社会接触的时机，有歌唱、绘画、运动等活动，兴高采烈，其乐融融，幸福完整。“好教育”，应该让孩子们的负担更轻一些，压力更小一些，睡眠更多一些，身体更好一些，学习更主动一些，让知识与生命真正共鸣。

“好教育”的第三条标准，是担负起教育的社会责任。“好教育，强国梦”，讲的正是教育对于国家富强、民族振兴的作用。世界银行教育局局长阿克利卢·哈比特曾经说过：“每个国家必须确定优先要办的事情，每个国家必须在资源有限的时候做出艰难的选择。但是，一个国家能否成功地达到任何一个目的，都取决于本国公民的受教育程度。”所以，每一个教育人，从老师到父母，从校长到教育行政部门的官员，都应该清晰地意识到自己肩上的责任，我们不是简单地教给学生知识和技能，我们是在奠定一个国家的基石，我们是在塑造一个民族的未来。

“好教育”的第四条标准，是需要从事教育工作的人具有奉献的精神。获得中国好教育“烛光奖”的顾明远老师在获奖感言中说：“没有爱就没有教育；没有兴趣就没有学习；教师的育人在细微处，学生的成长在活动中。”爱与奉献的确是教育的真谛。当然，教育不仅仅是奉献。教学相长，一个优秀的教师，应该能够与学生一起成长，应该能够充分享受日常教育生活带给他的感动与喜悦，应该能够通过阅读提升自己，通过写作反思自己，通过教学锤炼自己，成长为真正的教育家。教师有了专业上的成长和成就，就有职业的尊严，就能在奉献中收获，就能创造动人的教育故事。

以上几条，就是我对“好教育”的理解。教育，是“最廉价的国防”，是一个国家最独特最重要的财富，是一个民族最稳定最持续的力量。个人或国家的真正强大，是灵魂谦恭而傲然屹立，进退自如且无需设防。让人民满意的教育，好的教育，必然是同时令世界美好、国家强盛、民族强大、个人幸福的教育。

好教育，强国梦。中国梦，教育造。

大 岳

- 1963年生
- 俗名兰贵文
- 中国佛教协会常务理事
- 湖南省佛教协会副会长
- 衡阳市佛教协会会长
- 南岳佛教协会会长
- 南岳福严寺方丈

1982年于南岳祝圣寺出家，礼明真法师为师，1988年毕业于中国佛学院。第十届全国人大代表、第十一届湖南省政协常委、中国宗教界和平委员会委员、南岳区人大常委会副主任。

一万个福愿

大岳

中国人爱做梦，也善于把瑰丽的美梦变成生动的现实。

我也有个梦，就是书写一万个“福”字，前9999个结缘赠送，第1万个“福”字勒刻于石上，永远留置南岳福严寺，让后世之有缘者到福严寺拓“福”，完成福泽天下、福被人间的心愿。

我是一个地地道道的农家子弟，兄弟姐妹五人，我是老大，父母年龄已大，家庭生活艰辛可想而知。1981年高考落榜后，我回家务农，为了能尽快地赚到较多的钱，我选择了最辛苦、最危险的行业，也是我们家乡当时最赚钱的行业——烧石灰、打石头。

生活的艰辛和苦难，促使我年轻的心中萌发了一个念头，且愈来愈强烈——出家，跳出三界外，解脱这苦难的生活，到佛门去寻找一个属于自己的天地（当时的想法就是这样狭隘）。

1983年，不顾家人的强烈反对，我到南岳祝圣寺出家，佛菩萨慈悲，我的心愿得偿。剃度后不久，我又幸运地考上了中国佛学院，正式礼明真上人为师。从此就生活在恩师的身边，这一来就是四年，这期间有幸亲近一大批当时佛教界的泰斗，尤其是时任中国佛教协会会长的赵朴初居士。他是我国当时最负盛名的佛教教育家和书法家。在赵朴老的影响下，我开始练习书法，不时得到他老人家耳提面命，使我获益良多。

随着出家时间的增长，对佛学知识了解的增多，我愈来愈清楚地认识到当时一念出家的那个念头是狭隘的、偏颇的。由北京回至南岳佛协后，我常苦苦思索，我作为一个出家人，我能为生我养我的这片热土，为生我养我的父老乡亲，为培养教育我的师长们做些什么呢？我心中常常在反思、自责。难道我出家的目的仅仅是为了我自己个人逃避这纷扰的尘世，单单为自己过得安逸，不被惑染吗？这未免太自私，太狭隘了。

2003年，江泽民主席视察南岳，在福严寺我有幸获得江主席的亲切接见。江主席在询问了南岳佛教的情况后，勉励我勤行精进、深入经藏的同时，要乐善好施，扶危济困，关心慈善事业。临别，我写了一个斗方“福”字作为礼物送给江泽民主席。

也许是福至心灵，也许是冥冥之中佛菩萨的加持，一个念头在这一瞬间于我心头电光火石一闪：就写“福”字，写好这个“福”字结缘赠送给有缘来见的客人、信徒。用这南岳山的水和墨，借着南岳这一方灵山圣水，在这福严寺丈室楼，为天下苍生祈福，祈愿福满人间，福满乾坤。

随着书写“福”字数量的增多，我又在想，当我老了不能再写了，或当我往生了，这南岳的“福”，福严寺的“福”怎么延续呢？于是一个新的想法在我心中渐渐浮现：写满1万个“福”字，前9999个结缘，第1万个“福”字勒刻于石上，永远留置福严寺，让后世之有缘者到福严寺拓“福”。

就这样写啊写，“福”字随着十方善信的流转慢慢传播开来。上至中央领导，下至平民百姓，凡是有缘来福严寺的客人，我都尽量满足其心愿，写“福”字结缘。

我一边写一边不断地改变“福”字的结构与内涵。如今的“福”字，左边我写一个形象而灵动的“衣”字，像一个人衣袂飘飘的感觉。而右边上面写个大大的“人”字，舒展而豪放；中间写一个“一”字，短而厚重；下面则是一个圆溜溜的“田”字，又像是一枚古钱币形状。佛经中说：“菩萨为行，福慧双修，智人得果，不忘其本。”而我写的这个“福”字，从形态上讲寓意着衣多一点，人多一点，钱多一点，田多一点，是谓个人之“福”。当然，这是狭义的“福”。而我更希望人人丰衣足食，民富国强，国运昌隆，五谷丰登，百姓安居乐业，是谓国之大“福”，民之幸“福”。

时至今日，已编号的“福”字已写到第7384号，写给江泽民同志的那个“福”字是1号。加上有些没有编号的“福”字，万福梦其实早已圆成了，但还是源源不断地有客人求“福”，我便暂停编号，一路继续写下去。

2013年，衡阳市慈善总会组织衡阳文学艺术界知名人士举办了一次书画慈善拍卖会，我受邀出席，以一幅中堂“福”字加配一副对联参拍。起拍价为35 000元，开拍不到5分钟，被一买主以5万元的高价拍走，开创了衡阳慈善拍卖会的一个奇迹。我想这并不是我的字有多好，而是我是出家人，菩萨悲悯苍生祝福天下的悲愿，感应着每一位有缘的信徒。

出家三十年了，一路走来，风风雨雨，坎坎坷坷，但不管顺境逆境，不管身居何处，我自始至终不敢忘记恩师和赵朴老的教育，不敢忘记江泽民同志的谆谆诲言，更不敢忘掉出家人的本分和佛门的教条。在力所能及的情况下，我尽量做一些善慈义举，带头为地震灾区捐款捐物，接济一些贫苦孤寡的弱势群体。具体的一些事情我也不大记得清，因为我没有记住施恩的习惯，更何况这也不是我的恩德——十方善信供养我们，而我们又拿出来回馈社会，帮助那些需要帮助的人，这本来就是天公地道的事情。上报四重恩，下济三途苦，这是佛陀教育我们要这样做。我们的行为只不过是践行了佛教的基本要义罢了。

这些年也去过禅修营、学校、农村、监狱等一些社会需要的地方去弘法，讲经，分享心路历程。效果也不错，一些怙恶不悛的灵魂得到救赎，一些濒临绝望的人知道了退后一步海阔天空的道理。在做这些事的时候，自己的身心也充满愉悦，有一种成就感，就像俗世说的“送人玫瑰，手留余香”。这应该感谢所有佛教的信徒们，是他们成就了我的这一番心愿，给我一个愉悦别人也愉悦自己的机会。

我常想，“福”字不能光靠手写，要用心写，更重要的是用自己的实际行动去写、去送，让天下苍生真切地感受到佛门祈福送福、悲悯众生的慈悲情怀，感化他们自觉地去为自己广种福田。

每个人都有梦想和追求，我的梦想就是人人都有“福”，人人都造“福”，社会大同，让所有人都和谐地生活在幸福的环境中，真正的福满人间。

阿弥陀佛！

期待一个更加美好的未来

肖川

肖　川

- 1963年生
- 原名肖贵祥
- 知名教育学专家
- 英国教育哲学协会会员

北京师范大学教育学部教育基本理论研究院教授，北京师范大学校课程中心“优秀教师与教育专家合作论坛”首席专家，北京师范大学生命教育研究中心主任，教育部“十一五”规划课题“中小学生命教育的理论与实践研究”首席专家，《人民教育》、《中国教育报》等多家媒体特邀作者。出版《教育的理想与信念》等著作20多部。

梦想是人们心底最强烈的期盼，最急切的向往。中国梦应该有国家层面的，也有个人层面的。既是China dream（中国的梦），也是Chinese dream（中国人的梦）。前者最大限度地凝聚全民共识，体现时代精神，包容各种各样的合法、合理、合情的诉求。它一定包括和谐梦、民主梦、法治梦。每个人都有自己现实的、具体的生存处境，因而每个人有自己不同的梦想。每一个人都会有，也应该有一个“中国梦”，否则，生活将会多么灰暗和逼仄。

伟大的事业源于伟大的梦想，伟大的梦想成就伟大的事业。即使作为普通人，梦想也意味着对未来的憧憬和美好的向往。一个没有梦想的人，将不可避免地成为得过且过的行尸走肉。公民的梦想交织出国家的未来。一个国家的公民有梦想，这个国家才会有源源不绝的发展动力。为公民提供放飞梦想、实现梦想的舞台，是一个现代国家的重要特征。

我的中国梦，也就是我所期盼的未来。未来是属于我们的，未来也是由我们今天创造的。我们每一个人都有想象未来并表达我们内心真实愿望的权利。思考未来并筹划未来，对未来负责，并进而未雨绸缪，是一个有良知的公民的责任。尽管我们期盼的未来不是某些人希望看到的——因为那样一个民主的、自由的、阳光明媚的未来会使他们的既得利益受损，要以他们特权的丧失为条件——但一个更人性、更平等、更公正、更美好的未来还要靠我们通过自由充分的交流达成共识、形成合力，经由制度建设和社会的种种改良而实现。

我期待，我梦想：

·中国人口回落到6亿以下，实现人与自然之间的和谐。

·城乡差别消灭，“农民”一词不再是卑贱身份的标识，而是与田园风光、悠闲和自然相联系的富有诗意的词。

·人与人之间变得友善、信任与宽容，慈善事业成为有广泛的群众基础、人们热衷参与的事业。

·假冒伪劣产品销声匿迹。

·“弱势群体”、“文化处境不利的儿童”成为历史的陈迹。

·所有的儿童真正拥有幸福的童年，不再有过重的课业负担，不再有紧锁的眉头，不再有乞求的眼神，让所有的儿童都生活在爱的阳光中，感受到生活的幸福、美好。

·60%的年轻人能够接受大学教育，15%的年轻人能够接受研究生教育，实现高等教育的大众化。

·中国有一批世界一流的头脑。

·中国有一批拥有自主知识产权的企业和世界知名的品牌。

·中国人可以自由地出入国门，绝大多数人都有机会亲身感受异域文明。

·每一个家庭都有丰富的藏书，书评杂志和书评周刊广受人们的青睐。

·社会保障系统覆盖到所有国民，在中国的任何一个地方，再也看不到衣衫褴褛、蓬头垢面的乞讨者。

·英语水平的高低不再成为升学、晋升的条件，更不是自我炫耀的资本。

·智慧与德行成为一个人受人尊敬的唯一理由，领袖崇拜彻底地从我们的生活中消失。

·中国有几所世界一流的大学。大学成为社会思想与文化的引领者，而不再是少数人捞取好处的地方。

·“曾经圣人手，议论安敢到”成为历史的陈迹，新的思想和新的理论如雨后春笋，滋养着我们开放而又敏感的心灵。

…………

每个人都渴望正义，希望生活在正义的阳光下，没有腐败，没有邪恶，没有以强凌弱……可是，在现实生活中，很多人会觉得正义太少，这其中有多种原因，怨天尤人和一味指责都是不够的。任何一种社会问题的出现，都有其社会根源。面对邪恶，我们除了做力所能及的斗争以外，更重要的是让自己成为一个充满正义感的人，不去沾染邪恶的习性，用自己的行动去感召身边的人。

我们的社会正在变得越来越好，我们有充分的理由期待一个更加美好的未来，也正是因为有了对于未来、对于精神上唯美的追求，我们的精神世界才会变得更加瑰丽多姿。

我的第三个梦

李爱勤

李爱勤

- 1963年生
- 湖南省儿童医院副院长
- 共青团湖南省少工委副主任

1986年调入湖南省儿童医院工作至今，历任儿童医院财务科长、经济管理办公室主任、院办主任，湖南省医院协会经济与信息管理委员会副主任等。

1981年我跳出农门，离开了生养我十八年的农村，成为当年的天之骄子，一名光荣而又令人羡慕的大学生。高考改变命运，实现了我的第一个人生梦想。

四年后我进入了一家省级大型医院，算是我的第二个梦想。这个梦的另一半多少有些私心，想为自己远在乡下的父母和兄弟姐妹们谋一个方便就医的地方。因为父母和哥哥的身体一直不太好，医和药是家里一项沉重的经济负担，而看病求人成为我们不堪重负的精神负担。

哥哥2002年死于肝癌，至今仍是我

心头的痛。其实，他在十几年前就查出了肾结石和慢性肝炎，这两种病都需要医和养，可他偏偏是两难全。他每隔两年就要在县人民医院住一次院，出院后的劳动就是为下次赚住院费。这种病进省城的医院也无非是一些恢复性治疗，费用远比县城的医院贵。我很惭愧，按理我在省城的医院有这个资源，找得到好医生，可是我们还是缺钱。最后，哥哥自己也无奈地选择了回乡下，断断续续地吃一些廉价的中药，定期的复查也没有了。我知道，哥哥的死与他长期没有接受规范的治疗有关，费用是这个家庭难以迈过的坎。哥哥死后，家徒四壁人财两空，留下两个还在读书的儿女，按今天的说法完全是因病致贫或因病返贫。

我一直在想，哥哥如果有公费医疗，他的情况就会好很多。记得和哥哥同在一个病房住院的隔壁床，是一个在县城某机关工作的同志，他的住院费用是全报的。我能够感觉到，人家无论是心理负担还是经济负担和哥哥完全不一样。出院带药都是大包小包地拿，好心的他还特意给哥哥留下了一些护肝的药物，我们很感动但也有些无奈。

城乡差别、农民和城镇职工的差别能否在医疗这样的民生问题上有所突破，让农民也能够病有所医，这是我的第三个梦想。我设想能否建立针对农村的大病互助基金，国家和地方财政拿大头，农民自筹一小部分，采用资金集中、互助共济的方式来解决农民看病的费用问题。如果条件成熟，将来还可以发展过渡到国民免费医疗。这样，农民看病也可以和城里人一样。至少大部分费用有了保障，农民病有所医的问题就能够逐步解决了。

2003年，新型农村合作医疗在我国中西部的农村地区开始试点。中央财政对参加新型农村合作医疗的农民每年按人均10元安排合作医疗补助资金，地方财政对参加新型合作医疗的农民补助每年不低于人均10元。按照农民为参加合作医疗、抵御疾病风险而履行缴费义务不能视为增加农民负担的原则，农民每年只需交纳10元参保金。农民第一次开始享受部分免费的医疗服务，尽管保障水平很低，但是迈出这一步确实不容易。2012年，农民新农合人均年筹资达到了300元，农民个人只需自筹60元，省、市、县报销比例分别达到了50%、70%、90%。

2012年，我母亲因病两次住院。第一次是四月份在家乡意外摔倒致腿部骨折，入住县人民医院骨科。入院时只交纳了住院门槛费500元，住院一个多月，花费7000多元。出院时，按照即时结报的方式，就在医院的住院部办理了报销手续，自己补交了1500多元，其他部分由新农合资金支付。十月份，母亲因为鼻窦真菌感染导致头疼发烧，门诊后服用药物效果不好，于是又一次选择了住院。母亲年近八十，担心她身体经不起再折腾，这次我选择了入住省城的三甲医院。

入住耳鼻喉科病房后，医生告诉我将对病人实行“临床路径”管理，即按照标准化的治疗模式和治疗程序，目的是缩短住院时间、降低住院费用、提高治疗质量。如今，医疗的目标不只是治好病，时间、效率、环境、费用和感受都是患者需要的。这次住院尽管还有很多不如意的地方，但相比哥哥住院那个时代，已经进步很多很多了。由于时间安排科学，手术前后住院二十天，花费1.1万元，结算时我们出了5000多元，尽管觉得有些贵，但比全部自费要好很多了。

我的第三个梦想总觉得还没有结束，职工医保也好，城镇居民医保也好，或是新农合，都还不完整不完善。一是同病不同价，新型农村合作医疗的报销比例还不如职工医保报销的多；二是手续还是有些繁杂，凭身份证联网的查询系统还没有建立，各种等级核对耽误时间；三是门诊费用还没有纳入报销范畴，由于费用报销的问题大多数病人选择了住院，费时又费钱；四是新农合、医保和城镇居民医疗保险何时能够三合为一，让老百姓能够一卡走天下；五是报销比例还是偏低。

2013年，各地又开始出台新的医疗保险补充政策，对大病救助有了力度更大的资金支持。在湖南，儿童白血病和先心病、乳腺癌、宫颈癌、终末期肾病、重性精神病、耐多药结核病、农村聋儿人工耳蜗植入、抢救性治疗、血友病、急性心肌梗死、脑梗死、肺癌、食道癌、胃癌、结肠癌、直肠癌、I型糖尿病等20类大病，纳入大病救治保障范围，住院费用规定报销比例提高到80%以上。

如果说我的前两个梦想只是与个人的学习工作相关，通过自身努力就可以实现的话，那我的第三个梦想则是与全国人民的幸福指数相关，有赖于国家惠民政策的推进。真正的免费医疗现在还没有几个国家能够做到，美英等发达国家的医疗保险覆盖至今仍然都还有盲区，这些情况应该告诉我们的国民，让今天的老百姓多有一些耐心。现在，我们国家的各种医疗保险已经有95%的覆盖率，这么短的时间里有这么快的进步，将来还着实令人期待。

随着我国社会经济的不断发展，看病就医应该会变得越来越轻松简单，消除“看病难、看病贵”的时间不远了。我这一生中，若三个梦想都能完全实现，就真的不枉此生了。

人生从作家梦出发

黄开发

最早对文学发生兴趣是在家乡上高中的时候。那几年文学在社会上的影响极大，我在偏远的皖西小镇也明显地感觉到了。同学中有人订了省作协办的文学青年刊物《希望》，里面发表了不少青年题材的小说，同学们经常围在一起轮流朗读，其乐陶陶。学校有个报刊阅览室，下午放学后开放一个小时，有一段时间我差不多每天都去翻阅。那时我觉得心里有好多话想说，现实中没有说的对象，读文学作品就好像是和高尚的人对话。当时的文学作品理想主义色彩浓厚，我在文学中发现了

黄开发

- 1963年生
- 北京师范大学文学院教授、博士生导师
- 丹麦奥尔堡大学创新与学习孔子学院中方院长

主要从事周作人研究和现代汉语散文研究。著有《人在旅途——周作人的思想和文体》、《文学之用——从启蒙到革命》、《民国苦魂——周作人的精神肖像》，主编《中国散文通史·现代卷》（上）等。

与周围人的生活迥乎不同的世界，那里的人们理想远大，胸怀诚信，举止高雅，谈吐不凡，人与人之间互敬互重，相亲相爱……特别爱读那些爱情故事，男主人公尽管无钱无势，甚至木讷寡言，但通过对事业的追求，总会赢得聪明而美丽的女孩子的青睐。而在我的身边，却民风浇薄，人情势利，还流行着父母包办的婚姻形式。我觉得人应该那样去活着，那种活法在我的身边没有，所以要去追寻。这种想法，不仅仅是个性使然，更主要是有时代痕迹，那个年代的我相信不少人都做着同样的梦，并在其中度过了颇为值得回忆的青春岁月。

我认为所有的行业都比不上文学创作，文学创作能超越行业的限制，对整个社会发话，直接干预生活，可谓不朽的胜业。我后来发现，从一开始，文学对我就具有双重的意义：一是通过追求文学从而走进城市生活，——我或多或少是把文学里描写的理想世界等同于城市生活了；二是当作人生的终极追求。

填写高考志愿时，父母希望我选择一个能与政治沾点边的专业，将来能谋个一官半职。对我寄予厚望的英语老师希望我读经济专业，他率先感受到了商品经济大潮席卷之前的讯息。我却在重点和普通两栏十所高校的第一志愿中，填了九个中文系，一个文艺编辑专业。

临离乡的一个晚上，我和母亲在院子里乘凉。微风习习，夜凉如水，我躺在母亲身边的竹席上，她不时用扇子为我驱赶蚊虫。我望着深邃的夜空，仿佛觉得满天的星星离自己很近。我突然说我要去做一番事业。母亲说你想留名，我说人生一世一点名声都留不下有啥意思。我清楚地记得当时我的内心很激动，那不知天高地厚的样子现在想来委实可笑得很。

原想大学毕业，该是一名青年作家了，可是读了四年本科，上了三年硕士研究生，后来又读了博士，从那座长江边的城市来到燕山脚下的古都，一晃二十几年过去了，自己还只是一个普通的文学教师。我早已明白过去读的文学作品所展示的人生其实和城市并无直接关系，或因俗事的纠缠，一些人早已消弭理想主义的色彩，时推世移，太多变迁让人无法平和下来，那些曾经得到鲜明生动表现的理想、正直、友谊、爱情等等，在现实生活中常常显得模糊不清。我最终悟出，尽管文学在人类活动中的意义是多元的，但其终极意义在于把人们在现实中没有得到或者失去的东西在想象中还给他们，以慰藉这充满局限的人生。我的人生就从文学梦出发，几经折腾，诸多收获，然离当初的设想似乎遥远，尽管后来仍不离文学教育岗位，但那份激情已融入了日常的工作之中了，且把它贯彻到宏大主旨里，并期盼我的学生能延续我的梦想。因而，此次应召到丹麦去任职，其实是一种延伸，想把梦想的力量正面传输给热爱中国文化的世界友人，让传统文化的智慧影响一代人，架起中西文化交通的桥梁。

我的人生确实是由文学梦开始起航，但身为丹麦孔子学院中方院长的我却已不再做作家梦——这作家梦究其本质来说是一个乡下少年的英雄梦，可我仍然相信文学是一个于人生切实有益的工作，一个正在走向复兴的古老民族也需要发出自己的心声。我已经不会成为一个作家，更毋庸说写出传诸后人的作品了。不过我相信弗吉尼亚·伍尔夫在《自己的房间》里的话：“伟大的作品不可能单独地、无缘无故地诞生，它是成年累月共同思考的结晶，大家都做过努力，单个声音的背后隐藏着大众的才智。”我可以通过自己的努力，去催促中国当代伟大作品的产生。我当过文学教师，将来仍会重执教鞭，我可以把自认为比较流行的文学观念更接近真实地告诉学生，并通过他们去影响更多的人，从而共同营造一个更适合诞生伟大作品的文化环境。要说不朽，这“不朽”也就在其中了。

教育，让我快乐多一些

黄鹤春

黄鹤春

- 1966年生
- 中国关心下一代教育研究院家庭教育研究中心主任
- 中国关心下一代工作委员会教育发展中心副秘书长

2009年进入中国关心下一代工作委员会教育发展中心负责对外汉语项目，被聘为北京师范大学家庭教育学部家庭教育研究中心副主任，中国教育学会家庭教育专业委员会学习障碍研究指导中心副主任。

一

我是年近而立之年才真正从事教育的。此前做过公务员、下过海，做过多年的传媒，而这些工作都没能让我对工作产生宗教般的情怀以及持久的热情，直到我选择了教育行业。我对生活的真正满足，就是成为一个真正的教育者。

而我想做教育的初衷居然是从悲悯与愤懑开始的。

2001年，我还是一个记者，当时报纸有一个周刊叫《教育导刊》，因此常常采访教育行业。那年四月，一个叫“盈”

的四年级女孩，因为同班一男同学将她的秘密日记偷出来，去班主任那儿告密，指证日记中有对另一男同学好感的记录。班主任直接将此贴上“早恋”标签而要约谈家长。“盈”是该小学的少先队大队长、校广播员。该天放学后，“盈”平静地做完校广播节目，然后约上要好的同学，去了距她家300米左右的一栋9层楼顶，用粉笔在顶层写上“我的死与人无关”，然后跳了下去。此次采访令我一直揪心到现在。

有些重点中学，为了保证高升学率，将一部分学习差的学生的学籍转到其他高中，而打造本校的高考神话。一个“双基”达标的乡镇，有六个村小学升初中的升学率，近四年的平均值竟只有83%。采访此镇，我竟被追堵。而主管该镇的市委宣传部竟将我列为不受欢迎的记者。对于教育的诸多弊端，思考之后，我想我一定要为教育现状的改变尽一份心力。

二

我不是学教育相关专业的。开始从业时，对发达国家的教育模式了解甚少。从2004年开始，我的学习任务主要是恶补有关教育的各种知识，同时不停地与教育界的专家学者交流，又在全国诸多学校、家庭调研，终于有了今天对教育的本土化系统设计，即建构家庭和谐的亲子关系，特别是以亲子关系为核心，以孩子的好奇心、综合学习能力、良好习惯、生活能力、思维能力、强健体魄、群体性培养为目标，研究出具体可操作的方法和工具来实现目标，以家庭教育为桥梁，配合学校教育和社会教育来实现少儿幸福健康成长的最终目的。

做研究，首先就面临团队的资金压力，为此我花光了自己所有的积蓄，并举债维系。即使这样，也常因资金短缺而发不出老师们的工资，以至于早期的队伍极不稳定。在2013年前，我们都是在做研究设计及应用实践，而这些是没有多少收入的。

早在2010年下半年，就有学者质疑：由家庭入手，来培养孩子的生存能力、学习能力、创造力，培养孩子拥有健康的体魄，只能是纸上谈兵，不具备操作性。咨询过的家长们虽然认可我们的教育理念，可是他们的日常行为还是会回到以学习成绩为唯一指向的教育模式。

三

我的观点是：人的智慧构成是由母智慧（基因遗传的先天智慧）、生活智慧（生活教给人的经验及方法）及知识构成，通过学习和训练获得的知识、技能本身不具备创造力，它必须通过与生活智慧的互动，在母智慧的支持下才能形成创造力。

我们认为通过以下方式可以唤醒孩子的母智慧并培养生活智慧。第一，向生活学习。第二，动手。第三，音乐、绘画、运动等。第四，语言的发展。智力发展的关键期是儿童时期，忽略该时期，发展的最好时机就错过了。

学习能力的培养，主要是培养良好的学习习惯，特别是：专注力的培养、倾听习惯的培养、独立完成学习能力的培养、阅读能力的培养、学习计划制定及学习任务的监督。这些学习习惯的养成比单纯知识的获得更为重要。

事实上教育的问题首先是家长的问题，改变孩子不容易，改变家长更难。

2013年9月份以前，我们团队已经在全国十几家幼儿园、二十所中小学以及社区和其他相关机构做了一百多场次教育公益讲座和沙龙，有三百余名家长、学生在我们这里做了咨询、测评，及家庭教育方案设计、实施与跟踪，效果极佳。

至今已在全国联合设立教育研究实践基地十四个，其中包括北京大学燕东幼儿园、首都师范大学附小、深圳大学实验幼儿园等。

中国的教育问题是由本民族文化背景和生存环境产生的，同时它又与当下的经济环境与社会变迁相契合，给中国教育把脉，可以借鉴西方的工具和观点，但我们还得自己找出解决的方案。

多年来，常常有朋友劝我，不要再这样做教育了，因为它不能给我带来丰厚的物质利益，虽然带来了一些社会认可，但朋友们认为那些都是虚的。

而我的感悟是：做教育的这些年，是我自己内心最平静、人生收获最大的年份；能够踏踏实实地为孩子们的幸福健康成长稍尽绵薄，没有什么比这更快乐的了。

让教育回归本原，让孩子寻回快乐，这是我曾经和未来不断追求的梦想。

赵宝泉

- 1966年生
- 潇湘晨报社副总编辑
- 快乐老人报社社长

1992年山东师范大学硕士毕业，后在中南大学、湖南有线电视台等从事教师、记者、编导等职，2000年任职于潇湘晨报社。他致力于将《快乐老人报》打造成为中国中老年市场第一媒介品牌，做中国的*AARP*。2012年率快乐老人报突破发行百万大关，雄居业内翘楚。2013年被评为湖南十大文化人物之一。

做中国的千万大报

赵宝泉

现在想来，我的这个中国梦是被两个数字激发出来的。

梦缘

世界上发行量最大的杂志，是一本老年杂志——《美国退休者协会杂志》（*AARP*），发行量达4000万册。

日本有1.27亿人口，发行量过千万份的报纸有两份，一份是《朝日新闻》，一份是《读卖新闻》，而且都是日报。中国13亿人口，发行量过500万的报纸都没有。

作为一个媒体从业者，特别是当我受

命去办一份老年类报纸的时候，这两个数字刺激了我的神经。我把美国和日本的这两个数字重新排列组合了一下，更激发了我这个媒体人的中国梦。

我是这样排列组合的：

因为：1. 世界上发行量最大的杂志是美国的一本老年杂志；2. 中国人口是日本人口的10倍多，中国老年人口2亿，超过了日本总人口；3. 日本1.27亿人口，办了两份发行量过千万的报纸。

所以：中国完全可以办一份发行量过千万的报纸或杂志。

这个梦想就由我来完成吧。

梦基

幸运的是，2010年5月，我被任命为快乐老人报社社长。

教育家陶行知先生说，“人生为一大事来”。到快乐老人报社上任的那一刻，我清晰地感觉到，我的人生就是为老年产业这件大事来。我给自己的人生进行了重新定位：为天下老人做一份精神大餐，帮助中国老人自主命运，享受尊严和快乐。

我对人生的有些看法与众不同，这成了我做老年产业的基调。

我把人的一生比作一次漂流，时而激流险滩，惊险刺激，时而水流平稳，波澜不惊。人生也是一样，不同的阶段，有不同的风景，有不同的精彩，也有不同的无奈。不必为过去的时光而后悔，老年人享受自己安静的时光，大可不必羡慕年轻人的喧嚣与狂热。

有人把老人比作夕阳，这一点我不同意。老年与幼年、青年、中年一样，都是人生一个全新的阶段，就如同早上升起的太阳，每一天都是一个全新的开始。

老年人生活是否幸福，是一个社会是否和谐的重要标志。我想通过办《快乐老人报》来改变中国老年人的生活观念，让中国老人更快乐、更幸福，让中国社会更和谐，更美好。

老年人到底缺什么?

中南传媒董事长龚曙光的一段话说到了家：“你们认为老年人群最需要养生？不是。你们认为老年人群最需要那些历史事件来回想往日的美好时光？也不是。老年人最不愿意被边缘化！因此，他们最需要的是被关注、被重视。一句话，老年人群最需要的就是被需要。所以，我们的报纸定位就是‘人生永不落幕’！”

“人生永不落幕”六字办报理念贯彻整份报纸的采编和经营环节。《快乐老人报》一改传统老年类报纸的做法，让老年人唱主角，倡导正能量，一改“人老百事哀”的旧观念，主张“越活越精彩”。所有的稿件，必须充满正能量，负面的题材也要用正能量的方式来表达，办一份快乐的报纸，还中国老人快乐人生。

相对于当时已经有的国内三十家老年报纸而言，“人生永不落幕”新颖、扣人心扉，在定位上取得了先机。

“人生永不落幕”这一核心价值观贯彻整份报纸，坚持以孝立报，这是发行量突破百万的基础。

“人生永不落幕”，成了这场大梦的一个主基调。

梦析

《快乐老人报》创刊之时，正赶上美国报业大衰退，在纸媒衰退的大背景下，再办纸媒是不是逆势而动呢?

想梦想成真，就必须对梦的背景进行分析研究，否则，真可能是黄粱一梦。

那么，现代纸媒发展的趋势是什么呢?

网络的冲击，使纸媒面临千年未有之衰退，仅2009年，美国有105家报纸被迫关闭，整个报纸行业失业人数达到1万人。最近几年，也不断听到欧美国家报纸关闭或仅保留电子版的消息。

中国报业也经历着连续两年的持续下滑。

有史以来，传媒业经历了两次大的变革。从竹简到印刷，是第一次革命，使文化得以普及，信息得以快速传播。第二次变革是千年之后的今天，数字革命又使印刷（报刊业）陷入尴尬境地。

纸已经不是未来主要的媒介形式，屏媒成了主要形式。人类的阅读正由纸媒转向屏媒。各种各样的显示屏成了人类的阅读器。

在这样的形势下，报刊行业的发展趋势是什么？

我总结了两句话：纸媒读者一天天在减少，老年读者一天天在增加。

中国正经历前所未有的老龄社会，2013年，中国老年人口突破2亿。

一老一小成为纸阅读的主力军。小孩阅读有强烈的功利色彩（考试），中老年纸媒阅读是习惯使然。

国家邮政报刊发行局的一个数据可以佐证这个论断。2013年国家近万种邮发报刊中，增幅前五名的是：《快乐老人报》（增幅125%）、《华夏时报》（增幅111%，小基数增长：4000份涨到10 400多份，忽略）、《文史参考》（增幅73%）、《医食参考》（增幅50%）、《中国儿童画报系列》（增幅44%）。从中可以看出，一老一小确实是阅读增长的主力军。

总之，在纸媒严冬的大趋势下，有着一个温暖的小趋势，就是老年纸媒读者在迅猛增加。

这是我的中国梦成真的温暖背景。

梦起

2009年9月28日，《快乐老人报》在湖南长沙创刊。

2010年，被国家新闻出版总署列入国家“农家书屋”工程推荐目录，成为推荐报刊中唯一一份老年类报刊。

2011年，发行量突破20万份，进入中国老年报业前列。被中国邮政集团公司列为“中国邮政发行畅销报刊”。

2012年1月，创办仅两年的《快乐老人报》发行量达554 356份；2012年被中国邮政集团公司列为全国邮报媒体平台中6家报刊里唯一的报纸。

2013年，被中国邮政集团公司列为全国35种重点畅销报刊。中国邮政集团公司报刊发行局数据统计显示，《快乐老人报》征订数达110.2万份，发行范围覆盖除港、澳、台以外的所有省、市、区，增量、增幅两项指标在国内邮政百种畅销报刊中连续两年蝉联全国第一。

到了2014年，中国纸媒正经历前所未有的寒冬：创刊于1999年的《新闻晚报》停刊了。有近30年历史的老牌报纸《中国经营报》将发行部取消了。

同样是2014年初，《中国记者》和《瞭望东方周刊》刊出著名记者黄志杰的报刊观察文章《百万秘密：谁说纸媒不行？快乐老人报三年突破百万发行》，创刊仅4年的《快乐老人报》继2013年突破百万大关后，2014年发行量继续逆势上扬，再创新高，达到130万份。

快乐老人报于2013年9月10日创刊了一本杂志，叫《活过100岁》，创刊仅110天，发行量突破10万大关，成为马年期刊行业的一匹黑马。

有人直奔天堂，有人直入地狱。

未完

我的中国梦继续着。

2012年底，按照国家对报刊改制的要求，我们成立了湖南快乐老人产业经营有限公司。我给2013年的任务是：夯实基础，布局产业。我的梦变成了立体的、多元的，不再只是一张报纸。

这个布局产业包括了两个阶段。

第一阶段是媒体布局阶段，我提出了“一报一刊一台一网一出版机构”的五大媒体平台构想。

“一报”，就是继续做大做强《快乐老人报》，重点是夯实基础，实现《快乐老人报》从读者到用户（数据库）的转化。

“一刊”，就是把《活过100岁》杂志做大，做成中国中老年人最喜爱的健康杂志，为进军健康产业打基础。

“一台”，筹建快乐老人电视台（频道）。老年人是电视最忠实的观众，但真正为老年人做的电视台或电视节目少得可怜，我要真心地为老人做一家电视台，让老人成为电视台的主人。

“一网”，2013年，我们把原来《快乐老人报》旗下的网站“快乐老人网”改成了“枫网”，立志成为中国最大中老年社区生活网站，老年人可以在这里交友，聊天，秀作品，买东西。这个网站创办仅半年，每天访问人数（UV）已达18.5万，每天页面浏览量（PV）已突破100万，半年圆了中国最大中老年社区网站的梦。

“一出版机构”，2013年，快乐老人报社联合湖南人民出版社成立“快乐人生出版事务所”，专门给老人“私人定制，个性出版”，给老人出自传、回忆录、各种作品集、家史家谱等，满足老人出书的愿望。

按照龚曙光董事长“先做媒体，再做实体”的战略构想，我们已经开启了第二阶段，做实体。

2014年，快乐老人报将介入老年实体产业，全面启动“快乐老人慢慢游”项目，启动“快乐老人生活馆”项目。

2013年，龚董已给老年产业定调，再过5年，实现营业收入过10亿元，打造一家老年题材的上市公司。

至于把《快乐老人报》和《活过100岁》哪个先做过1000万？由市场和运道来决定吧。

王春玺

- 1969年生
- 政治学博士后
- 中央财经大学教授
- 马克思主义中国化博士点学术带头人

2012年先后入选教育部“新世纪优秀人才支持计划”和“楚天学者计划”特聘教授。现主持2010年国家社科基金一般项目“改革开放以来中国共产党集体领导体制与机制创新研究”和2012年教育部资助课题“用中国话语解读当前中国的社会矛盾研究”。

一个农村孩子的『大学梦』

王春玺

我出生在湖北省枝江市一个叫王家店的小乡村，父母都是农民。1987年，我幸运地成为村子里第一个大学生。在当年，2000多人的村子能走出一个大学生实在不易。临上大学时，村长还特别奖励了我一套被单，鞭炮放了十几里地。

在乡亲们的送别声中，我不禁回顾起求学路。1976年9月，已七岁半的我才进小学。据家乡的老人们讲，我小时候很调皮，也很聪明，有人说我是“文曲星下凡”。小学一年级的班主任叫李德英老师，她特别喜欢我，是她改变了我的命运。她后来被评为湖北省劳动模范。人在少年时代就能遇到高明的老师，是多么幸运！今年我曾去拜访李老师，我特想知道当年的我真有那么“神”吗？李老师的回答让我惊讶，她说，我的悟性的确很好，教了这么多年学生，我的确是最聪明的一个，但主要还是吃得苦，有梦想，有毅力。她认为，这一切都是因为我的妈妈对我教导有方。我的妈妈只上过一年学，而且上学时还带着她的弟弟，她一辈子最大的梦想就是有上学读书的机会，她把圆梦的希望寄托在我身上，希望我跳出“农门”，考上大学。

少年时，我的梦想是当一名中学数学老师。1977年全国恢复高考以后，邓小平主张各地办重点中学，我幸运地赶上了这班车。1981年，我从小学毕业，以数学满分的成绩考进了镇重点初中，我们村子90多名小学毕业生只有两名同学考进重点初中。我特别喜欢初中数学老师，连她每天跑步我都跟着她并养成了习惯。当时我下定决心，要当一名像她那样的中学老师。但这个梦想很快破碎。尽管我的成绩一直排在班上前几名，但因为中考前吃安眠药过多，全班30多名同学就我一个人没有考上重点高中，更不可能考上中等师范（当时中师录取分数比重点高中要高），而是进了普通高中——江口中学。对于大多数农村孩子来说，能进普高就不错了，但我并不甘心。我记得美国前总统林肯说过：喷泉的高度不会超过它的源头，一个人的事业也是这样，他的成就决不会超过自己的信念。

高中时，我的信念和最大梦想就是考上大学。有梦想才能有追求。在我之前，江口中学还没有一个人考上过大学本科。幸运的是，在那里我遇到了一批刚从师专毕业的年轻老师，他们初生牛犊，敢于创新，我成了他们教学的试验品。后来带过我的这些老师先后调入县和地区的重点高中，其中，曹书德老师还成为省特级教师。在高中，我抓住一切可以利用的时间学习，夜晚昏暗的路灯下、堆草的房子里，都留下了我的身影。有一次我半夜在草堆看书睡着了，差点被当成小偷给抓住。后来因为名字与王进喜只差一个字，被戏称为“王铁人”。在重点初中打下的基础、超强的自学能力和强烈的求知欲望，使每个任课教师都把我当宝贝一样呵护，使我“万千宠爱”聚一身。我也成为全校200多名“八七届”毕业生中唯一一个考上本科的学生。当然，还有几十名同学考上了师专、医专和电大，几十名同学考上了省市中专，剩下的100多位同学不得不回家务农。

我的求学经历是大多数农村孩子的缩影。但从小学到中学，有多少农村孩子能有我这般幸运？有多少农村孩子能有机会考上重点初中或者重点高中？能考上大学的更是凤毛麟角。我最大的幸运是遇到了恢复高考和改革开放的好时代，一个农村学生只要足够刻苦，与城里孩子还有公平竞争的机会，并有机会上大学甚至好大学。我在大学发现，班上农村孩子占绝大部分，比城里孩子要多得多。

青年时代，我的梦想变成了当一名大学老师。我大学的专业是教育管理，同学们为我取了个外号叫“王教授”。没想到，毕业后我真的被分配到一所大学任教。2008年我调入中央财经大学工作。现在回想起来，无数的幸运叠加在一起，才成就了我这个农村孩子的大学梦！当时农村孩子上大学的机会实在太少。

1999年大学扩招以后，这种局面才有所改变，高考“独木桥”越变越宽，大学梦离农村孩子不再遥远。据统计，1987年，全国普通高等院校招生数才62万，录取比例为27.2%；2012年全国普通高等院校招生数达到685万，录取率为75%。目前我国高等教育已由“精英教育”阶段进入“大众化教育”阶段，应该说，现在的农村孩子真是遇到了好时代，他们是幸运的。不过，大学扩招以后，农村孩子靠自己的努力考上“好大学”的机会与城里孩子相比反而减少了。这主要源于城乡优质教育资源分配不均、高校自主招生的选拔标准与方式对农村考生不利等因素。《学习时报》2013

年刊发的一篇题为《寒门子弟更应该受到照顾》的文章指出："重点高校中农村孩子的比例在减少，以北大为例，20年里从30%降到10%。"我多么渴望国家和社会为农村孩子积极营造追梦、圆梦的广阔空间和公平发展的机会，使他们"共同享有人生出彩的机会，共同享有梦想成真的机会，共同享有同祖国和时代一起成长与进步的机会"。

人到中年，我的梦想是一辈子待在大学，当一辈子"大学生"。人一生会有很多梦想。一个梦想实现了，又会有新的梦想。1999年进北京求学后，我先后遇到八位恩师。个人是渺小的，我特别感谢改革时代给我提供的机遇，对于那么多人尤其是恩师对我的无私帮助，我始终怀着一颗感恩的心。2012年母校北京师范大学110周年校庆，湘妹子宋祖英一曲《长大后我就成了你》让我热泪盈眶。俗话说，"羊有跪乳之恩，鸦有反哺之义"。我此生最大的梦想，是帮助更多农村生源的大学生实现他们的梦想。

我有一个梦，梦想更多的农村孩子有上"好大学"的机会。高考录取机会公平相对容易实现，而录取质量公平却难于实现。我希望重点大学录取要多向农村和西部地区倾斜。2013年，国务院作出部署：提高重点高校招收农村学生比例，安排18.5万个名额由东部高校招收中西部考生，扩大农村贫困地区定向招生专项计划，把去年面向集中连片特困地区的1万名重点高校招生名额扩增至3万名。

我有一个梦，梦想中国高校优质的教学资源能为所有大学生共享。目前我国重点高校资源严重不足。如何才能让农村生源的大学生分享名校的教育资源？2013年，清华大学、北京大学、复旦大学和上海交通大学四所中国内地知名高校加入"大规模开放网络课程"（即MOOC），成为edX（由哈佛大学和麻省理工学院联合创建的免费在线课程项目）的首批亚洲高校成员。这些高校都将借助edX网络平台，让中国内地高校的课程走向世界。未来，清华大学将以此为契机，开发30门新一代在线课程。北京大学则将于5年内建设100门网络开放课程。我梦想有一天，在一本、二本、三本院校甚至高职院校的农村生源大学生都能通过网络免费学到在名校教室里学习到的东西。

我有一个梦，梦想自己能游学海内外高校，与更多的农村大学生共同成长。大学毕业后，我的求学之路还在继续。1999年我又进入首都师范大学攻读硕士学位，2006年从中国人民大学博士毕业后，又进入北京师范大学政治学博士后流动站工作。2009、2011年，我先后在清华大学、北京大学做访问学者，2012年，我考察了英国牛津大学、剑桥大学、诺丁汉大学等。2013年又到中央党校学习。两年以后，我将到哈佛大学等高校学习。我曾在中国人民大学、清华大学等国内10多所高校举办了50多场讲座，还在20多所普通高中、职业高中、民办大学讲学，在那里，我与农村孩子、城里孩子进行交流，与他们交朋友。今后，梦想自己有机会到更多的高校和中学讲学，帮助更多的农村孩子实现他们的梦想。这就是我——一个农村出来的大学生的历史使命，也是我孜孜以求的梦想和夙愿。

人生若只如初见

姚前

儿子上学，学校要求家长给自己的孩子写几句勉励的话。写什么呢？想了想，提笔写下："好好学习，天天向上。亲爱的儿子，扬起你的生命之帆，载着梦想，乘风破浪，驶向辽阔的海洋……"

说实话，写那几句话内心还是颇有感慨的：到了我们给下一代写寄语的时候了。我们究竟希望自己的孩子成为什么样儿的人呢？我们对孩子寄予的厚望是否含有我们自己年轻时候的梦呢？

那一刻，曾经做过的梦电光石火一般涌向脑海，而很多梦我曾以为自己早已

姚　前

－1970年生

－南京大学计算机软件博士

先后工作于北京燕山石化公司、中国证监会、中国证券登记结算公司，现为中国人民银行征信中心党委委员、副主任，中国科学院研究生院、首都经济贸易大学兼职教授，中国人民银行征信中心博士后科研工作站学术指导委员会委员。在专业报刊发表文章50余篇。

经忘却了。但就在那一瞬间，它们竟都像被激活了一样，全都活色生香起来，新鲜如故。

“好好学习，天天向上”，那是我进学校的时候，贴在教室黑板上方的标语吧？是的，即便是在穷乡僻壤的小村落的教室里，也有。至今想来，那八个大字，简单明了，却不失深刻；具体实践、操作不难，但长期坚持，需要定力。有时感叹，如果一个人，能够天天有所进步，那该多好啊。

那个时候，“三好学生”是学生们努力的目标。能德、智、体全面发展，不仅仅是学校老师的要求，也是社会对学生们的期待。“德、智、体”三字本来言简意赅，一变为“德、智、体、美”，再变为“德、智、体、美、劳”，又变成“德、智、体、美、劳全面发展，和谐发展，科学发展”，说心里话，不明白为什么就得加几个字。字数虽多了，却是话说得越周正越拘谨，气派也小多了。

话说当年随着认识汉字数量的增长，阅读的欲望也在渐渐滋长。隔壁邻居家的书柜没多久就被我扫光了，那个时候的儿童读物也并不多。很快我就接触《水浒》一百零八条好汉了，还有神机妙算的诸葛亮，神通广大的孙猴子，精忠报国的岳飞，自己砸死自己的第一条好汉李元霸……那时最佩服也是最想成为的人物就是文武双全的赵子龙。

然而这一梦想并未延续很久，因为我上初中了。乡村中学尽管师资力量不强，民办老师的教学水平也很一般，但近代数学、物理、化学、生物等学科展示的却是另一番天地，一个与中国古典小说描绘的那些激动人心的文武、权谋等技艺绝对不同的天地。

转变是根子上的。刚开始，小学数学优秀的我竟然连初中几何都没学懂，考试当然也很困难了。为什么呢？好像老师说的每一个点我都懂，但是合在一起却又不明白了。老套的文武双全在这儿是用不上的，得换全新的思维了，我尝试着思考这门课的来龙去脉。有一天，我豁然开朗，原来我只要接受那些公理和原理，剩下的任务就是如何运用这些公理和原理进行推理的问题。是的，几何课就是一门训练思维的课，在给定前提的基础上进行合乎逻辑的推论。

后来，无论是学习，还是工作，还是生活，我慢慢明白，原来学会如何思考是一项受益终身的能力！

尽管那个时候，我还并不懂得所谓的公理，其实也就是个预设的前提而已，但几何这门课的好玩儿却已经显而易见了。从那以后，它成了我最喜爱的一门课，无论是中学还是大学，我都是班级里数学最好的学生之一。

因此，我一度梦想成为一名数学家。弯曲空间、分数维空间等概念当年都曾引我浮想联翩。

最早接触个人电脑，是在1985年。如果没有记错的话，那年，因为小平同志提倡“电脑要从娃娃抓起”，我们几个数学好的所谓尖子生就被学校抽出来，免试直升高中；腾出来的时间则参加专门的培训，以备全国青少年计算机编程赛。

记得当年学的是BASIC语言，忘了当时老师教没教堆、栈之类的概念，总之是A=A+1、随机数、死循环……这些知识，很让人耳目一新，至今难忘。我们当然不明白那台小机器里头究竟在干吗，但至少知道写出来的几行程序，交给它执行可能会出什么结果。那就很有意思了，“知其然，而不知其所以然”，在这样的条件下，竟然也是可行的，这是非常有趣且带启发性的事情。面对复杂系统，在某一个环节或局部功效确定的基础上，不必再强求全知全能，白盒子、黑盒子的思维方式至今还让我受益。

人生总有几件事情是决定方向的，回过头看，那个编程赛应该够得上这个级别吧？1985年的那个夏天，一个来月的集中训练，稀里糊涂参赛，我竟得了个奖。赛完以后，高中三年，我再没有接触过电脑，但此后的专业选择以及再之后的走向社会，我都与计算机紧紧捆在一起了。

据说人类进了“信息社会”，因为现代信息技术在全球范围内的蓬勃兴起，迅速而深刻地改变着人们的生活，也引起了人类社会全面、深刻的变革。在这样的时代，IT人士是幸运的，因为可以置身其中，弄潮搏浪。但IT人士也是不幸的，因为技术日新月异，这个行当是年轻人的天下，若不想成为明日黄花，还真得“好好学习，天天向上”。当然还有一条路，那就是从技术人员退化为管理者。技术老化了，什么精细活儿干起来都累了，如果不做管理人员，那还能做什么呢？那就是现在的我。

走笔至此，听见儿子在背将在国旗下宣誓的誓词：“我是中国人，我爱我的祖国；我要使我的祖国更富强、更美丽；我要脚踏实地地做事，顶天立地地做人！”我相信，一代一代的中国人必将自强不息，为强国梦而奋斗不止，因为，我们以及我们的上一辈上上辈都是这样做的——为中华之崛起而读书，好好学习，天天向上。

一位乡村教师的坚守

赖全平

1995年，走出福建师大中文系的大门，我被分配到一所偏僻的农村初中任教，与三位新分配的老师挤住在一间破旧的大教室里。初来乍到，人地两疏，面对贫瘠的大山、颓败的校园、孤陋寡闻的山娃娃，我欲哭无泪，初为人师的激情很快烟消云散。

我向远方的朋友诉说着大山的荒凉与落后，向远方的朋友求助，多方寻求出山的机遇，却始终不敢向年迈的父母道出内心的困惑与失落，我怕他们知道后为我伤心和难过。在紧张而又乏味的教学之余，

赖全平

- 1971年生
- 福建宁化安远中学全国特色教育优秀教师
- 福建省三明市作协会员

先后在《中国新闻出版报》、《中国图书商报》、《北京考试报》、《福建日报》、《福建教育》、《少年文艺》等报纸杂志发表作品50多万字，获市级以上征文大奖60余次（篇）。

我痛苦而又耐心地等待着新生的机会，甚至做好了放下教鞭下海的心理准备。

漫长的九月终于熬过去了，我苦苦等待的时机仍旧没有露脸。“老师，帮我注册！”一天中午，正当我百无聊赖地半躺着看报时，一个小男孩居然趴在中年父亲的背上朝我招手，脸上溢满灿烂的笑，他们身后紧跟着我班上的一名学生，大概是帮忙引路的吧。

小男孩叫周军，先天性跛脚。多年的辗转治疗，腿没治好，反倒让家里债台高筑。父亲本不想供他念初中，想让他学门手艺，早日走向社会自食其力。周军的成绩算不上优秀，但他十分好学，辍学的日子里几乎天天吵着要上学，父亲一咬牙，就背他报名来了。

周军的父亲解释说，他之所以这样做，也是为了试试孩子是否真心好学，他自己没读过什么书，吃多了没文化的苦头，如今条件好了，只要孩子肯学，家长责无旁贷地要给予支持，即便砸锅卖铁也在所不惜。

在贫瘠的偏远山村，竟还会有如此好学的家庭，这不能不令我意外和震惊。其实，面对义务教育阶段的辍学生，开学一个多月还没到校，若是负责的班主任，无须人家找上门，早该入户动员了。“不好意思，还差一百元，我叫儿子打张欠条，过几天我就送来！”周军的父亲将一沓毛票摊在我的桌上，显得有些尴尬。“欠条就不用写了，我先帮你垫上，把书领出来好上课！”我摆摆手，笑道。“等地里的活忙完后，周军他妈会过来陪孩子念书，到时我会叫她带钱来还！”周军的父亲握紧我的双手，一副感激涕零的样子。

第二天一大早，我还没起床，周军的父亲竟冒着蒙蒙细雨给我送那一百元钱来了，还提了一篮子鸡蛋送我。“昨晚碰巧借到钱，我怕你急用，就送来了。老师，帮我把这几只鸡蛋转交给周军吧！”周军的父亲从裤兜里掏出三只熟鸡蛋，塞在我手里，呵呵笑。

一位地地道道的农民，目不识丁，竟有如此情怀，这是我未曾料到的。作为农民的儿子，回想起自己的所作所为，我能不愧疚和自责么？有感于此，我开始对学生多了一份牵挂与关爱，起初只想好好地教完一两年，做一天和尚撞一天钟，来日方长，出山的事伺机而行也不迟。可每当望着那一双双渴求知识的目光，一张张天真可爱的笑脸，我就感到了责任的重大，感受到了前所未有的震撼与力量。

我是农民的儿子，深知寒门学子求学的艰难与迫切，我岂能误人子弟？不为别的，就冲着一双双天真无邪、迷茫而又好奇的眼睛，冲着孩子们时不时塞给我的蔬菜瓜果鸡蛋什么的，我也要留下来，把浓浓的爱化作孩子们心中最美的云彩，让贫瘠的大山不断飞出金凤凰。

从此，每当踏入教室，看到一张张天真可爱的笑脸，一双双渴求知识的眼睛时，我总难抑满心的激动与幸福，我对学生的爱也与日俱增。“孩子们，只要你们认真读书，老师永远不会离开你们！”为了当年的誓言，我最终选择了留下。在大山深处，我付出了爱，也收获了孩子们更多爱的回报！18年来，当一起分配进山的老师纷纷调出大山时，我仍旧守望着这片厚重的大山，守望着三尺讲台，默默奉献，无怨无悔。

多年来，妻子南下广州辗转商海，也曾屡次劝我前往一同打拼，以便将生意做大做强，免受夫妻分离思念之苦。对此，我也曾犹豫过，彷徨过，但最终选择了留下。妻深知我的秉性与为人，屡劝无效，也就不再劝了，长期两地分居，我只能通过电话与网络跟妻子交流感情。年迈的父母远在百里之外的邻县相濡以沫，身体每况愈下，也苦苦呼唤我的回归。一边是年迈的父母，一边是年幼的学生，都是我割舍不下的最爱与牵挂。思前想后，我毅然将父母从繁华的市镇接到了僻静的大山蜗居，留在身边悉心照料，只可惜父亲去年撒手人寰。

校园生活的单调与平静，大山的空旷与寂静，让我浮躁的心理慢慢回归平静。我时常遥望静默的群山，一种生命的升华感让我倍感充实、喜悦。教学之余，我充分发挥个人兴趣与爱好，立志成为一名作家型语文教师。多年来，我已先后在《中国新闻出版报》、《中国图书商报》、《深圳特区报》、《上海新闻午报》、《北京考试报》、《福建日报》、《福建教育》、《少年文艺》、《青年文摘》、《小小说月刊》、《小小说选刊》、《中学生阅读》等报纸杂志公开发表作品50余万字，获市级以上征文大奖60余次（篇），累计创作80多万字。

作为一名乡村教师，长期坚持业余创作已属不易，能取得一定的创作成就更加难能可贵。2007年，我顺利加入三明市作家协会，目前还被聘为《三明日报》和《中国教师报》特约通讯员。尤为可喜的是，我的文章也为学生作文提供了实例与参考，极大地点燃起学生的写作激情，促进了教学的良性发展，不少学生习作也因此得以发表甚至获奖。

情洒乡村教育路，守望大山不言悔。多年来，我的教学成绩和文学创作都喜获丰收，桃李满天下。其间，我也曾有过多次出山和改行的机会，无奈我始终舍弃不下山里的孩子。面对方兴未艾的市场经济，尽管我至今还是一名数着工资度日的“房奴”，但我仍旧跋涉在文学道路上，一如既往地做着作家型语文教师的美梦，坚守着莽莽榛榛的大山，充实而快乐。

人生须读万卷书

秦小龙

秦小龙

- 1973年生
- 笔名牧潇野
- 作家

1996年毕业于长沙电力学院中文系，同年在山西省电建四公司参加工作。1992年开始发表作品，著有长篇小说《深海》，长篇散文《我在太原这一年》等。2005年获得全国鲲鹏文学奖散文类一等奖。

可能是天性吧，我从小就喜欢读书，一直到现在，每天不读几页书，便好像丢了什么东西一样。读万卷书，是我从识字起渐渐确立起来的梦想。

但在我小时候，这样的梦想，却几乎是不可能实现的。

我出生在一个小山村，那时虽然村里也有好几百口人，但物质匮乏，有限的收入，甚至连基本的生活需求也不能满足，所以像买书这样与基本需求关系不大的事，绝大多数人家是不会做也没能力做的，因此要想在村里找出几本书来读，也就像沙里淘金一样，非常不容易了。记忆中，小时候的我，只在有一年生日的时候，父亲买了一本连环画给我。除了上学用的教科书外，那是我小时候拥有的唯一一本书，名字叫做《大破天门阵》，讲的是穆桂英的故事。

没钱买书，自然我也就无书可读。但我确实又非常想读书。所以，村大队（现在叫村委会）就成了我经常去的地方，那里有一套四卷本的、套着红塑料封面的《毛泽东选集》，还有一个星期送一次的《人民日报》。虽然那时候我基本看不懂那些文章，但一个字一个字地念下来，却也实在是一种乐趣。

当然，更有乐趣的是去集市的书摊上看书。公社（现在叫乡政府）那时候每隔几个月会举办一次集市，于是便会有人摆了书摊出来，花两分钱，可以看一本书。当然，只能在书摊旁边看，不可以带走。虽然要花钱，但相比村大队来说，至少书的种类是大大丰富了，不光有连环画，还有评书、小说，这对于当时见上不书的我来说，不啻于一个小型移动图书馆。于是我常常拿着母亲给我的用来买日用品的钱，坐在书摊旁，一看就是一整天。好在母亲开明，对我花钱读书从不指责，所以我才能够花了钱却没买东西，还心安理得地回家去。《杨家将》、《岳飞传》就是我在书摊上读完的，但因为集市不是天天有，所以这两本书我拉拉扯扯读了将近一年多时间。那时候我就想，照这样的速度，我估计连一百本书都读不完，就该去见马克思了。真是这样的话，读万卷书，就真的只能是一个梦想了。

在村里读完小学后，我转到县城去读中学，初中加高中，我在县城一待就是六年。这时候已经开始改革开放，家里的经济条件已有所改善，但要说想随心所欲地读书，却依然是公鸡下蛋——不可能的事。学校倒是有图书馆，但一来藏书少得可怜，二来还只对老师开放，所以我要想读书，只有两个办法：要么借，要么租——以我当时口袋里的钱，书还是买不起的。

借，就是向老师借，向同学借，向一切有书的人借。那时候买本书不容易，所以书的主人也都非常爱惜自己的书，不肯借人。怎么办呢？没办法，只能恳求，外加死磨硬泡，并约定归还期限，保证绝不损毁或丢失后，才有可能借到一本书。至于租嘛，就是到街上的书铺交了押金，然后每天付一定的租金，租书出来看。借的书不花钱，但有约定归还的时间，所以得抓紧时间看。租的书倒是不催着你还，可多看一天，就得多付一天的租金，所以也得抓紧时间看。所以中学六年，我看书的速度就明显加快了，有时候一天一本，有时候一天两本甚至三本。我读书快的毛病，就是那时候落下的。当然，图了速度，对书的理解就难免囫囵吞枣了，每每到还书的时候我就想，要是这书是我自己的就好了，那样我就可以细嚼慢咽地精读了。但遗憾归遗憾，比起在村里无书可读的日子，我读万卷书的梦想，毕竟大大地向前跨进了一步。

再后来，我考入了大学。学校有一个大大的图书馆不说，而且对学生免费开放，只要办个借书证，图书馆里的书就任你去读。我就像一只小鱼，游入了汪洋大海，又如一只小鸟，飞到了广阔天空，也直到这时候，我才真正体会到了读书的快乐。基本上所有的时间，我都泡在图书馆里，一本接一本地读。当然，这时已不是速读，而是精读了。读得累了，我就抬起头来看看四周，四周，有无数像我一样的人，正埋头在书海里，奋力遨游，我觉得他们都和我拥有同样的梦想。

这时候已经快跨入21世纪了，我家的经济条件已经显著改善，买自己喜欢的书已不再是问题。除了学校的图书馆外，学校周边也如雨后春笋般地开了许多家书店，不光图书种类齐全，而且各种版本、各种价位都有，文化市场一派欣欣向荣的景象。在图书馆如果读到自己喜欢的书，我就去外面的书店买一本回来，然后放到枕边。想什么时候看就什么时候看不说，还可以喝着茶看，吃着面包看——这在以前，几乎是想都不敢想的事啊。也就从那时候起，我开始有了自己的藏书。等大学毕业时，光书我就托运了两大包裹。虽然大学四年下来，我离读万卷书的梦想还有很大差距，但望着那一摞摞的书，我觉得我的梦想已经清晰可辨了。

现在，我已经参加工作多年，连女儿也可以和我讨论四大名著了，但我仍然保持着每天读书的习惯，也依然坚持奋进在实现读万卷书的梦想的路上，不过，对于能否实现这个梦想，我已经不再持任何怀疑态度。至于什么时候实现，就看自己付出的努力大小了。

不信吗？看看我现在的读书条件你就知道了：若你想看一本书，你可以到实体书店去买，也可以网购，直接送到家里来，反正钱不是问题；若你不想买也可以，你可以去书店随便看，也可以去图书馆随便借，都不用花钱；如果这两种方式你还不喜欢，没关系，你还可上网阅读，网上图书馆不光资源浩如烟海，而且查找方便，想看什么都成。

所以，我觉得我的读书梦也应该与时俱进了，个人读万卷书不算什么，让所有人都能像我一样能读万卷书，才是真正的读书梦，也才是真正的中国梦。

梦想是一种幸福的责任

刘明

中秋节前回家，看了父亲。一个66岁的老人，不愿跟我们住在城市，独自回到偏僻的山寨，日出而作，日落而息。农闲之余，还带领村民们修公路、挖水渠，为公益事业奔走，大有晚年要干出一番新事业来的景象。

这多少让我有些意外。想想父母，含辛茹苦地供我们读书，把兄弟姊妹都培养成对社会有用的人，不就是梦想孩子们好和自己有一个幸福的晚年吗？为何老了，依然守在那个至今仍无法正常收看春晚的山寨呢？

刘　明

- 1974年生
- 湖南省扶贫开发协会副秘书长
- 湖南扶贫开发网和扶贫之友杂志总编辑

1994年中专毕业，当过工人、秘书，后在新华社、中新社工作近10年。独立完成《湖南新农村建设热点调查》、《大汉模式与中国城镇化》等100多篇共计30多万字的深度报道。曾入选2009年新华网十大名博、感动家乡十大人物。

弟弟不解，大妹二妹也多次催促，但无济于事，父亲还是觉得住在乡下好。他说，山寨是我们的根，过去他的梦想就是希望孩子们读书，走出山寨，如今，儿女们有能力了，应该帮助他完成另一个梦想：建设家乡。

建设家乡？谈何容易？我们山寨贫穷落后，交通闭塞，祖祖辈辈，靠天吃饭。再说，有工作的主要就是我们兄弟姊妹，大多数年轻人外出务工，读书的越来越少，违法犯事的越来越多。田地荒芜，民风日下，很多事岂是父亲能为？

“你应该理解他。”同去的湘西州委原常委、宣传部长田景安，比父亲大7岁，今年73岁，党龄和父亲差不多，都过43年了。他说，“我们这一代共产党人，经历过风风雨雨，活到老，干到老，也想到老，是闲不下来的。”

见有老部长支持，父亲拉开了话匣子。他说：“人生在世，总要做些事情。我从小是个孤儿，长大参军入党，全靠党的培养，后来回到农村，一直没有忘本，我供你们读书，还不是希望你们能为国家做些事情。”

父亲没有读过书，这些在当下不少人认为是口号的话，我却每听一次都深受教育。想想父亲一位老农，住在远离政治的乡下，但他的心，却始终没有忘记过去，陈旧的衣柜里，保存最好的，还是那本退伍军人证和曾经的二等功勋章。

“人贵有梦想，但要脚踏实地，更要把梦想当作责任，一种幸福的责任。”我诧异，没有进过学堂门的父亲，与田老部长的交谈中，竟然说了这么一句充满哲理的话。面对父亲，我突然有些不知所措……

少年时，清楚地记得，父亲总是要求我们好好读书，要有梦想，走出大山。他说我们这一代人是幸福的，可以读书写字学文化，远比他小时候好。他的童年没有饭吃，没有衣穿，也没有机会学习。

在父亲的激励下，1990年夏天，我成了山寨第一个跳出农门的中专生，那个时候，曾为读中专而闷闷不乐。父亲来信了，印象最深的还是那些言语：听老师的话，和同学搞好团结，认真读书，将来做一个对社会有用的人。

对于我的情绪，父亲总反复说那套朴实的话，你现在总比我过去要好要幸福，先有个工作，稳定下来。毛主席还不是中专生吗？人只要有梦想，努力奋斗，一步一个脚印去走，将来同样可以实现的。

“你不能老想到自己。”父亲说，母亲身体不好，家庭条件差，弟弟妹妹们也要读书，人生在世，重在责任。不能因为个人的想法，而不顾家庭的实际和他人的幸福，梦想是美好的，但千万不能忘记，梦想也是一种责任。

父亲的话，如山野的风，每次通信，都能吹醒我浮躁的灵魂。参加工作了，因为是优秀毕业生，我被跨地区分配在长沙锅炉厂。父亲高兴啊，离别时，他希望儿子到车间学电工，多学习本领。“村里没有通电，等着你帮忙。”

望着父亲，突然明白，当初在选择填报志愿时，他为何再三要求我报考湖南机电学校了。23年前，除了他对儿子能考上好学校感到高兴外，还寄托了一份特别的梦想，那就是希望我能学有所成，回报社会，回报家乡。

在长沙锅炉厂车间坚持了7年多，和父亲交流的信件足足上百封。当然，我也把人生感悟分享给弟弟妹妹们，这些宝贵的精神食粮，陪伴大家度过了人生中最美好的青春岁月。也是在那个时候，我选择了文学梦想。

文学的道路不是一帆风顺的，但梦想是幸福的。父亲说，在长沙冬天有棉袄，夏天有电扇，不要面朝黄土背朝天，不会风吹雨打、日晒雨淋。不过，一定要记得珍惜，珍惜来之不易的生活，珍惜难得的学习机会。“别忘了，你还有很多事情要做。”

一边上班，一边学习，一边打工。在生存中发展，在发展中生存。为了梦想，在30岁之前，我几乎每周必去湖南省图书馆，每次必写笔记；为了帮助弟弟妹妹们完成学业，我这个做大哥的，从来没有休息过。

正是这些积累，为我走上新闻生涯奠定了宝贵的基础。父亲的勉励，早已深入灵魂。做记者近10年，我走遍三湘四水写了30多万字100多篇深度报道，多次被评为优秀记者。2009年被新华网评为“十大名博”之一，2010年成为“感动家乡十大人物”之一。

如今，我成为湖南省扶贫开发协会副秘书长，在湖南扶贫开发网和《扶贫之友》杂志任总编辑。但无论做什么，我依然珍惜幸福，牢记责任，怀揣梦想。

因为父亲，我走出了遥远偏僻的山村；因为梦想，我克服了前所未有的孤独；因为幸福，我时刻铭记来之不易的奋斗；因为责任，我选择了慷慨的付出和执著的坚守！梦想，是这个时代幸福的权利，梦想，更应蕴含时代深深的责任！

废品哥的律师梦

游满勤

游满勤

- 1975年生
- 广东一粤律师事务所实习律师

高中毕业后到广州以收废品为生。2008年开始边收废品边参加自学考试，2010年12月获得中山大学法学专业大专文凭，2011年12月获得中山大学法学专业本科文凭，2012年9月通过国家司法考试，2013年3月进入广东一粤律师事务所实习。

1994年高中毕业会考后，我将学校里的生活用品全部拉回家，父母见到后没有半句怨言，帮我把行李从单车上卸下来，再默默地搬进屋。从他们的眼神里，我看到了万念俱灰般的失望。父母一直认为读书才是农村孩子唯一的出路，但那一刻他们意识到我的求学生涯就此结束了。母亲还对我说，一个星期前她帮我算了八字，算命先生说我将来肯定会有出息，母亲也对此深信不疑，因为她的儿子还在学校读书，并即将参加高考。一个星期后，我却将父母心中的那缕希望彻底粉碎。在以后的10多年里，那个黄昏父母的眼神和母亲所说的那段话，在无数个梦魇里将我鞭笞得体无完肤！

也许是为了逃避记忆中父母的眼神，或许是觉得自己应该有所担当，1995年的春天我跟随姐夫来到了木棉花盛开的城市——广州。总以为在遍地黄金的广州找一份工作不会很难，谁料两个多月的东奔西跑，带来的300多元花得分文不剩，工作却依旧无着落。百般无奈之下，我只得跟随姐夫上街收废品，这一收便是17年。在收废品的生涯中，我尝尽了人间艰辛，个中滋味不可言说，只能意会。在生存压力的磨砺下，我褪去了年轻人的轻浮和虚荣，这种经历对正确定位我的人生有着毋庸置疑的作用。

在收废品的这段生涯里，我遭遇到多次不公正待遇，这使我法律人的梦想在心中萌芽。

1996年的某天，我和老乡被小区里面垄断的同行暴打。我们想去报警，却被告知要是报警的话，后果会更惨。

时隔不久，我们收的满满一车货被保安连车带货一并没收，几天后我们在废品店卖货时，却看到保安正大模大样地卖没收我们的货。我在心里不断地问自己：这到底还有没有“王法”，有没有法律呢？

1997年10月13日晚上，这是一个终身难忘的晚上，劳累了一整天的我们已进入梦乡，却被一阵急促的踹门声惊醒。我们被告知要去村里的治安队开会。到那里后，我们的身份证和暂住证被治安队员收缴，就在我们的眼皮底下，他们用剪刀将我们的身份证和暂住证绞碎，再以三无人员的身份将我们送往派出所，最终转送收容站。那时，我在黑暗里自己问自己：难道这就是法律吗？我迫切地想了解法律到底是怎么回事。

于是，我开始关注时事、新闻，寻找一些法律类书籍来读。第一次正式接触法律类书籍，是2000年堂哥给我的他读大学时的一本法理学教材。神圣、威严的法律就在我的面前，我迫不及待地阅读，很快就被吸引住了。之后，我又看了刑法、刑事诉讼法、民法等。2003年，在孙志刚事件后，3位法学博士联名上书全国人大常委会，不可思议地促使国务院废除了收容制度，这令我更加坚信法律的神圣与伟大。

2008年，我爱人在一家制衣厂起早贪黑地辛苦工作，却被黑心老板无缘无故地克扣了1500元工资，已稍有法律知识的我找到一家律师事务所寻求帮助，律师帮我分析：所克扣工资才1500元，而律师费至少要3000元，得不偿失啊！从律师事务所出来时，我站在律师事务所贴满律师照的宣传栏面前久久凝视。与其临渊羡鱼，不如退而结网，我发誓一定要成为一名律师！

2008年4月，我迈开了法律自考“万里长征”的第一步。法律人的梦想早已在胸腔燃烧，上路了，却困难重重。父母都70多岁了，儿女即将上学，爱人既要照顾老人又得教育孩子，七口之家的经济来源全靠我一个人收破烂来维持。本已十分沉重的生活压力足够我疲于奔命，我该怎样安排学习和工作呢？既没时间更没钱进辅导班，钱可以节省，但时间是最宝贵的，毕竟不能因为学习而耽误了工作。于是，每次报考后，我根据报考的科目数和教科书的页数，结合复习时间计算出每天需要看多少页书。这是我给自己定的学习计划，无论多忙，都要完成，就算白天忙得没半点时间，到凌晨一两点都必须完成计划好的任务。

我在收破烂的地方放一张沙滩椅，打上一大盆水，每次收完废品回来，马上洗干净手，再捧起书心无旁骛地阅读。等待生意的空闲时间，是我最佳的阅读时间，为了节约时间，我收废品的时候总是跑步前进。我随身携带着书，等公交车、坐公交车都在看书，火车站的候车室和行驶中的列车上更是难得的看书的好地方。有人约我去别的地方收废品，约好在某地等候，我都带着书去，因为我担心我先到的话，会白白浪费掉许多时间，那是我最痛苦的事。

为了抢时间，在自学的四年里我几乎没有任何娱乐消遣，电视只看新闻，为了抵御网络的诱惑我不用电脑，以前打麻将、斗地主的爱好更是完全不沾边。我的勤奋和努力，得到了广州中医药大学教授们的肯定和鼓励，许多好心人向我投来赞赏的目光，有的老师还送给我笔记本和学习用具。对于这些好心的老师们，我永远不会忘记他们。

功夫不负有心人，2008年4月我报考了4个科目，幸运地全部通过，3科超过了80分，最差的那科也有73分。这给了我足够的信心和干劲。我用3年时间考完了法律专业大专和本科的31门功课，除了国际经济法和经济法补考外，其余科目都是一次性通过。本科毕业证虽然到手，但我的梦想仍在前方，要想成为一名律师，必须通过国家司法考试。于是，我于2012年向国家司法考试发起冲锋。备战司法考试的半年是最艰辛的，我竭尽所有潜能来拼搏。特别是最后一个月，那段时间脑子里只有书，其他的事在大脑里没有停留的空间。看书时，将一壶水烧得冒烟，煮鱼汤时将鱼煮成了焦炭鱼，经常是睡着了书还盖在胸口上，从梦中惊醒，接着再看。2012年9月，我以386分幸运地通过了国家司法考试。2013年3月，被广东一粤律师事务所接纳为实习律师。

在进入律师行业前，我是以非常崇拜、非常敬仰的目光来看律师职业的。在我的意识中，律师的地位是崇高的，律师是法律的代表，律师能够用自己的知识为社会弱势群体服务，可以通过自己的事业平台为社会做出巨大贡献！在我的心目中，律师职业和社会公平正义是画等号的。实习至今将近半年，我发现律师也是弱势群体，目前律师的执业环境还存在不少问题，我心理上也产生了一些落差。但我从未后悔选择律师职业，对于律师这个行业的未来，我是充满希望和期待的！我坚信中国的法治环境会越来越好，律师的执业环境也会不断得到改善。

因为个人生活的经历，我非常了解和理解社会弱势群体的生活状况。

由于缺乏知识，尤其是法律知识，他们的权利更容易受到侵害，而被侵权时，维权又更加艰难。我本人也有这样的经历，这种经历是激发我转行做律师的重要动力。我对未来的憧憬既不是要做什么名律师、大律师，也不是要赚多少钱，只求在经济条件允许的情况下，能为弱势群体做点力所能及的事。如果能够和一些有共同志向的人组成一个团体，开一个为此类群体服务的律师事务所，那将是我人生价值的飞跃和升华。

每个人都有自己的理想和追求，内心深处都沉睡了一个梦想。不管过去是如何的沉沦，今天是多么的卑微，我们都要有勇气去唤醒那个沉睡的梦想。时至今天，我依然信仰法律，向往公平，追求正义，做一名合格的法律人是我毕生追求的梦想。

我会踏实地走好我的每一步，我也坚信能实现我的梦想，因为有了梦想就会有目标，有了目标就不会迷失方向。我坚信只要肯努力，舍得付出，任何时候都可以成为梦想成真的起点！

起风了，扬帆启航的时机到了！你看啊，不远处是岸！

于　跃

- 1977年生
- 中学一级教师

毕业于曲阜师范大学中文系，曾在省级以上刊物上发表散文、小说30余篇，多篇文章在全国征文比赛中获奖。其中《母亲怀里的孩子梦最香》、《“神七”放飞我家的梦》等文获全国一等奖和特等奖。

为了梦中的绿野

于跃

家住山区，贫瘠的土地让越来越多的人背井离乡，另谋生路。在许多年轻人的记忆里，家乡的贫穷和落后似乎成了他们的梦魇。能让孩子们插上飞翔的翅膀离开这里，是祖辈对孩子们的最大希望。贫穷让很多人选择决绝地离开。

父亲是留在家乡为数不多的读书人。那时，他怀揣着对未来美好的憧憬，高中一毕业，就选择留在山村做了一名小学教师。接下来的日子里，就有了一个无论刮风下雨都行走在山路上的人，在荒山秃岭上的简陋学校里也就有了父亲不知疲倦的身影。那些年里，来我们村的许多年轻教师，来了又走，走了又来，换了一茬又一茬，只有父亲留了下来。他说，他想让更多的孩子长出飞翔的翅膀。父亲是这样说的，也是这样做的。在父亲欣慰的笑容里，许多孩子向自己的高度飞去。可家乡的丘陵和山地依然贫瘠着。秃岭上简陋的学校显得那样的孤单和弱不禁风。

通往学校的山路上，父亲就是这样日复一日地走着，走着……直把青春的容颜，走出了皱纹；把满头的乌发走得花白。他去学校的脚步慢慢地蹒跚起来。看着孩子们远去的背影，父亲开始变得茫然无措。他知道外面的世界很精彩，年轻人喜欢繁华和绚烂，这里太过冷清和单调。

大四那年，看着父亲沧桑的面容和微微凸起的脊背，我似乎读懂了父亲。那个暑假，父亲叫上我，说去后山看看。一路上，父亲没有太多的语言，对着荒山秃岭上的简陋学校，更多的是感叹。回来后，父亲说，家乡穷啊……看着父亲欲言又止的样子，那一刻我读懂了父亲。我放弃了读研的机会，接过了父亲的教鞭，成了我们村第一个回来的大学生。我信心满满地对父亲说："我一定要让乡亲们梦中的那片绿野生机勃勃。"父亲脸上露出了久违的笑容。

走进山里的学校，心立刻沉静下来。村里让我做了学校的当家人，看着面前的一切，我知道这是一份沉甸甸的责任。破旧的教室，伤痕累累的桌椅板凳，坑坑洼洼的地面，一下雨就满是泥泞的操场。唯有教室前，那根苍老的旗杆在风雨中巍然屹立。旗杆上鲜艳的五星红旗猎猎地响着，似乎在用这样的语言激励着眼前这些灰头土脸的孩子，告诉他们早日长出飞翔的翅膀。刚从城里回到这里，简陋的教学条件让我感到前所未有的压力。这些孩子要从这里走出去，去打拼生活，去打拼世界，去创造他们美好的未来。眼前的一切却显得那样的苍白，这些孩子只能靠苦读、靠硬拼去竞争。在他们看来，知识是改变命运的最好途径，即使苦读，他们也认了。但我知道能让他们茁壮地成长，是帮他们获得竞争力的最好办法。

一次到省里参观学习，让我感慨不已。看着城里孩子优美的教育环境，优越的学习条件，我拷问自己：我们的孩子拿什么跟那些孩子竞争？我不禁产生了一个念头，我们也要让家乡的孩子在这样的环境中成长，让农村孩子也能享受城里孩子一样优质的教育。这不是帮孩子们茁壮成长的最好办法吗？

回来的日子里，我的心沉沉的。在一次批改作文中，看到一个留守儿童在作文中写道：我要好好读书，学好本领把家乡建设得美丽富饶，不再让父母为生活而东奔西走。我的心猛地一颤，是啊，教育是让孩子们高飞、让家乡富裕的根本途径。我觉得我该为家乡的教育做点什么了。

我连夜写了可行性报告，向上级反映，争取政策支持。第二天，就去找村支书商量，和盘托出了我的宏伟计划：在未来的日子里，我们要把这个小学打造成一所省级标准化学校，让山里的娃子也能享受优质的教育。村支书感动得热泪盈眶。他说：“如果真的能够实现，就是为家乡的父老乡亲、为子孙后代做了一件大好事。”接下来，我几乎挨家挨户走访，了解乡亲们的想法。我的设想赢得了大家的一致赞成，大家有钱的出钱，有力的出力，寂寞的荒山上，展开了一场前所未有的大会战。人们各自从家里带来干粮，从山里采来石头，整天吃住在工地——大家都知道这是为子孙后代开凿登天的梯子。尽管苦点儿，累点儿，但这些都值得。我把大家捐来的钱，算了再算，省了又省，力求把每一分钱都用在最需要的地方。

两年后，山里有了我们自己的教学楼。

三年后，校园里有了标准操场。

四年后，我们有了自己的微机室。

……

一晃十多年过去了，我们的学校美丽起来。在这里，学校和孩子们共同成长着，我们已彻底改变了“黑屋子，土台子，里面坐着个泥孩子”的教育局面。学校里矗立的高楼，敞亮的教室，漂亮的风雨操场，优美的校园环境，让孩子们健康地成长着。正像村支书说的那样：“再苦不能苦孩子，再穷不能穷教育。我们的未来就有希望。”这些年里，孩子们一批又一批地飞走了。我以为他们再也不会回来了，可让家乡父老欣喜的是，他们怀揣着梦想回来了。他们说改变世界先从改变家乡开始。

压在我心头的一块大石头也总算落了地。原来觉得办学 “硬件”上去了，可优质的“软件”——教师资源还没有着落。这下可好了，这些优秀学子都乐意回来为家乡的教育出把力。

家乡在这些年轻人的手中悄然发生着变化，他们正用他们的胸怀绘制着家乡的画卷。让所有孩子都能享受教育，享受优质的教育，这是家乡父老的一个梦，也是我们这个古老民族的一个伟大梦想，因为这是让我们的未来走向世界的基石。如今看来，这个梦想正在逐渐变成现实。

我相信在不久的将来，家乡的荒山秃岭，会焕发出盎然的生机，放眼望去定会是满眼苍翠的原野。葱翠掩映中的学校定会成为人们梦想启航的地方。

公益承载未来

邓飞

邓　飞

- 1978年生
- 《凤凰周刊》编委、记者部主任
- “微博打拐”发起人
- “中国贫困山区小学生免费午餐”发起人

曾任《凤凰周刊》首席记者。2011年，从记者转型为公益人，先后发起成立“儿童安全基金”、“免费午餐基金”、“中国乡村儿童大病医保公益基金”、“暖流计划”、“中国水安全基金”等多个公益项目，累计服务数十万乡村儿童，产生了巨大的社会影响。

无论是十年调查记者还是这三年从事公益，我念兹在兹的是联合志同道合的伙伴，一点一滴，建设一个更好的中国。我们70后这代人享受时代的滋养，在充满希望与活力的社会环境中成长，是最幸运的一代人。时光匆匆，我们慢慢成为这个国家的中坚，有机会把自己的价值镌刻在时代的车轮上，变成时代的价值。在最年富力强的时候，我们有义务做更多的事，留给未来一个开放多元且更有秩序的中国社会。

记者是以批判和揭露丑陋的方式建设

国家，但是我发现十年调查记者的生涯给这个社会带来的改善并不多，很多问题反复发生，令人沮丧。微博出现后，我发现能够召集非常多志同道合的伙伴，务实地解决具体的社会问题，这是一条行动改变中国的路径，在我的经历中以“免费午餐”和“大病医保”最为典型。

2011年春节后，我参加天涯社区年会，接受“天涯社区2010年度记者”的颁奖，我旁边坐着“中国最美支教教师”——贵州毕节黔西县素朴小学的支教老师蔡加芹。闲聊时，蔡加芹说她的学生都没有午餐，她吃饭时无法面对他们热切的眼神，只好快步走回自己宿舍再吃。旁边的鄢烈山老师听到后觉得不可思议，说三十年前他上学时没有午餐，怎么现在还这样？我当时很单纯地想，咱们一起去给他们建个食堂。后来我们带着从深圳募集的2万元和一些媒体伙伴到了贵州，才发现贵州山区几乎所有的小学都没有食堂，小朋友都是忍饥挨饿。于是我就在2011年3月联合500位记者共同发起了“免费午餐”活动，我们一边去到那些破败的学校为孩子们提供午餐，一边利用微博展现乡村儿童的苦难，吸引众多网友的支持，另外，我们还通过各种媒体呼吁国家应该有所作为。一步步走到今天，两年多的时间，免费午餐的捐赠人超过百万，募集了近6000万的善款，为近5万名孩子带去了热腾腾的“免费午餐”。

“免费午餐”巨大的转折发生在2011年11月，也就是“免费午餐”实施半年后，国务院决定启动实施农村义务教育学生营养改善计划，中央财政拨160多亿元，为全国680个县约2600万在校生每生每天补助3元改善营养。我们觉得这是“免费午餐”最大的成就，第一次由于民间公益组织的倡导催生了一项惠及数千万儿童的福利政策。

也是2011年，我们到贵州一所小学做“免费午餐”项目。在这里遇到一个小女孩，校长说，这女孩品学兼优，但得了肺结核，没法治疗，因为她父亲也得了同样的病。家人决定，花所有的钱先把大人治好，出去打工

邓飞与孩子们

再想办法治女儿。看到这样的事件我在微博向网友求助，后来用同样的方法又帮助了许多小孩子。我发现中国有太多这样因为大病而被家庭忍痛抛弃的小孩。我就找到了王振耀、张泉灵等伙伴，集思广益，讨论如何系统地帮助这些孩子。我们想到用保险的办法，为他们提供一份稳定的保障，让他们病有所医。于是就有了“中国乡村儿童大病医保公益基金”。

2012年7月1日，中国乡村儿童大病医保公益基金启动了第一个试点项目——大病医保湖北省鹤峰县项目，为该县22 232名孩子购买了一份大病保险，最高赔付20万元。一年多过去，截至2013年8月底，大病医保公益基金共募款1600万元，共在湖北省鹤峰县、湖南省古丈县、云南省漾濞县、浙江省开化县4个县落地实施大病医保项目，惠及115 000余名孩子。

巧合的是，2012年7月19日，时任副总理的李克强主持召开国务院深化医药卫生体制改革领导小组第十一次全体会议时发言：“大病保障是衡量一个国家医疗保障水平的重要标准。要下决心抓紧把大病医保纳入全民医保范围。”紧接着，8月30日，国家发改委、财政部、人社部、卫生部、民政部、保监会六个部委联合发布《关于开展城乡居民大病保险工作的指导意见》，要求各个地方政府要充分认识开展城乡居民大病保险工作的必要性，大病医保承办交由商业保险公司，鼓励地方因地制宜，开展机制创新。

十年的记者生涯、三年的公益经验，让我深切体会到三十多年的经济高速发展中，我们每一个现代化发展的受益者也是问题的制造者，我们都有一份责任保护乡村孩子的利益，他们应该更多地分享改革发展的成果。我们去实践这份担当和责任最好的路径就是投身公益。中国社会面临如此多的社会问题，需要更多的有识之士敏锐地发现问题的症结，并联合愿意积极行动、不偏激不麻木的公民，探索合适的解决方案，这条路能够更好地完成我们这代人的使命和梦想。

行动改变中国，公益承载未来，我们的手中握着这个国家的美好未来。

我想有个书房

胡小进

胡小进

- 1978年生
- 历史学博士
- 中国政法大学讲师、博士后研究人员

研究领域为法律史，侧重于中外宪政史。合著有《在宪政舞台上：美国最高法院的历史轨迹》、《最有权势的法院：美国最高法院研究》等；译著有《风暴眼：美国政治中的最高法院》、《反对有理：美国最高法院历史上的著名异议》等；校阅整理《联邦政治》（陈茹玄）、《政治学与比较宪法》（萨孟武）等民国时期法政著作。

1978年12月底，天气异常寒冷，在湖北省东北部黄陂县的一家农户，一个男婴呱呱坠地。因为是家里的次子，他的到来并没有为这个忙碌的家庭增添太多喜悦。年轻父母已经有了一个两岁的儿子，他们更期盼这次能生一个乖巧伶俐的女儿。当时，计划生育政策已经在农村广泛推行，“一儿一女一枝花”，儿女双全是很多家庭的梦想。但是，能实现的梦想总是很少的。好在这个小男孩哭声嘹亮、健康红润，性情开通的父母并不嫌弃。

这个小男孩就是我。在小时候，北京

这名字耳熟能详。我出生时，改革开放的春风开始吹到我的家乡，村头的大喇叭里常常传来令人振奋的消息。随后，收音机又走进千家万户，因为我父亲是村里的会计，关心政治，我听得最多的莫过于中央人民广播电台的《新闻和报纸摘要》。当时播新闻有音乐前奏，听久了就熟悉了。那旋律直到现在似乎仍在我耳边环绕，挥之不去，可以与之媲美的，只有后来中央电视台《新闻联播》的片头曲。

父亲对我最大的影响，并不在于政治，而是笔墨书本。他只有小学文化（高小），但却能写一手好字，毛笔钢笔俱佳，村里办红白喜事，都有他的身影；过年的对联，也常常出自他的手笔。他也很希望我们两个孩子能发奋学习，出人头地，完成他自己没能实现的读书梦。小学时，虽然家境刚刚温饱，但我们却能背着新书包、装着新铅笔，蹦蹦跳跳地去上学；放学后，只要是看书、写作业，就可以免除任何家务劳动。这一切，都因为有开明的父母在背后默默地付出。

也许是源于父母的鼓励，也许是因为自己生性好静，自识字以来，我就和书本结下了不解之缘。小学时，不但看完了自己能借到的所有小人书，还跟着哥哥念高年级的课本，甚至不知天高地厚地翻看了爸爸年轻时候的奖品——五卷本的“毛选”。那个时候，我的梦想是认识所有的字，读懂家里的所有书。后来，年岁渐长，字是基本上认全了，但读不懂的书，却是越来越多，我这才知道，根本没有人能阅尽天下书。

1993年，我到县城念高中，涉猎的中外名著越来越多，开始用零花钱买书，每学期回家，总能积攒七八本。书多了，就梦想着能有一间自己的书房，利用假期安安静静地看名著。好在那个时候，家境渐好，父母在老屋旁边盖了一栋两层的楼房，我和哥哥住楼上，虽然是两人共一间，但房间敞亮通风，我们各把一个窗口，还能相互切磋。当然，那些课外书与课本都堆在一角，使本来狭小的房间更显局促。那时候我就在想，什么时候才能拥有一间真正属于自己的宽敞明亮的书房，让我可以痛痛快快地看书。

1997年秋，我离家到省城念大学，学校地处武昌，文化氛围浓厚。当时大学尚未扩招，校园清净整洁，1950年代的教学楼，朴素雄浑，掩映在香樟翠松之间，加上满庭馥郁的桂花，真是读书养性的好去处。那时候，我的梦想是，月读闲书三五本，不辞长作读书人。于是，我立下了终身读书、与书为伴的志向。

因为不想丢下书本去工作，大学毕业后，我放弃了进机关的机会，顺江而下，到金陵古城继续自己的学业；希望研究生毕业后，能到高校谋一个教职，传道授业，著书立说。结果，在南京一待就是六年，梧桐蔽日、虎踞龙盘、钟山毓秀的旧都，弥漫着读书的气息，星罗棋布的各种书店，让我流连忘返。我想，要是能留下来，该多好！但是，天不遂人愿，留校的梦想最终还是落空了。好在天无绝人之路，在最后关头，北京的一家高校向我伸出了橄榄枝。就这样，我阴差阳错地来到了从小知道却未曾见识过的城市，开始了自己的教师生涯。

较之于其他城市，北京确实具有不可比拟的优势：人文荟萃、名家云集，活动众多，视野开阔；文化领域的顶尖学者，几乎都会聚于此；只要愿意请教，总能找到师傅。对于酷爱读书的青年学者，北京的文化魅力势不可挡；像我这样刚从外地过来的青年学者，更是感觉眼界大开。刚开始工作那会儿，只要有文科类讲座，几乎场场不落；各种图书节、书市，更是早早参加，整天不归；各类图书网站上打折信息，当然也不会错过。几年下来，积累的图书也有数千册，弄得“书满为患”。

当然，生活在北京也会遇到很多问题，比如人多路堵、出行不便，风沙太大、雾霾严重，天气干燥、缺少雨水。因为年轻，这些生活环境上的弊端，我觉得尚能忍受，也应该会慢慢适应。最让人不能容忍的是飙升的房价，六环以外的房子都超过两万一平方米，作为刚进入社会的大学青年教师，工资并不丰厚，只有望“房”兴叹。自己住多大倒没什么，有张床，有张书桌，足矣。但是书越来越多，总得找个收藏之所啊！自己总在幻想能有个干净整洁的书房，一个书房，对于一个立志做一辈子学者的人而言，该有多么特别的意义啊。现在，我的梦想很简单，努力看书、写作，争取一间既能藏书也能藏身的明亮书房，不求面朝大海、春暖花开，只愿遮风挡雨、冬暖夏凉。

这样，我的书籍就有了一个家，就好像我的梦想也有了一个家似的了。

吴金成

- 1983年生
- 第二届最美乡村教师

大学毕业后选择在家乡禾库镇茶寨小学当代课老师，每天拿起锄头当农民，放下锄头当老师，一人担起校长、老师、管理员、维修工等的全部职责。为补贴孩子们的教学费用，每天早起，利用上课前的几个小时磨豆腐去集市卖。荣获第五届华夏春秋基金园丁奖。

愿所有的孩子都能适龄读书

吴金成

我是一个平平凡凡的山里汉子，从事一份平平凡凡的事业。在适当的年龄娶妻生子，生活安宁平静，看起来应该幸福满足。可作为一个深山里普通的教育工作者，我的心从来没真正愉悦过。大山里孩子们的生活及命运是我始终无法释怀的根源。外人很难想象，在我们偏僻的大山深处，还有那么一些孩子因为种种原因，在该上学的时候无法走进校园，或者走进了校园却无法坚持几年。而这些原因，多数又是由于贫困。作为一个农村教师，我最怕的就是开学初那段时间，因为那段时间里，总会有那么几个学生迟迟不来报名而牵动我那敏感的神经。有时站在讲台上，望着那些空空的座位，我会心如刀割。曾经有同一学区的老师问过我，我的最大的梦想是什么，我说我没有什么惊天动地的梦想，我只是希望大山深处的孩子们在该上学的时候，都能坐到学校里，享受到他们该享受的权利。

大山里孩子们上学的事，是我从小就无法放下的情结。我父亲是一位中学教师，孩童时代的我经常跟在父亲身边，亲眼目睹了父亲与山里孩子们打交道时，发生的一些让小小的我便揪心疼痛的故事。那时年轻力壮的父亲每年都当班主任，他期期开学初都会碰到这样的难题：报名好几天了，可仍有几个学生迟迟不见踪影，直到真正上课时，在父亲的望眼欲穿中他们仍没有来。多年从教的父亲早有了经验，知道那些没来的学生除了生病就是没钱交学费了。父亲是个可以当榜样的好老师，他不忍心让他的任何一个学生掉队。于是在清晰的记忆中，父亲不知多少次带着我一起，走去那些学生家。如父亲猜测的那样，那些学生家别说拿不出钱交书学费，就连吃的也是朝不保夕了。仁慈的父亲说书学费我帮你们垫付，你们尽管让孩子来上学吧。山里人忠厚善良，不想欠别人的恩情，只是死活不同意让孩子上学了。于是记忆中每次和父亲一起去家访，我看到的都是一双双哀愁的眼睛，一声声悲伤的哭泣。而我也不知为那些孩子偷偷掉下多少眼泪。我就想，同在蓝天下，人和人之间的命运怎么就这样不同？为什么会有这样一些孩子在该上学该快乐的时候，不能上学，无法得到快乐？怎样才能帮助他们？你知道，那时小小的我是没办法帮到他们的。看到他们的困难，看到他们因为困难即将失去一些珍贵的东西，而我却无能为力，这深深地刺痛了我幼小的心灵。敏感的父亲看穿了我的内心，他说，成儿，这些孩子的困难你是无法帮忙的了，以后努力学习，长大了就当个老师，好好帮助你有困难的学生。

父亲的话点醒了我，我决定以后发奋学习，一定要当上老师，好帮助那些有困难的孩子。在我的不懈努力下，初中毕业时，我如愿以较高的分数考上了湖南一师。许多人考上一师后，便放松了自己的学习，而我却加倍努力。几年的学习时间里，我没谈过恋爱，没逛过其他地方，教室、图书馆仿佛成了我躲不开的壳，我仿佛成了知识的奴隶。但我却暗暗为这样的自己自豪。2007年6月，我终于告别一师，满载而归。

同年9月，已开学好几天了，但茶寨小学却不见有老师来给孩子们报名。经打听才知道没有老师愿意到那个偏僻的山旮旯去任教。我当时激动万分，因为我十多年来学习到的知识就要有用武之地了，我曾经执著追求的理想可能就要找到实现的途径了。于是我找到了当时的学区校长，自告奋勇地要求去茶寨小学当老师，就算不给我工资我也心甘情愿。石校长对我的自告奋勇非常赞同，却担心我一个有知识有文化的时代青年到底能不能够忍受长久的寂寞孤独。我对他保证说知识一定要用在刀刃上，而对于我，给茶寨的孩子们传授知识、教他们做人的道理就是我眼中的刀刃，只要我能把知识用在刀刃上，寂寞何妨？孤独何妨？

就这样，我成为茶寨小学的第一个大学生老师。茶寨村可真偏僻啊，车路不通，用水也极为不便。学校看起来更是惨不忍睹。窄窄的三间小教室，课桌椅缺脚断腿，黑板没有巴掌大。屋顶上摆瓦的铁皮老旧腐朽，看起来随时有断落掉下的危险。而那些瓦片，稀稀落落，东通一个洞，西漏一个口，下雨天，刮风日，整个房子摇摇欲坠。但我丝毫没被眼前的惨状所吓倒，边上课边自己动手做起修房匠来。一个远在深圳工作的同学，在一个假日来我家玩，看到我工作的学校，惊吓不已，承诺回去后一定在深圳帮我找到一份同样是教书的工作。后来那同学真的找到了，工资比这里高两三倍，但我谢绝了。我知道，我曾经的梦想的根是扎在这里的。

上讲台一个月后的一天，我正在上课，窗外突然冒出两个小脑袋来，我看他们都应到了该上学的年龄，就让学生做作业，自己出去找他们聊天。当我问那个大概十一二岁的女孩为什么不上学时，她突然转过头去，轻轻哭起来。她说家里穷，妈妈几年前去打工就一直没回来。爸爸又在去年出工时摔伤了，身体半残着，再无力供他们姐弟俩上学了。听了姐姐的哭诉，旁边的弟弟也跟着哭起来。我看了姐弟俩那本不该流下的泪水，心一阵一阵地被什么利器刺痛着，绞割着。伸手为他们擦去眼泪后，我按照姐弟的年龄分别叫他们坐到一年级和三年级的教室去。晚上，我带上在镇上工作的二哥买回的三斤肉走向两姐弟的家。姐弟俩上不起学，可能也很久没吃过鱼肉之类的菜了吧。我到了之后，姐弟俩又围在他们的父亲面前哭泣着。而那个矮瘦的行动不便的中年男子跟我打了几声招呼后，便深深地沉默着，任凭两个孩子哭诉摇晃。我说大哥，再困难也不能耽误孩子的学习啊，你怎么不想办法把他们送到学校呢？那沉默的男人竟突然埋头大哭起来，说谁不爱自己的孩子啊，他们的母亲不要他们了， 我再不爱他们，关心他们，我还配做人吗？可问题是，我实在没钱啊，只能对不起两个孩子了。看着父子三人抱头痛哭，我的心也跟着碎了。当即告诉姐弟俩，他们的书学费我包了，明天就来上学吧。

在我们大山深处，像这对姐弟俩一样因贫穷而无法上学的孩子还有很多。几乎每学期开学时，我都要到几个学生家去承诺，保证不收他们的学费，他们才能顺利地进入学校，不至于过早地在同龄人面前掉队。而我的工资并不高，加上父亲去世之前的重病，每年要花很多钱去医治，我的生活也相当困难。为了多赚点钱，多帮助几个需要帮助的孩子，我每天上课之前，都要跑附近几个村去卖豆腐；而每年到了寒暑假，我又在砖场做砖和挖天然奇石卖，妻子见我辛苦得黑黑瘦瘦，心酸地说：“金成，你哪还像个老师，你简直是一旧社会的长工。”

许多人劝我，你的生活也好不到哪里去，何必要去为一些不相干的人花冤枉钱呢？我听了一笑置之。我知道在大山深处的每一个孩子们，他们都不是与我不相干的人，他们是我的弟弟妹妹，甚至是我的孩子。如果我能对他们的困难置之不理，当初也许我就不选择教师这一职业了。

我知道，我很不才，能力有限，不能帮助更多的孩子。许多的孩子和别的孩子相比，早早地就输在了起跑线上，我知道这是他们的悲哀，却无能为力。我现在能做的只是努力努力再努力，吃苦吃苦再吃苦，如果能多帮一个孩子，也许我的灵魂就少一份疼痛吧！

少年强则中国强，不知不觉中，我小小的梦想竟已与强国梦、中国梦相通。

愿所有的花朵都能随季开放！

愿所有的孩子都能适龄读书！

我梦想中的素质教育

罗凡

罗　凡

- 1984年生
- 旅美教师
- 美国教育学硕士

2008年毕业于南缅因州州立大学，专修英语语言教育学，对中美文化差异在校园环境中的影响颇有研究。现担任美国海德高中国际生学生指导，ESL语言部主任，国际部招生助理，舞蹈队主教练，田径队助理教练，校长翻译。

机缘巧合，我的成长过程似乎和中国的教育改革联系在了一起。小学一年级学校开始了愉快教育，初中的时候教育部开始倡导减负，进高中时第一次听到了素质教育，考大学时恰遇大学扩招。等到毕业时大学已经大规模扩招了一次又一次，大家觉得普通大学文凭已经不足以给自己带来天子骄子的待遇，于是大四纷纷考研，出国，上培训班，为了一个好一点的生活绞尽脑汁。我就是在那个时候磨掉一层皮考了托福、GRE，然后怀揣美好梦想申请去了美国读教育学硕士。研究生毕业后我在一所美国私立学校任职。由于没有政府资金资助，相对也不完全受教育部条例限制，美国每个私立学校都可以根据自己的建校宗旨搞特色教育，所以学校教育重点五花八门，有的强调学习，有的强调艺术修养，有的严谨，有的自由，而我任职的这所学校在教育界做得最好的竟是性格、素质教育。由此，我有机会从老师的角度，在一个不同的国度再度体验了一把素质教育。

每次我随校方去中国面试新生的时候都会问中国家长们为什么要把小孩送来我们学校，很多中国的爸爸妈妈都提到，中国的应试教育不好，把小孩逼得没有童年，大人也被磨得心力交瘁，最后好不容易读个大学也难逃高分低能、就业难的结局。可是美国不一样，我家小孩的素质能得到全面发展，有机会上哈佛大学那样的常青藤名校，就算上不了名校，小孩英语总能说好，比在国内只会考试要强。每听到这里，我都会想起自己当年头悬梁，锥刺股熬到凌晨一两点，妈妈陪在一旁整理错题、准备夜宵的场景。每当这时，我就会很有感触地跟家长们说："放心吧，我们一定会一起努力给您的孩子一个成就自我的机会！"

梦想往往是这样开始的，十几岁的中学生，离开了祖国，以为在新的国家没有了那些把自己压得喘不过气来的东西，从此以后一切都会好起来。然而就像我当年一样，学生和家长们很快就意识到，"素质"和"轻松"、"愉快"这两样东西其实是没什么关系的，像桥梁一样将你带到"高素质"这个岛屿的是"磨难"和"勇气"。在我们学校，中国学生面对的第一个挑战是体育。很多新生自信满满地说，我体育好，在学校能跑1000米！好吧，美国的校队训练，跑1600米是热身，经过一个半小时的高强度训练后再跑1600米作为运动后的放松。很多新生含泪抗议："我们以后又不当运动员，每天2小时体育训练耽误了我们的学习时间，我让我妈给校长发个邮件，利用训练时间写作业。"可是体育是学校课程的一部分，校长驳回父母请求，学生只能坚持（当然不排除个别学生要求国内医生开具患病证明最后导致国内医院所出具医疗文件全部视为无效的情况）。不出几个月，很多中国学生就发现，最能获得同学和老师尊重的不是那个跑得最快或者球技最好的，而是训练中最刻苦、最努力付出的人。当瘦小的中国女孩坚持跑完5000米，当国内堪称学霸的中国男生在摔跤比赛中毫不畏惧地抵抗对方一次又一次的进攻，当从未接触过橄榄球和草地曲棍球的中国学生在赛季末被美国老师推选为MVP（最有价值球员）的时候，中国学生们意识到“自己当初认为不可能的事情，经过努力都能成为可能。美国同学尊敬我，不是因为我背着LV的书包上学，用Gucci的皮带，而是因为我在最累、最害怕的时候没有放弃”。

一年下来，经过类似的各种挑战，当初或害羞，或脆弱，或不懂事的学生们慢慢成长，变得有责任心，自信，敢作敢当。内心强大之后，谁还需要竭尽全力用各种名牌保护自己？刚开学时的炫富风也慢慢淡去了。学生们爱谈论的大多是健身、旅行、爱好和自己的思想。

有的人说在国内没这个环境，攀比风严重，应试教育剥夺了学生的大部分时间，哪里有时间让他们从体育训练中体验这些磨难。这话有一定的真实性，我真心希望中国学校能给学生一点时间锻炼身体，可是就算学校配合，空气质量也不一定配合，在大城市让学生跑个5000米下来有可能出现呼吸道不适。但这样说也不全对，就像成为运动员获奖不是参加体育训练的唯一回报一样，获得高分也不是做题的唯一回报。工作中有时压力大，时间长，很多美国同事都怨声载道，受不了，可我不怕，为什么？因为这种工作时长和压力与奋战高考那一段比起来差远了，想用工作时长把我打垮不是一件容易的事！也许我们现在不能改变分数决定一切的现状，可是学生们不需要因为课堂上学的知识也许以后用不上而心生怨恨，以此为由而不学习，或要求父母送你出国。名校文凭、分数、金钱，这些都是身外之物，你由此获得的勇气、坚韧是谁也夺不走的，是你自身素质的一部分。如果学生非要父母花大半辈子积蓄送你出国，你是否为此做出了相应的奉献，配不配得上他们的牺牲？这也是家长必须要求子女考虑的问题，否则出国之后只会更加头疼。

有一位学生的爸爸跟我说过，他最大的恐惧是自己在过世前没能教会儿子独自面对这个社会的能力，没能给儿子创造一个拥有幸福生活的前提。还有一位妈妈说，她对孩子投入这么大，要求这么高，是希望他不要走弯路，不要吃自己年轻时吃过的苦。我想素质教育也好，高分名校也好，父母们归根结底是希望孩子们以后能过得开开心心。可是怎样才能保证孩子们以后的幸福呢？这是个很难回答的问题。我们都知道有钱不代表幸福，但是很多父母尝过比身边人都要穷的滋味，不想让自己的孩子在那样的感觉中过一辈子。所以我觉得教授孩子获取幸福的能力必须是教育的一部分，而勇气是获取这种能力的根本。

勇气不代表没有畏惧，勇气是在你害怕的时候依然愿意毫无保留地付出全部努力，然后坦然地面对结果。很多家长，包括我的父母都在尽自己的一切可能帮助孩子不失败。“我家孩子好像从小对英语没兴趣，刚开学就得找个老师补英语，免得他考不好影响自信。”“我家户口在武汉，可是小孩从小在上海上中学，中考、高考得回户籍所在地，一定拼不过武汉考生，所以必须送他出国。”在这样环境中长大的学生有的觉得“失败是一件可耻的事情，不然我的父母不会那么竭尽所能帮我避免失败，我失败一次，就是让父母失望一次”。这样的学生很怕失败，付出之后一旦失败往往会被极大的愧疚感折磨，别说快乐了，有的甚至会出现抑郁症或自杀倾向。有的学生丧失学习主动性，觉得反正父母也不相信我有独立解决问题的能力，还不如怎样开心怎样过，有的害怕会失败所以从一开始就不愿意百分之百地付出，这样万一失败了还能满不在乎地跟别人说“我要是努力，这些人都不是我的对手”。既然不管父母如何努力也无法彻底扫清子女生活中的障碍，为何不给孩子一个失败的机会，然后培养他们从失败中站起来的勇气？失败很正常，不开心很正常，真心付出没有回报也很正常，只要你努力，愿意尝试，我们就不会失望。看重努力程度而不是结果，既尊重他们的成功，也尊重他们的失败，应该是小孩子们最需要从父母那里得到的支持吧。

我的素质教育梦很朴素，不包括多才多艺、口若悬河、入得厨房出得厅堂那些东西，我希望中国的父母和老师能给学生经历磨难和失败的机会，培养他们面对真实生活的勇气，这是他们以后能否过得开心的根本。年轻的朋友们，如果环境给你们的压力很大，你们就要拥有更强大的内心来面对。因为你们是什么样，未来的中国就是什么样。世界上刻苦努力的人只有10%，如果你愿意付出，就算你不会拉小提琴，没穿过爱马仕，你也已经是这10%的精英中的一员了。而中国，因为拥有你们必定更加强盛！

牧 丹

- 1985年生
- 网络公司运营总监

毕业后在301医院高干病房做护士，两年后为了爱情从北京奔走到长沙，结婚七年，曾在阿里巴巴做过销售，在保险公司做过主管，做过核保师。

让城市零距离

牧丹

2008年，是个逐梦的年份。

那一年，中国迎来了属于自己的第一场奥运。

那一年，“08我家网”也正式开启了梦想的旅程。

中国人讲究“安居乐业”，几乎每一个国人的心中，都有一个简单而又美好的梦想：买一套属于自己的房，亲手布置一个能为自己和家人遮风避雨的家。

在长沙，有这样一群年轻人，他们初到这个城市打拼，用攒下的首付款买房，他们追求家居装修的品质，却因囊中羞涩而一次一次在大牌建材商场前望而却步。他们通过网络结识，因为装修聚集到了一起，从陌生人变成了无话不谈的好朋友。

彼时，“团购”这个词儿，还是个新鲜词儿；而他们最初的愿望，也只是想互帮互助，抱团去装修市场砍价，希望能用自己并不充裕的钱包，去打造心中完美的家。

他们有着年轻人特有的激情，了解网络，利用网络，喜欢分享，善于交流；这样的特质也吸引了越来越多正在装修的年轻人，每一次成功的抱团砍价，都成了他们组建的QQ群——“2008我的家装修交流群”里津津乐道许久的话题。

也许最初，他们并不曾想过，几个人的“团”，会有朝一日发展成几万人的“团”。他们更不曾想过，当初建立起来只是用来记录自己装修历程的网站，会最终发展成长沙最大的原创装修交流网站……

也许，每一个刚刚萌发出来的梦想，都是卑微而又渺小的；但不断地坚持，却让这个梦想，茁壮地成长！

我想，作为“08我家网”的创始人之一的我，是深感骄傲的。而走进这样一个团体，对我来说，更是一种偶然。

2007年，我来到长沙这座陌生的城市，没有亲人朋友。这样的日子总是过得有那么一点惶恐和孤单，在跑建材市场的时候，因为不熟悉路而坐错过公车，也因为不了解市场行情而经常“挨宰”。

我很感激网络，让我能够结识这群一起装修的“网友”，让我觉得不是孤军奋战，我细致地记录下了装修的点点滴滴，发表在了我们的网站上；而这篇装修日记，在短短的几个月，就有了十几万的点击率。很多网友鼓励我，与我分享装修过程中的苦与乐，居然还有很多刚刚踏进装修历程的网友，会把我的装修日记打印成册，当成自己装修的“宝典”……一度，我成了众多网友装修的“风向标”，我买什么，大家就跟着买什么……

这是一种很奇妙的体验。当你知道，原来这么多人需要你，这是多么巨大的成就感。这样的成就感，完全让你忽略了所付出的时间和精力。

而这个开始于2008年的网站，也从几个人的乐园，变成了几万人的乐园；几篇自娱自乐的装修日记帖的论坛，也变成了几百万帖数的装修交流门户网站；几个年轻人一时兴起建立的网站，如今也注册了实体公司。

当我发现，原来有这么多的人，需要这个网站的存在，我毅然辞去了待遇优厚的工作，在“08我家网”担任运营总监，这对几年前护士专业毕业的我来说，完全是不曾想到的。

也许，对现在的“08我家网”的年轻员工们来说，行业跨度如此巨大的我，是一个奇迹。

但他们，都不曾体会过在创业的初期我所走过的艰难。

当网站还没有任何广告收入的时候，我们只能用自己不多的积蓄维持网站的运作；我们贡献每一个周末和深夜，却没有一分钱的收入；在我们的家人全都持反对意见的时候，我们是靠着彼此鼓励，撑过最艰难的时光；我们曾一次一次被同行攻击，也曾遭受过外界的质疑，而当我们刚刚有了些许起色，原有的团队却因为发展意见的分歧，而分道扬镳，给了这个还在蹒跚学步的事业一个沉重的打击……

我们每个人，都曾经历过对“08我家网”未来发展的怀疑，而作为双胞胎母亲的我，也曾因为家庭事业无法平衡而一度想过放弃。可是，我们又无法放弃！因为当“08我家网”发展到一定程度的时候，它已经不再是我们私有的“08我家网”，它承载着几万个人的关注和期待。这份责任何其重……

我们对彼此说：“唯有浴火重生，方能成为凤凰。”于是咬咬牙，坚持过来！

也许今天，在很多人眼中，我们是成功的。但从创业初期坚持走到现在的我们，才能深深体会今天成功的得来，是如此不易。

2013年的“08我家网”，亦开启了它新的梦想，它不仅仅只是为装修的人们提供交流分享的平台，它还拥有了婚嫁、母婴、购物、美食等的交流平台，它将渗入生活的每一部分，陪伴更多的人走过他们人生每一个重要的时刻……

杭州有“19楼”，湖南，也可以有“08我家网”。我们要让城市变成零距离，用网络去传播正能量！

这样的梦想，其实很庞大，对“08我家网”来说，又是一个新的开始，无法预料的未来。

但是我们从没有丧失过勇气，不小觑自己的梦想，每一个梦想，都可能会推动社会的进步和发展，我们坚持要做湖南最好的分享交流平台！

文末，想用马云先生的一句话，和所有走在创业初期的年轻人共勉：“中国，不缺乏有梦想的年轻人，但唯有能坚持梦想的人，才能最终获得成功。”

让我们一起，敢于梦想，坚持梦想。

第四篇

美丽中国梦

在中华民族五千年的悠久历史中，“天人合一”、“万物一体”的朴素哲学贯穿于人类与自然和谐共处的认知之中，建设“山林川谷美，天材之利多”的绿色大地一直是中国人民的追求和梦想。

为了让生态文明重新回归，为了让神州大地处处绿水青山、莺歌蝶舞，为了美丽中国成为真实，我将乐此不疲，成为绿色追梦人。

林海寻梦

李文华

李文华

- 1932年生
- 中国科学院地理科学与资源研究所研究员
- 中国工程院院士
- 生态学和森林学家

长期致力于森林生态和资源生态的研究，建立了高原森林、草地和农田生态系统优化模式，成为区域可持续发展的重要基础；领导西南资源开发研究，为国家发展战略向西部转移提供了科学依据；倡导生态农业研究，使“千烟洲模式”成为红壤丘陵整治的典范；组织领导“人与生物圈”等多项大型国际科研计划；在自然保护区管理、森林科学经营、区域生态建设方面，做出了重要贡献。

建国初期，我国著名爱国人士、林学家、第一任林业部长梁希曾满怀激情地提出：“无山不绿，有水皆清，四时花开，万壑鸟鸣，新中国的林人，也是新中国的艺人。”他的话激励了一代代林业工作者献身于祖国的林业现代化事业，这也成为我的梦想和孜孜以求的目标。

当1949年我考入北大农学院学习时，我对于林业并没有深切的感受。特别是当时的社会对林业缺乏了解和应有的重视，我感到自己可能是选择了错误的专业而“误入歧途”了。但是当我通过学习，并进一步深入到我国森林林业的现实时，我逐渐改变了自己的观念。我国独特而复杂的自然条件，丰富的物种组成，多种生态系统类型，社会发展的需求、全球环境的变化以及科技的发展，使我从朦胧的选择回到现实中来，同时逐渐建立起自己绿色的梦想并成为自己终身为之奋斗的目标。

森林是陆地最大的生态系统，以其辽阔的面积、巨大的生产力和多样化的生态功能为地球生物圈良好状态的保持提供了根本保证。我国复杂的自然条件孕育了多样化的森林生态系统，是地球上生物多样性最为丰富的国家之一，但也存在着面积不足、 质量不高、森林生态系统脆弱和分布不均匀等问题。作为身处其中的林业科学研究者，这一切都向我们提出了巨大的挑战。

我国森林经营经历了以木材生产为主导到向可持续发展转型的过程，这种转型主要受到两方面因素的影响：一是我们面临的由于对森林的过度索取而导致的资源枯竭和生态环境破坏等现实压力；二是生态学研究改变了我们对森林价值的片面认识。特别是对森林生态系统服务功能的研究，使我们了解到森林的真实价值、全面价值，即它绝不仅仅是木材本身的产品价值，还包括其生态功能、文化功能和支持功能所具有的价值。认识的变化促进了森林可持续经营理念的形成。在这其中生态学家发挥了至关重要的作用，我也在这样的工作中追寻着自己的价值和梦想。

多年来，在一代代林业科学工作者的努力下，我国林业在多方面取得了丰富的成就。一是在生物多样性保护方面。我们开展了生物多样性的调查、评价与监测，对有害生物入侵进行有效的预警、监测与防治，建立起多个自然保护区，在生物多样性保护与生物产业发展上取得了丰硕的成果，同时在一定程度上实现了生物多样性可持续利用与惠益分享。二是在森林生态系统管理方面。我们在生态系统的类型及其区域空间格局研究、生态系统的网络监测与长期定位研究和生态系统服务功能价值评估等方面取得了一定的研究成果。三是在退化生态系统恢复方面。我们在退化生态系统恢复理论与方法、典型地区生态系统恢复和生态保护与建设上卓有建树，包括建设起多个大型林业生态工程。四是在森林与全球变化研究方面。我国是全球变化领域科学研究的发起国之一，我们开展了森林生态与全球变化国际合作项目研究、森林生态系统定位研究、气候变化与碳循环研究，以及全球变化的影响及其适应研究等。五是在森林经营与可持续发展方面。我们开展了森林可持续经营管理的试点工作以及森林城市的建设、生态省的建设工作并取得了丰硕的成果。这些成就的取得离不开无数林业科学工作者的勤奋工作，而他们也在这样的奋斗和奉献中实现了自己的人生追求和梦想。

当然，在取得成就的同时，我们也要清醒地认识到我们所面临的问题，一是我国森林资源总量不足、质量不高和效率较低的问题；二是林区农民脱贫与森林可持续经营在短期内矛盾的问题；三是环境与生态问题；四是发展与保护的双赢统一问题；五是森林可持续经营面临的体制机制问题。

我们需要直面问题，并努力创新森林经营实践，才能有助于问题的解决。这种创新主要体现在三方面。一是理念创新，将森林可持续经营纳入到区域生态文明建设之中，科学认识和充分发挥森林生态系统服务，积极探索解决林业生产的长期性和群众改善生活的急迫性之间矛盾的道路；二是技术创新，建立具有中国特色的可持续林业经营体系，重视新技术的创造、发明和传播，特别是注意与绿色经济、循环经济的结合和非木制产品的可持续经营；三是制度创新，创新现有的采伐管理和森林经营制度，深入开展集体林权改革和参与式林业经营制度，建立绿色核算机制，完善生态补偿制度。林业建设是一项长期的工作，需要我们一代又一代林业人的不懈努力。

青年是未来的希望，是科学的栋梁。我们殷切希望工作在第一线的青年林业科学工作者不断开拓创新，想他人不曾想，做他人不曾做，勇为人先。在宏观环境还不尽如人意的情况下，以天下生态为己任，以埋头奉献为荣耀，以创新、积累为志趣，甘于寂寞、淡泊名利、超越世俗、超越自我，扎扎实实地做好基础研究工作。在科研实践中，掌握翔实、准确的第一手资料，同时要发扬团队精神，群策群力、协同攻关，勇攀科学高峰，为我国林业现代化事业的发展、为中国社会的可持续发展添砖加瓦。在国际交流与合作中，我们要做到有理有节、不卑不亢、互惠互利。我们既要学习国际先进经验，又要结合我国实际；既不要盲目自满，又不要妄自菲薄。相信随着国家的强盛和对科研投入的不断加大，我国的林业科学工作者，特别是青年一代的学者必将在中华民族伟大复兴的过程中，在建设生态文明和美丽中国的过程中，能够不断创造奇迹，迎接新的辉煌，在实现美丽中国梦的过程中实现自己的多彩人生梦！

中国人的绿色梦

孙鸿烈

孙鸿烈

- 1932年生
- 中国科学院地理科学与资源研究所研究员
- 中国科学院院士
- 世界科学院院士
- 土壤地理与土地资源学家

曾任中国科学院副院长、国务院学位委员会委员、国际科学联合会副主席等。长期从事自然环境及区域发展研究，1973年起主持中国科学院青藏高原综合科学考察，取得重大研究进展；1988年以来积极推动我国的生态建设和环境保护，倡导并组建了中国生态系统观测研究网络，将资源环境的研究推向深入。1987年获国家自然科学奖一等奖，2009年获意大利世界实验室马约拉纳和平科学奖，2012年获国家科技进步奖一等奖。

在中华民族五千年的悠久历史中，“天人合一”、“万物一体”的朴素哲学贯穿于人类与自然和谐共处的认知之中，建设“山林川谷美，天材之利多”的绿色大地一直是中国人民的追求和梦想。

父亲孙健初在建设玉门油矿之初，儿时的我就骑着骆驼走过沙漠戈壁，见识过西部漫天的风沙；大学实习时去过湿热的南方调查橡胶宜林地，郁郁葱葱的原始山林给我留下深刻印象；读研究生时随苏联专家考察过黑龙江流域，肥沃的黑土地和滚滚的江水让我领略到祖国山河的壮美；工作后为揭开世界屋脊的神秘面纱，我多次攀上海拔几千米的青藏高原，那壮阔的雪域冰川、鲜活而又不被认知的动植物，令人惊叹大自然的造化！我从事地学工作60年，几乎走遍了祖国的山山水水，既领略了祖国山河的壮美，同时也深感自然条件先天不足，而生态环境又不断退化的严峻。

我国960万平方公里陆地面积上，青藏高原、西北干旱区、岩溶地区和黄土高原占到2/3以上，为开发利用带来难度。在人类活动和气候变化影响下，生态环境恶化态势明显，近60%的耕地受到干旱、洪涝、盐碱等各种因素制约，质量相对较差；我国土地退化面积高达539万平方公里，占全国土地总面积的56%，其中水土流失面积180万平方公里，沙化土地33万平方公里，土壤盐渍化99万平方公里，草场退化200万平方公里；我国多年平均年水资源总量远低于巴西、加拿大等诸多国家，而且地域上分布很不均衡，南多北少、东多西少；不少地区地下水过量开采，形成漏斗，地面塌陷；全国输沙模数大于每平方公里1000吨的面积超过60万平方公里，黄土高原年输沙模数大于每平方公里5000吨的面积就有11万平方公里，水土流失造成土壤肥力降低、河流泥沙淤积；我国的天然林由于毁林开垦、过度采伐，覆盖率显著下降；建国后全国有19万平方公里草地被开垦，被开垦的草地处在耕作边缘带上，极易沙化；围湖造田是导致我国湖泊水面减少的主要原因，江汉湖群数量从20世纪初的1066个减少到80年代的309个，湖泊面积从8330平方公里锐减到2600平方公里，蓄水能力大大减少。

从上面这些变化可以看出，我国社会经济活动对生态环境产生了重大影响，全球变化和人类活动的共同作用更是加剧了生态环境恶化趋势。如何遵循地带性规律进行生态建设，实现我国绿色梦是摆在党和国家领导人、广大科技工作者和社会大众面前的重大课题。强化生态建设与环境保护势在必行。

可喜的是，我国已积极采取了应对措施为实现绿色梦奠定了基础。我国在“九五”计划中就提出了“转变经济增长方式、实施可持续发展战略”的目标。党的十六大将推动整个社会走上生产发展、生活富裕、生态良好的文明发展道路作为全面建设小康社会的四大目标之一。十六届三中全会提出“五个统筹”和“科学发展观”，六中全会提出“构建和谐社会，建设资源节约型社会和环境友好型社会”。十七大将“建设生态文明”作为实现全面建设小康社会奋斗目标的五大新的更高要求之一。党的十八大报告明确提出“建设生态文明，是关系人民福祉、关乎民族未来的长远大计”，“建设生态文明，实质上就是要建设以资源环境承载力为基础、以自然规律为准则、以可持续发展为目标的资源节约型、环境友好型社会”。

我国是一个负责任的大国，2009年温家宝总理就应对气候变化明确提出：到2020年我国单位国内生产总值二氧化碳排放将比2005年下降40%~45%，作为约束性指标纳入国民经济和社会发展中长期规划；我国非化石能源占一次能源消费的比重将达到15%左右；通过植树造林和加强森林管理，森林面积将比2005年增加4000万公顷，森林蓄积量增加13亿立方米。这是我国根据国情采取的自主行动，是我国为全球做出的巨大贡献。

改革开放以来，我国积极进行生态工程建设。以1978年国务院批准实施“三北”防护林建设工程为标志，中国林业进入了保护和培育森林时代。2001年起，国家实施了“天然林保护”、“退耕还林”、“京津风沙源治理”、“三北及长江流域等防护林体系建设”、“野生动植物保护及自然保护区建设”和“速生丰产用材林基地建设”等六大重点工程，范围涵盖全国各省、市、自治区。在草原生态恢复和建设方面，国家先后实施了“退牧还草”、“牧草种子基地”等重大工程。此外，在自然保护区建设、湿地保护及生物多样性保护等方面，国家启动多项工程项目进行生态环境建设。

这些生态建设工程取得了巨大生态、经济效益。过去15年我国林业重点工程共造林近5500万公顷。截止到目前，国家通过实施草原生态保护补助奖励机制和草原重大生态建设工程累计围栏封育草原6000多万公顷；我国已建成2623个自然保护区，其中国家级自然保护区336个；湿地方面已实施湿地保护和中央财政湿地保护补助项目125个，恢复湿地约2万公顷，国家湿地公园总数达到298处；退田还湖工程在长江流域增加蓄洪面积2900平方公里，增加蓄洪容积130亿立方米；我国累计初步治理水土流失面积近110万平方公里，较1998年增加了35万平方公里。

作为一名关注生态环境的地理学者，数十年来我参与了一系列的生态研究项目，而且也不遗余力地为合理利用和保护生态奔走呼吁。我相信在党的正确领导下，在科学家的努力下，尊重自然、顺应自然、保护自然的生态文明理念必将更加深入人心，“山林川谷美，天材之利多”的景象定会在中国大地实现，我们的绿色梦必将实现。

郭 琨

- 1935年生
- 高级工程师
- 中国科学探险协会顾问
- 中国科普作家协会会员

曾任国家南极考察委员会办公室主任、中国南极研究学术委员会副主任、中国科学探险协会副主席。曾作为南极科考队队长率队七赴南极，筹建了中国极地研究所和南极训练基地，两次荣立一等功，获得国家科委中国南极考察科学研究科技进步奖二等奖、国家海洋局中国南极考察科学研究科技进步奖特等奖等多项国家级重大奖项。著有《中国南极长城站》等多部著作。

守望南极

郭琨

“僵卧孤村不自哀，尚思为国成轮台。夜阑卧听风吹雨，铁马冰河入梦来。”南宋大诗人陆游68岁写的这首诗，是我这些年来常常吟诵的诗句。

如今，我蛰居斗室，困守轮椅，遥望南天，心潮起伏。只要闭上眼睛，即刻就会看见狂风夹着雪花在冰原上飞舞，听见大海掀起排山倒海的狂澜发出的吼声，我看见茫茫夜空飘忽的极光的彩带，也看见可爱的企鹅成群结队向我走来。这壮丽的景色时时在我的梦中出现啊！

每当吟咏放翁的诗句时，每当翻阅弥

足珍贵的南极照片和资料时，我便情不自禁地想起在南极暴风雪中拼搏的岁月，想起在南极冰雪荒原上升起第一面五星红旗的情景，想起建成中国南极长城站和中国南极中山站的日日夜夜，这是多么令人难忘的峥嵘岁月啊！

每当这个时候，我就回到了魂牵心系的长城站、中山站的怀抱中，就回到了执著追求的、潜心探索的冰雪王国——南极的怀抱中……南极事业已成为我生命的一部分，已融化在我的血液中。

众所周知，南极考察探险在西方始于18世纪70年代，但直到20世纪80年代，我国才开始南极考察。1978年是一个转机。鉴于1984年是第四届国际地球物理年，重点之一是南极考察，我国决定参加这一国际科学考察活动，由此拉开了我国南极考察的序幕。

我有幸赶上了历史的机遇。1978年6月，国家海洋局遵照国务院的指示，沈振东局长召开会议，讨论研究了开展南极考察工作问题。1978年7月，国家海洋局科技部部长翟珍瑞在布置工作时，把南极考察工作任务交给了我。当国务院1981年5月批准成立国家南极考察委员会时，国家海洋局组建了委员会主持日常工作的办公室，称南极办公室，任命我为主任。从这一刻起，我就抱定了“要把一腔热血洒在南极事业上”的人生目标，毫不犹豫地把全部生命献给我国的南极事业。

我至今还难以忘记1983年参加南极条约第12届协商国会议的情景：

1983年5月，我国正式加入南极条约，成为南极条约缔约国。同年9月，中国代表团第一次以观察员身份出席在堪培拉召开的南极条约第12届协商国会议。代表团共3人，团长是外交部条法司司长司马骏，外加我和一名翻译。由于南极条约的参加国有协商国和缔约国之分，凡是在南极建有科学站并且独立开展了科学考察的国家，才有权取得协商国的资格。我国仅仅是南极条约的缔约国，而不是协商国。在这次会议上，我国发现缔约国很受歧视，在座位安排上，文件发放上，都是区别对待。最令人不能忍受的是，每当讨论有关南极事务的重大议题，要通过决议，进行秘密协商时，缔约国的代表都要退席。这种不平等的待遇，深深地刺痛了我的民族自尊心。在联合国5个常任理事国中，唯有我国不是南极条约的协商国。在南极事务中，我国没有发言权和决策权。这和我们10多亿人口的国家的地位是极不相称的。

当时我就对团长说："以后不在南极建成我国的南极站，我决不再来参加这样的会议！"

在南极建站，这是关系到民族的尊严、国家荣辱的大事。

正是由于这样一种心情，怀着为国家争光的信念，誓把祖国神圣的国旗插上南极，我和许多怀有"南极梦"的战友们，在以后的日子里，以百倍的努力，投入到我国在南极建站和开展科学考察的神圣事业中。

1984—1985年南极那个多暴风雪的夏天，是令人难忘的。在中央的关怀和全国人民的支持下，中国首次南极考察以两船两队的空前规模开始了远征南极的使命。我在此前已两次赴南极，这次被任命为中国首次南极洲考察队队长。主要任务是领导建成中国在南极的第一个考察站——中国南极长城站（担任首任站长），开展站区的科学考察。

中国在南极建站，举世关注，不少外国朋友好心地忠告，在南极如此恶劣的环境条件下建成科学站，仅仅在一个南极夏季，是根本不可能的。谢谢朋友们的忠告，我们中国人要把这个"不可能"变为可能。

党中央、国务院十分重视和关心中国首次南极考察。邓小平同志为首次南极考察题词："为人类和平利用南极做出贡献。"指明了我国南极考察的方向，为考察队壮了行色。万里、胡启立同志接见了南极考察队员，李鹏同志三次听取考察队的汇报。题词和中央领导同志的指示、叮嘱，特别是多次指示和要求"安全第一，初战必胜"使我们受到了极大的鼓舞，更加坚定了圆满完成任务的信心和决心。我们提出了“振兴中华，为国争光，用我们的血和肉筑起我们新的长城”的誓言！

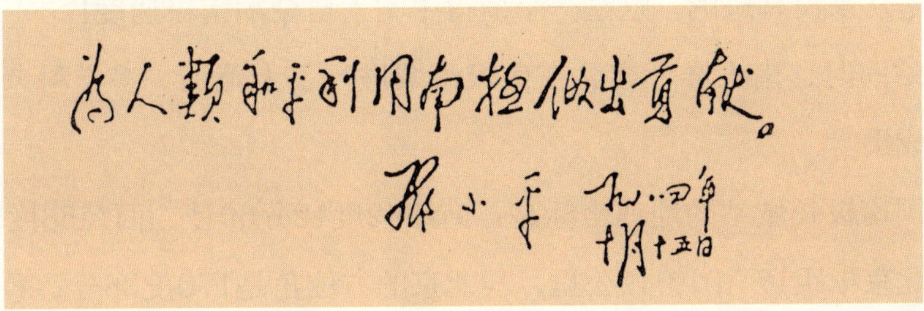

邓小平题词

考察队乘船从上海起航，横穿波涛汹涌的太平洋，穿越狂风恶浪的西风带（又称暴风卷）和德雷克海峡，一个多月的海上生活，很多队员晕船呕吐，不吃不喝，“一言不发，二目无光，三餐不食，四肢无力，五脏翻腾，六神无主，七上八下，九（久）卧不起，十分难受”，就像生了一场大病。我们说这是远征南极要战胜的第一道关卡。

登上南极乔治王岛后，我们立刻就发现困难比预想的要严重得多：众所周知，南极素以“世界寒极”、“世界风极”、“白色沙漠”著称于世，南极年平均气温零下25摄氏度，最低气温零下89.2摄氏度。而南极的夏季短暂，天气瞬息万变，最低气温也达零下7摄氏度。海洋狂风恶浪，光是把500多吨建站物资从大船运上岸，就花费了17天，而留给建站的时间已经不到1个月了。

没有任何退路，我们南极洲考察队54名队员，团结一心，一个思想，一个目标，一个劲头，顽强拼搏，每天劳动十七八个小时，有时连轴干。大家迎风冒雪，夜以继日，在岸边建筑码头，在冰原雪野上开凿冻土，打下地基，组装房屋，安装通信天线，建设通信电台，建起发电站、气象站和食品库房……那是英勇奋战、顽强拼搏的日日夜夜，我们争分夺秒，从开始施工到建成仅用了27天，一座微型科学城——中国南极长城站（包括主楼、宿舍楼、发电站、通信天线塔、电台和医务室、气象站等），屹立在南极乔治王岛上，并且实现了当年建站当年越冬使用。这在各国南极建站史上是从来没有过的。这是一个值得中国人自豪的南极速度！

建站同时，南大洋考察队在南极海域进行了大范围、多学科考察，取得丰硕成果。

中国南极长城站的地理坐标是：南纬62度12分59秒、西经58度57分52秒，与北京相距17 501.949公里，与北京的方位角是170度38分27秒。

中国南极长城站的建成和独立开展科学考察，实现了中国几代人的“南极梦”。中国南极长城站的建成为中国极地考察闯出了路子，迈开了步子，站稳了脚跟，打好了基础，赢得了权益，提升了我国的国际地位。不久，我国正式成为南极条约协商国，在国际南极事务中有了发言权和决策权（重要问题一票否决权）。我有幸参与了这一重大外交行动的全过程。

此后，国家决定在南极大陆建立第二个考察站——中山站，我先两个月搭乘澳大利亚“冰鸟”船赴东南极大陆。选择站址的调研，实地考察，参观有关国家科学站的设施和开展科研的项目，最终确立了在东南极大陆拉斯曼丘陵的维斯托登半岛上建第二个考察站——中国南极中山站。

中山站地理坐标为南纬69度22分24秒、东经76度22分40秒，与北京相距12 553.160公里，与北京的方位角是32度30分50秒。所在拉斯曼丘陵地处南极圈之内，是进行南极大陆和南大洋科学考察的理想区域。

中国南极中山站建成于1989年2月26日，我受命领导建设中山站的艰巨任务，担任中国首次东南极考察队队长，并任中国南极中山站首任站长。

由于拉斯曼丘陵地带位于南极圈以内，寒冷、干燥、风大，气候恶劣远远甚于乔治王岛，有极昼与极夜现象。尤其是浮冰区极其严重，即使在短暂的南极夏季，也会出现。大面积的浮冰密度大、坚硬，使考察船航行得十分艰难，最终“极地”船被浮冰撞出了一个1.1米×0.7米大的洞。特别是拉斯曼丘陵地的陆缘冰又宽又厚，更增加了人员上岸下船及物资卸载的困难。当“极地”船驶入普里兹湾距岸边400米准备卸运物资时，突然遭受到三次特大冰崩的袭击，考察队处于船毁人亡的危险境地。船只被冰山浮冰围困七天后，才抓住时机突围脱离险境。中山站的建设遇到的千难万险，真是一言难尽啊！

全体队员不畏艰险，昼夜不息，顽强拼搏，仅用29天，完成了1654.85平方米的工程建筑及附属设施，当年建站，当年越冬。

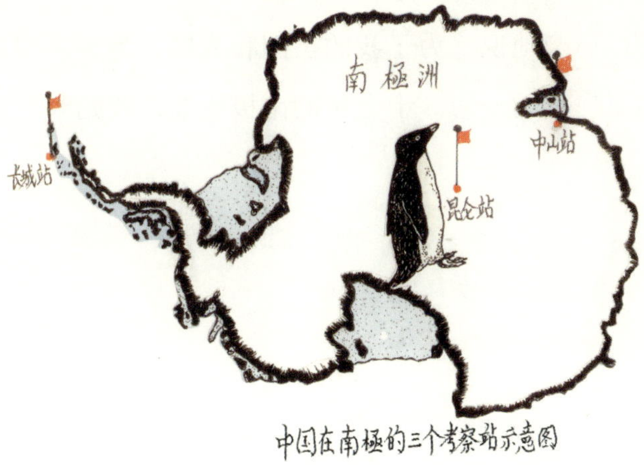

郭琨手绘的南极考察站示意图

中山站现有各种建筑15座，其中包括办公栋、宿舍栋、气象栋、科研栋和文体栋，以及发电栋、通信电台、油库、食品库、车库等，生活设施齐备，可以满足考察队员的工作和生活需要。

它和长城站及后来建成的昆仑站，已成为我国向南极洲冰雪世界挺进的科研基地，在为人类和平利用南极的事业中，必将长远地发挥重要作用。

作为一个“老南极”，每当听见“雪龙”号嘹亮的汽笛声，看见鲜红的国旗在南极冰原上空飘扬，我都不禁热血沸腾。我多么希望再一次重返南极，再一次领略那凶猛的暴风雪和惊涛骇浪啊！但是，现在这只能是我的梦了。

我这一生，不懈地追求着南极梦，这也是13亿中国人世世代代追求的南极梦。

我十分高兴的是，2013年春节，中国第29次南极考察队王建国同志从南极发来短信，给我拜年问候，我很感动，当即回短信，向他和队员同志们拜年！短信是："王建国同志和同志们，你们好！'远征南极身犹健，历尽千艰胆未寒，极地事业洒热血，海洋强国做奉献。'"

如今，我可以自豪地说，为了我的祖国和人民，为了实现南极梦，我问心无愧地献出了自己的一切。十七年的南极生涯，我始终"为而不持，功成而不处"。

重拾中华文明中的生态文明

邓延陆

对于一名作家来说，最美的梦大概莫过于自己呕心沥血之作面世，而且能够让自己的作品对祖国和当前、身后的社会进步有所裨益。擅长写小说、散文、诗歌的纯文学作家们皆是如此，科普作家们则更是如此。纯文学作家们通过妙笔生花的文学作品向社会传播真、善、爱等伦理道德，科普作家们则通过各种文学创作的方式，向社会公众传播、普及现代科学知识，因而对社会和科学进步肩负的责任更大。

我自幼就沉湎于法国著名科幻作家儒

邓延陆

- 1946年生
- 湖南省知名科普作家

曾任《环境时报》首席记者、长沙环境保护职业技术学院客座教授。从20世纪70年代末就致力于科普创作，早期科学幻想小说《21世纪铁路漫游记》获全国铁路文学创作一等奖，并被联合国教科文组织列为世界交流书目；后编著出版科普图书100余种，其中《新农村环境保护读本》及绘图本丛书、《生态村官培训读本》丛书先后获全国环境科普创新奖。绿色中国人物提名候选人，第八届中华宝钢环境奖提名候选人。

勒·凡尔纳的作品，不仅仅是他写的科学幻想小说故事情节曲折离奇、扣人心弦，人物饱满且栩栩如生，更了不起的是他那些发表于一百多年前的作品中所描绘的科学幻想内容大多相继成为现实，让人们感到科学幻想作品并不是虚无缥缈、漫无边际的文人梦呓。受到这位“现代科学幻想小说之父” 的影响，我后来也走上了科普文学创作之路。当我还是一名铁路员工的时候，当铁路线上南来北往的是吐着浓烟、“吭哧吭哧”喘着粗气的蒸汽机车拽着绿皮车厢奔驰时，我的处女作《21世纪铁路漫游记》便依据现代化铁路发展的趋势，推理式地幻想与勾勒出原子能机车、磁悬浮列车、海底铁路隧道、自动验票式可移动站台等中国铁路梦。所幸的是，这些当初仅展现在我的科学幻想小说中的中国铁路梦，如今大多已梦想成真。

此后，我不断地通过科普文学创作，描绘、勾勒出一代中国人对科学现代化的梦，其涉猎范围几乎遍及人们的生活与向往。后来，一直到我的反映噪声污染危害的科学小说《悔恨》、反映当代环境污染公害的系列科学小说《苦命女郎》和《喷气式客机下的阴影》、反映解决能源危机出路的科学小说《雨潇潇》，尤其是反映当代环境污染公害的系列科学童话《机器人卡勒警探》相继脱稿问世，并在社会上引起较强烈反响之后，我的中国科普梦才逐渐明晰，并且“绿色化”。

每个人都会有自己的梦想，只有自己的梦想与中华民族伟大复兴相吻合，才能称得上是“中国梦”。自从党中央提出了生态文明建设的战略思想之后，作为一名科普作家和资深环境保护工作者，我深深感悟到，为什么在环境保护立为我国的一项基本国策近30年来，环境污染还会愈演愈烈？生态破坏还会日趋繁多？其根源在于人们在追求物质成果时丢失了中华文明的核心要素——生态文明，因而在发展经济的过程中不惜为了“金山银山”而丢弃“绿水青山”。人们的行为是受主观意识指导的，只有一个国家把生态文明意识作为中华民族的主流意识，把生态文明建设放在突出地位，融入经济建设、政治建设、文化建设、社会建设各方面和全过程，才能够建成全国人民共同拥有的梦想——美丽中国。

生态文明是中华文明的核心，也是实现“美丽中国”梦的根本。要让中华文明成为建设美丽中国的指导思想，就必须向全民普及生态文明知识，使生态文明成为当代中国人乃至子孙后代建设美丽中国的行动纲领。这也是每一位拥有强烈生态意识的科普作家所肩负的历史重任。早在1992年，我参与主编出版了全国第一套中小学生《环境保护读本》，使湖南率先在全国拉开了中小学课堂环境教育的帷幕。时隔20年，我主编出版了针对大学生“村官”和乡村“村官”的一整套15册的《生态村官培训读本》系列图书，又于2012年主编出版了全国第一本小学生《生态文明知识读本》，2013年又主编出版了针对高中生、初中生、小学生、幼儿园及社区公众等不同类型读者的《美丽中国　生态文明知识读本》系列，这些普及生态文明建设知识的几十种图书相继在湖南教育出版社出版之后，我的科普梦逐渐与中国的未来紧密扣合起来。此时此刻，我把毕生献身于科普创作和科学普及的梦想，与在全国普及生态文明建设知识的实践紧密地联系在一起，形成了或许与众不同的一名科普作家的绿色中国梦。

为了让这样的绿色中国梦能够梦想成真，我把绿色中国梦的基点放在了祖国未来一代人的身上。按照生态文明建设知识教育也要从娃娃抓起的宗旨，我们正与幼儿园老师们合作探索编绘一套适合幼儿园大、中、小班幼儿的《幼儿园生态文明知识》系列读物，尝试通过绿色儿歌与舞蹈、绿色游戏、绿色小巧手制作等方式，按照《幼儿园教育指导纲要（试行）》中的健康、语言、社会、科学、艺术教育要求，全方位、系统地融入建设美丽中国和生态文明的知识，开拓幼儿生态文明教育的新领域。梦想是美好的，然而为了实现梦想所付出的，并不像梦境的闪现那么简单、轻松，或许需要披荆斩棘，振臂呼吁，奔走呼号，甚至需要做出必要的舍弃与牺牲。科普事业本来就是“爬格子”、动脑筋、说服人的事情，在科普事业中选择绿色中国梦，选择和追寻与发扬生态文明相吻合的梦想，那么注定要穷尽毕生精力来实践梦想成真的追求。为了让生态文明重新回归，为了让神州大地处处绿水青山、莺歌蝶舞，为了美丽中国成为真实，我将乐此不疲，成为绿色追梦人。

我的冰冻圈科学梦

秦大河

“冰冻圈”是指地球表层由冰川（冰帽、冰盖）、河冰、湖冰、积雪、冰架、冰山、海冰，以及多年冻土和季节冻土等固态水组成的圈层，大气圈内的雪花、冰晶、冰雹、霰等固态水也是冰冻圈的组成部分。冰冻圈与大气圈、水圈、岩石圈（陆地表层）、生物圈一起被认为是气候系统的五大圈层。冰冻圈科学主要研究冰冻圈各组成要素的形成、发育、演化规律，以及各要素之间相互作用的过程；研究冰冻圈各要素和整体与气候系统其他圈层之间相互作用、转化和影响；研究冰冻

秦大河

- 1947年生
- 中国科学院院士
- 世界科学院院士
- 地理、气象学家

曾任中国气象局局长、党组书记，中国科学院资源环境科学与技术局局长。现任十二届全国政协常委、人口资源环境委员会副主任、中国科学技术协会副主席等职。长期从事冰川和极地研究，多次组织南、北极和亚洲腹地及青藏高原地区的科学考察，取得了一系列创造性成果，首次从理论上阐明雪的暖型、冷型和交替型密实化过程，建立了定量划分标准。2013年获得环境与可持续发展领域的诺贝尔奖——沃尔沃环境奖。

圈与经济社会可持续发展之间的关系。我就是主要从事冰冻圈科学研究的一名工作者。

我小时候写过一篇作文，题目是《长大要做探险家》，里面有一句话："我要让我的脚印，踏遍地球上的任何角落！"这是我的少年梦。从事科学研究40余年，我脚踏实地地逐步实现了我的梦想。作为研究冰冻圈和气候变化的科研工作者，我必须经常去野外考察，特别是要去那些寒冷的地带。最难以忘怀的是1989年我随一支由六名不同国籍的人士组成的国际横穿南极科学探险考察队，经过220个日日夜夜的艰苦跋涉，徒步行进5968公里，完成了人类历史上首次不借助机械手段横穿南极洲大陆的壮举。我成为徒步横穿南极的第一名中国人。在200多天里，我们每天都与严寒、冰雪、风暴、疲劳甚至生命危险进行着艰难的抗争，但我最终收获了800多个雪样，特别是采集到南极洲"不可接近地区"内一套完整的珍贵冰雪样品，填补了冰川学研究的空白，拥有了世界上唯一全部南极地表1米以下冰雪标本。

作为一名中国人，我感到无比骄傲，作为一名科学家又无比喜悦，这为我研究冰冻圈科学提供了不可多得的资料。如今，南极归来24年了，我已经67岁了，但我仍在追逐着冰冻圈科学研究的梦想。

从南极归来后，我用了将近两年的时间，对带回的雪样进行了分析，获得了诸多重要的研究成果。这些成果对解决南极冰盖冰的水汽来源、大气环流的特征、生物地球化学的循环、海冰的进退有重要的作用。当时国内没有实验室和科研仪器可以进行样品的分析工作，大多实验分析是在法国冰川与环境地球物理实验室完成的。在国外进行样本分析工作的时候，我萌生了一个念头——要为祖国建立一个自己的"冰芯实验室"。自己没有"武器"、没有实验室，这是科学研究上的重大缺陷。艰苦的野外工作获得的宝贵科学素材必须要有实验室进行分析。

然而，往往想法的诞生容易，实现的过程却并不简单。建立实验室的时候正值1991年，那时国家并不富裕，科研经费也很少。我当时获得的支持力度最大的科研课题也只有4万元，这也已经是国家自然科学基金委地学部当时较大的自主项目了。但是建一个实验室至少需要上百万元，这对于我和我的研究团队无疑是个天文数字！

我想既然不能一步到位，就先要些设备。横穿南极科学探险考察回国后不久，在一次被时任中国科学院院长的周光召接见时，光召院长关心地问起我有没有什么困难。那时我梦寐以求的就是建立中国人自己的冰芯实验室，便和周院长说："能不能帮助我们把这个实验室建起来？我想先要一台仪器。"周光召爽快地答应了。

于是，冰芯实验室有了第一台仪器——一台价值165万元人民币的MAT 251型气体稳定同位素比值质谱仪。冰芯实验室大楼还未建起来，这台仪器已开始运转。多年来冰芯实验室培养了近百名博士，多数与这台机器有过不解之缘。直至今日，时光过去20多年，这台仪器还在实验室运转着。

有了仪器，还需要安放仪器的地方。盖楼，谈何容易？冰芯实验室那座楼是我说服领导，厚着脸皮"借"来的。那座楼需要500多万元才能盖起来，我就四处借钱，大概凑够了120万元就开工了。工程老板说，先盖，没有钱，盖完了再给也行。等楼盖起来，所有的钱还完，实验室的第一批博士已经毕业。位于兰州市东岗西路的冰芯实验室大楼就这样建成了。

经过东拼西凑建成的冰芯实验室，已经从最初的中国科学院院级实验室，于1997年一跃成为中国科学院重点实验室，2005年由中国科学院寒区旱区环境与工程研究所、中国科学院青藏高原研究所和中国气象局气象科学研究院联合共建，2007年通过了科技部组织的国家重点实验室建设计划可行性论证会，成为"冰冻圈科学国家重点实验室"。

在担任近7年的中国气象局局长之后，我更加深刻地认识到冰冻圈与气候、冰冻圈与环境相互影响的重大作用。从局长位置卸任之后，我几乎将全部精力都投入到冰冻圈科学的研究上，2011年我牵头完成了国家重点基础研究发展规划（973）项目——我国冰冻圈动态过程及其气候、水文、和生态的影响机理与适应对策的研究，并获得科技部的表彰。近两年，我一直专注在冰冻圈科学内涵、外延及学科体系的基础研究。20世纪后期兴起的全球变化研究促进了冰冻圈科学的发展。冰冻圈作为气候系统五大圈层之一，以其表面反射率高、巨大冰体自身的冷储和相变潜热、温室气体的源汇，以及淡水资源储存量大等特点，成为全球气候变化研究中的重要圈层和最受关注的对象之一。全球和区域冰冻圈变化的适应、减缓和对策研究，也已成为冰冻圈科学研究的新内容。目前，我们已经编著完成《英汉冰冻圈科学词汇》，正在编著《冰冻圈科学词汇》和《冰冻圈科学概论》。相信这几项工作完成以后，中国的冰冻圈科学研究的基础学科体系就能够初步建立起来。这样我的冰冻圈科学之梦就又往前迈出了一步。

不断实现青藏高原科学研究新突破

姚檀栋

姚檀栋

- 1954年生
- 中国科学院青藏高原研究所所长
- 中国科学院院士

首届青藏高原青年科技奖、冰川冻土基础理论奖和 杰出青年基金获得者。长期进行冰川与环境研究，是我国冰芯研究的主要开拓者之一。先后成功地进行了祁连山敦德、达索普等世界高海拔冰芯的钻取和研究，系统研究了青藏高原及其周边地区的冰川变化。荣获国家自然科学奖三等奖、四等奖和中国科学院自然科学奖一等奖等，并获有国家发明专利。

我从事冰川和环境研究，现在是“青藏高原多圈层相互作用及其资源环境效应”首席科学家，不断追求青藏高原研究新突破是我的梦想。

我对冰川情有独钟是1975年与冰川的一次“约会”。那时我正在兰州大学读书，在老师的带领下我和同学们到祁连山“七一”冰川考察实习。乍见冰川，我被深深地震撼了！它洁白如玉，逶迤连绵，在太阳的照射下熠熠生辉，瑰丽壮观！我跟冰川真是“一见钟情”。

后来我师从被誉为“中国冰川之父”

的施雅风先生和著名地理学家李吉均教授。1987年，我又到法国格勒诺贝尔大学冰川与环境地球物理实验室做博士后，得到了世界冰芯研究权威、环境泰勒奖得主劳瑞斯教授和他周围一批一流学者的指导。一年半后，又来到美国Ohio大学伯德极地研究中心，与著名的冰芯专家汤姆森教授一起工作。冰芯作为冰川研究中一个新领域，通过科学家们的努力，已经在北极和南极钻取的冰芯研究中，找到了揭开全球变化之谜的“新钥匙”，使冰川研究在当代科学中焕发了新的活力。

在名师大家的教导下，我从最初对冰川懵懂的感兴趣逐渐深刻认识到它在大自然中的重要地位和研究它的重要意义。我开始投身于冰芯研究，并下定决心，要在中国的青藏高原上追寻自己的“冰芯之梦”。

青藏高原被称为“世界第三极”，由于其特殊的地理位置和海拔高度，成为南北两极之外科学家们最感兴趣的冰芯研究热点地区。

在青藏高原上考察是异常艰苦的。青藏高原平均海拔4000多米，在海拔六七千米高的地方工作是家常便饭。我和我的团队曾经在世界第14高峰、主峰海拔8012米的希夏邦马峰上考察，连续40多天我们都在海拔7200多米的高度上工作。高原缺氧，米饭蒸不熟，水烧不开，鸡蛋煮不熟，有时甚至会有生命危险。每年几乎有半年时间我们都是在这种恶劣的条件下工作的。虽然艰苦，可是我们的努力也换来了丰硕的成果。

经过多年努力，我们在冰芯与全球变化、冰川变化与寒区环境的研究方面取得了具有国际水平的成果，形成了具有鲜明特色的研究方向。我们成功地进行了祁连山敦德冰芯、古里雅冰芯、普若岗日冰芯等考察研究，推动中国的冰芯研究迈入新阶段；建立了高亚洲地区降水中稳定氧同位素和降水时气温关系的定量模型，纠正了西方学者的理论模型推测；以高分辨率冰芯记录阐明了青藏高原过去10多万年来的气候变化特征，揭示了冰芯所记录的过去一系列重大气候突变事件；揭示了冰芯记录的全新世以来的气候变化特征，并以年际变化的分辨率揭示了过去2000年来的气候变化。通过大规模野外实地考察、连续定点观测和对航片、遥感、冰川编目等资料的室内分析，发现在现代全球变暖影响下，青藏高原的冰川正发生全面和加速退缩，同时在不同地区表现出明显的区域差异性，并对这一地区的水资源产生重要影响。这些发现，是对冰川环境研究的重大贡献。

2003年，组织上让我筹建中国科学院青藏高原研究所。成立青藏高原研究所是中国科学院知识创新工程的重大需求，从凝练科研方向，提出具有战略性的科研任务，到借居办公室，招聘人员，我们经历了艰苦的创建过程。现在，我们不仅有了自己的办公大楼而且已建成了“一所三部”的格局，“三部”分别设在北京、拉萨、昆明。北京总部的主要功能是建立高水平的实验室和开展室内科研工作，以及提供便利的国际学术交流舞台，吸引国内外一流研究人才，组建具有国际水平和创新能力的科研队伍；拉萨部的主要功能是野外实验研究、野外观测台站的运行维护和为西藏社会经济发展服务；昆明部的主要功能是开展极端环境下生命过程研究。过去5年来，作为中国青藏高原研究会的理事长，我和同事们一起为提高中国青藏高原研究的水平、促进中国科学家与国际研究群体的合作做出了努力。值得一提的是，我们还形成了包括众多青年学者在内的梯队式研究群体，他们成功地进行了从青藏高原地下到地表及其人类活动影响等在内的、有国际影响力的研究。近年来，这个跨国内多部门、跨国际多学科的研究群体，已在国际顶端杂志*Nature*和PNAS以第一作者发表了一系列高水平文章。相信他们将来的研究将产生新的科学突破。最新出版的《科技发展新态势与面向2020年的战略选择》，经过了中国科学院200多位院士专家一年多的深入研究，提出了未来5至10年世界可能发生的22个重大科技事件，中国可能发生的19个重大科技突破。这其中就包含“青藏高原未来地球系统研究将成为地球科学研究突破点”。我们期待着这些激动人心的事件的发生。

当前青藏高原正面临着一系列全球环境问题的挑战。对于科学家们来说，如何认识并预测地球环境的变化，也是他们所要面临的科学难题。这些问题实质上是由地球系统各圈层相互作用产生的。提到地球系统，首先应该了解地球系统的六大圈层。传统的五大圈层包罗地下的岩石圈、水圈、冰冻圈、生物圈、大气圈。而自18世纪中叶以来，由于人类活动的影响越来越强，又形成了一个新的人类圈（或智慧圈）。

从地球系统科学或从圈层相互作用上讲，青藏高原是唯一可以集齐六大圈层的地区，同时也是圈层相互作用最强烈的地区。由于它的地势特别高，因此其动力学过程、地理过程、环境过程、生物过程以及影响性都十分特殊。此外，它的环境变化频率和幅度比低海拔地区大，其环境生态过程的阈值低、反应快，自身恢复能力差，可以说青藏高原地区既脆弱又敏感。青藏高原这些地质、地理、生态过程的特殊性提供了多圈层研究的优势。青藏高原冰川变化及其与气候系统的相互作用的研究就是一个很好的例子。之前，政府间气候变化组织（IPCC）一份报告中指出，青藏高原冰川将于2035年消失。青藏高原冰川究竟会不会在2035年消失？科学家众说纷纭，却始终缺乏一个正确有力的科学结论。科学家用各种各样的方法研究，但都是片段的研究，有的科学家专门去研究东部，有的科学家专门去研究西部，就像盲人摸象，没有一个整体的确定的科学结论。中国科学家在基金委重大项目和中国科学院科技先导专项支持下，对青藏高原冰川进行了全局性和整体性研究，认为青藏高原及其周边地区的冰川除了和气候变暖有关，还和季风和西风变化过程密切联系。从而说明，它是一个圈层相互作用的结果，并从地球系统科学的角度给目前争论的科学问题一个整体性的正面回应。首先我们认为，在气候变暖影响下，青藏高原的冰川整体呈退缩特征；其次我们认为，青藏高原冰川变化在不同地区不同：东南部退缩最大，内部变化的幅度减小，西部退缩幅度最小，甚至一些地区冰川是前进的。冰川变化的这种区域差异和现在印度洋季风和西风带的变化有密切关系。印度季风和西风的相互作用在青藏高原表现为三种模态：印度季风模态、西风模态和过渡模态。正是这三种模态决定了青藏高原冰川变化的区域差异。目前影响青藏高原季风模态的印度季风正在减弱，减弱后降水量减少；影响青藏高原西风模态的西风带是加强的，导致降水增加。青藏高原东南部和西北部冰川状态不一样，就是印度季风和西风变化引起的降水变化对青藏高原冰川的驱动。

实际上，青藏高原的研究跟现在人类生活活动、生产、社会发展是有密切联系的。彻底弄清青藏高原的地质、地理、环境、大气环流、生态系统等，将揭示出地球的许多奥秘，对人类生存有着极大的参考价值，可为改善人类生存环境提供诸多服务。首先可以通过研究青藏高原各圈层相互作用揭示其地表系统演化的基本规律，更好地认识、保护并发挥青藏高原的环境生态屏障作用，为地方可持续发展服务。其次，可以加强灾害预测，比如我们现在认为地震与青藏高原隆升过程存在联系，目前说法很多，在未来，如果将青藏高原深部过程了解清楚了，就可以用来监测地震。此外，矿产资源的形成过程与深部过程存在关系，如深部过程了解清楚了，那对于矿产形成过程也是可以预测的。青藏高原的表生灾害过程，如冰湖扩张、冰湖溃决、滑坡、泥石流等都将在过程和机制研究的基础上，实现预测、预报的精细化。

青藏高原地表变化会影响长江中下游地区的气候，在我国的气候预测模型中，已经将青藏高原的冰雪等地表过程作为重要因子加以考虑。研究发现，青藏高原冬春季大规模的积雪会影响夏季风的变化，使夏季风减弱，夏季风减弱后将影响整个中国东部降水过程。如果夏季风较强，便会更强地向北推进，导致北方降水多，但是如果夏季风减弱，则会更长地停滞在长江中下游地区，导致南涝北旱，甚至可能会产生洪水，1998年夏季长江中下游洪水就与青藏高原当年积雪奇高有很大的关系。前不久，重庆遭遇62年来单日最大暴雨袭击。研究认为，大气环流在遭遇青藏高原和四川盆地这两个大的地形时，形成了有利于强对流天气发生的气象条件而导致暴雨产生。研究发现，由于青藏高原的特殊地形，加上处于季风和西风带的交汇处，因此，青藏高原既是天气系统形成的热力源，又是动力源，从而造成整个大气环流的复杂过程，经常对我国中东部地区造成影响。

那么，青藏高原未来地球系统研究的突破点在哪儿？青藏高原作为未来地球系统研究有哪些优势？

目前，中国科学院科技先导专项（B）“青藏高原多圈层相互作用及其资源环境效应”启动，专项以“印度与欧亚大陆碰撞时限、方式与过程”、“高原深部岩石圈组成、热状态、演化过程及其机理”、“高原季风与西风演化对圈层相互作用过程影响”进一步深化了地球系统研究的聚焦点。

青藏高原地球系统研究是一个很庞大的主题，“青藏高原多圈层相互作用及其资源环境效应”战略先导专项只是其中的一个研究分支。过去变化的规律，现在变化的影响以及未来变化的适应是青藏高原地球系统研究的出发点和目标。从地表系统来看，青藏高原多圈层相互作用中季风和西风的驱动机制，是今后的重大科学突破点，在这一科学突破点上可以产生引领国际青藏高原研究的重大科学成果；从深部地球系统来讲，和青藏高原的生长过程密切相关，究竟印度大陆与青藏高原的西部、东部、中部哪一部分首先发生碰撞？长江黄河是如何起源的？青藏高原隆升方式、隆升机制的众多假说能否有一种被最终全面证实？或者是否有一种新的理论能够全面解释目前困惑科学界的众多地质过程和现象？这些问题的解决将是今后青藏高原地球系统研究的突破点。

从研究冰川到现在的青藏高原的综合研究，我们迎接着一个又一个挑战，在破解一个又一个科学难题的过程中，在揭示一个又一个奥秘中，我们充满了喜悦，因为每一步都离我们梦想的实现又前进了一步。我们对青藏高原地球系统研究的新突破点充满期待！

刘福清

－1954年生

－湖南娄底冷水江金竹山镇农民

曾有“世界锑都”、“江南煤海”之称的冷水江，如今是中国69个资源枯竭型城市之一。

为改变家乡因采煤而无田可种的窘境，刘福清挑土上山开荒造田12年，带领村民开辟高山葡萄园，被誉为当代“愚公”。

改造煤山，为子孙留点田

刘福清

一说黑土地，大家以为都是肥田厚土。其实在我们这里（娄底冷水江），黑土就是废土，满山遍野都是。

我家祖祖辈辈都在金竹山上种田，可这些年实在种不出田了。金竹山是煤矿区，大小煤矿富了不少人，可挖煤把地底挖空了，留下尽是矸石煤渣的黑土，存不住水也存不住肥。周围五六个村子，一亩水稻田都没有。种不了田，村里就只能“种人”——把细伢子养大了送下山去挖煤。

20世纪70年代，我们村里有两千多人，现在村里户口上八百多人，实际三百

刘福清在荒弃煤山上再造的葡萄园。天气尚冷，葡萄藤上一片枯黄，大片的山间梯田呈现黑黄相间的整齐条纹。不同于山上原本贫瘠的煤渣土，葡萄藤下的培土都是从山下担来的肥沃土壤

来人。旁边石坻、合坪几个村更糟糕，一个村剩下几十个人，房子都被草盖住了。

看着村子越来越荒凉，我就想着要是能把山上的田重新开出来，搞出点产业，兴许就能留住人。我想这算是改造煤山梦想的开始，哪晓得这个梦一做起来就停不下来。从2002年起，我承包山上的荒地，挑土引水、改良土壤，种葡萄、油茶和柑橘。十二年来，我在山上开了千把亩梯田，种了一万多株葡萄。

有人劝我别傻，都五六十岁人了，难道还能开出座花果山？我不信这个邪：地下的煤挖一点就少一点，总有挖完的一天；但我担土上山造田，担一点就多一点，地只会越种越肥。只要干下去，终有一天，黑煤山会变成花果山。

荒弃：金竹山成了黑煤山

金竹山原本不是黑煤山。我记得小时候金竹山真是青山绿水，虽然山上田土不多，但种得稻子养得鱼，收成还不错。直到读中学，我还常在山

上的溪水山塘里抓乌龟王八换钱。

那时候山上田土有收成，山下又是国营大煤矿（金竹山矿）。我们村里两千多人，比一般的镇子还热闹。

改革开放后，金竹山的日子更好过了。到20世纪八九十年代，不少乡亲开始开矿当煤老板。随便打个（煤矿）井口，一个月下来就是几万块钱的收入。下井的雇工，每月也有八百一千的工资。煤窑一开，滚滚乌金，大家都说金竹山真是宝山。

鼎盛时期，光是大矿（国营金竹山煤矿）一年就要出百多万吨煤，周边漫山遍野的小矿井产量估计还不止这个数，加上选煤时扔掉的矸石，每年金竹山地下都要挖走一座山。

那时大家都忙着“发财”，没多少人注意到：地下慢慢采空了，溪水山塘干了，树枯了。以竹为名的金竹山上，竹子比钓竿粗不了多少。山上山下，存不住水的田里收成越来越差，晴天晒死苗，雨天冲走土，只剩下耐干的茅草在矸石地里疯长。

没办法，大家都成了买粮吃的“城里人”。加上煤又越来越不好挖，好多乡亲就干脆搬下山，真当城里人去了。原来两千多人的村子，现在住着的不超过三百人。村里好多房子空着，屋主连门都不锁就走了。

这样下去，煤挖完后这里就真成废土了。我想，当年挖煤我有份，“还债”就不能躲着。我开始琢磨能做些什么，为子孙找一条“靠山吃山”的新出路。

开荒：老年队开出千亩果园

虽然山上尽是废掉的黑土，但我想这里光照足、无污染（煤矸石不会造成环境污染），要能换土蓄水，倒适合开荒种果树，尤其适合搞高山葡萄园。

2002年，我承包了村里三十亩山地，想开荒搞个葡萄园。没想到，这一干就是十二年。就拿我家上面的羊角岭示范片来说，八十多亩高山葡萄园种了五千来株葡萄，花了十年的功夫才有今天的样子。

在黑土上开荒真不容易，缺水少肥不说，连土都要从山下担上来。金竹山是座石头山，缺水少树又加重了水土流失。山上原有一百多口小煤窑，遍地都是扔出来的矸石煤渣。大部分地方刨开黑土，黄土只有一手掌深，里面还尽是碎石砾。

每株葡萄要想在黑土上栽活，至少要垫四担耕土（一担一百斤）。我们只能从山下运土上来，车可以走的大路只到半山腰，接下来的路就靠肩膀挑；不够的再在山上取点浮土，把碎石捡干净来凑数。算下来，种一株葡萄，要从山下运七八十斤土来垫底。

要挑上山的不只是耕土，水、肥、农资甚至水泥沙石，样样都得从山下运上来。我在山下修了水泵房，直接从资江河里取水，铺了十多公里的水管送水上山；还在新开出的田间修路砌天梯，又修了七十来口蓄水池。

这么大的工程当然不是我一个人搞得下来。为了开荒，我“逼着”做煤炭生意和水电安装的大儿子出钱，又拉上读了农业大学的小儿子一起干，再请留在山上的邻居们来帮工。

说来伤心，山上住着的人岁数小的也有四五十岁了，年轻人就算回来也不愿下田。去年夏天给葡萄剪枝，我请了十个村民，加我就五百岁了。嘴损的说我们是“开山老年队”。

就靠这支老年队，我每年都扩大开荒的面积，种高山葡萄、油茶、南方蜜橘，还有樱桃，已开出果园田地一千多亩。依着这点基础，我和乡亲们一起成立了一个葡萄种植合作社，承包了周边四村两千亩的荒地开发生态葡萄园，逐渐形成从种植到酿酒、销售的产业链。

开荒不比挖煤，不是吃苦受累就马上有回报的。在山里的黑土上开荒种葡萄，投入是山下的三倍，收成还当不得别人的一半。开荒面积年年扩大，我每年最少也要贴进去两三万元。去年大旱，下半年就没下一场像样的雨，葡萄收得更少了，还干死了大部分的樱桃苗，逼着我砍掉种了六七年的油桃，足足赔了七八万元。大儿子怕我心里难受，就安慰我“只当是抽烟打牌去了”。

其实赔点钱我不难受，看着山上光秃秃、村里空荡荡才难受。我算过，如果两千亩的葡萄园开发得好，可容纳三百来人就业。大伙再搞些副业，就能维持这村子这山不荒废了。

梦想：黑煤山变回花果山

慢慢地我和葡萄的事有了点名气，好多人专程上山来买葡萄鼓励我，还夸我开荒是为子孙后代造福。我不好意思，老话说“不能把子孙的饭都吃了”，结果我们这代人挖煤挖到田都没了。开荒辟田，我的梦想是还后人一个长久的饭碗。

田里没出息了，咱可以去挖煤；煤挖完了，还可以出去打工。这是谋生，各有选择。但不能把家乡折腾干净了也没人管。更何况，外出打工也很难是一辈子的事。你想想，等到老乡们孩子们干不动了回乡，难道让他们望着一片荒山废土发呆?

我挑土上山开荒，看似不可能完成。但真就是那句话：煤挖一点少一点，田开一点多一点。

现在金竹山是荒着的黑煤山，但我想先把葡萄园搞出个样子来，让乡亲们看到希望。只要大家齐心，这山上种药材、挖野菜、搞生态养殖，样样都是出路。终有一天，我这个“中国梦”就会实现，金竹山黑煤山肯定会变回花果山，我们的村子又会兴旺起来，我们的子孙后代会在青山绿水间过自己幸福的农家生活……

（本文由红网记者曾小颖访问整理）

用我的镜头记录最美的家乡

袁平

袁 平

- 1957年生
- 中国民主促进会会员
- 中国摄影家协会会员

现为湖南奔腾动力科技有限公司总经理助理。爱好摄影。

20世纪70年代，我在北京工作过几年。那年秋季的某个礼拜天，在京城街头溜达的我，鬼使神差地踏进了中国美术馆的大门。五分钱的门票让我看到了香港摄影家陈复礼的摄影作品展览，当时真有点眼花缭乱心猿意马。特别是那幅《搏斗》表现出的力量，立马就“搏”倒了当时刚过童子关还有点瘦弱的我；而另一张《钱老板》凸显的神韵，更是让我神魂颠倒不辨南北，我被彻底征服并瞬时产生了“我也要玩摄影”的梦想，就是这个梦想让我魂牵梦绕乐此不疲，迄今三十八年。

那个年代穷，玩摄影必须顶住家庭、社会甚至饥饿的压力，器材何等高贵而收入却那样低微，我连最起码的相机都买不起，只能自己制造，或一次次腆着脸求帮告借。还要省吃俭用买胶卷，还要搭建暗房搞冲印，还要拜师学艺求长进，虽然困难重重却从未想过放弃，那个梦想犹如一股强大的力量，总在支撑着自己“坚持玩下去”。在掌握了基本的拍摄、冲放技术后，攒了笔钱，终于买了一台价值人民币八十元的“ 海鸥203 ”折叠相机。随后是斗胆玩“创作”，玩艺术摄影玩投稿，终于玩出了“处女作”，且一发不可收，作品开始陆续散见于各级报纸杂志。

慢慢地我意识到，面对大千世界，拍什么是一个很严肃的命题，不可眉毛胡子一把抓。搞文学艺术创作有个通理，就是要盯住自己最喜爱最熟悉的东西，锲而不舍地探索追寻，而在这一点上，我结识的一位老学究给了我直接的启迪和指点。每常聊天，他三句不离家乡：我们这地方啊，是一块宝地，自古就无战乱无徭役，越是大旱收成越好。宋史有载，南方有一片“旧不与中国通”的神秘地界，它“东接潭，南接邵，其西则辰，其北则鼎、澧”。这就是梅山！就是我们新化啊！为此，我多次查阅相关资料，深入研究了家乡的历史和文化，确认地方志所载“外面大乱此地无忧，外面大旱此地有收”即指我家乡。自炎、黄、蚩尤三帝争霸始，因为长期脱离皇权统辖，这里从原始社会直接进入了封建社会，跨越了奴隶社会的阶段，因而遗存了许多原始的社会形态、宗教信仰与生活习俗。诸如吞云吐雾的蚩尤老祖、翻天倒立的五郎公公、气势恢宏的都猖大愿、奔放热辣的呜啊山歌、封刀接骨的强盗神水、不可理喻的巫傩法术、驱虫辟蚊的傩狮草龙、摄人魂魄的紫鹊梯田。而地灵必生人杰，因此便有蹈海酬国的陈天华、国际主义战士罗盛教；而人杰地灵便产生独特风景，便有入口称绝的三合汤，入耳生根的新化腔，等等！

这是祖宗留下的遗产，这是永远的梅山文化。它是湖湘文化灿烂的组成部分，是中华文明不可或缺的一页，是全人类的财富。这种文明要传承，这方水土要展现，这段历史要记录。而我，作为生长于斯的土著，作为已然踏进摄影领域的寻觅者，当然要义不容辞地撩开她那古老的面纱，把神秘包裹着的大美展现在世人眼前。尤其是在改革开放的年代，这里同样要发展、进步，而发展进步离不开宣传。当然，更为了那个《搏斗》引发的梦，我把镜头对准了这里，我的选题就是梅山文化、民俗和风光。三十多年来，我的业余时间几乎全是在乡村山野度过的，丫髻寨的悬崖上，穿岩江的瀑布旁、瑶人冲的板房里、春姬峡的森林中都留下了我的脚印。

所谓辛勤耕耘必有所获，2008年第五期《摄影之友》杂志发表了我题为“湖南紫鹊界，未经世俗沾染的净土”的摄影专题，首次将紫鹊界梯田风光介绍给全国的摄影家及摄影爱好者。该杂志的7月刊接着发表了题为“寻踪觅宝恋梅山”的摄影专题，以更大的篇幅介绍了梅山文化和民俗风情。当年的11月刊还发表了《但愿痴迷能结果》的专题文章介绍我的创作情况。同时，还有若干作品在各类摄影比赛或展览中获奖。也是在这一年，中国摄影家协会批准我为会员。一个业余爱好者能闯入CPA，无论对谁，无疑都是一个极大的鼓舞，创作劲头自此倍增。2010年《环球地理》杂志又发表了我题为“梅山闯耙，蚩尤部族世居地的传奇兵器”的摄影专题，全面地介绍了梅山武术产生及发展的社会根源和文化背景。继之又以二十八个版面的篇幅在头版刊发了我的摄影专题“梅山巫术背后的诡异地貌”，较为详细地介绍了梅山原住民的文化特征、生活方式、宗教信仰以及人口变迁的状况等等。这个专题的发表，在海内外引起了巨大的反响，尤其是学术界为之一怔，几乎不敢相信，湘中地区还有这样的文化遗存？当年的“海峡两岸民俗文化”研讨会就在新化召开，很荣幸，我同时得到了当地政府的重奖。

梦想的实现要付出很多很多，但这个付出的过程让我感到很快乐，也很满足，因为在这个过程中，我看到了家乡的变化，看到了社会的进步，感受到了自豪和骄傲。

我的家乡是美丽的，既有大熊山国家森林公园层峦叠嶂，又有梅山龙宫的绝世奇观，更有紫鹊界梯田葱茏净土享誉中外，当我手持相机拍摄她的一草一木一花一树时，感动和赞美常在我胸中荡漾。

我家乡的民俗和传统文化也是美丽的，它们是每一个梅山人的骄傲和自豪。

我愿以我的相机和我的心记录下家乡的美丽和变化，告诉中国，告诉世界她的美丽和博大。

共和国的日子更加美丽祥和

李丹阳

也许巴山蜀水天生就是爱滋养人的地方，这里物华天宝更兼人杰地灵，家乡的人儿都爱唱歌。川妹子出了名的嗓子甜，可能就是深受这方水土眷顾的原因。从小在这样的环境里长大，耳濡目染，总忍不住自己也想唱两嗓子。家中三姐妹，我是最小的那个，自然也最受父母“偏爱”。父亲曾是一名高原军人，20世纪50年代的时候在“世界屋脊”西藏当过兵。那时的父亲就是一名出色的文艺工作者，特别是二胡拉得地道出色、委婉动听。退伍之后，父亲还是放不下“老本行”，总是忍

李丹阳

- 1965年生
- 第二炮兵政治部文工团艺术指导
- 国家一级演员
- 著名女高音歌唱家

第十一届全国人大代表，第十届全国青联常委，中国音乐家协会会员，中国音乐学院硕士研究生。第八、九届中国音乐金钟奖评委，第十五届全国青年歌手电视大奖赛评委，全军高级职称评委。中国预防艾滋病公益宣传员，中国爱心大使，2008年中国奥运火炬手。享受国务院颁发的政府特殊津贴。曾荣获第八届、第九届全军文艺汇演特殊贡献奖，荣获第八届中国艺术节文华表演奖，荣获第九届中国金唱片奖民族类演员奖，并多次在全国性比赛和音乐领域中获金奖。

不住“技痒”，等到每天大人下班孩子放学之后，总要拉着我和姐姐来到河边，在悠扬的二胡声中唱上几曲，一曲曲动听的旋律，就这样随着河水荡漾飞向远方。正是因为有这段经历，那些美妙的乐曲早早就镌刻在我幼小的心灵里。也正是由于父亲曾是一名军人，所以我从小就能感受到军人身上的责任感和使命感。小时候的教科书里面，我就读到过解放军是最可爱的人，军人在我心目当中就是英雄的象征。在父亲身上我也看到了他坚韧不拔的信念，从小他就是我的榜样。儿时的我就怀揣着军人梦，觉得能够穿上军装不但帅气，而且还是一份荣耀。但是自己也没想到，日后竟然真的穿上了军装，成为一名真正意义上的军人。

我从小就喜欢唱歌，幸运的是在上高中时，遇上一个很好的音乐老师。老师觉得我嗓音圆润，条件很好，不时鼓励我在音乐方面多下功夫。每当我听到那些民族歌唱家用歌声唱祖国 、用热情颂时代的时候就很激动，希望自己有一天也能成为民族歌唱家，用歌声来表达对祖国的热爱之情。怀揣着这个梦想，我一直努力不懈。在1982年高中毕业的时候，我以优异的成绩考取了西南大学音乐系，走上了自己热爱的歌唱道路。1986年，也就是大四，我参加了第二届全国青年歌手电视大奖赛，并获银屏奖。1986年我从西南大学音乐系破格分配到重庆市歌舞团担任了一名独唱演员，这是我一直梦寐以求的。1989年，在老师的鼓励下，我进入中国民族声乐的最高学府——中国音乐学院深造，并师从金铁霖教授。在金老师的悉心指导下和自己的努力下，我的歌唱水平突飞猛进。不久，我参加了第四届全国青年歌手电视大奖赛，并获专业组民族唱法三等奖。由于在比赛中表现突出，很多文艺团体都向我抛来了橄榄枝。1991年我被特招入伍，进入第二炮兵政治部歌舞团，成为一名真正的军人，开始了我的军旅歌唱生涯。

舞台越来越大，梦想越来越近，人生旅途中，有过挫折也有过欢欣，有过失意也有过荣耀，而无论在什么地方和什么时候，我都能感受到观众们对我的支持和认可。在追求艺术的道路上，我不断突破自我，坚定不移地在中国民族声乐这条路上探索进取。1988年，春节联欢晚会第一次采用了多地联播的方式，我在重庆分会场幸运地被导演选中，演唱歌曲《成都小吃人人爱》，这成了我的春晚“处女作”。随后1990年，我正式登上了中央电视台的春节联欢晚会，以四川民歌《闹新春》拉开了18次春晚表演的序幕。记得罗伯·舒乐曾经说过：“每个人都应该拥有自己的梦想，设计自己的梦想，追求自己的梦想，实现自己的梦想。梦想是生命的灵魂，是心灵的灯塔，是引导人走向成功的信仰。有了崇高的梦想，只要矢志不渝地追求，梦想就会成为现实，奋斗就会变成壮举，生命就会创造奇迹。”从连续三届被评为“全国观众喜爱的歌手”，到《穿军装的川妹子》、《亲亲的茉莉花》、《红月亮》屡次在中国音乐电视大赛中荣获金奖；从一名普通的川妹子成为穿军装的军旅歌唱演员；从参加青歌赛的选手成为如今青歌赛的评委……一路走来，有泪水有坎坷，有鲜花有欢笑，但我一直都在为了最初的那个梦想用心唱歌。如今，我已经从军20余年，在军旅文化艺术事业方面坚持创造一流的音乐精品，始终是我不懈的追求。我不断充实自己、不断提高自己、不断超越自己。自2009年到2013年，我成功举办了“李丹阳情系军营——‘军歌声声’演唱会”，“李丹阳丹心向阳——新歌新碟试听会”，以及“丹心向阳——李丹阳2011人民大会堂大型演唱会”，并同时由广州太平洋影音公司、中唱唱片总公司制作成专辑出版发行。我一直用更好的艺术作品回报党、回报祖国、回报人民军队，用最美的歌声奉献给亲爱的老师、朋友以及广大的观众。

作为一名军队的文艺工作者，在收获个人成功与荣誉的同时，我更大的收获是深深感受到广大官兵和观众朋友对我的支持与关爱。20多年的军旅生涯，让我觉得部队是一个温暖的大家庭，常年的部队慰问演出，经常跋涉在基层部队的大漠、深山、戈壁、边关的艺术舞台，官兵对我们前来慰问演出时所表达的那种惊喜与欢迎，没有亲身经历的人是想象不到的。有时演出时恰好遇上天公不作美刮风下雨，但是大家也会依然在雨中兴高采烈地观看，那种洋溢在脸上的热切欢迎，狂风暴雨也压不下去，经常感动得我们一首又一首地不停返场。我不记得多少次摔倒在前往哨所的雪地上，但记得那一个个屹立在哨卡上的手握钢枪的战友；我不记得多少次雷鸣般的掌声和荣誉，但我记得深山坑道下无数工程兵沾满泥水和汗水的脸庞。我无数次眼含热泪为他们动情歌唱，用歌声来抚平战友们心灵的寂寞，送去对战士们的问候。这种被官兵认可与喜爱的幸福，一直包围着我，即便在世界各处的演出经历中，也能时刻体会到。2013年新春伊始，我随中国国务院侨办、中国海外交流协会“文化中国·四海同春”艺术团到南美国家进行海外交流慰问演出。途中，我们艺术团有一些行李在换乘航班的时候丢失了，其中就包括了我的演出服、化妆物品和个人物品。在多方寻找未果、演出时间迫近的情况下，当地的华人侨胞和热心观众把她们自己的服装鞋子借给我，才使我得以顺利完成演出。这次华人之间友爱互助的亲身经历，让我在异国他乡也深切感受到爱的力量、歌声的力量。一路走来，一路歌唱，最红最美的军旗飘扬在我的歌声中，最可爱的战士屹立在我的歌声里，最亲最爱的乡音在我的歌声里，最慈祥的母亲在我的歌声里。我始终在用歌声描绘生活，用歌声记录感悟,用歌声构筑最美的中国梦。

沐浴在这样的幸福中，我常常“贪婪”地在想，尽管个人演唱事业的梦想已经小有成就，我却越来越不“知足”，因为我认识到：世界才是最大的舞台，传递爱的力量和环保理念才是最甜美的歌声。如果说之前我是在用心唱歌，那么我现在更愿意用“爱”去唱歌，我愿意更多地投身到公益、环保、慈善事业中去，用我们作为公众人物的言行和举动去感召社会上更多的人，让水更清澈，让山更葱茏，让越来越多的人参与其中，以此来回馈社会、报答观众朋友们对我的喜爱。我个人竭尽所能来践行自己对公益事业的承诺，包括作为中国环境促进会理事的环保大使倡导绿色出行；包括作为中国预防艾滋病宣传员去宣传有关预防艾滋病的知识，关爱受感染的人群；包括在抗击非典活动中挺身而出，呼吁大家科学正确地面对病毒；包括在汶川、玉树抗震救灾活动中积极参与赈灾义演；包括作为四川关爱留守学生爱心大使，积极投入到爱心活动中，在汶川、映秀、茂县等地捐建了五所“爱心小屋”，它们都以我的名字命名。令我印象最深刻的是玉树地震时那次“飞机上的捐款”，当时4月20日晚央视就要举行赈灾特别节目，而我20日上午在江苏录制完节目后赶回北京，谁料飞机延误了。可能是“川妹子”火辣性格的原因，我当时特别着急，生怕耽误了晚上的直播，于是我赶紧与机组人员协商，最终得到了机场工作人员的体谅和支持，航班5分钟内开始滑行。机组人员和乘客得知我是要参加央视的赈灾活动后，纷纷要求把自己的爱心也带去现场，短短的时间，乘客和机组人员就筹集了上万元的善款。“抗震救灾爱心大使”、“中国爱心大使”、“最佳公益慈善明星典范大奖”、“2009绿色焦点人物公益奖”、“2012绿色中国公益大使奖”、“2013全国关爱儿童公益行爱心大使”等公益慈善机构赋予的称号是给我的荣誉，“十一届全国人大代表”、“2008年中国奥运火炬手”、“中国演艺界十大孝子”“中华母亲节亲善形象大使”等身份是国家、部队和人民对我的肯定，我倍感珍惜，并用这些不断鞭策自己。

从艺几十年来，一步一步走到今天，有泪水有坎坷，有鲜花有欢笑，有光荣与梦想、有祝福与期待……从一个最初怀有歌唱梦想的川妹子，到如今深受广大官兵和百姓喜爱的军旅歌唱演员，这一切都因为有梦想，并且愿意为梦想付出努力，坚持不懈得来的。每个人都有梦想，每个人的梦想都有着不同的内容，或大或小，都是我们前进的动力。作为一名文艺工作者，我用歌声传播爱、颂扬爱，对家乡对亲人的爱，对部队对官兵的爱，对人们对生活的爱，而这些相加则正是我对祖国深深的爱，爱高高飘扬的五星红旗，爱最红最美的八一军旗。我用歌声唱出对祖国永恒的依恋和忠诚，用歌声唱出对祖国无比的爱恋和祝福，用歌声传递正能量。

套用我唱过的一首歌《幸福中国》中的歌词，这是我现在最大的梦想，相信也是每个中国人的梦想。

让每一个孩子走进学堂畅游知识的海洋，
让每一个老人健康长寿安度幸福的时光，
让每一个农民五谷丰登收获大地的希望，
让每一个军人意气风发守卫祖国的边防。
中国幸福，幸福中国，
老百姓的生活更加健康快乐；
中国幸福，幸福中国，
共和国的日子更加美丽祥和。
让每一个村庄万象更新插上腾飞的翅膀，
让每一个城市平安祥和奏响欢乐的乐章，
让每一个家庭美满和睦尽享绿色的芬芳，
让每一个民族携手共进再创明日的辉煌。
中国幸福，幸福中国，
老百姓的生活更加健康快乐；
中国幸福，幸福中国，
共和国的日子更加美丽祥和。

（本文由湖南教育出版社编辑李好访问整理）

为实现中国绿色公益梦拼搏

李承峰

李承峰

- 1966年生
- 中华环境保护基金会宣传联络部主任

曾任北京市环境保护局宣传教育中心副主任，曾策划组织开展北京绿色奥运“少开一天车”、高校大学生环保创意大赛、“金太阳援助工程”等公益活动。发表《离太阳最近的地方》、《幸福在路上》、《雪山上升起金太阳》等作品。

2008年5月，汶川大地震发生之后，无数双挚爱的手为地震灾区恢复重建伸出来。我们肩负着全国第一个环境保护公益机构的重托奔波在地震灾区，寻找最适宜的绿色援建方式。大地震后的灾区废墟狼藉，因为粪便而引起水污染和疾病传播等次生灾害发生的危机引起国务院各部门乃至全社会的关注，为灾民创造安全健康的人居生活环境要从“如厕”这个不可回避的切入口开始！在震后恢复重建阶段，我们中华环境保护基金会积极引入公益基金，联合当地环保、爱卫办、县疾控中心等单位，资助在四川省大邑县一些乡镇开展了生态卫生厕所示范村建设。生态卫生厕所也称为粪尿分集式厕所，其原理是将粪和尿分别导入贮粪、贮尿装置，将其干燥脱水后，再单独收集进行无害化处理，尿液兑水后则可直接用作肥料。生态厕所不需要用水，最大限度地避免了水污染所导致的疾病传播。截至2009年10月底，由我会资助的1100多座生态卫生厕所在大邑县5个乡镇建成，这对当地控制污染排放、改善空气质量、减少疾病传播发挥了积极作用，农民在建设农村生态文明的实践中开始受益。这项绿色善举也为全国的社会主义新农村生态文明建设起到了启示作用。

2010年当沙尘暴肆虐京都地区时，生态专家们深入到华北、西北地区对沙尘暴成因进行探究之后，由中华环境保护基金会与搜狐、安利中国以及周迅“我们的贡献”合作发起的“绿光森林·我们的贡献”活动迅速启动，短短数月便在内蒙古库伦旗、辽宁阜蒙县、河北丰宁县三地植树约1000亩，栽植油松、樟子松、杨树等当地树木约60 000余株，形成现实中的“绿光森林”，实现了网友们的植树梦想，为减少和阻挡沙尘暴危害，吸收碳排放，推动荒漠化较严重地区的生态保护、水土保持做出了贡献。

这些实例仅仅是成立于1993年的中华环境保护基金会近20年来所实施的环境保护公益项目和绿色善举的小小缩影。近20年来，我会先后开展了100多项环保公益活动，涵盖了节能减排、应对气候变化、水环境和土壤环境保护、生物多样性保护、环境生态修复、低碳环保扶贫、环境科普教育和环保奖励表彰等方面。例如中国环境保护领域中的最高荣誉和绿色大奖——“中华宝钢环境奖” 就已经连续举办了七届，上百个在我国环境保护领域做出卓越贡献的单位与个人获此殊荣。

这些环境保护公益项目和绿色善举的实施，这些“中华宝钢环境奖”的获得者们，无一不是在践行着他们的绿色中国梦。“一个人可以一无所有，但是不能没有梦想”，一个国家、一个民族，如果没有梦想，就会因缺乏目标和动力而难以兴盛发达，难以富强，难以自立于世界民族之林。而历史和现实都告诉我们：经济发展不能再以牺牲资源环境为代价，要建设美丽中国，就是“既要金山银山，更要绿水青山”，民族的伟大复兴之梦一定是在环境优美、健康和谐中实现。

建设美丽中国和生态文明，既需要各级政府的身体力行，更需要全社会各阶层公众的绿色觉醒和绿色中国梦境的一致，需要举全社会之力为保护和改善我们的生态环境、为生态文明建设尽绵薄和匹夫之责。20年前，中华环境保护基金会就是在中国绿色公益梦的萦怀之中成立的。作为环境公益机构，秉承“取之于民、用之于民，保护环境、造福人类”的宗旨，我和中华环境保护基金会的全体同事、全社会的绿色善举支持者共同的梦想，就是集全社会的力量保护我们赖以生存的环境，喝干净的水、呼新鲜的空气，环境友好、社会和谐，共同建设一个美丽的中国。为了让这个绿色中国环境公益梦渐成现实，我们一直在努力着、拼搏着、前行着……我们在“化缘绿色”！

正是因为有着这样的梦想，我们才因为环境公益和绿色善举事业尚处于起步阶段故历经坎坷而依然前行；正是因为有着这样的梦想，我们才历经沧桑而信心不减。我们一刻也没有停止与黑色文明的抗争，一刻也没有停止对梦想的求索，才能把环境公益事业融入改革开放、经济发展、环境保护的大势中。“雄关漫道真如铁”、“人间正道是沧桑”、“长风破浪会有时”，这三句古诗也是对我们追求“中国绿色梦”历程的真实写照。例如，我们经过三年的调研，在我国的西藏、青海、新疆等偏远地区至今还有387万的无电人口，他们还生活在无电的状态。在更为广泛的山区乡村调查中发现，就读的5000万乡村学生中有近2500万属于走读生。走读学生散居在地域广阔的山区，需要步行很长时间才能到校学习，部分学生甚至要步行2～3小时才能到校，起早贪黑，风雨无阻。2012年还有打着火把上学的孩子，但更多的是打着手电筒上学。 近年来，我们中华环境保护基金会的同事们一直在思考环境公益的方向，其中一个重要的转变就是如何把环保与民生结合、环保与教育结合、环保与扶贫助困结合、环保与人的健康结合。“萤火行动”和太阳能“萤火光明袋”项目就是一次尝试，其核心内容就是向青海可可西里的10 000户游牧家庭和云贵川陕等山区的10 000名走读学生送去2万套价值100元的“萤火光明袋”，包括一盏可持续两年解决偏远无电区民众的生活照明、上学照明和应急照明需求的太阳能多功能便携灯等。

20年后的今天，生态文明建设写入了党的十八大报告，成了“五位一体”总布局的重要内容。在保护中发展，在发展中保护，已经成为中国特色环保道路的鲜明特点。我们中华环境保护基金会围绕国家环境保护的中心工作，配合环境保护的重点工作，忠实开展以护环境、惠民生、促和谐为核心内容的公益项目，不断发挥环境公益组织在环境保护领域公益为民的作用、社会组织在社会管理中动员公众参与的作用、促进和谐发展的推动作用和配合政府部门重点工作的助手作用，全面建设并得到了长足的发展， 2013年5月被民政部评定为5A级国家基金会。

成绩只能说明过去，梦想需要更大的努力去实现。梦想是我们永远不灭的火焰，谈起明天，梦想离我们已经不远。英国天文学家普罗克特曾说过“梦想一旦被付诸行动，就会变得神圣”。我从投身于环境保护事业之后，就始终憧憬中国绿色梦的实现。我坚信，只要我们抱着一种神圣的态度，一步一个脚印，脚踏实地，梦想终会成真，我和同仁志士们的“中国环境公益梦”终会推动中国绿色梦的全面实现。

捍卫中国生态安全底线

解焱

我现在是中国科学院动物研究所的一员，一直致力于保护生态环境，推进中国自然保护地的立法建设。说起我的梦想，可以说由来已久。

念小学时在四川省眉山县白马镇铁卢沟小学写作文“我的理想”，我写的是“科学家”。1985年17岁的我在眉山中学准备高考，高考前填写志愿，没有和父母、老师商量，填写的重点大学第一志愿“南京大学动物学系”，普通大学第一志愿“东北林业大学野生动物系”，其他各类学校的志愿都是动物学、植物学、地

解　焱

- 1967年生
- 中国科学院动物研究所副研究员
- 自然保护立法研究组总协调员

从事生物多样性保护工作19年。曾任国际野生生物保护学会（WCS）中国项目主任（2005—2012），国际动物学会秘书长（2004—2013），中国环境与发展国际合作委员会生物多样性工作组协调员（1995—2004）。出版了《中国物种信息服务》（CSIS）、《中国物种红色名录》、《中国兽类野外手册》和《中国生物多样性地理图集》等著作。

质学、考古学、地理学，总之，我选择了“野外”，一心向往着能够“以在野外露营、爬山、野炊为生，与野生动物为伴”。那个时候没人告诉我为什么选择动物学，为什么选择野外，我不懂得什么是保护，我只能将此行为归结为：出生在大凉山巍峨雄壮的大山里，生长在白马镇一望无际的田野间，山里采花采蘑菇，溪水中嬉戏抓小鱼捕河蚌，这些活动伴随我长大，高中时候读到了珍妮·古道尔的《我和黑猩猩》，书中关于珍妮一个人在野外和野生动物生活在一起的遐想影响了我的一生。随后，一路就读南京大学动物学、中国农业大学动物遗传学、中国科学院动物研究所动物生态学并工作至今。

真正开始理解野生动物和大自然遭受破坏的命运，是1994年进入中国科学院动物所汪松先生麾下，在国家濒危物种科学委员会和中国环境与发展国际合作委员会生物多样性工作组工作的10年。在这里我和John MacKinnon（马敬能，《中国鸟类野外手册》作者）、Andrew Smith（史密斯，《中国兽类野外手册》作者）、Jeff McNeely（麦克里尼，《全球生物多样性保护策略》作者）等诸多著名生物多样性保护专家成了至交好友，开展物种信息系统建设、生态系统价值评估、天然植被恢复、物种濒危状况评估、外来入侵种等研究，让我知道我热爱的大自然原来也为人类的生存提供了食物、用品、清洁水源和空气、适宜气候等基本的生存条件，同时它们却正在遭受前所未有的严重破坏，以及全世界人民正在采取的保护行动。但是这10年我并未深入野外。

直到2005年，我成为世界著名野生动物保护组织——国际野生生物保护学会（WCS）中国项目主任。这是世界上最大的野生动物保护非政府组织之一，在全世界60多个国家开展野外项目，拥有乔治·夏勒这样顶级的自然保护学者。这是一个非常强调野外工作经历的组织，缺乏野外经验的我能得到这一职位，很大程度上是因为我从骨子里散发出来的那股对大自然、对野生动物的眷恋和执著。接下来的7年，我领导一二十人的团队，满足于在WCS的北京、拉萨、珲春、广州4个办公地之间奔波，推动开展跨国界东北虎保护、青藏高原藏羚羊保护、长江中下游地区扬子鳄和斑鳖保护、华南地区减少野生生物消费和贸易以及保护宣传教育等工作。这期间，我真正了解了野外野生动物的状况以及如何开展野外保护工作，意识到保护不能只是和动物打交道，和人打交道更加重要。

东北虎的状况和保护可能是我了解最为深入的内容。吉林省珲春市，中国北部边境城市，中国野生东北虎之乡，拥有东北虎5~7头（全国野生虎不足50头，其中东北虎约20头）。东北虎从20世纪50年代至今，经历了被作为害兽杀灭、栖息地丧失和片段化、偷猎等，数量从过去的几百头下降到现在的20头。目前最大的威胁是被套子误伤。套子是用铁丝做成的猎杀工具，当地居民经常用它来捕捉兔子、马鹿、梅花鹿、狍子、野猪等，老虎时常误入其中。由于日积月累，在东北山林中，这样的套子不计其数。控制下套子等违法行为，必须让所有事关东北虎保护的部门都行动起来。我们对东北虎保护的热情感动了一些珲春市政府的领导，WCS成功组织了自然保护区、林业局、森林公安、边防部队、森林武警、林政稽查大队、海关等10多个单位的培训、签订协议、组织联合执法行动等。

2010年（虎年），国家制定了中国野生东北虎保护的策略，设立了下个虎年东北虎野外种群数量翻倍的保护目标，这将涉及巨大的区域。一只老虎一年大约需要捕猎50只（繁殖期的雌虎需要70只）平均重约60千克的猎物，要能够提供这些猎物，猎物的基数要达到500只。根据俄罗斯森林中猎物的密度和长期跟踪东北虎的研究发现，一只抚育幼仔的雌虎需要450平方公里活动区域，一只雄虎则覆盖3~5头雌虎的领域。因此为了维持一个拥有20头的可繁殖雌虎（老虎总数约为60只）的种群，则需要9000平方公里保护良好的连续栖息地。然而，目前在中国不可能只为东北虎的生存建立如此大面积的自然保护区。我国目前有东北虎分布的面积最大的珲春国家级自然保护区只有1000平方公里，而且大部分区域无法做到严格保护，这远远不能满足老虎的需要。严格的自然保护区起到十分重要的作用，但是还需要建立更大范围的非严格意义的自然保护地，极大地扩大受到保护的范围，才能为东北虎的生存提供足够的生存空间。这是恢复中国野生虎种群的关键。

正因为深刻理解了东北虎的保护需要，我认识到中国需要有人在更大范围内推动保护政策的改革，特别是保护中国残存的自然区域——自然保护地的重要意义。我从2003年开始涉足自然保护地法的制定工作，虽然一直非常关心，但却未真正全力投入。2011年底，全国人大环资委起草的《自然遗产保护法》草案准备进入人大审议程序，我意识到问题的严重性，毅然放下一切工作，开始全力推动针对自然保护地进行更全面、更有效的立法。《自然遗产保护法》草案只涵盖国家级风景名胜区和国家级自然保护区，这只是最核心的自然保护地。省级的风景名胜区和自然保护区，森林公园、湿地公园、国家公园等如果没有法律约束，很容易遭到破坏。最终的结果是导致得到保护的地方形成孤岛，根本无法满足东北虎、藏羚羊和扬子鳄等生物的基本生存需要。2012年我辞去了WCS中国项目主任的职务，以本土学者的身份呼吁制定《自然保护地法》，呼吁专家成立了“自然保护立法研究组”，起草了《自然保护地法》草案（专家版），其中最核心的建议是：1. 法律应覆盖所有得到特殊保护的自然区域，即自然保护地，包括自然保护区、风景名胜区、森林公园、湿地公园、地质公园、社区保护地、公益保护地等，建立合理分类分区体系，良好规划全国范围的自然保护地体系；2. 保障自然保护地保护管理机构人员、经费和执法权；3. 实施“统一协调、分散管理”机制，除了政府部门，应当也允许民间组织、社区、企业等都能建立和管理自然保护地，充分发挥社会各界主观能动性，同时建立强有力的统一协调和规划、客观独立的政府监督机制；4. 给予社区参与自然保护地保护管理决策的权力，并确保社区合理分享到保护所产生的惠益。2013年全国各地的大规模雾霾在警告我们，中国的生态已退化到了威胁我们生存的时刻，我们必须保障满足人类基本生存条件的生态环境得到保护，而制定《自然保护地法》的目标就是捍卫中国的生态安全底线。2013年3月“两会”期间，我们成功推动200多位全国人大代表和政协委员提交了“尽快制定《自然保护地法》”的建议。

让中国的自然保护地体系更加合理、保护管理水平得到提高成了我目前正在追求的目标。自然保护地管理面临的一个重要挑战是社区发展很难和保护相协调。从自然保护地产生的利益未能公平地与当地社区分享，往往被外来的大企业垄断。当地社区失去了发展的机会，却不能获得相应的利益，导致一些居民通过偷猎、非法砍伐和过度利用等手段来维持生存，这是影响自然保护地管理的主要障碍。2013年“两会”之后，我开始了自然保护地友好产品增值体系的研究，组建了200多位专家的团队，希望通过市场化机制，让当地社区生产对自然保护地友好的产品来获得合理的收入，提高自然保护地的保护水平，培育和保护健康至上的生产者和消费者，共同创立和维护品牌，让社会各界在各自获益的同时，参与自然保护地的保护。

我的有生之年将主要在全国各地的自然保护地里度过，让它们得到有效保护。我真正理解了，17岁的时候，我的“野外”选择的真正意义——“通过保护好自然保护地，捍卫国家生态安全底线，实现中华民族永续发展”。我知道这个梦想，正在一步步实现。

邓晓亮

- 1969年生
- 中国核工业第五建设有限公司总工程师、研究员级高级工程师
- 享受国务院政府特殊津贴的核电建造专家

1990年开始参加国内多个核电站建造，组织开发了坎杜型重水堆核电站成套施工技术、利用三维模型进行现场设计、核电站模块化施工技术、核岛土建安装平行施工技术等先进的核电站施工与施工管理技术。

建设安全清洁核电站 实现绿水青山中国梦

邓晓亮

怀揣梦想，投身中国的核电建设

我国的核电建设始于20世纪80年代初期。1981年，我国首座核电站——秦山核电站一期被批准开工建设的时候，世界核电已经进入到发展的快车道。当时，美国已成批建造了500~1100MW的压水堆、沸水堆型核电机组，并出口其他国家；苏联建造了1000MW石墨堆和440MW、1000MW VVER型压水堆；日本和法国引进、消化了美国的沸水堆、压水堆技术，并大量建造。1987年，我国从法国成套引进的第一套商用核电站——

广东大亚湾核电站（2台90万千瓦M310机组）主体工程正式开工建设，该工程由法方进行“交钥匙”管理。当时，工程几乎全盘从法国“购买”，买技术、买设备，甚至小到一个核电站用的螺丝钉都要进口，当时的中国人就只能当“学徒”。大亚湾核电站建设期间，我正在西安求学，与当时的许多同学一样，希望毕业后自己能够到最需要的岗位上，到最能为祖国争荣誉的地方去，梦想着为中国的腾飞贡献力量。带着这样的梦想，1990年大学毕业时，我毅然选择了核电建设这个行业，从此便与中国的核电建设结下了不解之缘。

参加工作之初，我就被核工业老前辈身上那股爱国奉献、勇担重任的核工业精神所感染。核工业建设者们以身许国，经受了各种艰难险阻的考验，成功地研制了原子弹、氢弹、核潜艇。但是，在大亚湾核电站的建设过程中，这支队伍却备受质疑：虽然中方建设队伍调兵遣将，不断调整管理模式，但是工程总包方法方始终不满意，除对施工方法和工程进度提出异议外，甚至还提出巨额的反索赔要求。当时，我和身边的同事都很不服气，大家不相信有着“两弹一艇”建设光荣传统的核工业建设队伍，有着聪明才智与勤劳双手的中国人就不能凭着自己的本领建设出高质量的核电站！终有一天，中国人凭自己的本领一定会实现核电站从设计到建造到运营的自主化，甚至成为先进核电技术的输出国。当时，我暗下决心：一定要刻苦钻研，用自己的行动去助推核电建造自主化这一梦想的早日实现。为了提升自身的知识与技能，学习先进的核电管理理念，更好地参加国家核电建设，1995年我到清华大学脱产学习核工程专业，1997年以优异的成绩顺利取得了我的第二学位，回到单位后便投身到秦山三期核电建设阵地。

追逐梦想，与中国核建共同成长

中国首座商用重水堆核电站——秦山三期核电站于1998年6月开工建

设，采用了加拿大CANDU6型重水堆核电站技术。我从头到尾参加了该核电工程的建设，并负责项目建设过程中的安装技术管理工作。有了大亚湾核电建设的经验与教训，我们清晰地知道，我们不是输在技术上，而是输在管理理念上，不管是管理体系还是管理工具，我们离世界先进水平还有一定的差距。因此，在三期核电建设初期，我们按照国际原子能机构的质量保证要求以及世界标准组织ISO9000的要求，建立了核电站建造质量保证体系，确保核电站的质量在40年的运行寿命期间内不出任何质量问题；采用当时国际流行的P3进度管理软件进行综合进度管理，确保核电建造这样一个繁杂的系统工程能受控。同时，我的团队大胆进行技术创新与技术引进，通过对坎杜型重水堆建造特点的研究与分析，在吸收国内外先进建造技术和建造工艺的基础上，组织开发了坎杜型重水堆核电站成套施工技术。在坎杜核电项目的现场设计中，我们利用当时最先进的计算机三维设计技术进行现场详细设计，解决了核电站建设中管道走向碰撞的问题，探索出了一条小管现场路径设计新方法，当时这两项技术均达到了国内领先、国际先进水平。通过大家的共同努力，中国首座商用重水堆核电站一号机组提前43天、二号机组提前112天投入商业运行，为中国核电建设队伍优质完成引进国外先进的核电站建设打了一个漂亮的翻身仗。

2006年，国家发布了《核电中长期发展规划》。《核电中长期发展规划》所描绘的核电工业自主化发展的壮丽蓝图，令广大核电人备受鼓舞。当时，我国通过秦山二期核电站、岭澳核电站的建造，基本上实现了二代核电自主化的进程。就在这一年，为了顺应世界核电技术进步的潮流，拥有具有自主知识产权的三代核电堆型，党中央、国务院审时度势，果断做出“招标引进国际先进技术，建设三代核电工程，推进我国核电自主化进程”的重大决策。2007年3月，国家正式确定选用美国西屋公司的AP1000技术，在浙江三门、山东海阳建设中国首批第三代核电自主化依托项目。

勇攀高峰，向世界一流水平迈进

AP1000核电技术是目前世界上最先进的三代核电站技术，中国核建面临着前所未有的世界首堆建造压力，因为AP1000主要采用的是模块化、非能动等第三代技术，国内外没有任何建造经验可以借鉴。作为首只“螃蟹”——三门核电站的建设备受世界瞩目，其成功与否不仅关系到中国通过引进—消化—吸收—再创新—自主发展三代核电的这条路径能否走得通，走得远，也将深刻影响到世界核电技术的发展进程。

我所在的团队——素有中国核电建造主力军之称的中国核建，光荣地承担起AP1000三代核电的建设任务。我们在总结与法国、加拿大、俄罗斯等国的合作中所积累的项目管理经验的基础上，通过对近30年不间断核电建造经验的总结与提炼，积极探索核电建造的规律，采取了“专业化、标准化、集约化、信息化”施工的总体应对措施，提出并实施了“公司+事业部+项目部”的三级管理体系进行管理创新。在没有示范堆和工程建设经验可供借鉴的情况下，成功攻克了一道道核电建造技术难题，最终形成了以工厂化预制、模块化施工、土建安装并行施工等先进的施工技术，开创了施工总承包等与国际接轨的三代核电建设管理模式。而我个人从AP1000准备阶段开始，就参加了国家引进三代核电项目配套的先进施工技术的研发工作，后续更是作为三门核电项目施工的总负责人直接参与到AP1000三代核电的建设之中。目前，这些管理与技术均用于实践之中，有些经验还被美国所采用，用于其国内的核电站建设。中国核电建设者再也不是几十年前的“学徒”了！在参建各方的共同努力之下，AP1000三代核电的各项建设工作进展顺利，人们终于看到了AP1000首堆即将发电运行的曙光。

核电的发展水平，目前已成为一个国家科技创新水平的重要标志。要想在未来的能源结构变革中掌握话语权，就必须掌握核电建造最尖端的核心技术，只有这样才能赢得未来和尊重。回顾中国核建的奋斗历程，从当年的“两弹一艇”到如今的AP1000三代核电，它们由蓝图一步步地转化为现实，中国人所走的引进消化、自主创新、全面推广的“三步走”战略，正是中国核电从无到有，从弱到强，进而到世界领先水平的发展历程。

随着三代核电技术的稳步实施，中国核电技术水平和建造能力可望实现一次巨大的跨越，真正进入到具备世界最先进、最安全、最经济核电站的行列，实现我们国产化和自主化的最终梦想。到那时，我们的子孙后代幸福地生活在蓝天、青山与绿水之间将不再遥不可及，实现我们伟大祖国美丽的清洁能源强国之梦也将指日可待。

我的有机农业梦

孔源

孔 源

- 1975年生
- 工学博士
- 中华人民共和国环境保护部自然生态保护司副调研员

现任农业环境保护监管办公室负责人。长期从事农村和农业环境保护政策、法规相关工作。

我国自古以来就有“民以食为天”的说法，说明食物的重要性——与“天”一样不可或缺。当下，最流行的一个话题就是食品安全问题，常常听到有人这样问：“还有能吃的东西吗？”虽然这样的担忧的确有点过，但也充分表达了人们对食品安全问题的重视，反映了我国目前食品安全问题还不尽如人意。近几年，三聚氰胺奶、瘦肉精、皮革奶、苏丹红、牛肉膏、毒韭菜、毒豇豆、地沟油……食品安全事件成为热门话题。随着社会各界的广泛关注，各级政府不断加大监管执法工作力度，食品安全总体形势逐渐好转，食品安全事件发生的频度明显下降，但是仍然不时有食品安全问题被曝出。这也反映了一个现实问题，食品安全、安全的食品都不是监管出来的，而是生产出来的，是靠完善、健全的生产标准体系和保障体系生产出来的。即便是再完善的监管体制、再高频度的执法检查，如果没有健全的生产标准和保障体系，食品安全问题是无法得到根本解决的。换句话说，食品安全来自什么？应该来自于良好的产地环境、良好的生产方式——有机农业，这就是我的梦想。

是什么影响了我们食品的安全和营养？一个重要原因，就是当前农业生产系统普遍采取的不科学的、环境不友好的、不可持续的生产方式。近几十年来，大量化学合成的农药、化肥投入到农业生产领域。一方面，这些东西的使用大大提高了农产品产量，在一定程度上降低了农业生产成本，为保障农产品供给做出了贡献；但是另一方面，长期不科学地、过量地使用化学合成投入品，直接导致了农业生态环境的破坏，如土壤的污染、地力的下降等，农业生态系统遭到破坏，进而直接导致农产品的污染，从源头上危害食品安全。更多的农药、化肥等物质流失进入环境成为污染（据第一次全国污染源普查数据，农业源污染排放已经占据了全国总量的近一半，问题不容小觑），农业生态系统进入了一个恶性循环，逐步失去了自我代谢和自我恢复的能力。打个比方，就好像一个本来健康的人由于长期习惯于输营养液、吃营养药片、打针，自身的肠胃系统已经失去了从正常食物中汲取营养的能力而不得不依赖于更多地输液、打针、吃营养药，这个人的人体生态系统实际上已经远离了健康状态，滑向了崩溃的边缘，也可以说是失去了生命力。

中华文明屹立于世界数千年熠熠生辉，其中一个重要的奥秘就是我们伟大的先民在农业生产实践中总结出来一套路子，既能更多更好地从土地获得产品，又能良好地保持地力，维持农产品源源不断的供给。我们耳熟能详的俗语“两头猪一亩地，老婆孩子热炕头”（还有一版本则是“二十亩地一头牛，老婆孩子热炕头”），就巧妙地阐述了这一理念的一个基本要义，即种养平衡、种养结合、综合利用、持续发展。这里实际还巧妙地点出了要实现农业资源循环利用、实现种养平衡的一般最佳系数，即“两头猪一亩地”，这也与近年来经过科学测定计算得出的猪、牛等畜禽的主要污染物产生量与土地消纳能力的数量关系不谋而合。美国人富兰克林·金（曾任美国农业部土壤局局长，著名的农业旅行家）100年前在《四千年的农夫》中，深刻地总结和反思了中国等东亚国家与美国等移民国家在农业生产方式、理念上的不同，与美国等国家在不到一百年的时间里就使土地地力穷尽的农业生产方式做了深刻对比，对中国等东亚国家注重物质循环利用、注重生态环境保护的理念进行了充分肯定。可以说，我们的传统农耕文化中处处闪烁着生态文明的光辉。

如何让我们的农产品更安全？如何让农业生产系统重新焕发生命力？答案可在我们的传统文化宝库中搜寻。要认真地学习、总结我们自己的优秀农耕文化，汲取其中生态文明的理念，并注重与现代技术相结合，恢复并提升农业生产系统自身活力，大幅减少对化学合成投入品的依赖。有机农业就是个很好的路子。

有机农业的理念源于20世纪初，是基于对农业可持续发展以及食品安全问题深刻思考、基于传统农耕文化中的生态文明理念以及现代农业科学技术提出的，既要满足人对农产品量的需要，又要保证对农产品品质的要求，更要实现农业生产与自然更高水平的和谐。前面提到的《四千年的农夫》一书作者对中国等东亚国家的农作方式的总结，实际上就是当今世界有机农业基本理念之源。可以说，有机农业源于中国。有机农业有严格的生产标准体系，禁止使用任何化学合成的投入品，如化学农药、化肥及转基因技术等，拒绝一切环境不友好的生产方式和行为，是国际公认的最安全、最富营养、最具本来风味的食物来源。有机农业特别强调保护生态环境，是一种主动的环境保护行为；对有机产品的消费，也起到了促进环保的作用，是符合生态文明建设要求的消费模式。

近年来，我国食品安全和健康水平不断提高，逐步形成了从“无公害农产品”到兼顾安全、营养的“绿色食品”以及体现安全、品质、营养和环保最高要求的“有机食品”的农产品“金字塔”体系。虽然很多人对有机食品的概念和内涵尚不熟悉，但是有机食品已普遍被认同为最安全、最健康食品的代名词，有机农业也必将是未来农业生态建设以及农业可持续发展的趋势。

自我国环境保护部门发放国内第一张有机认证证书迄今，我国的有机农业已经走过了20多个年头，有机产品的品种、生产规模等都有了大幅增加，认证面积已居世界第三，但与人民群众的需求相比还有很大差距。这是因为有机农业是长线产业，需要更多的前期投入、更有力的技术支撑、更高水平的管理投入以及更多的政策和资金支持，而这些条件目前在我国都尚显薄弱。此外，不少消费者和农业从业人员对有机农业与食品安全、与环境保护、与农业可持续发展的关系还缺乏必要认识，这种情况下，有机农业的大发展还需我们更多努力。作为一名农村环保工作人员，我一直期望着有机农业能在提高百姓食品安全健康水平、提高农民收入的同时，在提升农业可持续发展能力、保护和改善农村生态环境等方面更好更多地发挥作用。我相信，随着我们大家的共同努力，更多的人会对有机农业有更为全面深入的认识，更多的人会投身有机农业发展。源自中国的有机农业理念在祖国的土地上必将大放光彩！中国有机农业大发展必将梦想成真！

守护荒野，守护野生动物的家园

康蔼黎

“为了守护地球上最后的荒野，我们必须投入更多的智慧和资源，探索我们和自然世界之间更为和谐的平衡关系。”

——艾瑞克·桑德森

美国哥伦比亚大学地球研究所研究员

国际野生生物保护学会人类足迹项目带头人

康蔼黎

- 1976年生
- 动物学博士
- 国际野生生物保护学会（WCS）中国项目主任

主攻动物行为生态学，以有蹄类动物为重心，先后涉及羚牛、獐、高鼻羚羊的行为研究。追随马可·波罗盘羊、藏羚羊、野牦牛的足迹，致力于保护野生动物和它们的家园。

1200公里，只见动物不见人

2005年初秋的一天，我收到来自国际野生生物保护学会（WCS）首席科学家乔治·夏勒博士的一封电邮：“蔼黎，你是否有兴趣组织一次在青藏高原上的冬季野生动物调查？”我回复说：“好的。”一个月后，我收到夏勒博士寄来的一个邮包，里面是一本英国探险家韦尔比（Wellby）撰写的书籍。翻阅之后，我意识到，我们设计的行程是要重新探访韦尔比在100年前行走过的地方。

2006年11月，我们开始了行程。在进入调查区域之前，我们拜访的最后一个人类建筑是位于阿里日土县的一座古老寺庙。此后一个多月的时间，我们行走在开阔的、白雪皑皑的平原中，每天依赖地图和GPS寻找前进的方向。庆幸的是，和韦尔比的毛驴、马相比，现代交通工具让我们的旅行便利了许多，使得我们有足够的时间对遇到的动物、经过的草原进行观察、记录。

我们所在的这个区域，平均海拔在4500米以上。我们记录到的最低夜间温度是零下35摄氏度。每天，我们向东行进40~100公里，在太阳落山前扎营，以便获得足够的自然光来检查我们记录的数据，准备晚餐。河流都已冻结，砸冰取水是每天的晚间功课之一。曾有一些朋友问我，那次行程中最难忘的经历是什么？不假思索，我的回答每次都是“在1200公里的行程中，我们没有遇到过一个人，看到的生命全是野生动物”。

在此之前，我在美国纽约参加培训的时候，曾看到WCS在2003年发表的世界人类足迹地图。WCS和哥伦比亚大学的学者们选用四种人类活动指数（人口数量分布、土地转型状况、人类获取资源所用的通道、电力设施），对全球人类足迹分布进行了计算。那时，我便注意到，在我国西部有一片辽阔的土地，人类足迹的指数仅为0~1，被列为未受人类干扰的“荒野之地”。然而，作为一个出生并成长于大都市上海的人，我不曾对这样的荒野有具体的认识，直至2006年那次穿越。不仅我们惊诧于这片没有人类驻留足迹的土地上的其他生命，野生动物们也常常用好奇的眼光打量我们这些过客。在拥挤的地球村，还有这样的空间，任凭我们那些野生的邻居们自由生活，无拘无束，感觉如此美好。守护这样的土地，让野生动物拥有自己的家园，自由的生活，这是我，更是许多正在为此努力着的人们的共同梦想。

这是一个传承着的梦想

2013年，“梦”成了一个流行话题。电视里、网络上、杂志中，“梦”这个字眼总是不时闪现。前些天和朋友闲聊，不免也扯起了这个话题。曾做过的梦很多，可说是各种灿烂。但直到现在，和野生动物打了许多年交道的我，在夜里梦回的时候，却几乎不见任何动物的身影。我不需要在夜色中，用自己的意识去拼凑这样的梦。我所做的，我们这一群人所做的，是守护着那些真实存在的野生动物们，希望它们可以不受干扰。我追逐的梦想，是执拗地希望越来越多的人愿意和我们一同守护这些动物和它们的家园——或者是驰骋在藏北的藏羚羊，或者是穿梭在东北丛林中的虎豹，或者是在江河中戏耍的江豚，或者是穿过城市高空的“人”字形排列的大雁，抑或是在城市夜色中穿梭的黄鼬。和人类一样，安全和自由，是所有这些动物最基本的需求。当人们在扩张自己的领地，加固自己的安全和自由的时候，许多动物却被迫丧失了它们的安全和自由。语言不通使它们处于弱势，所以我想为它们代言，为它们争取属于它们的安全和自由。

这个梦想，是一个传承的梦想。我不是这个梦想的发起人，而是许多承接者中的一个。我不知道谁是这个梦想的最初发起人，也没有去考证。我很幸运地认识了一位又一位不放弃追逐的导师，加入了接力的队伍，认识了一个个追逐这个梦想的同伴。

大四毕业在即的时候，茫然于如何继续深造，误打误撞，我遇上张恩迪先生——我的博士学位导师。张老师在英国修学的时候，研究的是獐，一种从中国引入英国的鹿科动物，却在中国大部分地方消失。多年的努力之后，在2009年，在张老师的推动下，在许多同仁的协助下，獐终于重新引入上海——它的故乡之一。师从张老师的日子，我第一次接触到这样的梦想——与野生动物直接相关的梦想。

2001年，在张老师的引导下，我着手翻译了乔治·夏勒博士的《青藏高原的生灵》。这本书让我认识了藏羚羊、野牦牛、藏野驴、雪豹、棕熊等在世界第三极上生活的动物们，认识了一片可以和非洲塞伦盖提大草原媲美的荒野之地，更认识了夏勒博士这位保护界的传奇人物。自1987年开始，夏勒博士就来到这片荒野之地，追随那些动物们的足迹，用自己真实的数据、犀利的观察、精彩的文字、罕见的照片，探索着人类和它们之间的关系。就是在这样的探索中，夏勒博士察觉到了藏羚羊猎杀和沙图什披肩贸易之间的关系，并执笔向美国进行这类贸易的商人进行劝解，向我国政府提出加强保护的建议。在《青藏高原的生灵》一书中，夏勒博士这样说道："我眼中的未来是一幅曾经有过的画面——人类、家畜和野生动物共同生活在羌塘广阔的草原上，保持着生态上的和谐。"

读夏勒博士的书是一种学习，和他一起开展野外研究项目更是身临其境的学习。这位传奇的巨人让我知道，和野生动物有关的梦想很浪漫，但追逐梦想的人需要不为其他人的脚步所干扰，需要把控自己的步伐，坚定地相信自己，即使无法预测可以停歇的那个终点也无惧自己的前行。保护野生动物，让更多人的梦中出现野生动物的身影，也许是个没有尽头的梦想，但追逐的本身，已是最大的快乐。

我在追逐梦想的路上，遇上了一位位志同道合的伙伴。每个伙伴，都是我的老师。每个人都怀揣着类似的梦想，只是主角——动物的种类略有不同。每个人都有迷茫、困顿、不知所措。有过进进退退，左右两难，有过质疑，甚至有过放弃。然而，在那段无论长短的梦想追逐中，嘴角总有坚强的微笑。正如世界自然基金会（WWF）物种项目负责人范志勇老师说的，我们需要做“悲观的乐观主义者”，品尝着许多无奈，经历着各种不可能，却不放弃追逐的步伐，总有头顶的一束希望。地球村如果没有了那些邻居的灵动身影，将是如何的空虚和无聊。为此，我们不能停歇追逐，我们将倾尽所有守护荒野，守护野生动物的家园。

刘晓星

-1982年生
-中国环境报记者部首席记者

毕业于长沙环境保护职业技术学院环境监测系，2004年1月进入中国环境报记者部至今。2009年被授予中央国家机关五一劳动奖章和中央国家机关优秀青年等荣誉称号。

关注绿色与黑色的博弈

刘晓星

加强生态文明建设是实现中华民族伟大复兴中国梦的必经之路。在这场摒弃黑色、回归绿色的博弈中，我作为一名环境新闻工作者，始终以扬“绿”抑“黑”为己任，为绿色中国梦的实现凝聚正能量。或者说，我的梦想就是做一个绿色新闻人，为神州大地重现天蓝、水清、地绿而用笔来拼搏。我自2004年初成为《中国环境报》记者之后，抱着这样的憧憬，长期坚持深入一线进行有关环境污染案件的调查报道。从2005年震惊中外的松花江水污染事件的防控现场到2008年

"5·12"四川汶川抗震救灾一线，从青藏高原昆仑山脚下到江苏太湖湖畔，手握一支笔，以第一视角，尽量准确、及时、专业、全面地报道新闻事实，以专业记者的优势深度剖析新闻背后的新闻。

2005年11月28日，我接到松花江水污染事件的采访任务，飞赴哈尔滨。至今，那惊心动魄的三十几个日日夜夜，仍在我的脑海中清晰可现。当看着眼睛红肿、布满血丝的环境监测采样人员在寒风中执著地盯着采样器的刻度，忘我地工作时；当看见解放军官兵在风雪中，一面往冻伤的脸部抹冻伤膏，一面扛沙袋堵截污水时；当经过122个多小时的艰苦奋战，在污染团到达4个小时前，终于实现了全线截流成功时……在那一刻，我哭了，为他们，也为自己。当地夜间最低气温达到零下43℃，白天也在零下36℃以下，我穿着厚重的军大衣，跋涉在没膝深的江水中采访，困了裹着大衣倚在工程车上打个盹，饿了就拿出口袋里早已结成冰的矿泉水和火腿肠，用手的温度融化后啃上两口。作为一名共产党员，当时这个特殊"战场"上的唯一记者，我时刻铭记一份责任，那就是去忠实记录中国环境保护史上的一个奇迹，让全世界来见证中国的庄严承诺：决不让一个人喝不上水，也决不让一个人喝上污水。

2008年"5·12"四川汶川特大地震发生，吞没了午后安谧的村庄和百姓，也带来了不期而至的唐家山堰塞湖。我穿着救生衣，腰上系着绳子，跟随环境监测人员向堰塞湖坝体进发。突然间，一块巨石伴随着隆隆的声音和滚滚的烟雾，从几百米的山顶部直冲下来，击穿我们乘坐的汽车的车体，看着不远处山上滚石滑落过后那尘土慢慢消失，我们又重新起程。因为，决不能让遭受地震重创的百姓深陷水污染的恐慌之中，我要将各级环境保护部门全力保障饮用水安全的措施传递出去。

这是因为，我梦寐萦怀的绿色中国梦就在中国的环境卫士们的行动中得以一步步实现。

这些年来，我先后荣获“中央国家机关五一劳动奖章”、“中央国家机关优秀青年”等多项荣誉和嘉奖。2009年10月1日，我作为全国环境保护系统代表之一登上了“生态环保”彩车，参加新中国成立60周年的国庆巡游。在彩车经过天安门广场的7分多钟里，每一秒都能感觉到时代的脉搏，每一秒都热血沸腾。我感觉得出，我誓要献身的绿色中国梦正在神州大地成真。

在我的记者生涯中，那些辗转于车站之间、行走于排污口间的岁月，诠释了记者这一称号的真正内涵：不是桂冠而是担子。为了寻找一个企业的排污口，拿到第一手的现场资料，我经常要跟随着水声步行十几公里才能找到暗藏的排污口；有的时候为调查企业偷排状况，我经常连续几天凌晨蹲守在企业门口。披露、曝光、打击非法环境违法行为和现象，维护公众的环境权益，扬 “绿”抑“黑”，激浊扬清，我一次次地为了绿色中国梦而倾注心血和期望。我在想，正因为有许多像我这样的记者、群众乃至孩童在关注、在呼吁、在呐喊、在行动，环境保护才从边缘话题变成实际行动。我也在为实现绿色中国梦的全民博弈中找到了自己的职业价值，获得了新闻和人生的真意。

在无数次的采访中，面对着一双双渴望救助的眼睛，面对着污染日益严重的现实，我深切地体会到我作为环境保护历史的记录者和守望者，我的工作、我的中国梦就属于那千万双眼睛。在这里，我想说，在未来的日子里，我将一如既往地行走于环境保护的前沿阵地，目睹、记录中国环境保护波澜壮阔的历史，目睹、记录绿色中国梦一天一天成真的史实。

废墟中升起的梦

魏冰洁

魏冰洁

-1986年生

-首都师范大学教科院心理学系学生

2008年响应团中央招募赴地震灾区志愿者的倡议，成为参与“大学生志愿服务西部计划抗震救灾专项行动”北京志愿服务团中的一员。在什邡市城南新区工作两年。

这是从2008年夏天开启的一段经历。彼时的我即将毕业，在即将入职的公司实习。

梦碎 地震之殇，永志不忘

2008年5月12日14时28分，当身处北京的人们感觉到些许摇晃的时候，四川正经历着一场前所未有的灾难。房屋倒塌、山体滑坡，巨大的瓦砾、坍塌的屋顶、破败的街道、受伤的人群……都给人以强烈的震撼。灾情牵动着全国人民的心，人们关注着震区传来的每一点信息，心系着震区人民的生命安危。

6月初，团中央在网络上公布了招募赴川志愿者的倡议。看到这则消息，深受触动的我决心站出来为灾区贡献自己的一份力量。虽然前路充满危险，灾区也随时会有塌方、泥石流和余震，但不知道从哪冒出来的强烈责任感战胜了我的恐惧，一个声音在指引我：抗震救灾就是我现在应该要做的事情。

2008年7月16日，志愿者服务团参加了在人民大会堂举行的出征仪式。当天晚上，我们27名志愿者从北京西站出发，奔赴什邡。

追梦 从平凡的小事做起，一点一滴地做，坚持做

还记得到达什邡的那天，在一个简短的欢迎仪式上，什邡团市委的领导对我们进行了工作分配。我被分配到什邡城南新区管委会产业科工作。

一开始，我对于被分配到工业园区工作还有一丝不情愿，因为同来的伙伴们有一部分被分配到了乡镇，可以直接接手一线的工作，更多地接触到灾区，而我被分在政府部门，感觉好像没来灾区似的。加之学的专业不对口，对于园区的工作很是有些头疼。我心里非常着急，总觉得有劲没处使……可我转念一想，来什邡做志愿者，不是为了来体验，而是想要切实为灾民们做些事情，只要能为灾区做事情，从事什么工作不都是一样？虽说没有工作在最前线，但我们所从事的工作是帮助什邡恢复经济，恢复自造血功能，也是灾后重建很重要的一个环节。在不在一线、专业是否对口，又有什么要紧？灾区的需要才是最重要的。

调整好心态，我开始全身心地投入工作。

最初由于生疏，不熟悉情况，只能做很简单很琐碎的事情，甚至于接电话都有着语言方面的问题。没关系，我认真学习，一点点来，不能做很多的事也不怕，谁能够一口吃成个胖子？我从最基础的琐事做起：上网查找资料，搜索与园区相关的政策法规，了解想要入驻园区的企业；进行资料的录入整理排版……慢慢地，我对园区的工作有了一定的了解。借助之前在公司实习的经验，我和同事一起，分析城南新区的优势，整理出什邡城南新区招商指南；对园区内各企业的资料进行梳理；接到相关通知时将精神传达给各企业，再把企业返回的资料汇总给上一级相关单位……

渐渐地，随着工作的进行，我知道了什邡市工业新建项目是怎样的办事流程；工业项目可行性研究报告该怎么写；什么叫做“七通一平”，什么叫做“7+3”产业；原本画符一样的红线图、宗地图能够看懂了；也能够拿着原本完全看不明白的整体规划图、区位图，跟同事一起为来园区参观的企业介绍情况，说说什邡掌控资源利用的七大比较优势，谈谈企业入驻园区的条件……

虽然只是一点一滴的小事，但我看到了自己的成长。我想，志愿精神就该是这样，梦的实现就该是这样，从平凡的小事做起，一点一滴地做，坚持做。虽然困难是客观存在的，但只要有信念的支撑，有伙伴的支持和鼓励，即使面临再棘手的问题、再艰苦的环境我都能从容应对。

梦圆 一个“新”的中国从泪水中、从废墟中崛起

两年的志愿工作转眼就结束，我和我的伙伴们陆续离开了已视之为第二故乡的什邡，继续自己的生活。也有一些伙伴选择留下，扎根什邡。

在做志愿者的日子里，我每天都震撼于灾区人民的坚韧与顽强，感动于全国人民为支援灾区、重建灾区做出的努力和热情。在满目疮痍中，灾区人民不畏艰险、不怕困难，在帐篷和板房中积极努力地恢复着正常的生活。他们自力更生搭建起新的房屋，开始田间的劳作；帐篷小卖部开张了；板房小学复课了；只有两面墙的饭馆也可以弄得有声有色；新人在帐篷里举办婚礼，还笑说这是老天给的浪漫。还有那些一车皮一车皮拉来的救灾物资，一

个个寄往灾区的包裹，一盒盒交到孩子手中的文具，一床床送到百姓家中的棉被……各种来自不同地区的不同兵种，各种医疗队和志愿团体都在不断地涌来。走在什邡，到处都是穿着印有“中国加油”、“我爱中国”、“四川雄起”、“什邡加油”、“××志愿者团体” T恤的群众；地震，震不垮四川人民坚强乐观的心，更震不垮中国人民团结一致的心。

在这两年的时间里，作为北京人的我没能亲眼见证奥运会的盛况，也因为志愿工作放弃了良好的工作机会，我的心里虽然有过一些遗憾，却并不觉得后悔。我感受到的乐观、坚韧、顽强、热血以及所有的人性闪光点比我在过去二十几年中感受到的还要多。那些美丽的人和事，激励我、教育我，也使我的心灵得到了净化和洗礼。同为中国人，共筑一个梦。我深深为自己是其中的一员感到骄傲和自豪。

五年过去，青草遮住了伤痕，整洁美丽的小镇，生长于一片瓦砾的废墟；鲜花再一次绽放，干净整洁宽敞的校园，重新升腾欢声笑语。什邡，这颗川西明珠，又重新焕发出她的光彩。

地震好像过去了很久很久，或者就好像没发生过。但谁又能忘记灾难后迸发的真爱，忘记中国人民痛苦中的坚强呢？不能忘记，四面八方的人们来到这里，为一个个陌生的生命默默付出；不能忘记，那些坚韧不屈的力量！

艰难困苦，玉汝于成。用爱抹平伤痛，用民族精神重建家园。地震过去，抗震精神永存。对于历经磨难而不衰的中华民族而言，汶川大地震是一个悲壮的过去，更是一个伟大的开始。

记住，并且向前走。

泪水曾淹没了中国，但中国人民擦干泪水，抱持着重建家园的梦想，抚平伤痕，重新上路。在追求梦想的道路上，我们从不惧风雨，只为了期待更美好的明天。

总有一种期待

任愿

任 愿

- 1988年生
- 绵阳市某公司出纳

中学毕业后做过餐饮服务员，卖过服装、家具，做过电机销售。

我是一个乡野小丫头，曾经不谙世事、简单明净，哪怕是如今已为人妻为人母，哪怕是总要为了生活辛苦奔波，我依然还是那个乡野丫头，所以我的文字也总是朴素无华，几乎没有丁点奢侈的字眼。我喜欢这样的自己、这样的文字，代表着我的独有风格，以及永远也不想改掉的让人看不懂的笔名——疯叶子！

九个月，妈妈不幸去世了，我没办法留下自己婴孩时的记忆，但，那个时候小小的我，一觉醒来，看不见妈妈铁定哭得好厉害……

五岁，我眨巴着小眼睛在满是黄土满是坑的大马路上因为奔跑，摔了个狗啃泥。我绿豆大的心有了宇宙那么大的期待，我期待有一辆大铲车能在夜里的时候把家门前那条讨厌的大土路挖得精光，然后填满了水泥河沙。没过多久，真的有许多穿着大黄衣服的人扛着工具来了，虽然没有大铲车，运来的也不是河沙水泥，但一条干干净净的大柏油路出现在了我面前，其实早已超出了我的期待！

七岁，有一天我上学迟到了，班主任老师罚我站在教室外面烤太阳。烈日焦烤下，她骂我是茅坑里的石头又臭又硬，还说我这样的是祖上缺了德，八辈子都不可能翻身。我花生仁儿大的心里有了个天大的期待，我期待学校领导来个狠狠的批评会，把我那没文化、滥竽充数、误人子弟的班主任批下课。于是有一天，学校来了一批青春的大学生，他们每天教我们读书认字、唱歌画画，还带给我们好多我们想也想不到的知识——科学和文明。

时至今日，中国的教育也还是严苛、死板，我觉得这是很落后的状况。作为母亲，我自愧不如童话大师郑渊洁，所以我只能对那些老师说：“为了我们的下一代，下下代，为了国家的又快又好发展，只能麻烦你们，辛苦你们了！”

十岁，南方发了大水，大水退去，镇上来了好多流浪儿，早晨醒来，我把门打开，家门口正好跪着一个和我差不多大的女孩，文文静静，低埋着头，不说话只浅浅哭泣，地上摊着一张用毛笔写的求助信，信上压着一个碗，碗里零星地躺着一元、两元、五元……那一天，我核桃大的心里有了海洋大的期待，我期待有人能把和女孩一样的可怜孩子带走并给予帮助。哪怕是现在当我走在繁华城市里、天桥上、地铁站、公园口，乞讨好像已经成了某些人的谋生手段，成了收入不错的职业。但其实这也恰好反映了我们当下在经济和人文上的落后程度，中国的同胞们，我们还得好好努力啊！

十二岁，我小学毕业，我苹果大的心里有了草原大的期待，我期待有人能研究一种机器可以代替我们家那头大黄牛犁地拉土。当然，这个梦想已经实现，国家大力培养的科学家们真是不赖，他们顺带着把播种收割机都发明了！

十五岁，非典夺走了我好多可爱同胞们宝贵的生命，那种失去和未知是可怕的。我箩筐大的心里有了山川大的期待，我期待华佗能够重生，他只要站在山尖上向大地撒上一把他独有的草药，非典立马就会被赶跑，从此不敢再踏足人间。当然，华佗不可能再世，但他的后人在崛起，白衣天使们打败了非典，保护了我们，同时他们也有牺牲。时至今日，比非典更为可怕的病魔，总是层出不穷，它们好难被打败，因为害怕生命的突然不能自主，我越来越认识到科技和人才的重要性和必要性！

十六岁，手拿着有关北京中关村的报道，我面包车大的心里有个湖泊大的期待，我期待我能好好学习、天天向上，然后考上大学，最后回到家乡，把家乡变成又一个中关村。虽然政府已经在实施各种各样的21世纪新的建设改造，然而我却发现，中关村不是一个人就发展出来的，一个村庄、一个县城、一个城市乃至一个国家的发展并不是仅凭一个人的力量就行的，团结是最重要的因素！

十八岁，我没能考上大学，因为经济压力，我放弃复读，我窗户大的心里有了小溪大的期待，我期待有人能教我一技之长，我好开始挣钱养家。当然，此时已经有很多这一类的学校应运而生，但是我只能够放弃。幸运的是，这年八月，政府突然搞了个免费电脑教学下乡的活动，可把我高兴坏了，毅然拿着户口本去报了名，那一天，招生老师的门槛都快被挤破了。

十九岁，已经上了一年大学的同学们，兴致冲冲地找到我说：“国家开通了绿色通道，没钱也可以贷款上大学了，去复读吧！”我很惊喜，也很骄傲，我哀惜自己，祝福他们，我感谢国家。

二十岁，全世界都知道，中国有个小县城地震了，那里正好是我的家乡，悲痛欲绝的我湖泊大的心里有个面包车大的期待，我期待有人来救救我们。当然，我的哀求和期盼一定会实现的，国家忘不了我们，政府不会抛下我们，全国同胞全都在惦记着我们，那一年，我的感动和坚强最后因为他们而没过了悲伤！

二十一岁，外公不幸死于胃癌，临走时什么也没留下，只留下儿孙们无尽的思念和一笔沉重的金钱债，我不得不说真是“黄金有价，药无价”。我草原大的心有了苹果大的期待，我期待医院真的不能够再贵下去了，不然，更多的人只会讳疾忌医。所以当政府把一份医保合同递在我手上时，我不得不点头承认，国家比我聪明、想得周到，解决我心中顾虑的同时还带动了好几项经济发展，我想国家这是又向前迈了一大步！

二十二岁，我结婚生子，生活正处于憧憬和奋斗中，一起意外的车祸却打破了我本已经平静了的幸福心情，面对邻居家小妹抢救无效的消息，我当即傻眼了，我害怕、惶恐。从此无论我抱着儿子身处哪条街、哪条道，我总要四下里顾看，生怕意外就紧跟在我身后。我天大的心里有了花生仁儿大的期待，我期待安全，各种各样的安全。听说近来在严打各种违规行为，特别是酒驾和中国式过马路，我不禁在心里暗喜，风雨无阻的交警们，为了我们的安全，你们辛苦了！

二十五岁，生活的土地又要建设改造了，我们家现住的旧房子可以换政府统建的商品房，生活似乎又得到了惊喜。但这个惊喜从五年前就一拖再拖到现在，我宇宙大的心里有了绿豆大的期待，我期待，政府的新房子快点修起来，对我们的诺言快点实现，把我们的土地快点变美变干净！

最近，我和老公正面临创业的困扰，这期间好多事真的让我措手不及，才发现，我一天天在长大，我的舞台也在一天天变大，我的心却一天天地在变小。我知道我这是因为成长和经历而变得更加地小心谨慎、理智成熟，然后就是越来越依赖国家和政府。但是我更加地知道，这种对国家和政府的依赖，得有一个基础，那就是我自己的不断努力，努力再努力！

其实前几天有人问过我：“十年后，你有什么梦想？”

我想也没想就回答她道：“国泰民安，生态环境得到保护，不再有乱砍滥伐不顾及子孙的短视行为，孤桩独树的‘秃地’变为郁郁葱葱的森林，堆积如山的垃圾干沟变为清澈见底的溪流，自然灾害大大减少，人们生活在蓝天白云下，山清水秀，没有雾霾，然后就是我们全家的微笑，浅浅的微笑足矣！”

第五篇

和平中国梦

军事是一个国家实力的基础，历史已经反复证明了这一点。弱兵则国危，无兵则国亡，早已验之于古，证之于今。凡大国，必有强兵，古今中外，无一例外。“能战方能止战，准备打才可能不必打，越不能打越可能挨打。”这是习近平主席站在历史、现实和未来的交汇点，对战争与和平的辩证法作出的哲学概括。

我们的祖国已经站在新的起点上，正以坚定的步伐走向世界舞台的中央。

遥望宝岛，我的最大梦想是……

陈影

陈 影

- 1933年生
- 开封大学教授
- 开封市原人大副主任
- 开封大学原副校长

曾兼任开封市专家咨询团副团长，荣获科技兴汴带头人称号。长期从事科研和教学工作，并出版一部散文集。

筑梦、追梦，乃至圆梦，这样一个人人为之心驰神往的梦想过程，实际上就是一个人美好愿望最本质的表达。为此，中外古今，不知迷倒了多少人！应该说，梦想是每个人的人生价值最纯朴的体现，也是人生对未来的无限憧憬。19世纪英国桂冠诗人丁尼生曾言道："梦想只要能持久，就能成为现实。"世之诸人诸事，足以印证，此乃一句箴言也。

今年，愚将年届八秩，来日无多，就个人而言，自我的小梦想，不筑也罢，但不能没有大梦想。而这大梦想正是我国亿万民众的共同梦想，且与中华民族的伟大复兴息息相关。尽人皆知，这一伟大梦想就是华夏儿女大一统的夙愿，而这夙愿将会于不久的未来，就在广袤富饶的神州大地上成功实现。

民间谚语尝云，一个人的成长，从小看大。由此推论，凡世之诸事也就可由小处看到大局。盖缘于此，谨以二十多年前首途台湾之行所获得的相关见闻作为素材，试图从台湾民间窥出民意之所在，俾而判断实现统一大业梦想的中坚力量的基本趋向。

1992年10月底，大陆的海峡两岸关系协会和台湾的海峡交流基金会在香港就两岸关系诸多问题举行商谈，随后不久即在口头上表述了“海峡两岸均坚持一个中国的原则”，即两岸同胞熟知的“九二共识”。在如此形势的背景下，我因探亲有幸经由香江踏上宝岛之旅，诚乃一次难得的极佳时机。

是年10月30日，我从香港启德机场起飞，一个小时后安抵高雄小港机场，讵料在入境验证时发生了一件令我终身难以忘怀的事情。斯时，当我走进机场大厅朝着入口通道行走之际，一位衣着时尚的年轻女子款款地向我迎面走来，她面带笑容和霭可亲地向我打招呼：“请问您是从河南来的陈先生吗？”当她得到肯定的答复后旋即又说：“我是出入境管理处工作人员，奉命在此恭候多时了，请您随我来。”于是，我就在她的陪同下由绿色通道十分简便快捷地办理了入境手续，并一直将我送到台湾亲人面前后才与我们一一告别。此一小事的意外出现，以至在台的亲人也因此而深为感佩。试想，像我这样一个来自大陆的一介平民，当踏上宝岛大地的瞬间，竟能获得如此感人的礼遇，内心深处岂能不顿时漾出了血浓于水骨肉同胞的情怀?!

经由绿色通道入境，平生首例。在台逗留的五十个日日夜夜里，此一意外礼遇的潜在意义，不时地在与诸多亲友的交谈中成为话题，且在随后许多社会活动中也都反复地再现了那种骨肉同胞的情怀。在台期间，除了与亲友们促膝长谈互诉衷肠以及游览遐迩闻名的名胜古迹外，也曾通过多种关系，参观访问与我业务相关的一些单位，诸如台湾工业技术研究院、新竹科学工业园区、交通大学、成功大学以及统一企业公司等处。只因当时赴台探亲的大陆人士极少，故而所到之处，备受礼遇。当我与各方面人士进行广泛接触之际，盖因传统文化与生活习俗同出一源，彼此都能坦诚相待，并能就共同关心的问题坦率交换意见，从而获得的见闻颇广、教益颇丰、感受颇深。时至今日，二十多年的时光已逝，尽管海峡两岸的诸多方面发生了巨大的变化，但对岸民众殷盼进一步与大陆交往互助的心愿却一直与日俱增，从而体现了台湾民众殷盼祖国统一的大义之所在。兹因篇幅所限，笔者试图列举如下三例而去洞察这方面的台湾民意。

其一，北部的新竹科学工业园区，世人称为台湾的硅谷。某日，当笔者走进园区管理局大厅时，特大型电脑屏幕上显示出“欢迎开封大学陈副校长影先生”的字样，令愚愧不敢当。参观时，园区管理局黄主任出面接待，并在大型陈列室里对园区六大类产业做了简要的介绍。随后又在他的带领下来到设在园区的台湾工业技术研究院，在座谈中，他们以诚恳的态度表达了与大陆科技界合作的意愿。他们凿凿言道，大陆已经建立起完整的科技体系，在基础学科研究和高科技领域中成绩斐然，许多科研成果已处于世界领先水平；而台湾在应用研究和管理科学上已有一定成就，特别是科研成果商品化方面的经验值得借鉴。但毕竟科技力量有限，资源匮乏，其技术及其装备又长期依附于发达国家，很难达到《六年经建计划》中所规定的各项指标，因此，在策略定位上，必须踏入两岸科技交流合作的大道上并坚定地走下去才行。有鉴于此，他们认为，在当前两岸处于经济腾飞的关键时刻，历史早已为两岸的经济科技合作提供了最好的契机。

其二，在参观台湾交通大学时，时任校长的邓启福教授听说来访者是开封大学副校长且是上海交大校友，特地从外地赶回学校接见了我，主客之间在坦率的气氛中就人才培养和两岸高校交流的前景等话题进行了近一个小时的交谈，彼此留下了较深的印象。值得一提的是，四年后即1996年将是海峡两岸五所交大建校百年大庆的日子，邓校长当时主动提出了这个话题，并由衷表示了共同庆祝的愿望。1996年4月，笔者有幸前往上海参加母校百年华诞的庆典，在大会发言中，我意外听到了台湾交大校友、台湾宏基集团董事长施振荣的祝辞。他在祝辞中，一往情深地表达了期待两岸交往进一步突破的愿景。

其三，在台南，参观了台湾食品工业巨擘，当时就已在上海、成都等七个城市设厂投资的台湾统一企业公司。接待我的刘副总经理介绍说，近两三年来，两岸互动已呈加快之势，民间往来和各项事业的交流日益增多；至1992年三季度止，台商在大陆的投资比去年同期增长25%。这种日益扩展之势，必然为两岸统一大业带来不可估量的正面效应。参观后主方设宴款待，并以统一企业公司的名义向开封大学赠送了一批最新出版的反映台湾科技水准的图书。

由民意看两岸关系的未来走向，最大梦想定将成真！

欧阳自远

- 1935年生
- 中国科学院院士
- 世界科学院院士
- 国际宇航科学院院士
- 中国绕月探测工程首席科学家
- 天体化学与地球化学家

曾获国家科技进步奖特等奖等多个奖项；在国内外共发表论文460多篇，专著11部，主编著作14部。培养硕士、博士与博士后65人。

让中国飞得更远

欧阳自远

近年来，中国航天技术与空间探测技术不断取得进步，神舟飞船为我们带来了一个又一个的惊喜。我有幸能成为这项伟大工程的参与者和推动者之一，见证了这一步步历程：

跳出地球看地球

1957年，我正在中国科学院地质研究所攻读矿床学副博士研究生，研究长江中下游矽嘎岩型铜、铁矿床的分布规律与成因。这年，苏联发射了第一颗人造地球卫星，为人类“太空时代”的到来拉开了帷幕。自1958年开始，美、苏两个超级大国为了空间霸权的争夺和冷战的需要，相继对月球、火星与金星等太阳系天体和行星际空间进行探测，展开了一场激烈的军事和科技竞争。科学技术的伟大转折给了我极大的震撼，如何主动迎接新的机遇与挑战，从而让中国飞得更远呢？在我看来必须跳出地球看地球，才能更全面、系统地认识地球；以太阳系的时空尺度研究地球，把地球与太阳系家族的行星——地球的兄弟姐妹进行比较研究，发现它们之间的共性与各自的特性，才能更深刻理解地球的起源与演化。鉴于当时的条件，我们一方面只能综合分析研究美、苏探测月球与行星的目标、成果、技术与应用的进展，另一方面我们可以深入研究降落到地球上的地外物质——陨石，包括月球陨石和火星陨石。

1958年，我们发现广西南丹大炼钢铁时在高炉里不能熔化的“铁矿石”是典型的铁陨石，相继研究了新疆巨型铁陨石和内蒙古乌珠穆沁铁陨石；1960年研究了内蒙古石陨石和其他石陨石。随后，利用高空科学气球收集平流层中的宇宙尘和沉降在海底以及极地冰雪中的宇宙尘。1976年3月8日15时，发生了世界上规模最大的一次陨石坠落事件——吉林陨石雨事件，随后中国对吉林陨石进行了世界上规模最大的深入而系统的综合研究，发表了百余篇论文。中国的科学家在南极找到了11 400块陨石，其中发现有来自灶神星、月球和火星的陨石并开展了研究。通过对各类地外物质较系统的研究，测定了它们的物质成分、矿物组成、结构构造、同位素组成和各阶段演化年龄，初步探讨了陨石、宇宙尘的形成条件及其与地球起源和演化的关系。

1978年，美国国家安全事务顾问布热津斯基访华时代表卡特总统送给我国领导人一件礼物——仅有1克重的月球岩石样品。中国科学家对0.5克月球样品开展了系统的岩石学、矿物学、主量元素、微量元素、穆斯鲍尔谱、热释光、14MeV快中子活化分析、仪器中子活化分析、放射化学中子活化分析、质子激发X射线分析、火花源质谱及电子能谱测试等研究，并对其成因做了初步探讨，一共发表了14篇相关文章，确认是“阿波罗17号”采集的月海玄武岩。这些研究带动了我国微区微量测试技术在地质学上的应用。剩下的另一半0.5克月球样品送到了北京天文馆向公众展览。

经过多年的探索，我国取得了一系列创新性的理论成果，也形成了一批年龄和知识结构合理的基础研究队伍，为后来探月工程的科学目标设计打下了坚实的基础。

飞出地球，探测月球

1992年，中国载人航天立项，表明中国的经济实力和技术水平具备了探测月球的能力，我们向国家提出了开展月球探测的建议。1994年完成了《我国开展月球探测的必要性与可行性》，相继完成了《中国开展月球探测的发展战略与长远规划》，提出了不载人探测月球划分为三期的总体设计，即环绕月球卫星探测、落月就位与巡视探测和月球取样返回。相继提出《月球资源探测卫星的科学目标与有效载荷配置》、《我国月球探测第二、三期工程的科学目标和有效载荷配置》、《我国载人登月的科学目标初步建议》等技术报告。在长达十年的艰苦论证中，我们抓住一切机会，向决策者、科技界和公众阐述中国开展探月的重要性、必要性、发展规划与实施方案。

2003年底，《关于绕月探测工程的立项请示》通过了评审。2004年1月23日，大年初二，温家宝总理及相关的领导正式批准了绕月探测一期工程立项，经费14亿人民币。经过三年半的紧张实施，2007年10月24日，嫦娥一号月球探测卫星承载着中华民族千年的奔月梦想在西昌卫星发射中心发射升空。通过16个月的科学探测，获取到分辨率120米的全月球影像图，全月球多种元素和矿物的含量与分布图，首次获得全月球亮度温度图、全月球土壤厚度分布图与氦-3资源量分布图，对月球的空间环境取得了丰富的数据并有多项重大发现。2009年3月1日，嫦娥一号卫星在完成各项科学探测任务之后成功实施“受控撞月”，为我国探月一期工程画上一个圆满的句号。

2010年10月1日，嫦娥二号在西昌卫星发射中心发射升空，并取得了圆满成功。嫦娥二号绘制了7米分辨率的全月球数字影像图，在空间分辨率、影像质量、数据一致性和完整性、镶嵌精度等方面优于国际同类全月球数字产品，是目前最高水平的全月球数字影像图；获取了嫦娥三号软着陆区虹湾的1米分辨率影像图等一系列重大成果。 随后，嫦娥二号受控准确进入距离地球约150万公里远的拉格朗日L2点的环绕轨道。第一次实现我国对月球以远的太空对太阳活动的235天监测，积累了大量探测数据。2012年4月15日受控飞向距离地球大约700万公里深邃的太阳系空间， 12月13日嫦娥二号与4179战神号小行星交会，交会距离3.2公里，相对速度为每秒10.73公里，首次拍摄到分辨率为10米的4179战神号小行星图像，小行星的大小为4.46千米×2.4千米，探测了小行星的形状与结构等，为未来的小天体探测积累了经验。当前，嫦娥二号飞离地球的距离超过5000万公里。

嫦娥三号于2013年发射，软着陆月球虹湾地区，实现着陆器在月面的就位探测与月球车月面巡视探测相结合。2017年将实现月面铲取和自动钻孔取样后返回地球。嫦娥工程在实施环绕月球探测、月面着陆探测和月球取样返回之后，中国将实现载人登月，择机建设月球基地，开发利用月球以支持地球人类社会的持续发展。

探测太阳系，让中国飞得更远

2007年胡锦涛总书记在党中央、国务院召开的“庆祝我国首次月球探测工程圆满成功”的大会上讲话指出：“我国首次月球探测工程的成功，是继人造地球卫星、载人航天飞行取得成功之后我国航天事业发展的又一座里程碑，实现了中华民族的千年奔月梦想，开启了中国人走向深空探索宇宙奥秘的时代，标志着我国已经进入世界具有深空探测能力的国家行列。这是我国推进自主创新、建设创新型国家取得的又一标志性成果，是中华民族在攀登世界科技高峰征程上实现的又一历史性跨越，是中华民族为人类和平开发利用外层空间作出的又一重大贡献。”

21世纪，人类全面探测太阳系并为人类社会的可持续发展服务，具有广阔的发展前景，中国把目标转向了太阳系探测。我国太阳系探测的主要科学问题是：（1）太阳系生命信息的探寻。主要探测对象为火星，包括火星生命信息的探寻，火星过去曾经发育过生命的探测，评估火星过去存在过生命的环境探测。其次探测小行星、彗星和巨行星卫星的生命信息。（2）行星的起源与演化和太阳系的形成与演化。侧重类地行星的磁层、电离层、大气层、表面地形地貌与地质构造、物质组成与岩石类型和内部结构的探测和比较研究。（3）太阳和小天体活动对地球的灾害性影响。（4）地外资源、能源与环境的开发利用以支持人类社会的可持续发展。取得一批原创性的重大科学成果，建立较为完善的深空探测科学研究体系，带动我国高新技术的突破与跨越发展；推动我国基础与应用科学的创新及发展；培养与成长一大批青年科学技术骨干队伍；使我国由航天大国成为航天强国，为中华民族的伟大复兴作出历史贡献。

中国将开展月球、火星、金星、太阳、小行星、木星与木卫二以及太阳系空间的探测，将离开地球10亿~20亿公里的距离。

让中国飞得更远！飞得更远，目光才能触及更远。

飞得更远，才能更深邃地探索宇宙奥秘，合理利用空间技术，实现中华民族的伟大复兴！

发展新材料 服务国家建设

黄伯云

黄伯云

- 1945年生
- 中南大学教授
- 世界科学院院士
- 中国工程院院士
- 材料学家

曾任中南大学校长，第十一届全国政协委员，现任第十二届全国人民代表大会常务委员会委员，中国科学技术协会全国委员会副主席，中国材料研究学会理事长。全国五一劳动奖章获得者，“十五”国家863高技术新材料领域专家委员会主任，国家重大基础研究计划——973计划首席科学家。主要从事新材料研究，获得国家科技成果奖4项，国家教学成果奖2项。

翻开历史教材，我们发现，对人类社会发展史的描述是按照石器时代、青铜器时代、铁器时代等来划分的。从远古石器、以蒸汽机发明为标志的第一次工业革命，到以原子能、电子计算机、空间技术和生物工程的发明和应用为标志的第三次工业（科技）革命，我们的每一次进步，都是因为新材料的发明和应用得以实现。当今，半导体材料和光导纤维的问世，使我们人类社会进入了全新的“信息时代”。可以说，人类文明的发展史，就是一部材料发展史。正是材料的这种魅力，让我们这些从事材料研究的人与它结下了不解之缘，想的、做的就是一件事：材料！梦想能够为建设材料强国稍尽绵薄。

国家的需要永远是第一选择

1969年，我从中南矿冶学院（今中南大学）粉末冶金专业毕业，1980年由国家公派赴美留学，先后完成了硕士、博士与博士后的学习。1988年5月13日，我举家归国，回到了我的母校担任一名普通教师。我算是改革开放后最早一批在美国完成硕士、博士和博士后学业归国的留学人员，当时很多人不理解、不认同，但作为共产党员，国家的需要永远是个人的第一选择。国家在经济极其困难的情况下送我们出去，是去留学的，而不是"学留"的，我们应该回来。作为知识分子，能把才智奉献给自己的国家和人民，这才是一种真正的幸福。

科学研究也需要以满足国家的需求、解决国家的大问题为目标。站在国家需求层面进行自主创新，才能掌握核心技术，才能促进经济持续发展，保障国家战略安全。大学毕业不久，即从20世纪70年代开始，我作为主要成员参与了钐-钴和铈钴铜铁磁性材料研究，其研究成果成功地应用于我国人造卫星的关键通信器件，获得中共中央、国务院、中央军委贺电嘉奖；回国之后，带领团队采用特种陶瓷强化铁基材料和梯度复合技术，解决了金属基摩擦材料的"高温稳定性差"和"重载耐磨损性差"两大技术难题，研制的高性能飞机刹车材料，满足了国防建设的重大需求，荣获国家技术发明二等奖。

大家都知道，飞行器减重是以克（g）作为计量单位的，发展新型高比强度材料是发展高性能飞行器的关键，这就是所谓"一代材料，一代装备"。回国后不久，我们就将研究重点瞄准"高性能碳/碳复合材料"。碳是自然界中最常见的元素，碳也是自然界最轻的单质固体之一。碳/碳复合材料是碳纤维增强碳基体的复合材料，具有低密度、高强度、高导热性、摩擦性能好，以及抗热冲击性能好、尺寸稳定性高等优点，其比强度是钢的600倍，是发展新型飞行器不可或缺的材料。我们经过近20年的努力，攻克了高性能碳/碳航空制动材料制备过程中原子排列调控、制备方法、工艺装备、性能测试与评价等一系列难题，研发了由系列专利构成的、具有自主知识产权的高性能碳/碳航空制动材料的整套制备技术，解决了国家急需的高性能航空制动用材。同时，在该系列发明的基础上，构建了高性能碳/碳复合材料制备工业平台，为我国高性能航天发动机提供了性能优异的关键材料。高性能碳/碳航空制动材料的制备成功，标志着我国在航空航天碳/碳复合材料领域迈入世界先进行列，对保障国家航空航天战略安全具有重要意义，2005年获得国家技术发明一等奖，结束了该奖项连续六年空缺的历史。

在美国读书时有一名美国同学，他在做博士论文期间把自己的研究成果变成了实实在在的产品——研制出了一种显微硬度计，后来又通过办公司把产品销售到世界各地，最后又收购了另外一家大公司。这件事给了我很大的启发：我们搞科学研究，不仅仅是只写高水平的论文，还必须亲身实践，把自己的科研成果真正地变为产品，那样才会产生出现实的生产力。把科技成果转化为先进生产力，使科技成果能推动国家经济建设，满足国家重大需求，造福于人民，这是科学研究的目标。为了加速科技成果的研究与应用，我们先后构建了粉末冶金国家重点实验室、粉末冶金国家工程研究中心、轻质高强结构材料国防科技重点实验室以及有色金属先进结构材料与制造协同创新中心（2011计划）等一系列创新平台，并从1994年开始创办学科性公司。我们建设的基础研究—中试基地—产业化平台，使得我们有条件、有能力将高水平的研究成果产业化，将科学研究服务国家建设真正落到实处，创造出良好的经济效益与社会效益。

追求卓越，圆梦蓝天

紧密围绕国家重大需求，构筑大平台，聚集大团队，承担大项目，取得大成果，为国家做出大贡献，是我们一直以来的科研宗旨和奋斗目标。近年来，我们有一系列成果都转化成了生产力。以碳/碳复合材料为例，我们在国际上又率先将其应用于太阳能电池产业，特别是硅材料制造装备用结构异型件，为我国太阳能和集成电路用高性能大尺寸硅材料的规模化发展提供了保障。

如今，由于我们掌握的“大型飞机碳/碳刹车副零部件制造技术以及刹车系统技术”，C919大飞机机轮及刹车系统顺利落户湖南。这一套由飞机机轮及刹车装置等组成的系统，属于飞机A类（关键部件），在整个大飞机中占有极其重要的地位。

根据大飞机研发的时间表，我国首架国产大飞机C919不久将实现首飞、交付使用。时间紧迫，但很具挑战性，我们一定要把大飞机机轮及刹车系统做好，让中国的大飞机翱翔蓝天。

要更快地发展我国的航天飞行器和深空探测技术，实现中华民族的飞天梦，我们在高性能新材料及其制备技术方面还面临一系列机遇和挑战，但不管怎么艰难，我们已经迈出了坚实的步伐。

回首来路，我和同事们在科研世界里探索努力，所有的汗水和心血终有所值。展望未来，实验炉里那不熄的火焰，照亮着我们的梦想之路——为建设材料强国而继续奋斗。

（本文由中南大学教授、黄伯云院士工作秘书刘祖铭访问整理）

情铸外交魂 凝心中国梦

吴思科

吴思科

- 1946年生
- 第十一届全国政协委员、全国政协外事委员会委员

1971年进入外交部工作，现任中国中东问题特使、外交部政策咨询委员会委员、中国阿拉伯友好协会副会长、中国中东学会副会长等职。

中国梦是民族的梦，也是每个中国人的梦，其间蕴含着“家国天下”的情怀，凝聚着“振兴中华”的探索与奋斗。让中国屹立于世界民族之林，这更是一代又一代中国人的梦想。作为在外交战线走过40多个春秋的外交老兵，始终对这个伟大梦想充满期待，更为中华民族一步步接近实现这个宏伟目标而欢欣鼓舞。

我于1971年离开校门进入外交部工作，经历了“文化大革命”后期国内的动乱和我国外交在艰难环境中的前行。幸运的是赶上改革开放的伟大时代，亲历了我国国力的不断增强和国际地位的不断提升。经过新中国成立60多年特别是改革开放30多年的发展建设，中国发生了翻天覆地的变化，令世界刮目相看。回想30多年前改革开放初期，国内物质极度匮乏，能出国的人很少，出国的人总是从国外带点日用品回来。1970年代我在埃及工作，那里世界各国的游客很多。当地人见到我们，总是问“是日本人吗？”答复不是就再问“是韩国人吗？”很少想到是来自中国的人。而现在中国人走到世界各地，都会有人热情地用中文跟你打招呼，招徕中国游客。现在国外学中文的人数快速增加，这从一个侧面反映了中国在国际上地位的上升。作为外交人员，我对这方面感受更深，更为能够在外交第一线参与中华民族伟大复兴的历程，深感欣慰。

改革开放是从解放思想开始的，解放思想带来了外交理念和方针的重大改变。“和平与发展是两大主题”，这是改革开放之初邓小平同志对当时国际形势的科学判断。怎样为我国的发展创造和平的环境，为我们的改革开放发展服务，成为外交的总任务。我们的外交工作就是紧紧抓住这一条主线，持之以恒地为这个总任务服务。

我的外交生涯主要是与中东地区打交道。中东地处亚非欧三大洲集合部，有丰富的能源，同时还是世界上三大宗教的发源地，战略地位相当重要，世界各国都很看重这个地区。中国与阿拉伯国家的友好关系源远流长，我自己亲身参与了促进中阿友谊深化合作的工作，为中阿友好大厦添砖加瓦，同巴勒斯坦两代领导人阿拉法特和阿巴斯的友好交往就是很好的见证。20世纪90年代初，随着中东形势的变化，我国不失时机地打开同以色列的外交关系，使我国在中东的外交布局更全面，处境更加主动。我本人也参与了与以色列外交关系从无到有的调整过程，中以建交前夕就作为中国代表团成员秘密赴以色列谈判建交事宜，参与并见证了我国同这个地区最后一个国家建交、打开我国中东外交全新局面的历史时刻。

进入新世纪，中国与阿拉伯世界关系也打开了新的篇章，2004年建立“中阿合作论坛”成为中阿关系新的里程碑。我当时任驻埃及大使，陪同国家主席胡锦涛访问总部位于开罗的阿盟总部，见证中阿合作论坛的建立，此后还成为我国首任驻阿盟全权代表。由于中阿双方的共同需要，在中阿合作论坛框架下建立了十多个双方合作机制，推动中阿关系得到跨越式发展。阿拉伯国家是重要的发展中国家群体，与阿拉伯世界建立良好的战略合作关系，使我国外交的基础更加坚实。在对外交往中，我们注重向世界展示中国主持公平正义、维护联合国宪章宗旨和国际关系准则的良好形象，坚持大小国家一律平等，坚定维护发展中国家正当权益，重视传播我国传统价值观，以和为贵、和而不同的和谐理念，树立我国对外的亲和力。

从2002年起，中国任命了首任中东问题特使。就一个地区热点问题设立特使，这是中国外交的一个创新，体现中国作为联合国安理会常任理事国的担当和责任感。2009年3月起我接任中东特使一职，经常穿梭于巴勒斯坦、以色列和中东有关国家之间，并同安理会其他常任理事国和中东问题四方机制特使等保持联系，展示中国对中东事务的关注和对于和平解决中东争端的执著信念，在国际上赢得了赞誉。2013年5月上旬，中国政府在短短一周时间内接待巴勒斯坦总统阿巴斯和以色列总理内塔尼亚胡访华，习近平主席提出解决巴以问题的“四点主张”，彰显了中国作为负责任大国的良好形象，也成为我国外交史上的一段佳话。我作为中国中东特使在两位领导人访华前后两次访问中东地区有关国家，也参加了国家主席习近平、国务院总理李克强在人民大会堂举行的欢迎仪式和会谈。当天安门广场迎宾礼炮鸣响时，中国外交走向中东、走向世界的一幕幕像电影般浮现在我的眼前，让我的心情无比激动。

2013年春我作为中国中东特使访问了海湾三国——沙特、巴林和卡塔尔，此行也给我留下深刻印象。这次访问正值我国第十二届全国人大闭幕不久，新一届政府刚刚组成，各方非常重视中国在新时期的发展规划和外交动向。我向三国领导人介绍了中国新一届领导集体制定的实现“中国梦”的宏伟发展规划，同时表示，为实现到本世纪中叶中华民族伟大复兴的“中国梦”，除了需要全中国人民团结奋斗，在政治社会经济文化环境保护等各方面和谐发展之外，还需要和平的国际环境，需要坚持对外开放与合作共赢，共同发展。中国梦是和平发展之梦，中国梦是造福世界之梦，中国梦是推动人类进步之梦。中国将坚定不移地奉行和平发展合作共赢的外交方针，而坚定地发展与广大发展中国家的友好合作关系则是中国外交政策的基础。不论国际风云如何变幻，中国与海合会以及所有阿拉伯国家永远是好朋友、好兄弟、好伙伴。三国领导人对中方的意愿都做出积极响应，他们认为“中国梦”一定能够实现，并介绍了各自的发展规划，认为中国的和平发展对他们是机遇，强调双方之间可以优势互补，共同发展。

我们的祖国已经站在新的起点上，正以坚定的步伐走向世界舞台的中央。今天，我们比任何时候都更接近实现民族复兴的伟大目标，但就像登山一样，越是接近顶峰道路可能越艰险，因此我们越是需要有“咬定青山不放松”的韧劲，越是需要全国各族人民齐心协力。我愿继续把自己微薄的力量汇入实现“中国梦”的时代洪流之中。

我的银河情缘

刘世恩

刘世恩

- 1946年生
- 少将

曾任国防科技大学计算机学院政委。大学毕业后分配到太原卫星发射中心并入伍，结合工作体会撰写论文多篇。出版的主要著作有：《银河魂》（合著）、《大宇放歌》、《军校育才探略》、《银河精神的形成与传扬》、《大宇放歌Ⅱ》等。

一

人生有许多回忆，但最美好、最骄傲的回忆就一两件。

我最美好、最骄傲的回忆是一段“银河”情缘。

事情应当追溯到1984年11月，作为太原卫星发射中心的宣传处长，我到地处湖南长沙的国防科技大学参加一个会议。

那是我第一次到湖南，也是第一次到国防科技大学。湖南，人杰地灵，毛泽东的故乡；国防科技大学，当年的“哈军工”，全军最高工程技术学府。无论从哪方面说，都对我有无穷诱惑。

会议期间，不仅参观了韶山，也参观了研制成功刚刚一年、由张爱萍将军命名为“银河”的我国首台每秒运算一亿次的巨型计算机。

我永远忘不了研制人员介绍“银河”巨型机时掩饰不住的喜悦和自豪。

全党工作重点实现战略转移后，各行各业都需要高性能计算机。而这样的尖端技术，是不可能靠国外进口的。比如当时的石油部，要对地质勘探资料做三维处理，没有高性能计算机就做不了，不得不将资料用飞机运到国外做，既不方便，又价格昂贵，资源情况还难以保密。向国外租用一台中型计算机，对方竟提出如此苛刻条件：为该机构筑六面不透明的“安全区”，只能由他们进出。

这还是民用！

以慈云桂为代表的老一代“银河人”实在咽不下这口气，决心自己研制，打破外国人的垄断，为中华民族争光、争气！

于是，他们向中央提出申请，自己研制亿次机，并庄严立下“军令状”。

于是，他们夜以继日，坚韧不拔攀登，百折不挠攻关，只用五年便成功研制出我国第一台亿次机，结束了中国没有巨型机的历史，大长了中国人的志气。

这之前，他们只有研制万次机的经验啊！

旗开得胜，备受鼓舞。他们马不停蹄，再次上书中央，又开始了十亿次巨型机的研制。

他们决心在巨型计算机的山路上不懈攀登！

他们决心在计算机研制前沿牢牢占有一席之地！

他们决心早日实现国产超级计算机的宏伟梦想！

会议结束许久，我的心情仍难以平静。毫无疑问，这是一群寻梦、追梦，并能圆梦的人。他们是中国知识分子的光辉榜样！他们是中华民族的优秀儿女！

没有想到的是，1990年9月，一纸命令把我调到国防科大，任政治部宣传处长；更没想到的是，1993年9月，又调我到从事“银河”系列巨型机研制的计算机系（后升格为计算机学院）任政治委员。从对“银河人”的崇敬，到成为“银河”队伍的一员，像做梦一样，我百感交集。

从此，我以“银河人”的身份，见证了“银河”事业的辉煌，见证了国产巨型计算机梦想的实现！

二

我在计算机学院任职11年。到任时“银河-Ⅱ”十亿次机的研制已届尾声，开始向用户交机；退休时后续新型号巨型机的研制已经开始。中间，我完整地参与了“银河-Ⅲ”等两个型号巨型机的研制。

如果说，大家在“银河-Ⅰ”、“银河-Ⅱ”研制中展现出来的精神风貌我都是听来的话，那么，从完整参与的两个型号巨型机研制中，我则亲身体验、亲眼目睹了这支队伍的风采和本领。

让我摄取几个研制中的特写镜头吧。

关于ASIC芯片设计。ASIC芯片设计是“银河-Ⅲ”等高性能巨型机的关键技术，设计好后要下厂生产，名曰“投片”，周期为三个月。若设计不周，哪怕做微小改动，也要按新投片计算时间和经费。在国外，“投片”一次成功率一般为60%。由于时间和经费不足，总师组希望一次成功率达到100%。这显然是硬指标。目标定下后，全体工作人员就一心一意、千方百计努力实现。那段时间，大家确实干得很苦，饿了吃方便面，渴了喝桶装水，困了就地一躺，终于创造了“投片”奇迹，两个型号均达到一次成功率100%！

关于ASIC芯片测试。ASIC芯片生产回来后，先要测试，而后才能装焊。否则，如同埋下定时炸弹。但我国当时缺少测试设备，如果从国外买至少需100万美金，人家还不一定肯卖。国内调研，有几家虽有，却达不到要求。一位台湾专家说，这种芯片目前国内根本测不了。大家却不信这个邪，说："别人测不了不等于我们测不了！"决定改造自己的仿真机测试台，自己干！连克三个难关，终于获得成功！

关于UNIX操作系统研制。大家原来对UNIX操作系统接触不多，研制新型号巨型机则必须上，否则谈不上国际先进。不但要上，还要升级为64位。买来的软件却是32位。我向一位研制人员请教64位的概念，他讲了个古阿拉伯人的故事：有个聪明的阿拉伯人给国王出了道题目，让他往64个方格子里摆放米粒，第一个格子放一粒，第二个格子放两粒，第三个格子放四粒，依此类推。国王一听哈哈大笑："这有何难！"谁知，他摆放了没几个格子就摆不下去了。听完这个故事，我明白了64位的难度。但是，大家认定一条：外国有的，我们也要有！同样搞成了！

再说说加班。看起来简单，那么，连续一个月加班呢？连续一年加班呢？连续五六年加班呢？这支队伍，加班成了最寻常不过的家常便饭。学校有寒暑假，他们没有。国家从1995年开始实行双休日，他们没这个概念。春节，每次只休三五天。而且，每天上午、下午、晚上上三班。仅1999年、2000年两年就有21名年轻人的"蜜月"在攻关一线度过。我曾参加某研究室为6对年轻夫妇举行的集体婚礼，一对新人满怀深情表演诗朗诵《致橡树》。其中有这样两句：

"爱/不仅爱你伟岸的身躯/也爱你坚持的位置，足下的土地！"

既表达了对爱情的坚贞，也表达了对"银河"事业的挚爱。

诸如此类的感人事迹不胜枚举。正是这样一群怀抱国产超级计算机梦想的“银河人”，用自己的辛勤努力，用自己的学识才华，用自己的满腔热血，继“银河-Ⅰ”、“银河-Ⅱ”之后，在前进道路上又耸立起一座又一座丰碑：

1997年，“银河-Ⅲ”百亿次机研制成功；

2000年，再次书写了中华民族计算机发展史上的第一；

2001年，“863”跨主题重大项目“银河玉衡”核心路由器通过鉴定；

2002年，有自主知识产权的“飞腾”50芯片研制成功；

2005年，“银河腾越”计算机、“银河麒麟”操作系统相继问世；

……

三

2004年6月，我离任退休。2009年6月，我搬迁北京，入住干休所。

但，我的心却一刻也没有离开“银河”队伍，一直追踪着他们前进的脚步。退休近十年来，我以“银河”为主题写下30多首诗篇，讴歌他们每一次的“百尺竿头、更进一步”。我相信，他们一定能创造出更大的奇迹。

果然，2010年11月传来惊天喜讯：每秒4700万亿次的“天河一号”超级计算机由国防科大研制成功，荣登世界榜首！

果然，2013年6月，他们又乘胜前进，研制成功每秒5亿亿次的“天河二号”，再次夺冠全球！

作为一名退休“银河”老兵，闻讯后我夜不能寐，先后写下《喜赋“天河一号”夺冠》，被《解放军报》录用；《“天河”再冠全球二首》，刊载于《国防科大报》“天河”特刊号。

如果从1978年立项研制“银河”亿次机算起，到2013年“天河二号”

再登世界榜首，只有35年时间。可这是怎样的35年啊！就在这短短35年里，从“银河人”到“天河人”，一代又一代，前仆后继，开拓进取，硬是用自己的实际行动摘掉了计算机落后的帽子，打破了外国人的封锁和垄断，实现了国产超级计算机的梦想，写下波澜壮阔、彪炳千秋的超级计算机研制史诗！

我常常想，一个人一生能有几个11年呢？一个人又能有几件值得回忆的事呢？我为能和这样一支为我国计算机事业的发展做出伟大贡献的队伍朝夕相处11年，为自己能成为这样一支在我国计算机发展史上屡创辉煌的英雄队伍中的一员，为自己的名字能和这样一支圆国家超级计算机梦的队伍联系在一起，感到由衷骄傲和自豪。

我永远忘不了这段“银河”情缘，永远铭记这段实现国产超级计算机梦想艰难而辉煌的旅程！

诚然，实现国产超级计算机梦想的旅程还远没有结束，随着历史的发展，以后必然会有更快、更强的超级计算机作为我们新的奋斗目标，也必然会成为我们强国路上新的伟大里程碑！

外交舞台上的和平中国梦

袁南生

袁南生

- 1954年生
- 法学博士，教授，高级经济师
- 中国驻旧金山大使衔总领事
- 北京大学国际战略研究院理事

曾任中国驻埃及大使馆公使衔参赞，驻印度孟买总领事，驻津巴布韦共和国特命全权大使，驻苏里南共和国特命全权大使。著有《斯大林、毛泽东和蒋介石》、《中国千年外交大启示》、《外交舞台上的湖湘人物》、《感受印度》、《走进非洲》、《拉美寻美》、《被国人误读的世界》、《从列宁到邓小平——利用资本主义思想发展研究》、《20世纪社会熟语汉英翻译词典》、《外贸英语相似词语辨析》、《国际贸易百国禁忌》、《海漾诗涛》等20多部著作。

中国梦的实现离不开良好的国际环境，和平中国梦是中国梦的主要内容之一，中国外交人的天职就是努力实现和平中国梦。2000年10月，我从湖南省被选调到外交部工作，在外交舞台上已连续工作了14年。14年来，在实现和平中国梦方面，我经历了一系列重大事件，也引起了我一系列的思考。

中国梦是合作的梦，实现和平中国梦，要想在互利共赢的远处。中国梦和外国梦的实现是相互依存、相互促进的，这是互利共赢的基础。实现和平中国梦，就不能简单地说实现中国利益的最大化，你最大化了，人家利益在哪？和平中国梦就是实现双方利益、多方利益的共赢。我在担任中国驻苏里南大使期间，帮助湖南长沙远大住房建设公司到苏办厂，建造低造价预制型住房，为当地建1.8万套，同时出口巴西20万套，整个项目700亿美元，是中资企业在海外最大的住房建造项目。既解决了苏方建房困难，增加了当地就业和收入，又促进了中资企业发展。同时，还帮助湖南隆平高科集团就杂交水稻落户苏里南，湖南与苏里南在苏建立农业合作园区达成协议，这是湖南杂交水稻首次引进到加勒比地区。

再比如，担任驻津巴布韦大使期间，津发生严重经济危机，津烟草产量持续下降。使馆支持中资企业在津推广烟草合同种植，中方借给津烟农种子、化肥、拖拉机等，烟农用烟叶偿还贷款，既解决了津烟农的燃眉之急，对津经济提供了实实在在的支持，也满足了中国的烟草需求，中方由此把其他国家的烟草商远远甩在后面，成为津烟草第一买家。

中国梦是创新的梦，实现和平中国梦，要看在外交创新的大处。世界在发展，适应世界发展的外交思想、方式和方法也在发展，外交创新是和平中国梦实现的前提条件之一。驻外期间，几个外交创新的例子让我至今记忆犹新：

一是夫人外交的创新。驻津巴布韦期间，妻子贺丽娜和我一起推动穆加贝总统夫人格蕾丝学习汉语，来自中国人民大学的老师每周给她上6个学时的课。她后来获得了中国人民大学的汉语本科毕业证书。汶川地震后，她用中文写来慰问信。驻苏里南期间，妻子和我又推动苏总统夫人英格里特、副总统夫人阿梅拉里和外长夫人拉金学习汉语，每周分别由来自山东理工大学的教师在总统府和副总统官邸上课2次。妻子陪总统夫人和副总统夫人一起上课。迄今为止，全球只有2位总统夫人学汉语，妻子分别陪她们上课，等于和她们是“同学”。在第一夫人带动下，津掀起了汉语热，交通部长姆绍威等学习汉语，参议长马宗圭的女儿等高官子女参加孔子学院学生表演，演唱中文歌曲。

二是涉台外交的创新，或者说两岸合作方式的一个创新。出使津巴布韦期间，推动海峡两岸共建孤儿院。台湾的慧礼法师帮助总统夫人，在津建立可容纳千名孤儿的孤儿院，把孤儿培养成佛教徒。我与总统夫人、慧礼达成共识，由慧礼负责盖孤儿院，负责孤儿吃住，由大陆负责教育，包括提供汉语教师，从山西请传佛僧人，从少林寺请武僧来津任教等。总统夫人陪我一起视察孤儿院工程，并将自己的一个家庭农场捐给孤儿院。中国还为孤儿院配套援建了一所能容纳800人的孤儿学校，中钢津巴布韦公司、泰山玻璃纤维公司和华为等企业提供了网络、电信设施等。

三是慈善外交的创新。据津巴布韦《先驱报》报道，津是世界上艾滋病感染率和死亡率最高的国家之一，平均每天因此死亡500人，艾滋病孤儿达百万。2008年我访问克罗希尔学校，亲见500人的学校中就有136个孤儿。使馆在津发起认养3000孤儿的华商关爱行动，我们夫妇认养了3个孤儿，使馆馆员认养了100个孤儿。华为和中烟公司也各自包了一家孤儿院，华商会会长一家认养了15名孤儿。我多次深入艾滋病人、孤儿和残疾人中给予慰问，并请艾滋病人和孤儿到官邸做客。我是第一个走进艾滋病人当中，并邀请20名艾滋病患者到家里做客的驻津大使，津总统、总理和议长对此极为赞赏，当地媒体称华商是第一个在津采取关爱行动的外国群体。我离任时，津外交部领导人恩增扎对我说："被认养的3000名艾滋病孤儿，不少人改为跟你姓了，史蒂文森·袁南生、罗伯特·袁南生、伊丽莎白·袁南生等，津多了一个姓氏。"

四是帮助津巴布韦应对饥荒。2009年津发生严重饥荒，津外长穆本盖圭紧急约见我，说350万人缺粮，每天都有人饿死，希望中国提供紧急粮食援助。但是，即使北京立即发运粮食，海上运输也要一两个月，远水救不了近火。怎么办？使馆向国内建议，捐助500万美元，请联合国粮食救济署在博茨瓦纳等津邻国买粮食，装上袋子，袋上印上“中国援助”，由联合国直接分发给灾民。时任驻联合国大使张业遂就此在联合国发表谈话。中国对外援助历来是政府对政府，这次粮食援助，经第三者进行，这也是外援方式的一个创新。

中国梦是人民的梦，实现和平中国梦要干在外交为民的实处。人民是中国梦实现的主体，实现和平中国梦是为了更多更好地造福于人民。我从外交实践中感受到，落实外交为民的宗旨，要抓住以下几个环节：

一是促进侨界的和谐和联合，帮助华人华侨实现一加一大于二。例如，我在担任驻苏里南大使期间，推动苏14个侨团于2010年4月8日成立了苏里南华人华侨社团联合总会，结束了侨团分裂87年（1913年开始分裂）的历史，国侨办、全国政协侨委会、全国侨联致电祝贺。到目前为止，苏里南还是唯一的实现了华人华侨侨团联合、结束了侨界分裂的国家。2010年推动成立了苏华人华侨妇女联合会，结束了华人来苏157年来没有妇女组织的历史。总统夫人和我妻子为妇女会名誉会长。推动苏中资企业协会于2010年1月成立，结束了苏开国36年来中资企业没有联合组织的历史。

二是促进华人华侨和中资企业在海外生存和发展环境的改善。例如，推动苏里南政府2010年将春节定为苏国家节日。这年春节，百年侨团广义堂198桌春节盛宴在同一地点同时开席。我陪同鲍特瑟总统夫妇、议长、7名部长、多名议员和驻苏使节等出席春宴，总统轮桌敬酒，一轮下来，花了近一个小时。其他华人华侨侨团也在春节这天大摆春宴，形成苏政要名流赶场出席春宴的景象。总统夫妇通过国家电视台向中国祝贺春节，当地报纸春节当天头版刊印总统向苏里南人民拜年和向中国祝贺春节的套红版面，外长拉金到使馆与侨领、馆员同吃年饭，首都为春节燃放烟花。再有，2011年推动苏出台了对华人华侨的新政策。副总统代表政府承诺解决华人华侨获得签证难、获得营业执照难、获得居留签证难、入籍难的问题，对5年以上非法居留的中国非法移民实行大赦。此后约3000人因此得到了绿卡，中资企业、华侨华人在苏生存、经商和发展环境明显改观。

三是既为中国公民，也为外国公民做好事，这也是外交为民的一个重要方面。印第安人是世界知名弱势群体，我邀请苏里南印第安人组织全国主席首次到官邸做客；组织印第安人首次派团访华和推动对外友协首次接待印第安人访华；首次选送、资助印第安人学生到中国留学；首次安排印第安人来使馆联欢；首次安排中国画家为印第安人写生作画；等等，在当地产生很好的影响。2012年圣诞节，邀总统夫人一起出席使馆策划的华商圣诞义卖活动，邀请孤儿院、老人院、残疾人中心的弱势人员现场参与，送钱送物，安排华人及印尼、印度、巴西、克里奥尔人艺术团体在街头舞台表演节目，吸引成千上万人驻足观看。总统夫人两次写来感谢信，当地媒体给予高度评价。

中国梦是文明的梦，实现和平中国梦，要抓在文化交流的难处。使人家了解中国的文化传统，了解中国人的风俗习惯很不容易，这需要我们借助外交舞台不断扩大中国文化在海外的影响。在苏期间，推动成立了苏华人华侨文艺中心。中心当年首次参加一年一度的苏里南各民族会演，不仅填补了几十年来华人缺席演出的空白，而且获得总统夫妇大奖。中心配合使馆和总统府等完成多次演出任务，有力地传播了中国文化。2013年，推动世界名牌大学加州大学戴维斯分校和江南大学合作，在美国办了世界第一所传授中国烹调艺术的孔子学院，习近平主席写信祝贺。2013年底，总领馆帮助中国“熊猫”演出团在拉斯维加斯推出中国风情驻场秀，至今已在同一剧场连续演出100多场，赢得美主流社会认同。这是中国在海外演出持续时间最长的节目，是中国在拉斯维加斯的第一个驻场秀，是中国在海外最大的商业演出，也是最受美主流媒体关注的中国节目，《纽约时报》

等35家美主流媒体予以报道，央视《新闻联播》也予以报道。外交上有些时候，文化的东西比物质的东西更管用。美国少数党领袖、前议长佩洛西金婚庆典，送什么礼物好呢？我送了一副对联给她："恩爱无价，百岁良缘方一半，看巾帼英雄再添色彩；天地有情，平生荣耀起三藩，愿商界巨子更鼓雄风。"这个独一无二的礼物给她留下深刻印象。

中国梦是统一的梦，实现和平中国梦，要站在反独促统的高处。没有祖国统一，就谈不上中国梦的实现。促进统一，先从侨界统一做起。2013年4月，我出任驻旧金山大使衔总领事。6月，在旧金山驻美中华总会馆飘扬了将近百年的青天白日旗降了下来，我应邀拜会了中华总会馆，结束了中华总会馆一扇大门对台湾打开，一扇大门对大陆关上的历史。这是新中国成立60多年来，中国政府官员第一次走进中华总会馆。总领馆与爱国侨团联手，推动总会馆成了大陆与台湾人士来往、交流和合作的一个重要平台。作为美传统侨界的龙头老大，总会馆的这一历史性变化对于反独促统具有全局性的意义。

在外交舞台上促进中国梦实现的过程中，赢得了友谊、尊重和荣誉。在印度期间，我获得了印度授予的"最佳外交官奖"和"促进中印经贸往来杰出成就奖"。在津巴布韦期间，我36次与总统见面，是见总统次数最多的使节。离任时，总统夫妇设家宴欢送，全家40多人作陪，津方告诉我，总统夫妇这样欢送一位大使，是第一次。在苏里南期间，我主持了4次国庆招待会，每次总统都参加，至今没有别的使节打破这一纪录。总统夫妇每年给我送来生日花篮。离任时，获得总统棕榈绿色勋章，这是苏开国以来授予外国人等级最高的勋章，迄今为止是唯一的一次。

中国梦是中华民族的好梦、真梦、甜梦和美梦，更是中国外交人终身为之奋斗的梦，作为一名外交使者，愿为中国梦的实现不懈努力，更愿在有生之年看到中国梦的实现。

能战止战 科技强军

刘戟锋

军事是一个国家实力的基础，历史已经反复证明这一点。弱兵则国危，无兵则国亡，早已验之于古，证之于今。凡大国，必有强兵，古今中外，无一例外。“能战方能止战，准备打才可能不必打，越不能打越可能挨打。”这是习近平主席站在历史、现实和未来的交汇点，对战争与和平的辩证法做出的哲学概括。

战争是为了和平，如果没有坚强有力的军事实力做后盾，和平的阳光就会变得暗淡。怎样才能实现我们的强军梦？这是我们军事科技工作者肩上永远的责任。

刘戟锋

- 1957年生
- 中国人民大学哲学博士
- 国防科技大学军事高科技培训学院院长
- 少将
- 科技哲学博士生导师

全国宣传文化系统“四个一批”优秀理论人才，马克思主义理论研究与建设工程首席专家，入选“国家高层次人才特殊支持计划”，国家社会科学基金学科规划评审组专家，教育部高等院校哲学类教学指导委员会委员，湖南省优秀社会科学专家，享受国务院政府特殊津贴。著有《军事技术论》、《武器与战争——军事技术的历史演变》等12部著作，荣获军队政治理论优秀成果一等奖、军队科技进步奖等28项奖项。

我脑海中永远印着这样一幕：

1981年8月3日，北京，国防科委大楼。时任国防科委副主任的钱学森花了整整一个下午的时间，在他的办公室接见了我们。被接见者一共6人，除了带队教师刘建统，我们5人都是国防科技大学政治师资班自然辩证法专业的学生。

这次谈话的一个主题，就是关于国防科技发展问题。钱老认为，国防科技大学不能满足于追尾巴、照镜子,即别人发展什么，我们就跟着发展什么；别人有什么，我们就发展什么。而是要独辟蹊径地开拓新领域和新方向。正是受钱老这次谈话的影响，我们留校任教后，逐步形成了致力于科技强军兴国的梦想，几十年来始终坚持对国防科技发展战略的探索，不遗余力地宣传贯彻钱老的国防科技发展思想。

33年过去了，我们从理论和实践中总结出科技强军的发展之道，概括地说，可称为“三理汇聚”，即在战争中物理、生理和心理技术的融合和汇聚，针对的是人的三种存在状态：物理存在、生物存在和精神存在。

首先，使用物理手段作战，是人类自古至今基本的作战方式。战争，作为人类社会最激烈、最残酷、最普遍的现象，由于事关利益集团的生死存亡，从一开始，就与科学结下了不解之缘。而从古至今的战争演变，就其应用科学的范围而言，都可以称作物理战。这不奇怪，自阿基米德以来，人类大部分重大科学技术成果，从杠杆原理、浮力定律、磁针指北，到哥白尼日心说、伽利略落体实验、开普勒行星运动三定律、牛顿力学、光学、物质不灭定律、麦克斯韦方程、相对论革命、量子力学、地质力学、宇宙理论等，无一不主要出现在物理领域。物理学独占鳌头，一直引领着其他科学的发展，也深刻地影响着社会变革。

正是物理学的兴盛发展，也正是物理学成果在军事领域的广泛应用，推动着战争手段的急剧更新，催化着战争思想的激烈交锋，影响着战争体制的深刻变革，引导着战争模式的火速演进。

所谓物理战，主要有三重含义：其一，战争应用的知识主要是物理知识；其二，战争研发的手段主要是物理手段；其三，战争对人体造成的创伤主要是物理创伤。

物理战尽管势所必然，但对其进行检视，可以发现它已面临一系列困境。

一是作战对象偏转。各种兵器本来是针对人体的，但试看今日琳琅满目的穿甲弹、破甲弹、钻地弹以及反卫星武器、反导弹武器，它们的直接打击对象都是物体，而非人体，这是有违战争初衷的。至于当今各国热衷的兵器无人化，则无疑只会在自然空间上演一场类似网络空间的“战争游戏”。按照这一思路，未来战争将成为机器的博弈，最终将成为纯粹的经济博弈。

二是作战时空受限。在现代科技进步条件下，局限于物理时空显然是不够的。正因如此，美军才在已知的陆、海、空、天、电（物理域）基础上，提出“认知域”（心理域）的概念，试图实现所谓的“感知操纵”。而在传统的物理战概念框架中，两支军队一旦交火，就是进入战争状态，而没有硝烟，就是和平，“战”、“和”界限清晰。这种非此即彼的思维方式也是形而上学在战争领域的表现。

最后是作战费用飙升。据估算，仅仅从歼灭一名敌兵的成本来看：拿破仑时期需花费3000美元，第一次世界大战上升到2.1万美元,二战时为20万美元，朝鲜战争时为57万美元，马岛之战时为285万美元，伊拉克战争高达600万美元。这样的战争实际上已成了贵族式的决斗，也是物理战的必然结果。

当然，曾经盛行了数千年的物理战符合人类的认识规律，也符合科学的发展规律，符合战争的发展规律。我们分析物理战所面临的三大困境，旨在说明，装备的发展，要有更宽广的视野，才能避免步人后尘，达致人无我有、人有我优的理想目标。

其次，人是一个生物存在，通过对生物的研究，才有了我们今天的生理学或生物学，而生理学和生物学，也为军事斗争增添了新的概念和手段。

1996年，车臣头目杜达耶夫被炸身亡。这一事件被说成是显示精确制导武器巨大威力的典型案例。但我们讨论后认为，目前人们所津津乐道的精确制导，其实都是物理信息制导，根据的是目标的光、热和外形等物理特性，因而打物理目标时，是精确的，但用于打人体目标，特别是要把不同的人如军人和平民区分开来，进行有选择的打击，就不可能精确；只有生物信息制导，才能确保对不同人群和不同个体的选择性攻击，精确而有效。

20世纪下半叶以来，现代科学技术的发展已呈现出多方称雄的局面，物理学也早已不是一枝独秀。在自然科学领域，天文学、地理学、生物学和医学狂飙突进，特别是现代生物科学及其技术发展，已将认知的矛头直指人类进化黑箱，引起社会的广泛关注：从20世纪上半叶孟德尔遗传学的再发现，50年代中叶DNA双螺旋体结构的解读，到20世纪下半叶克隆技术、转基因技术的问世，最后到人类基因组计划的出台，现代生物科学与技术正以日新月异的强劲势头，迅速崛起在人类文明的前沿舞台。现代科学技术的兴盛和繁荣，必然引起科学与战争关系的改弦更张，依旧固守物理学的做法，一味服从思维的习惯和定势，必然是机械论在军事领域的翻版。

生物科学的发展，不可能不被军事运用。战争的基本目的是消灭敌人、保存自己，拼装备、打金钱只是手段，如果某种武器的使用能避开与敌方武器的对抗，而直接造成人体的伤亡，那么，拼装备也就失去了任何意义。物理学着眼的是能量的开发，它应用于战争，导致的也只能是能量的抗衡，核武器可谓是这一思路的极致。与之不同的是，生物学着眼的是生命奥秘的解读和破译，它应用于战争，可直接作用于人本身。这也就与战争的基本目的能够很好地吻合。

生物技术的军事应用，必然产生基因武器。与以往人类使用的武器相比，基因武器的特点在于：杀伤力大，成本极低；产量极高而生产规模小；没有辐射难以检测；没有硝烟而被杀时并不知道；没有特殊伤口而极难及时抢救；没有特殊标记而极难隔离；只要战场上需要，随时都可以使用。所以国外也有人把基因武器称作“末日武器”、“生物原子弹”。

尽管生物武器与化学武器一样，因为杀伤的非选择性而受到国际公约禁止，但在目前这个世界局势动荡不安、恐怖主义和种族清洗死灰复燃的时代，谁对滥用人类基因组知识的行为都不会掉以轻心。铸造维护本国家和本民族生存安全的基因盾牌，才能有效地防患于未然。

最后，人还是一个精神存在，因而才有心理和精神领域的种种争夺。

事实上，人类战争伊始，就存在物理战和心理战两种基本的作战样式。与物理战的物理破坏不同，心理战是运用物理手段所承载的信息，攻心夺气的一种作战方式，目的是造成对方的精神屈服。正如动物之间为争夺食物、领地，总是先怒吼咆哮，以示警告，万不得已才直接打斗。心理战从一开始就属于纯粹的信息战，物理战则是心理战失效后的无奈选择。或可曰，世有物理战则必有心理战，心理战常有而物理战不常有。

但是，由于人类在技术领域的开发，是材料技术、能源技术先行，信息技术滞后，所以，心理战作为信息战的一种样式，发展极其缓慢。在人类数千年文明史上，心理战手段一直停留在手工作业的自然状态。直到20世纪以来，随着信息技术的兴起，这一状况才发生根本改观。

在国外，关于心理战也有各种不同的指称，如外交战、语言战、媒介战、思想战等。美国国防部前部长科恩曾经说过："运用武力从来都不可能赢得人们真心的支持，那神奇的电影魔力和多媒体技术远比军队更能深入人心。"看过电影《盗梦空间》吗？通过电脑影响人脑，进而改变决策者的思维方式，这已不是纯粹的科学幻想，而是正在成为现实。BCI（Brain Computer Interface），即脑机接口技术，一种立足物理、生理、心理三理汇聚，连接人脑和电脑的技术手段，已经获得众多实验结果的支持，一旦用于军事，未来的战争场景将会怎样？人们尽可想象。

总之，放眼当今时代，武器装备的发展在能量释放、杀伤精度和打击距离等维度上已逼近物理极限。大国之间，尤其是核大国之间的大规模物理毁灭的可能性日益降低，但另一方面，以尖牙利爪的物理装备为后盾，围绕意识形态较量的舆论战、心理战、法律战的准备和实施，却在不动声色地全方位展开，且日趋激烈，必将左右大国命运的未来。进入21世纪后，中亚、北非一系列国家发生的所谓"颜色革命"，正说明现代国家之间竞争和较量的重心已然发生转移，颠覆模式已然发生改变。随着信息技术应用大潮以排山倒海之势，从物理域向生理域、心理域拓展和蔓延，我们正在经历人类历史上前所未有之大变局。早在2500多年前，中国伟大的军事思想家孙子就指出，不战而屈人之兵，上之上者也。后来的兵家则将此思想概括为心战为上，兵战为下，攻心为上，攻城为下。由此看来，物理战只是初步的、基础的，当然也是必要的。着眼积极防御，融合、汇聚物理、生理、心理技术，强化"能战"，追求"止战"，那才是人类战争的最高境界，也是我们强国、强军的梦想所在。

中国梦引领我的梦

黄书进

“中国梦”这一概念正被越来越多的国人认可和接受。中国梦蕴含强军梦，强军梦支撑中国梦；中国梦、强军梦引领我的梦，我的梦就是为了中国梦而不懈奋斗的强军梦、育英梦。

在我们国防大学流传着这样一个故事——刘伯承元帅曾经顾“字”思意，对“老师”有过这样的“妙谈”：“什么是老师呢？老师就是元帅戴帽。”他在黑板上一边写着一边说，“你看，‘帅’字上面加这么个‘一’，就成了‘师’。老师就是元帅戴上一顶博士帽嘛。”故事源自

黄书进

- 1958年生
- 北京大学哲学博士
- 国防大学马克思主义教研部副主任
- 海军少将
- 博士生导师

曾任南京海军医学高等专科学校政治理论教研室副主任，国防大学副局级政治协理员、哲学教研室主任。获国家级优秀教学成果、军队级优秀教学成果、省部级优秀教学成果等奖项近20项。出版学术专著20余部，发表学术论文80余篇。荣立个人三等功2次，获军队院校育才金奖、军队优秀专业技术人才一类岗位津贴。

何时何地如今已经难以考证，但是忠诚国防教育事业、努力培育军中英才却作为一个传统在国防大学这所中国最高军事学府深深扎下了根。从北京大学博士到国防大学教授，在培育英才的宽阔舞台上不懈奋斗逐步成就着我的报国梦。

从北京大学到国防大学，总是要路过圆明园和颐和园，这两座清朝的皇家园林，既记录着民族的辉煌，也因被帝国主义列强侵略洗劫的屈辱而闻名中外。每当路过这里，那深深扎根于心底的民族耻辱感和强烈的报国梦、强军梦就会升腾。保罗·肯尼迪在《大国的兴衰》中曾经指出："在500年前，中国是世界上唯一的超级大国。当许多欧洲人还住在土坯房里时，中国已经是地球上最强大的经济和军事国家。"但从19世纪中叶开始，在与西方列强的碰撞中，中国人的"天朝上国"梦渐渐被彻底摧毁。梁启超讲："吾国四千余年大梦之唤醒，实自甲午战败割台湾偿二百兆以后始也。"在这里，"唤醒"这个词所表达的力道似乎不是很够，或者说中华儿女"民族复兴"梦被唤醒的方式太过特殊。准确地讲，中国人的"天朝上国"梦是被打碎的，"民族复兴"梦是被打醒的，尤其是被当了中国几千年学生的日本打醒的。在这个意义上，我深深感到，复兴梦离不开强军梦，强国梦首先是强军梦。

在北大本硕博十年的求学历程，阅无数先贤古哲经典而深知：一个人只有在对国家、民族和人民的承担中才可以找到德性、智慧和进步。薄肩难承"为天地立心，为生民立命，为往圣继绝学，为万世开太平"之大任，唯承继先辈传统、踏上时代列车在培育英才中才能实现报国强军梦想。从北京大学到国防大学，我做出了报国强军的正确选择，从培育英才到成为将军。

实现民族复兴的中国梦，从字面意思上看就是"使曾经衰落的民族再度兴盛起来"。中华上下五千年，普遍公认的盛世有三个：西汉的"文景之治”，唐朝的“贞观之治”，还有清朝的“康乾盛世”。盛世的一个共同特点，就是从内部看政治稳定、经济文化繁荣；从外部看国家统一、军事强大，自立于世界民族之林。正如明成祖朱棣所说：“自古国家盛衰存亡，未有不系于武备之张弛。”没有军威，不可能有盛世；即使国富，也难以持久。宋朝曾经是泱泱大国，但因长期重文轻武多次败于外敌，不仅被迫偏安一隅，而且最终导致灭亡；晚清政府因腐败不修国防而导致丧权辱国，国家积穷积弱、民族饱受凌辱。有人曾算了一笔账，鸦片战争时期的中国不可谓不“富”，1860年中国GDP超过英法GDP之和，1890年是日本GDP的5倍。但当西方列强用坚船利炮轰开大门的时候，一切财富都沦为侵略者的“战利品”。第一次鸦片战争，英国远征军7000人就从广州一直打到浙江，而当时中国军队有90万人；1900年，八国联军近2万人就把一个泱泱大国的首都给占了，而当时中国守军是15万人，还有义和团30万人。今天，中国经济总量已成世界老二，但大而不强的问题不是解决了，而是变得更加突出了。实现中华民族伟大复兴，就是要再现中华民族的历史辉煌，使中华民族自立于世界民族之林，为人类文明进步做出更大贡献。中华民族自立于世界民族之林，不是要高人一等，不是建立霸权，而是要成为世界各民族中的平等一员，享有应有的地位和尊严。具体一点，就是不再让我们的大使馆无辜被炸，不再让我们的商船无故被外国军队无礼搜查，不再让我们的海洋国土一步步被蚕食。作为世界大国，我们还要为人类做出与我们13亿人口、与我们5000多年文明史相称的贡献。要做到这些，富国与强军是两个最基本的支点。在当今中国，在民族复兴的时代潮流中，强军梦支撑中国梦。

我国著名军事家孙子曰：“兵者，国之大事，存亡之道，命在于将。”就是说，出兵打仗是国家的大事，关系到国家的存亡，而军队的命运则掌握在各级将领的手中。苏联军事家伏龙芝说：“指挥不仅要具有丰富的军事知识，而且要具有丰富的政治和经济知识，因为现在这些知识已成一个统一的整体，没有这些知识就不可能出色地指挥部队。”然而，在人类的文明史中，从没有任何时候像今天这样，战争的胜负主要取决于人的大脑而不是肌肉；从没有任何时候像今天这样，适当地组织和运用脑力资源对于战争的胜利如此重要。军事人才在现代战争中的重要地位，决定了军事教育在军事领域中的重要地位，从而把我富国强军的报国梦与传道授业的育才梦和个人成长的将军梦内在地联系在一起。孟子曾经说过：“君子有三乐，而王天下不与存焉。父母俱存，兄弟无故，一乐也；仰不愧于天，俯不怍于地，二乐也；得天下英才而教育之，三乐也。”在这里，孟子把“得天下英才而教育之”作为超越亲情和自身之乐的极乐。面对我军将校军官，英才济济，我在国防大学从事教育工作，几十年如一日，虽然历经艰辛，但其乐融融。“男儿作健向沙场，自爱登台不望乡。太白高高天尺五，宝刀明月共辉光。”圆梦之途艰巨，同志仍需努力。

没有不可能

颜建国

我是个爱做梦的人。小时候家里穷，四岁就捡煤挑柴，往往忍饥挨饿，最梦寐以求的就是食物，一碗米饭，一块地瓜，甚至哪怕是一块骨头。随着年龄的增长，生活水平逐渐提高，肚子的饥饿没有那样严重了，小时候的梦逐步得到了满足，我又开始做新的梦。我梦到自己参加解放军，解决台湾问题，甚至解放地球上几十亿生活在“水深火热”中的人们。

在我十六岁的时候，中国西南边境出现了战事，我真的穿上了军装，成为一名威风凛凛的解放军战士。那时我的梦就是

颜建国

- 1960年生
- 中国文化战略系统工程研究院院长
- 中央电视台军事频道品牌栏目艺术总监
- 中国企业家和艺术家联合会会长

建设创新型国家战略推进委员会文化发展委员会执行主任，中央电视台中视科华文化产业发展中心副主任、文化产业系统工程研究院院长，中国大旗文化产业集团董事局主席。

能够杀敌立功，哪怕流血牺牲，也在所不惜。但没想到很快我就负了伤，住进了军队医院，成为英雄的梦并没有实现。

后来我复员离开了军队，回到了地方，当时的状况就像一首歌曲中所唱的“梦是唯一的行李”，但我的梦并没有结束，并且与时俱进地进行了调整。那时候的政策是“鼓励一部分人先富起来”，于是我的梦又变成了富裕。成为富人是我当时的梦想，也是当时很多国人的梦想。那个时代工资普遍四五十块，许多人对金钱缺乏足够理性的认识，只要肯下功夫、肯动脑筋，成为所谓“万元户”也并非难事。我有幸成为中国最早成为万元户的那一批人。再后来国家搞起了厂长经理负责制，我又力挫群雄，击败竞争对手，成为全国最年轻的厂长，事迹上了多家国家级报刊。

1992年，改革开放总设计师邓小平发表了著名的“南方谈话”，中国改革开放进入一个更加深入的阶段。步子更大，胆子更大，梦想也更大。我也抓住了这个机遇，获得了更大的成功。但同时也看到了很多不愿意看到也不敢相信的现实。中国贫富差距加大，环境破坏，耕地减少，腐败严重，社会矛盾激化，执政成本提高……我和相当一部分中国人的个人梦想实现了，可是付出的代价却是巨大的。

以前的梦想是“怎样才能富起来”，后来的梦想是“富了以后怎么办”。富了以后应该先富带后富，这是邓小平同志设计的路径。然而许多富人并没有这样去做。物质富裕了，精神按理说应该更充实，像古人所说的“仓廪实而知礼节”，“有恒产者有恒心”。可是现实并不以人的善良意志为转移，我国的精神建设方面还远远无法匹配经济建设的进程。中国崛起成为全球第二大经济体的同时，“移民潮”也汹涌来袭。移民机会成了全国上下热议的话题。为什么国家富强了，这个国家的一些人却想要离开她呢？

面对此情此景，我又开始构想一个新的梦。让中国元素、中国信仰、中国文化在世界绽放光彩。西方文化讲的是斗争，中国文化却讲究和谐。要想让中国文化影响世界，还需要雄才大略。在国际语境中，中国需要从被领导者变成领导者，从学习者变成被学习者。中国要变引进式开放为输出式开放。于是我决定做一次从企业家到战略家的转型。如果一辈子只做一个以赚钱为天职的企业家，那真是愧对生我养我的国家，愧对培养我的党。

于是在博闻强记、广泛涉猎的基础上，我提出了“绿色原子弹和势力经济学”理论，创作了《大旗五千年》、《没有不可能》、《音乐文化产业与执政效能》等多部专著。我的“势力与视力经济”循环模式图系列也引起了轰动。

我结合政治学、经济学、心理学、历史学、军事学发现，人的一切行为动力，都来源于人的感觉：视觉、味觉、听觉。这三大感觉对人构成最强的影响力，最深的记忆力，这些是一个人终其一生也难以改变的。使用视觉、味觉、听觉的三大战役影响别人，这不仅是每一个人、每一个企业的日常行为，更是每一个国家的常规行为。对于中国来说，如今世界格局已经发生天翻地覆的巨大变化，常规的大规模战争已经停止多年，然而以新形式出现的战争却从来没有停止，反而有所深化。这就是经济战争、技术战争、粮食战争、信息战争、文化战争……这些非常规战争都在人们的视觉、听觉和味觉中攻城掠地，左右着人们的行为模式、思维模式和命运模式！在三大感觉中，视觉又是第一位的、起决定作用的因素，因为人的行为动力80%来自视觉。而视觉，在现代社会越来越多体现为电影、电视、网络、纸媒等等。抓住眼球就是抓住地球，得眼球者得天下。

多年来，中国在视觉方面一直处于被动，但今后我们应该掌握主动权，让中国语言、中国货币、中国技术、中国优秀文化走向世界，引领人类未来新方向。

这，就是我新的梦，英雄梦，中国梦。我的梦既是经济基础的，也是上层建筑的；既是“形而下”的，也是“形而上”的；既是脚踏实地的，也是仰望星空的；既是中国的，也是世界的。

从现实到梦想，也许容易。然而从梦想到现实，却难上加难。更何况是我这样多少有点异想天开的梦想呢？质疑者有之，嘲讽者有之，造谣诽谤者有之，设局陷害者有之，然而我无怨无悔。耶稣说，先知在本地本家，没有不被嘲笑的。更何况我一介布衣呢？做自己的梦，让别人去说吧！

党的十八大召开以来，习近平总书记在演讲中，多次声情并茂地讲到了中国梦，于我心有戚戚焉。过去五百年，全世界做的都是西方梦；过去一百年，全世界做的都是美国梦。如今，我们中华儿女心中都怀揣着属于自己的中国梦。而这一切的一切就需要中国文化走出去了，特别是中国英雄文化、英雄品牌的整体输出。有鉴于此，我策划了大旗五千年视觉工程，策划了英雄儿女主流视觉艺术，我试图把中国历史文化、人文文化进行整合，发掘最深、最广、最大的价值链。

人类因梦想存在，人类因梦想进步。要敢于做梦，特别是做中国梦。今天的中国，正是1921年南湖那艘船上一群有识之士的梦；明天的中国，也将是今天我们这一群中国人的梦！

航母梦圆 中国梦近

赵勇

2014年又逢甲午年，是充满希望、国家强盛的新世纪甲午年。但是19世纪的甲午年中国黄海发生的中日海战，却是所有中国海军官兵难以忘却的伤痛记忆。“甲午海战”，已然成为近代以来中华民族耻辱柱上的深刻烙印。从丰岛到威海，清军屡战屡败，直至北洋水师全军覆灭。刻骨的悲怆与屈辱！不禁回想，我身处的美丽滨城，120年前，在那场烽烟战火中曾遭遇过怎样悲惨的命途？1894年10月下旬，日军从辽东半岛花园口登陆，包抄大连、旅顺。11月6日，日军进攻旅大后

赵 勇

- 1966年生
- 国防大学军事学博士
- 大校
- 海军大连舰艇学院政治系教授
- 军队政治工作学博士生导师

曾任排长、连长、参谋，后因调入海军院校从事教学工作，荣立三等功一次和军队教书育人银奖，中央马克思主义理论研究与建设工程专家，著有《新时期军人道德品质培养论》等15部著作，荣获全军政治理论优秀成果特别奖。

路重镇金州，当日，金州失陷。7日，大连不战失陷。18日，日军进攻旅顺。三天后，旅顺陷落。日军制造了惨绝人寰的“旅顺惨案”，历时三昼夜，血洗全城，屠杀我同胞10 800余人。1895年在旅顺建立的“万忠墓”碑文记载：“光绪甲午十月（1894年11月）日本败盟，旅顺不守，官兵商民男妇被难者计一万八百余名，忠骸火化，骨灰丛葬于此。”呜呼痛哉！国耻永志，后世之师。每年金秋，我总要带领自己的新学生去凭吊万忠墓。这群刚刚考上军校的年轻人的稚嫩面容往往会瞬时凝重起来，我知道悲怆的情绪已经填满他们的胸膛，钢铁的誓言悄然立下。这些将踏入海军军官行列的年轻人，此一刻必定决心把建设强大海军、巩固万里海防作为一生的追求。

航空母舰，国之重器，是国家综合实力和海军实力的象征，是维护海洋权益的保障，也是大国海军的标配。每当经历危机时，美国总统的第一个反应总是：“我们的航空母舰在哪里？”1949年，新生的人民海军从长江边的白马庙昂首启航，在战火中披荆斩棘前行，创造出小艇击沉大舰的战争奇迹。但是发达国家的海军却因为我海军装备体系的落后而傲慢自大，戏称我们的海军是只能在近海游弋而不能在大洋里驰骋的“黄水海军”。美国前太平洋战区司令布莱尔说：“我们尊重解放军在陆地上的权威，但我们必须让他们明白，海洋和天空是我们的。”国家兴、海军强，不能没有自己的航母。中国人的航母梦可追溯到1928年，时任民国海军第二舰队司令员兼海军署署长的陈绍宽曾提出造中国人自己的航母。新中国成立后，我们的开国领袖毛泽东也曾提出打造航母的计划，被称为新中国航母之父的刘华清上将更是为此立下了“不搞航母，我死不瞑目”的誓言。航母梦，凝聚了国人太多的热望与期盼。

让我们深深地记住大连，因为甲午之耻，更因为航母梦圆。百年求索，百年等待，在一代代海军人的不懈努力下，中国航母横空出世！2012

年9月25日，大连港，中国第一艘航空母舰辽宁号迎来了交接入列的神圣时刻。在这里，在大连的蓝天碧海间，当“瓦良格”涅槃重生之时，我们终于迎来了中国航母的新纪元。

2014年春节刚过，有战友自辽宁舰来，送我《辽宁舰交接入列纪念册》。抚阅此册，感慨丛生、心潮难平。当年锈迹斑斑的“瓦良格”号在拖船牵引下通过博斯普鲁斯海峡，如今焕然一新的辽宁舰再次穿越博斯普鲁斯海峡，间隔一十三载的两张照片，一样的角度，不一样的征途，意蕴深远。

中国航母梦起梦圆，便是海军官兵胼手胝足创造奇迹的过程。2011年7月27日，我国国防部宣布正利用一艘废旧的航空母舰平台进行改造。外电对此轻蔑地评论说：驾驭航母，中国至少要用10年时间。

10年太久，只争朝夕。我们海军给出了航母发展自己的时间节点，送还那些傲慢的人一个大大的惊诧。

2011年8月10日，航母平台首次出海进行海试。

2012年9月25日，辽宁舰交接入列。

2012年10月9日至29日，辽宁舰完成入列后首次科研试验和训练。

2012年11月23日，歼-15舰载战斗机在辽宁舰上首次着舰起飞成功……

至此，中国首艘航母“船能动”、“机上舰”的目标按预定时间节点一一实现。

航母所以梦圆，是因“尚德精武、至诚报国”的忠诚无悔。2009年12月18日，首批500名接舰部队官兵集聚大连，开始组建中国第一支航母部队。第一代航母舰员，是一群志向高远的海军精英，来自海军五大兵种、海军各级机关和各个院校。其中，有飞行员舰长、博士硕士舰长、全训合格舰长，有留英留俄的各领域各专业尖子人才，有优秀飞行员……他们的经典语录是：我强烈要求调到航母部队；干航母是我追求的新时尚；我要终身嫁给航母事业。无疑，他们都是抱着远大的航母梦来的。梦，固然美好，而要梦想成真，必得天时地利人和，非百倍努力而不可得。实干兴邦，实干兴军，此乃无可辩驳的真理。

接舰部队曾经驻扎在我的校区。许多接舰官兵也是我的旧交好友、亲爱学生。那段时光，我曾有幸见证他们超负荷运转、忘我式拼搏、超极限爆发的冲锋姿态，也曾聆听过他们那些感人至深的动人故事。

皓月当空，机电长楼富强辗转反侧，睡意全无。令楼富强寝不安席的是航母的锅炉。辽宁舰锅炉必须先把能直接启动的锅炉启动，当这些锅炉的气压升到某一数据时，才能启动其他的锅炉。一个月前，楼富强向有关专家提出质疑，得到的答复是："原设计就是这样，不能动！"楼富强不甘心，一种强烈的责任感在他心中升腾，他再次提出："能不能想想办法？"对方无可奈何地说："不可能！就是有，可能性也很小！"然而，楼富强揪住这个问题，没日没夜地忙开了。终于，楼富强成功了。他成功降低了锅炉启动蒸汽压力，装备安全性能提高的同时，启动时间大大缩短。这样一来，航母备航时间就大幅减少了，其意义非同小可。专家们不无感慨地说："蒸汽的气压这么低，锅炉依然能启动，作为研制者，我们都没想到！"

也正是这个楼富强，曾以中国海军军人特有的韧劲和奉献精神克服了更棘手的家庭难题。2010年2月的一天傍晚，正在参加接舰培训的楼富强家中突发火灾，母亲被烧伤，转往省城医院急救；父亲一着急，心脏病又犯了，晕倒后进了抢救室。楼富强赶到杭州，他流泪了：年迈的母亲伤得很重，换药时，都可以看到骨头……而躺在另一家医院的父亲，同样需要24小时陪护。一边是期待照顾的双亲，一边是航母接装培训的关键时刻，楼富强为难了。权衡再三，他把在舟山的妻子叫过来照顾父母，自己抽身赶回部队。11岁的女儿只身一人留在舟山上学，常常半夜哭着给他打电话：“爸爸，你什么时候回来？我一个人在家好怕……”每当这时，他只能安慰女儿：“孩子，你要勇敢……”楼富强面临的困难，舰上很多人都遇到过。像他这样，父母、老婆孩子一家三地的官兵在该舰占到70%，而全舰已婚的官兵几乎是百分之百和家属分居两地。

春秋几度，从“瓦良格”到辽宁号，从大连船厂到青岛军港，师生至友相聚又别离。于心，依依难舍故人情；于行，慷慨迈步从头越。3月2号，又听闻辽宁舰再度驶离青岛，开始了新的试验和训练。斜风细雨中，春意渐浓。在与青岛隔海相望的大连，我遥想着辽宁舰上的战友正以何等勃发的英姿和拳拳的热忱，迎风踏浪、扬帆远航。这一天，是我们中国农历的二月二“龙抬头”。“龙抬头”，好日子。黔首平民，人人冀望衣食无忧、幸福安康；国家民族，殷殷渴盼鸿基永固、繁荣富强。这就是中国梦，是泱泱大国历经辉煌与磨难之后回应世界的坚定呐喊，是亿万国人穿越历史与伤痛之后毅然前行的铿锵步履。多么恢弘而壮美！

21世纪是海洋的世纪。党的十八大庄严宣告：坚决维护国家海洋权益，建设海洋强国。国家利益的拓展，赋予了海军部队新的历史使命，中国海军维护海洋权益重任在肩，责无旁贷。航母事业使命光荣，任重道远。幸甚，我置身海洋世纪，必将见证波澜壮阔的时代演进；幸甚，我是人民海军的一员，幸同亲爱战友一起，亲历打造海上长城、走向深蓝的伟大而卓绝的进程。

环顾当今世界，以战止战、以战求和，方有和平可言。2013年8月28日，习主席登上我们的航母，不仅详细了解了舰上各种武器装备性能，还对辽宁舰、对中国海军谆谆叮嘱：牢记职责，不辱使命，早日形成战斗力和保障力，为建设强大的人民海军做贡献。在两个甲子之后的今日甲午，我们海军官兵正以百倍的热情去实现习主席的期望。甘洒热血铸春秋，壮志凌云向深蓝。为学者，当穷经皓首、孜孜以求；为官者，当励精图治、经纬方略；为将者，当踏浪犁波、敢打必胜。

辽宁舰，是起步，远非终结。建造国产航母，组建航母编队……蓝图绘就，征程在前。期待玉兰花开时，更多的“航母学生”走进大连，走进绚烂的航母梦。航母梦、中国梦，在你我，在当下，在甲午春日里。

为中国梦提供强大的国防保障

郭凤海

实现中华民族伟大复兴的中国梦，是近代以来中国人民锲而不舍追求的梦想。习近平同志主持中央工作以来，多次强调，中国梦对于军队来讲，也是强军梦。党的十八届三中全会《中共中央关于全面深化改革若干重大问题的决定》紧紧围绕党在新形势下的强军目标，着眼于探索解决建设一支什么样的军队、怎样建设军队等问题，从领导管理体制、规模结构、军官职业化制度等重要环节对全面深化国防和军队改革做出了战略部署，明确了全面深化军队体制编制调整改革、推进军队政

郭凤海

- 1966年生
- 博士
- 大校
- 全军中国特色社会主义理论研究中心研究员
- 国防大学马列教研部科学社会主义教研室主任

国防大学学科学术带头人，外宣专家组成员，兼任中国辩证唯物主义研究会副秘书长等职。出版或主编著作40余部；发表理论文章、学术论文120余篇；参与完成国家级、军队级课题30余项；荣获国家级、军队级、校科研成果奖近40项，2013年度全军“爱军精武”标兵。

策制度调整改革、推动军民融合深度发展三项改革任务，提出了创新发展军事理论、加强军事战略指导、完善新时期军事战略方针、构建中国特色现代军事力量体系等目标要求。这些，反映着军队的根本职能和军队建设的根本指向，为我们在新的伟大征程上建设巩固国防和强大军队，以强军梦有力支撑民族复兴的强国梦，提供了强大思想武器和根本遵循。

融入民族独立自强的胜利之路

军事命运预示着民族命运，凝缩着国家的苦难与辉煌。我们党领导人民军队走过的道路，始终与中华民族反抗外来侵略、实现独立自强的道路紧密相连，显示了不断发展壮大的人民军队对于民族独立、人民解放的伟大时代价值。

鸦片战争以后，中国陷入灾难深渊。当年，几千英军征服拥有近百万军队的清帝国，北洋舰队灰飞烟灭于中日甲午海战，血染落后必然挨打的历史铁律，凸显了锻造一支先进军队对于中国是多么至关重要！当年，北伐战争所向披靡、狂飙突进，而蒋介石国民党反动势力调转枪口，残酷屠杀共产党人和革命军人。无情的事实表明，“没有人民的军队，就没有人民的一切”。有鉴于此，我们党发动南昌起义、秋收起义等武装斗争，发动人民进行土地革命，创建和锻造了一支真正属于人民的新型军队。人民拥有了自己的武装，就能把救国、强国的主动权抓在自己手中，真正掌握国家和民族的前途命运。从此，中国革命最终有了真正依托，所有民族的奋斗和牺牲都有了全新的价值和意义。

纵观历史，军事现代化作为国家现代化的重要组成部分，一般要服从、服务于国家整体现代化，国家现代化优先于军队现代化。中国人民在现代史上最终“站起来”，首先应该在军事上“站起来”。军队最先“站起来”，国家、民族和人民才能“站起来”，站得更直、腰板更硬！

捍卫中华民族伟大复兴的中国梦

新中国成立以来特别是改革开放以来，党领导人民在探索、开辟中国特色社会主义道路上，顽强奋斗、艰苦奋斗、不懈奋斗，国家建设取得了举世瞩目的历史性成就。今天，我们比以往任何时候都更加接近中华民族伟大复兴的梦想。习近平主席指出：“建设一支听党指挥、能打胜仗、作风优良的人民军队，是党在新形势下的强军目标。”他明确要求，要按照党在新形势下的强军目标，推进人民军队各项改革、建设和军事斗争准备，有效保障和捍卫中华民族伟大复兴的中国梦。提出党在新形势下的强军目标，集中体现了军队发展目标与党的奋斗目标相一致的客观要求，体现了军队建设与世界大势和国家安全发展需求相适应的历史规律。

强国梦包含强军梦，强军梦支撑强国梦。历史一再表明，国家越富，风险越大。一个国家经济体量增大，常会面临被人宰割的风险。1820年，大清国GDP占世界比重的32.9%，这一比例至今也没有被世界上第二个国家超过。因为富裕而脆弱，所以横遭欺凌、掠夺。改革开放30多年来，我国已成为拥有广泛陆海空天战略利益的经济大国，但风险也随之增加。伴随经济的崛起，我国安全环境发生了巨大变化。美国战略重心东移，加强亚太的军事存在。周边一些国家加紧发展新型军事力量，在东海、南海不停制造事端，掠夺我海洋资源，亚洲正成为军事冲突热点地区，给我国主权、安全和发展利益带来严峻挑战。国家前途从来没有像今天这样依赖军队。

我们热望和平，企盼一个和谐世界，但这并不由我们决定。战争往往不期而至。当代国防和军队建设，早已超越传统的守疆卫土认知范围，而与国家各个领域相衔接、与世界各个空间联系起来。这在客观上要求我们，必须树立“大国防观”，使军队建设与国家发展、民族复兴深度融合起来，使强军兴军上升为整个国家、全体人民的战略意志，在推进中国特色军事变革中，建设一支与我国国际地位相称、与国家安全和发展利益相适应的现代化强大军队。这既是实现中国梦的重要任务，也是实现中国梦的重要保障。对军人来说，保障和捍卫中华民族伟大复兴的中国梦，是一种厚重的历史责任，是一种神圣的价值担当。这意味着和平时期枕戈待旦，苦练精兵；国家危难之际，勇赴国难、血战疆场，坚决维护国家和平发展和人民幸福生活。

面向时代锐意推进军队改革创新

军事领域最忌保守，又最易保守。我军30多年没有打过大仗，还从未经历过信息化条件下战争的考验。这是民族之福，却潜藏军队之忧。和平有可能变成“醉太平”，变成军队发展面临的“敌人”。美军海豹突击队有一个信条：“最轻松的一天，就是昨天。”我们的明天，同样艰难。军事上故步自封必然落后和失败，而锐意改革创新则是人民军队在肩负民族使命道路上永葆活力、克敌制胜的根本保证。我军历次战争的战略战术经验都很宝贵，而更宝贵的是贯穿其中为维护、捍卫国家和人民根本利益变革进取的伟大创新精神。

在军事领域，人们习惯于以过往经验准备明天的战争。然而，战争无法在实验场上重演过去的辉煌。衡量军队建设成效的主要标准，主要是应对危机、维护和平，遏制战争、打赢战争。一场重要战争失败必将导致国家陷入深重灾难，甚至亡国灭种。历史证明，一个有准确历史方位感的民族和军队，在总结既有成功经验时，必然及时发现自身的不足和教训，永不停歇创新的脚步。

经过不懈努力，我军已经成为诸军兵种合成、具有一定现代化水平并开始向信息化迈进的强大军队。我们从来没有像今天这样，更加有信心、有能力实现强军目标。但也应清醒看到，我军现代化水平与国家安全需求相比差距还很大，与世界先进军事水平相比差距还很大。这就要求我们，必须把国防和军队建设放在实现中华民族伟大复兴这个大目标下来认识和推进。要以大国军人的抱负、眼界和责任担当，紧紧围绕强军目标展开各项建设，大力推动中国特色军事变革深入发展，全面深化军队体制编制调整改革，推进军队政策制度调整改革，推进军民融合深度发展，推进军事理论、武器装备、组织体制、军事训练以及保障方式创新，在追赶世界军事先进水平的进程中探索我军应对现代战争特别是信息化战争的独特“样式”，形成一整套全面提升我军现代化水平的大战略。

——把握打赢信息化战争形态的时代要求，以信息化为主导，大力实现机械化向信息化、智能化的升级。借鉴外军经验，强化自主创新，发挥后发优势，从“阶段性升级改造”逐步过渡到“综合化一体设计”，力争到2020年信息化建设取得重大进展。

——按照打赢信息化战争的特点规律，推进领导管理体制改革，优化军委总部领导机关职能配置和机构设置，完善各军兵种领导管理体制；健全军委联合作战指挥机构和战区联合作战指挥体制，推进联合作战训练和保障体制改革；优化军队规模结构，调整改善陆军、海军、空军、第二炮兵等军兵种比例，加快高技术军兵种建设，构建中国特色现代军事力量体系。

——健全完善与军队职能任务需求和国家政策制度创新相适应的军事人力资源政策制度。以建立军官职业化制度为牵引，健全完善科学规范的军队干部制度体系；健全完善文职人员制度、兵役制度、士官制度、退役军人安置制度，为实现强军目标奠定坚实的新型军事人力资源基础。

——推动军民融合深度发展。建立完善推动军民融合发展的统一领导、军地协调、需求对接、资源共享机制；在国防科研生产上，打破过去对民营企业的限制，引导优势民营企业进入军品科研生产和维修领域；逐步形成集国防工业、人才培养、保障社会化、国防教育、国防动员、民兵预备役、边海空防管理等于一体的军民融合大格局，为建设巩固国防和强大军队开辟更加宽广的道路。

历史表明，和平发展期不应是军事发展的停顿期。军事现代化是军事发展连续性积累的结果。只有以前无古人的决心、勇气和意志，推动军队外部经济、政治、科技、文化、人力等要素，以及军队内部人员、装备技术、体制编制、军事思想等要素实现“连续整合”，通过全面深化改革建立起无坚不摧的现代军事力量体系，才能有效捍卫国家主权、安全和发展利益，为实现中华民族伟大复兴中国梦谱写有利安全保障的新篇章。

以武止戈

郝井文

关于梦想，说实话我个人很少刻意地去构思，比起梦想家我更愿意成为一名实干家，但要说我一点梦想都没有那也不可能，每天走进空勤楼时，首先映入我眼帘的就是王海、孙生禄、焦景文、罗沧海这些前辈的画像，都是在我部历史上建立了卓越功勋的英雄人物，再往前走几步，一抬头又能看见一幅巨大的“鹰阵”，那是我们全体现任飞行员的头像，他们和当年创造“15:0”空战奇迹的王海大队成员一样忠诚而英勇，现在我是他们的领头雁，你说我怎么可能没有梦想呢?

郝井文

- 1975年生
- 空军中校
- 空军航空兵某团团长

曾任飞行员、中队长、副参谋长、大队长、副团长等职，带领官兵圆满完成了“红剑”、“东剑”系列演习，空军对抗空战检验性考核等30余次重大任务，先后荣立二等功1次、三等功2次，2010年被空军表彰为战斗精神强训先进个人，2010年、2011年、2012年连续三年被南京军区空军评为军事训练优等个人。

2013年4月，我率领我部20余名飞行员进驻某沿海机场执行驻训任务，结合当时我国周边安全状况和国际局势，领受此次任务颇有几分临危受命的意味，用我的搭档方政委的话来说，“名为驻训其实就是前推”。驻训的机场位于祖国沿海，地理位置独一无二，更绝的是它的跑道，一端凿山而建，另一端在悬崖处戛然而止直至大海，曾被空军一位首长形象地比喻为“海上航母”。要在这样的跑道上安全起降已属不易，更何况我们此次进驻后，担负的是全天候的战备任务，战机携弹听令，警报一响立即升空，升空可能就直面同样全副武装的敌机。对于我和我的战友来说，这确实是一次挑战，但同时更是一次机遇——以实际行动履行历史使命的机遇，以实战标准摔打磨炼的机遇。这不但源于我们骨子里“敢挑重担、敢打必胜”的血脉基因，对于我们团队的每名飞行员来说也源于一份百炼成钢的信心和有备而来的底气。

回溯四年前，我刚刚调任副部队长，当时被委以一项重任，担负某沿海机场的验证试飞任务，而这个机场恰恰就是这次率部进驻的“海上航母”。

记得验证试飞第一天，我驾机进入空域后，天地浑然一色，飞机速度每小时1000公里，气流不稳定，碰上局部湍流，飞机颠簸得如同海浪中的一叶扁舟，而机场则笼罩在嶙峋山石和片片植被中，空域陌生、地形复杂、地标难找，在这样的机场验证试飞无异于是在趟雷。但在它如此众多的异乎寻常之中，我们当时也隐隐感觉到了它的特殊意义与价值，如果打起仗来这个机场就是首当其冲的前沿阵地，当时我们就下定决心，这个雷区不但要趟，还要趟得漂亮趟得扎实。

为了熟悉新机场的飞行地标，我们将10平方米大的领航地图铺在球场上，大伙趴在上面一看就是半天，机场方圆几十公里的地形地貌全都印在了我们的脑海，团队飞行员也逐步适应了机场环境、空域环境，起降数据也被一一验证出来。那段时间，平时最强调守时的我也没了时间观念，只要第二天没有飞行计划，一帮人熬到深更半夜是家常便饭的事。

短短四年后，我们再次进驻该机场，当时对这艘“海上航母”价值的预感也应验了，这次我们面对的挑战和考验全然不同，上级把这一关系全局，处置稍有差池就很有可能导致国家政治、军事被动的任务交给了我们，既是因为四年前这个“雷区”是我们趟出来的，还源于对我们数年磨一剑的信任与信心。

近几年来，在军区空军以上级别组织的比武竞赛或重大演习演练中，我部只要有人参加，第一名就从没旁落过。2008年，在一次大规模红蓝对抗实战演练中，我率领团队担负“红军”集团防守，经过深入研究探讨，上级提出了“三道防线，分层防守，层层阻拦”的防御战术，我请缨守护最后一道防线，在紧要关头凭着我们空中拼刺刀的精神，把一架连闯两关的蓝军飞机截了下来；“红剑-X”演练期间，大家认真开展技战术研究演练，精心制定、遴选突防突击战术和空战战法，团队取得了占“红军”体系总得分69.7%的好成绩，对目标的昼夜间突防成功率均达到100%，创造了各参演部队中的最好成绩，团队1名同志还被空军评为“空战能手”；2011年，在空军组织的对抗空战检验性考核中，我们共赢得四个“金头盔”，夺得个人考核第一名，团队成员在“一对一”、“二对二”的考核中成绩居前。

这些成绩的取得很不容易，令人欣慰的同时，我们也认为这些其实也没什么大不了的，我认为评判胜负得失的标准永远都应只有一个，那就是战斗力，这也是我长期以来向团队成员灌输的一个理念。

在这种本着战斗力为唯一标准的理念带动下，凭借长年累月的积累和磨砺，在这次最接近实战的进驻任务中，我们团队成员始终沉着应对、冷静处置，凭着强大的心理素质和过硬的实战能力一次次化险为夷，出色地完成了此次驻训任务。归建后机关总结提炼出此次任务开创了“六个首次”的先河。

在不少人看来这又是一张漂亮的成绩单，但我完全不这么看，从这“六个首次”中我感到更多的是深深的危机感和使命感。我们作为“首战用我，用我必胜”的王牌部队，这么多的情况都还是首次遇到，都还缺乏必要的处置经验，当时真的擦枪走火干起来我们能不能正确应对，战争真的瞬间爆发我们能不能决战决胜，都是必须进一步警醒的。从那以后有一句话我喜欢经常挂在嘴边——“战争离我们如此之近，我们离打赢还有多远”，我在很多场合一遍遍地问骨干，问飞行员，问普通官兵，更在心里一遍遍地问自己，我就是想让这个团队里的每一个人都把对战争迫在眉睫的危机意识和对打赢能力的现实忧虑，转化成在天上练打赢、地面谋打赢的孜孜追求和不懈努力。

近几年来，我对以往团队取得的众多成绩也有了更加深入的思考，几个尖子机组取得再多的成绩也不能说明什么，战争一打响靠的不是某一个人或几个人，当年“15:0”的空战奇迹也不是由一个或几个人完成的，自己作为领头雁，只有让所有人的技战术水平提高了，我们现有武器装备的性能才能发挥出极致，团队战斗力才能得以张扬，才能在战场上变巴掌为拳头，给敌人迎头痛击。而要更进一步夯实打赢能力还得从求难更求严的训练作风抓起，我在自己的一篇心得体会中写过这样的话：“飞行人员是作战的主体，战斗力的生成靠的是从难从严贴近实战；飞行人员是刀尖上的舞者，比的是细节，拼的是韧劲。”于是，“把每一个飞行动作做标准，力求与大纲要求严丝合缝”成了飞行训练中我对每名飞行员的最基本要求。

一次飞行评估中，我发现一名飞行骨干状态保持不好，其降落点落在了4分位置，和标准位置差了20米，按照要求应不超过50米，这名飞行骨干的误差完全符合规定。飞行结束后，我找到这名飞行骨干，帮助他分析了着陆曲线保持不好的原因，并就此在全体空勤中进行了技术普训，对这名飞行骨干进行了技术加工，提高训练标准。

当时有人对我说这名飞行骨干技术挺好，组训能力也很强，战术觉悟高，这点小偏差似乎有点小题大做。而我的解释是，“细节不是末节，不能够轻易忽略，对照允许的误差范围或者对照造成的危害，这似乎就是小题，但在我这里对照标准只有一个——战斗的胜负”。我再进一步解释道：“比如说空战中各种机动规避动作前进的距离、开雷达到截获目标所需的时间、指挥所通报的距离等都是细节，但差之毫厘，谬之千里，一次空战的胜负很有可能就因这些细节而改写。”

正是在这样持之以恒的坚持下，团队整体的技战术水平有所提升，核心骨干队伍进一步壮大，实战能力稳步增强，爬坡飞行员钻研、打磨的韧劲和狠劲也愈发强烈，但离一招制敌、决战决胜的要求依然有相当的差距。

前不久，空军部队首次组织拦截装有电子干扰设备的高速目标演习，我部作为空军唯一一家在强电子干扰条件下拦截目标的部队，一次击中目标，对此军区首长评价道：“这枚弹，是演习中唯一一枚带干扰的，能打出去已经很不容易，能打中更不容易。”这次任务没有评第一也没有谁获奖，但我却和政委一起为此次任务隆重地召开了总结表彰大会，原因很简单，按照我们评判胜负得失的唯一标准，此次演习虽然只发射了一枚弹，但却让我们的战斗力得到了验证——不是几个尖子机组的战斗力，而是整个团队的战斗力。

回到最初的问题，作为一名军人，我的梦想是什么？当然是和平。有人好奇：成天把战斗力挂在嘴边，万事以战斗力为唯一标准的郝井文，你是怎么解释你的和平梦想的？

我觉得，实现和平梦想的途径不外乎两条，一条是靠敌人安分守己、手下留情——这只能是妄想！当代中国军人要实现和平梦只能走另外一条途径——以武止戈！

以武止戈，就是要么用强大的武力威慑使敌人不敢来犯，从而实现和平梦想；要么，以过硬的打赢本领决战决胜，置来犯之敌于死地，从而实现最终的和平梦想。

与祖国同在

韩金强

我是一个农民的儿子，出生在祖国大西北的一个边陲小镇，那里自然条件恶劣，水旱灾害频繁。记得我8岁那年的夏天，村里遭遇了百年不遇的洪涝灾害，黄土高原特殊的松软土质冲垮了村里很多房屋，贪玩的我和姐姐也不知何时被围困在湍急的泥石流之中，幼小的我当时并不清楚这意味着什么，更不知道自己能做些什么。值此千钧一发之际，远处来了一群穿着绿色衣服的叔叔们，他们在泥石流中奋力拼搏，努力营救着每一个被围困的村民。儿时的记忆里并不十分清楚这些穿着

韩金强

- 1976年生
- 国防大学法学博士
- 中校
- 中国军队政治工作杂志编辑

现为军事科学院军队政治工作研究中心专业技术九级助理研究员，荣立三等功2次，优秀共产党员2次，优秀学员2次，嘉奖多次。在各类报纸杂志发表学术性文章60多篇，研究报告5项，参编著作6部，获全军各项学术成果奖24项。

绿色衣服的叔叔们为什么要来救我和大家，只记得暴雨退去后的日子里，爸爸时常对我说，他们是解放军叔叔，没有他们，就没有你的今天。

自那以后，我开始关注穿着绿色衣服的解放军叔叔，开始试着了解军人的生活，开始梦想着将来长大要成为一名军人。家里的贫穷并没有阻挡我奋斗的脚步，我带着成为一名军人的梦想努力从大山中走出来，原以为上了大学就可以圆了我的军人梦，但命运却阴差阳错地将我安排到一所师范大学。大学期间，我模仿军人整理自己的内务，每次内务检查，我都是班里的内务标兵，虽然距离真正的军人还有很大差距；那时我作为班长，也时常喊“一二一”的口令，虽然口令也不标准，但时间久了，身边的同学还都说我有点军人样。原以为命运会在时光中蹉跎而去，没想到毕业那年，部队来学校选拔地方大学生入伍，得知这个消息，我欢呼雀跃，为了实现心中那个埋藏了多年的军人梦，我毅然放弃了留校任教的机会，投笔从戎，献身国防事业，开始了我的从军梦。

军营是我实现理想抱负的大舞台，追梦的过程也是实现自己理想的过程。刚参加工作的我，最初被分配到部队某机关任职，但那时的我就是梦想着成为一名建功沙场的军人，哪里艰苦去哪里。军人的忠诚和血性、勇敢和实干，是我从骨子里就向往的一种精神，正是在这种力量的支持下，我又一次放弃了留在部队机关工作的机会。在集训结束前夕，我第一个向党组织递交了到基层部队去的申请，申请到艰苦的地方去、到祖国最需要的地方去，去实现我真正的军人梦。我至今还清晰记得，在全体毕业学员向院校告别的仪式上，学院大队政委倪修元紧紧拥抱着我说：“小韩，你有你的理想，不管你在哪里，你都要记住，吃苦就是一种财富。作为军人，就是要不怕吃苦，在吃苦中实现自己的梦想，这样的人生才最有意义……”那一刻，我突然意识到，作为一名军人，我的选择将会面临着什么，我的使命是什么，我又能担当些什么，我能成为一名真正的军人吗？

实现梦想，必须付出艰辛的努力。冰心曾说过，“成功的花儿，人们只惊慕它现时的明艳！然而当初它的芽儿，浸透了奋斗的泪泉，洒遍了牺牲的血雨。”申请去基层工作的我被调配到军区某红军团担任排长。经过几年的摔打，手上的茧多了，脸黑了，人瘦了，但却锤炼了我坚强的意志和过硬的作风。红军团“三个没有”的金刚钻精神，“没有完成不了的任务，没有克服不了的困难，没有战胜不了的敌人”成为支撑我人生奋斗的精神支柱。在基层工作两年多时间里，我连续两次荣立三等功，所在的排连续两次荣立集体三等功，所在的连荣立集体二等功一次，并被军区评为训练一级单位。在那里，我活出了生命的精彩；在那里，我追逐着我的军人梦，实现了我人生初涉的价值。

奋斗就要不畏劳苦。艰难困苦，玉汝于成。我深知若要成为一名优秀的军人，自己首先要强。强，是一种综合能力素质的表现。培养高素质的军事人才，就必须用先进的军事理论武装头脑。此时的我，提高综合能力素质就显得尤为重要。于是我一边工作一边学习，以百折不挠的意志、一往无前的精神，攻坚克难，努力学习，艰苦奋斗。几年下来，一分耕耘，一分收获。我一举读完了硕士和博士，先后被西安政治学院、国防大学评为“优秀共产党员”和“优秀学员”。硕博期间所有课程的考核均为优秀，发表学术成果60多篇，其中核心刊物22篇，参编著作6部，荣获全军各项学术成果奖24项。在奋斗中，我离我的军人梦，又接近了一步。

生活在这样一个时代和国家，是幸运的。我们每个人都共同享有人生出彩的机会，都共同享有梦想成真的机会，都共同享有同祖国和时代一起成长与进步的机会。有梦想，有机会，有奋斗，一切美好的东西都能够创造出来。回头看，我这么多年来，就是一个寻梦、追梦、圆梦的过程。我虽然没有惊天动地的壮举，也没有轰轰烈烈的事迹，但我始终脚踏实地，把个人的前途命运与国家和民族的前途命运紧密联系起来，把个人理想追求融入到党、国家和军队的壮丽事业中，积极投身加快推进国防和军队现代化的伟大实践，更加自觉、更加坚定、更加努力地为实现“中国梦”贡献青春、智慧和力量。

“中国梦是民族的梦，也是每个中国人的梦。”国家之梦，反映国民之梦；个人之梦，融入强军之梦。我们的梦想，必须与中华民族的伟大复兴结伴而行，与每个人实现自我价值，追求美好生活的愿望形影相随。伟大的事业，源于伟大的梦想；有梦想才有目标，有希冀才会奋斗。

军人梦，我的中国梦！

中国梦 VS 世界梦

堵燕菁

写这篇随想时，我正坐在北京飞往纽约的航班上，在13个小时漫长的旅程里，穿越太平洋和美洲大陆。无意中打开遮光板，不意却看到了人生中最美丽的夜景：飞机在灿烂夺目的星光中稳稳穿行，那漫天的星星仿佛触手可及，让我一时以为自己是古代神话中的仙女，有着腾云驾雾与星星共舞的本领。原来，在三万米的高空中仰望星空竟是如此美妙与安详。俯瞰大地，平静的太平洋没有一丝波澜。于是霎时间，我曾悸动的内心也开始平静下来，回想着过去的十年里，我那精彩的追梦旅

堵燕菁

- 1986年生
- 2013年博鳌论坛、世界500强成都财富论坛核心策划人

参与众多国内外高级论坛的组织与管理工作，其中尤以博鳌亚洲论坛、世界媒体峰会、全球智库峰会、陆家嘴金融论坛、《财经》年会等最具影响力。

程。

已经不知道这是第几次北京飞美国，从18岁第一次提着比自己还大的箱子踏上那片陌生国土做交换生的那一刻，多少年多少次，数个小时的飞行，已经成了习惯。是的，从少女时代开始，我就在无休止地旅行。为学业，为探索，为工作，一次次踏上未知的旅程，从不停歇。

左为艾略特·唐纳利，芝加哥唐纳利家族投资基金管理人，芝加哥唐纳利家族第五代，其家族公司RR. Donnelley为全球最大印刷集团

自小我就是个不安分的女孩，从不爱把自己关在房间里玩芭比娃娃，而是要和男孩子一起抓青蛙，掏鸟蛋，在当时还是较为破落的巷子里追逐打闹。母亲骂归骂，却还是全力支持了我那颗追求自由的心。于是17岁时的我，不甘于平淡，放弃了即将到手的北京外国语大学宝贵的唯一保送名额，每天把自己关在房间里背托福单词，为的是去美国读大学，实现自己向往已久的美国梦。18岁生日的那一天，不知是否是生命中的巧合，我收到理想大学的录取通知书，当时作为中国唯一一个被破例提前录取的高中生，那一刻我的惊喜、兴奋和疑惑，是我永生不会忘却的记忆。

九年前的这个时候，我只身一人踏上了美国留学之路，在北京机场提着两个巨大的行李箱，装着我所有对未来的憧憬，我头也不回地坚定离开，任凭母亲在身后哭得满脸泪花，我在飞机起飞时也是泪眼迷蒙。我在

中间为戴维·洛克菲勒女儿佩吉·洛克菲勒，洛克菲勒家族第四代掌门人

18岁成年的那一年夏天，正式启航。

四年的留学生涯，我利用课余时间走遍了世界：说着一口破烂的法语，一个人来到巴黎，误打误撞地住到红灯区里的青年旅馆，看着街上无尽的灯红酒绿，各种欲望在街头流动；坐着火车去意大利，在米兰揣着40欧元逛米兰大教堂，用身上最后的2欧元买冰激凌；在威尼斯看海边最美的日落；在都灵满大街地吃巧克力；在佛罗伦萨感受艺术大师的鬼斧神工；在罗马斗兽场想象着当年的罗马帝国雄伟的风采和血性；在伦敦泰晤士河看着身边的车来车往，学习着伦敦人优雅的风度，模仿着他们性感厚重的伦敦口音；开车到苏格兰，满大街优雅的苏格兰的风笛，爱丁堡的城堡，湖区旁萧瑟的冷风和水面一望无尽的平静，我在这样的安逸中慢慢成长；巴厘岛湛蓝的海水灿烂的阳光，我在沙滩上晒得一身古铜，并洗净了我灵魂里所有的污垢； 我在迪拜无尽的奢华中迷失，却最终在微咸的海风中被

虔诚并坚定的信仰所感悟，从而找到接下来人生奋斗的方向。我那小小的美国梦，开始逐渐拓展，一不小心被我走成了半个世界的梦，在边走边唱中，慢慢成熟，长大。

四年后，我顺利以历史和国际关系荣誉双学位完成大学学业，并由于工作关系回到了北京。四年的漂泊，虽说眼界开了不少，在风雨奔波中，心也累了不少，国外再好，毕竟不是自己的家。于是，我决定放弃在纽约的高薪工作和在哈佛大学研究生院继续深造的机会，回到北京，加入到浩浩荡荡的中国梦浪潮中，寻找属于我自己的中国梦。

工作后，旅行的意义开始变化。我的中国梦，不再是让我儿时玩乐享受的追梦旅途，而是每个月内北京纽约间飞来飞去，中间塞满了无数的客户会议，无暇顾及窗外的风景和天色的变化， 身体疲惫到忘记调整时差。每次回到家，第一件事是洗一个热水澡，冲掉一身疲惫，然后快快入睡，以便第二天有精神处理更多工作上的琐碎。 每一次北京直飞纽约，都要穿越北极点。从前有听人说女人不适合飞越北极点，因为极地的辐射对女人的身体机能可能有极大的伤害。对此，我只是付之一笑。 这就是生活里梦想和现实的激烈博弈吧。生性好强，知道自己不是温室的花朵，就该多经历风雨，才能更坚强。

其实，我心中最奢华的中国梦，是用自己的知识和资源，在中美高层间搭建一个长期有效的沟通桥梁，加深两国间的了解与合作，并永远保持平静祥和。我在美国的客户，全是美国最上层的精英阶层，卡特、克林顿、基辛格博士、洛克菲勒家族、巴菲特家族、《纽约时报》、《财富杂志》、联合国发展总署……在过去的十年里在中美两国间不断穿梭，我见证了中美两国双边关系的起起伏伏。我与他们交流，向他们阐述中国自从奥运会结束后发生的翻天覆地的变化，90岁高龄的卡特会与我回忆当年中美建交时的风雨波澜和那段激情澎湃的青葱岁月，并感叹中美间现有的互信互利是多么来之不易。

不知是否真是命运的巧妙安排，2013年蛇年开年的那一刻，我收到了一份神秘的新年礼物。大学母校在全球校友内，评定我获得2013年“卡尔顿精神奖”，奖励我在过去的五年里为在中国和世界推广文理教育，推广中美之间教育、文化和人文所做出的不懈努力和贡献。每年全球一个名额，而我也成为卡尔顿历史上最年轻的获奖者。拿着沉甸甸的奖状和证书，我知道自己离圆梦又近了一步。但我也同时提醒着自己，卡特和基辛格博士等这些中美关系的真正缔造者，是我未来奋斗的目标。而自己所取得的小小成就，离他们为世界和平和中国与世界的接轨做出的不可磨灭的贡献，还有着巨大的距离。

写完这篇随想，飞机也已经飞离了亚洲大陆，进入阿拉斯加领空，放眼望去，眼底是厚重的冰川，一望无尽的雪白，苍凉，纯净，正如我这十年间的心境，空旷，远大，且平和。

十年，我的梦，从中国，延伸到美国，到世界，最终又回到了中国。跟所有的梦想一样，最远，其实也是最初。只是，这个崭新的中国梦，从最初的青涩、懵懂到现在的丰沛、盛放，早已经超越了我当初稚嫩的胸怀。但其间的每一步，却始终被当初那个青春又执拗的念头牵引着，我知道她可以飞翔到更高更远的地方。

因为，梦想，是没有疆界的。

田倩倩

- 1986年生
- 国家汉办优秀汉语教师志愿者

2008年成为汉语教师志愿者，在泰国较为贫困的东北部待了三年，在校外义务为一位80多岁的华裔老奶奶教授汉语。2010年3月，被国家汉办授予优秀汉语教师志愿者荣誉称号，并由泰国教育部官员颁发荣誉证书。

梦开始的地方

田倩倩

2008年，我面临大学毕业，关于未来，关于梦想，还觉得有些遥远和模糊。5月份的时候，我带着对未来不可知的兴奋和忐忑，参加了国家汉办汉语志愿者的选拔和培训，随后又踏上了赴泰国任教的旅程。后来我怎么也无法想到，泰国这一方热土成了我梦想开始的地方。

2008年，我们五十几名来自北京的汉语教师志愿者，踏上了赴泰国任教的旅程。从2008年到2011年，三年的教学生涯，使我受益匪浅，我在感受不一样的文化、风土人情的同时，真正喜欢上了对外汉语教学。

从上第一次课的忐忑不安，到上完一次课后开始期待下一次课；从一开始的陌生、恐惧，到后来的熟练、快乐、享受，在这一段不短的时间里，我有收获、有成长、有感悟。还记得临出国时，国家汉办的老师跟我们说，从我们踏出国门的那刻起，我们每个人就不再是单独的个体。我们的言行举止，代表的是我们的国家，代表的是所有中国人。我们不仅要把我们的语言、文字教给他们，还要让他们更了解中国，喜欢中国。

我的第一个任教地点是在泰国东北部的一个小城市——那空拍侬。我的教学对象是大学一、二年级计算机专业、文秘专业的学生。学生们对学习汉语有很大的兴趣，但是由于中泰语言系统的不同，学生们对汉语的语音和语调以及汉字的书写有较大的困难。为了提高他们学习的兴趣，也为了增强他们克服困难的决心，我开始教他们唱中文歌、做中国结，还给他们介绍中国的明星、电影、电视剧。我在教学中融合了游戏和表演，让学生们在愉快的氛围中感受汉字的魅力，一学期的课下来，成效显著，我跟同学们还成了朋友。

2009年到2011年我又被调到了泰国乌隆府。我的教学对象也变成了小学1~3年级的学生，他们中最小的6岁，最大的也才9岁。面对每个教室50人的班级，我的心里还真是没底。一是学生太小，不可以用以前的教学方法来教他们；二是人实在太多，还必须要保证整体的进度。虽然前方困难重重，但我也知道重担的背后是对我能力的肯定。为了保证小朋友们的学习兴趣，调动他们的积极性，我在上课的时候会配合图画来教汉字，这种直观的教学方式很快就帮我打开了局面。

在课堂上，我还会想一些好点子来活跃气氛，寓教于乐。比如我会用生字卡片和小朋友们一起做击鼓传花的游戏。鼓声停止的时候，拿到花的同学就要念出我手中卡片上的生词。 除了击鼓传花，我还常常带小朋友们玩猜词画图的游戏，在学完一个单元的生字后，还会开展小组竞赛。一开始做游戏的时候小朋友们还比较羞涩，后来随着学习的深入，大家的热情也越来越高涨！每次看着他们通红的、兴奋的小脸，听着他们嘴里说出的一个个读音还不是那么标准的词语，除了成就感，我得到的更多的是一种赠予的快乐。我欣慰他们的进步和成长，同时也感恩他们回馈给我的快乐。

汉语教学不仅是教授汉语本身，而且也要让学生了解中国的文化。班里设置了汉语角，每逢一些重要节日，如农历新年、元宵、中秋等，我都会搜集很多图片和文字资料，在课堂上进行展示。没想到我的学生对这些方面的知识很感兴趣，而且还会主动帮助我制作课件！有时候一节课下来，学生会很累，于是我就会事先准备中文歌，找泰文老师帮忙翻译后，打印给学生，并教学生唱。泰国的学生很活泼，而且也很擅长唱歌。像《甜蜜蜜》、《等待着你》、《新年好》、《月亮代表我的心》都是他们很喜欢的歌。除此外我还教学生剪纸，剪“蝴蝶”、“福”字、“囍”字，让学生在快乐中学习汉语。他们的动手能力都很强，看到他们兴致勃勃的样子，我打心里尝到了那种作为老师的幸福感。

在泰国的这三年里，当地人的热情、善良带给我很多感动。我跟我的同事们相处得都很融洽，对我这个外国人，他们也很照顾。刚到泰国的时候由于语言、生活习惯和饮食方面的问题，我有些不太适应，因此分外想家。也许是同事们感到了这一点，所以在周六、周日的时候他们经常开车带我出去玩。他们带我去泰国的寺庙感受他们的宗教；早上带我去河边买来黄鳝放生，带着饭菜给和尚施斋（这些在他们看来都是功德无量的事情）；有的热心同事担起了教我泰语的任务；还有同事常邀我去他们家做客，教我做各式各样的泰国菜。虽然我们的交流混杂着英语、泰语和手势，但是在这个过程中大家都很开心。

还记得有一次，我在学校里骑自行车出了事故，前牙被磕掉了六颗，看牙医看了一个月，戴牙套戴了好几个月。在这段时间里，学校的老师给予了我家人般的照顾和关爱。因为牙没有完全长好，所以有一个同事天天给我熬粥喝，为了怕我腻，她还总是换着花样来，每次捧着她为我准备的粥，我都感动得说不出话来。还有一位当地的华人得知我受伤的消息后，专程去曼谷的某个寺庙给我求了一条大师开过光的项链，我至今还戴在身上。这些人像亲人一样待我，让我感受到了家一般的温暖，消除了我身在异乡的不适，也给予了我无限的力量。

三年的时间匆匆而过，在最后一堂课结束后，学生们纷纷要和我合影留念，还送了很多小礼物给我，我的心里非常感动，也非常不舍。我何德何能呢？我在最开始的时候，甚至对于志愿者这个身份并没有抱着多宏大的信仰和梦想，然而在三年的教学生涯中，我的学生，我的同事让我感受到了我所从事的职业的不平凡。我不过是教了他们一段时间的汉语，居然能得到这么多的祝福和情意！看到他们在自己的教导下，从不会说汉语到能说简单的句子，从对中国不了解到对中国充满向往，这种变化，也许就是我这三年志愿者生涯的最大贡献吧！

虽然我现在已经不再做志愿者，可是我仍然在从事对外汉语的工作，不同的语言阻碍着地球居民的交流，而我们越来越多对外汉语人的责任就是打破隔阂，促进交流。能够从事这项工作我感到非常荣幸，我把对外汉语教学当作我的使命，当作我的中国梦，我会毫不犹豫地继续下去，跟无数的对外汉语人一样，让越来越多的外国人能够了解中国，喜爱中国。

张效诚

- 1986年生
- 第十六集团军红九连第41任指导员

历任第十六集团军九连排长、副连长，六连指导员。

梦在前方 路在脚下

张效诚

梦想是支撑人前进的动力，从初入军营的懵懂小子到现在的连主官，我有太多的感受，有品味收获的喜悦，也有遭遇挫折的失落；有挑战困难的坚定，也有不知所措的迷茫。但我始终坚信，不管前方是一片坦途还是充满坎坷，只要点亮梦想这盏明灯，青春就会释放无限的光芒，只要踏着奋斗这个阶梯，梦想就会插上高飞的翅膀。

2005年高中毕业，我填报的志愿是桂林电子科技大学的国防生。在收到录取通知书时父亲激动地对我说：“爸曾经两次报名参军都没能如愿，如今你考上了国防生，终于替我圆了从军梦。”看着父亲高兴的样子，我在心里暗暗地告诫自己，不论这条道路多么艰辛，都要踏实地走下去。我清晰地记得，父亲在送我到学校后，临别时对我说：“爸妈没能力，让你们也跟着受苦，在家还能有个关照，到了大学，一切都得靠你自己。”说完红着眼圈上了火车，我的心里一阵阵酸楚，泪水也在肆意流淌。我反复告诫自己，不管经历多大的风雨，只要心中的梦想不灭，前行的脚步就不会停歇。现在想想，这条泥泞的道路虽然让我步履蹒跚，但从中我懂得了，有梦就有方向，有梦就有力量，只要踩实每一个脚步，成功就在前方。

如果说，父亲当兵的愿望萌发了我的从军梦想，那么毕业以后在团队的工作磨砺更让我坚定了当初的选择。2010年，我来到连队当排长，由于自己缺少当兵经历，所以从那时开始，我经常加班加点，一有问题就向连队干部请教，一有空闲就向班长骨干学习。练体能我加时加量，学技能我贪黑起早，那时有的干部称我为“钢铁小子”，有的战士叫我“铁人排长”。五公里的跑道上，我不知道跑吐了多少回。一起毕业的排长都问我，这么拼命为了什么，我笑了笑没有回答，但我告诉自己，要对得起这身橄榄绿，更要对得起当初的誓言。排里的战友私下和我交流：“排长，咱们每天真要这么狠练吗？”我回答他说：“军人是个崇高的职业，但崇高是靠干出来的，我们强了，军队和国家就会更强。”在这之后，很多战士同我一起加班苦练，大家每天都为了梦想而努力。那一年我收获了从军以来第一次成功。年底军官素质认证，我取得了两个单项第一和综合第一，并获得了标兵排的奖励，排内战士也因为这一年取得的骄人成绩而多人立功获奖。当战士们为我欢呼雀跃时，我明白了个人的梦有时可以带动更多人的梦想，只要努力拼搏，再平凡的梦想也会长出翅膀。

中国梦、强军梦对于我们每名官兵来说，可能很简单。也许就是立足本职岗位，建功立业，把自己的技能练强，用实打实的成绩实现自己的强军梦。2012年6月，军区首长考核，规模大、级别高、时间紧、任务重，20多天下来，我瘦了10斤，从技能到体能每天都沉浸在大量反复的练习当中。成为最过硬连队，一直是连队官兵不变的追求。在这个目标的感召下大家纷纷向连队递交了保证书，一定要以最扎实的训练作风、最真实的训练成绩、最振奋的精神面貌展现给各级首长。考核当天，大雨滂沱，所有党员干部在泥泞的跑道上五公里跑了19分57秒，炊事班步枪精度射击4人参加，3人优秀1人良好，得到了各级首长的高度认可。当晚我再一次站在了跑道上，对着落日的余晖，回想着这20多天来经历的事，我感觉成功需要梦想，可梦想再绚丽，也需要躬身实践，不积小流无以成江海，不积跬步无以至千里，中国梦、强军梦需要我们每个人都贡献自己的力量。

如今我已经成长为连队的主官，心中小小的从军梦也随着岗位的变动一点点地变大，以前仅仅满足于让自己变强，成为优秀的带兵人，但现在我又有了新的梦想，要把连队锻造成刀尖子、培养出更多小老虎式的士兵。每天看着新闻里风云变幻的国际形势，我都深感自己身上的压力和责任。从1840年开始到1949年，我们这个民族就一直在列强的欺辱之下过活，有过割地赔款之耻，也有过丧权辱国之痛。每一代中国人都梦想着富国强军，憧憬着美好未来。改革开放30多年来，我国的经济发展取得了伟大的成就，中华民族伟大复兴这个目标从没有像今天这样离我们这么近，我们能否捍卫自己的胜利果实呢？国富必须军强，否则就会像一个弱不禁风的孩子手持金银财宝在乱世上行走，是没有能力保护自己的财宝不被抢走的。国无防而不立，国家富强、民族振兴、人民幸福、社会和谐的中国梦需要伟大的强军梦做支撑，而幸运的是我们就是梦想的实践者。

岗位不论高低，点燃梦想就会闪亮人生，只要奋斗的脚步不停，梦想就会离我们不远。我很庆幸自己能赶上这样的一个伟大的时代，梦虽然在前方，但路却在脚下。

随时听候祖国的召唤

赵小元

我时常想，今天我能够成为空军院校的一名教员，兴许与我儿时军人梦的种子有关。

我的父亲在具有高风险性的建筑行业工作。记忆中，父亲不善言辞，但提起军人，他却太想表达，年轻时他对军营充满向往，但却未能如愿。他们那个年代拍的一张穿着类似军装的照片让他爱不释手，回味无穷。年老的他还经常模仿军人走正步、敬礼的样子。或许受父亲影响，我儿时的梦乡里总少不了战士们那整齐的步伐、嘹亮的歌声，还时常梦到女兵的飒爽

赵小元

- 1987年生
- 空军第一航空学院社科部政治理论教研室讲师

2003年9月入伍，2007年获南京政治学院的哲学本科学位，同年就职于空军第一航空学院。2012年9月攻读国防大学马克思主义哲学硕士学位。

英姿，梦到自己手持钢枪，梦到我驾驶飞机翱翔蓝天。

后来，随着年龄的增长，我内心的那份渴望也越来越强烈。但是，通过高考走进军营，那极低的女生录取率却让我有些心灰意冷，记得2003年全军所有院校在江苏的女生招生名额加起来只有二十几个。更让我沮丧的是，有人对我说："女生考军校没那么简单，没有社会关系绝对不行，像你这样的家庭，想报考简直就是天方夜谭。"这席话给了我当头一棒。难道我真的是在妄想吗？不行，我不愿就这样轻易放弃，更不想就此悬空自己的梦想，我要试试看。带着一丝希望，我鼓起勇气报考了南京政治学院。过五关斩六将，很快我就收到了录取通知书，以自己的亲身经历告诉自己、告诉他人，我的梦不是妄想，我们每个人都有实现梦想的可能。当然，兴奋之余，我又感到无比惆怅，觉得特对不起父母。因为迈入军营就意味着不能守候在他们身边，不能照顾他们。令我欣慰的是，尽管他们不识几个字，可他们能够理解，尽管他们内心也很矛盾，还是为我感到骄傲，对我表示支持。不善言语的他们对我说："没有大家，何来小家？你要多学学花木兰、穆桂英。"多么朴实的话语，展现出来的苏北老区百姓对党、对军队、对国家的朴素情感让我很感动。

离开故乡，走进军营，对于一个从未离开过家、正值16岁花季的我而言，一切都是那么陌生，却又那么新奇。面对一项项训练，我没有退却。当顶着烈日练习军姿，我战胜娇气；当新伤摞着旧伤，我咬紧牙关；当踩着脚泡进行奔袭，我咽下眼泪……黝黑皮肤，累累伤疤，层层老茧，对我来说，它们不是遗憾，而是一种荣耀，是我逐步成长为一名合格军人的青春印记。男兵、女兵首先是一名军人，是军人就要经受磨炼，就要时刻准备上战场。而战场上则不分男女，尤其是信息化的战场，打胜仗同样应是女战士义不容辞的责任与担当。因此，成为优秀军人就成为我新的梦想，新的人生坐标。经历四年军校生活的熏陶与磨炼，我信念更为坚定，思想更为成熟。尽管肩上的红肩章已经随着时间的流逝不再鲜艳，但被时间长河冲刷下来的那一抹红，已经融入了我的血液里，凝成了坚韧、自信、永不放弃和挑战自我的品质。

毕业后我被分配到空军第一航空学院，开始了军校教育事业的远航。远离硝烟弥漫的战场，说实话，我心里挺不是滋味。面对年迈的父母，我有过苦恼，有过愧疚，有过自责。面对全新的挑战，我有过困惑，有过失落，有过迷茫。正当我准备教学审定时，长期超负荷劳动的父亲病倒了，我一直担心的事还是发生了，我心急如焚，忍不住请假匆匆赶回家看望，可他们对我说："你要好好工作，好好教书，不用挂念。"我亏欠他们的实在是太多了，决不能再辜负他们对女儿的期望。在试教练讲的艰辛摸索中，在前辈同行的谆谆教导下，在投身教育事业的成长成才里，我的能力在岗位中不断磨砺，精神在岗位中不断升华。身为一名普通的女教员，也许没有男兵们挥斥方遒的豪迈、决胜千里的气概，但理论就是我的武器，课堂就是我的战场，同样需要我以特有的执著和坚韧去护卫，去坚守，去展现新时期女性的风采。面对这份铸魂的事业，我深感责任重大。成为优秀的军校教员将是我新的梦想，新的追求。为了这个梦，我还需要不断奋斗。

当好一名军校教员，需要广博的知识。为此2012年我报考了最高军事学府——国防大学，成了马克思主义哲学专业的一名硕士研究生。在那里，我近距离地聆听专家名师的教诲、畅饮着智慧的甘霖，浸润着理想的辉光。他们用行动诠释着对党的坚定信念，用生命树立起忠诚履行使命的旗帜。在他们的感召下，我又有了新的梦想，新的方向。坚守平凡讲台教书育人，紧盯光辉顶点不懈攀登，像他们那样坚守理论阵地，占领思想高地，成为党的创新理论的火炬手。我深知过程的艰难，因此，我要练就过硬的翅膀，以精神之"苦难"铸造思想之"辉煌"，努力在真理的天空飞得更高、飞得更远。

一个柔弱的身躯依然可以担当民族的脊梁，一个细腻的灵魂同样可以撑起信仰的天空。飞天嫦娥刘洋，能够攀登天梯，遨游太空，书写中国女性的神话；军事专家李莉，能够苦心求知，娓娓讲学，尽显中国女性的魅力；科技英才刘茹，能够坚守高地，勇当尖兵，展现中国女性的才华。太空梦、讲学梦、铸剑梦的实现，昭示着新时期女战士们五彩斑斓的梦同样可以在国家富强、军队强大的平台上一一得以实现。

前几天和家人一块聊天时，我问："如果明天就要让我上战场，你们的意见是什么？"妈妈说："去！"妹妹说："养兵千日，用兵一时。"那一刻，我感到家庭和国家有机地融合在一起。家庭孕育着我的梦，军队承载着我的梦，国家牵引着我的梦。我的成长历程告诉自己，只要敢于有梦、勇于追梦、勤于圆梦，我们同样可以为实现强军梦、强国梦略尽绵薄！